俄罗斯帝国国家机构历史变革研究

许金秋 著

图书在版编目(CIP)数据

俄罗斯帝国国家机构历史变革研究/许金秋著.—北京：商务印书馆，2024
(东北亚国别与区域研究)
ISBN 978－7－100－23270－8

Ⅰ.①俄… Ⅱ.①许… Ⅲ.①国家机构—研究—俄罗斯 Ⅳ.①D751.231

中国国家版本馆 CIP 数据核字(2023)第 244919 号

权利保留，侵权必究。

东北亚国别与区域研究
俄罗斯帝国国家机构历史变革研究
许金秋 著

商 务 印 书 馆 出 版
(北京王府井大街36号 邮政编码100710)
商 务 印 书 馆 发 行
北 京 冠 中 印 刷 厂 印 刷
ISBN 978－7－100－23270－8

2024年1月第1版　　　　　开本 710×1000　1/16
2024年1月北京第1次印刷　印张 19½
定价：88.00元

前　　言

　　研究国家治理经验，考察赖以治国的国家机构的历史变革，能够帮助我们更深刻地认识国家的发展进程，系统地梳理与分析俄罗斯帝国的国家机构历史变革尤其可以提供这样的借鉴。俄罗斯帝国自彼得大帝统治开始走上赶超型现代化道路，现代化进程受外在因素影响强烈，长期由国家政权强力推动国家的进步。彼得一世为实现使俄国成为真正的欧洲强国的宏伟目标强力推行全方位改革，他深刻地认识到其所启动的具有深远意义的改革必然面临众多困难，必须依靠政权果断甚至残酷地强力推行。自此俄国政府的政治和军事欲望超出了其实有国力，特别是经济实力。俄国改革者承担起了在政治和经济领域克服不利条件的任务，国家政权的任务繁重而艰巨。

　　国家政权能否完成其所担负的繁重而艰巨的任务，在很大程度上取决于国家管理机构运行的效率。在帝俄200年间的历史上国家机构体系曾数次发生重大变革，沙俄政府或根据国家政治、经济、社会发展或出于各种动因对权力机构进行调整。18世纪初彼得大帝实行激进的行政改革是国家治理的历史转折点。从此国家机构的自然演化进程被打断，之后一直到尼古拉二世时期帝俄倾覆，每代统治者都不断探索完善国家治理体系、提高国家治理能力问题，包括传统上被看成是反动专制统治顶峰的尼古拉一世时期亦不例外。帝俄历代统治者的国家治理理念与设想，影响国家机构变革的基本政治、经济、社会和地缘政治因素，统治者与政府精英制定的各种完善国家治理改革方案，各级国家机构组织体系和运行机制的历史变革等，这些方面都有很多历史事实需要系统地厘清，对很多历史现象需要深入地思考。笔者在本书中拟探讨与分析这些历史事实和历史现象，以加深对俄国国家治理体系现代化历程的认识。

　　一般意义上的国家机构是国家为实现其管理社会、维护社会秩序等职能而建立的国家机关的总和。按照不同标准，可以被划分为不同类别的国家机关体系。本书所讨论的是俄罗斯帝国时期的国家机构，参考俄国学界惯例把它划分成最高国家机构、中央国家机构和地方国家机构几部分。最高国家机构直接听命于沙皇，就国家立法和管理问题向沙皇提供建议，履行最高立法、行政、司法和监察；中央国家机构指负责各个领域的管理，执行沙皇和最高机构法令的机构，为体例清晰本书将最高和中央国家机构合并在同一章节进行论述。本书以研究民事领域的管理机构为主，不包括军事、宗教和皇室管理部门。俄罗斯帝国是多民族国家，在治理文化和语言各异的边疆民族地区方面有着独特的手段，在很长一段时间内保持了多民族帝国的完整性，1917年革命之前分离主义并没有在帝国大部分地区蔓延。研究沙皇政府对边疆地区的管理方式，它如何将国家共同利益与边疆地区治理特点相结合以维护国家的稳定性也具有重要意义，但囿于篇幅与时间的限制，本书不涉及边疆地区治理机构，将是我们今后研究的重点方向之一。

目　　录

第一章　彼得一世时期绝对君主制确立与国家治理改革 …………… 1
　　第一节　绝对君主制确立与俄罗斯帝国诞生 …………………… 1
　　第二节　国家治理改革规划 ……………………………………… 7
　　第三节　中央政府机构改革 ……………………………………… 18
　　第四节　地方政府机构改革 ……………………………………… 26
　　第五节　司法与监察机构改革 …………………………………… 33

第二章　宫廷政变时期政府机构变革 ……………………………… 39
　　第一节　精英集团夺权斗争与最高权力机构更迭 ……………… 39
　　第二节　国家治理改革方案 ……………………………………… 44
　　第三节　中央政府机构变革 ……………………………………… 52
　　第四节　地方政府机构变革 ……………………………………… 53

第三章　叶卡捷琳娜二世开明专制统治与完善国家治理 ………… 56
　　第一节　开明专制思想与统治 …………………………………… 56
　　第二节　国家治理改革方案 ……………………………………… 62
　　第三节　中央政府机构变革 ……………………………………… 69
　　第四节　地方政府机构改革 ……………………………………… 70
　　第五节　司法与检察机构改革 …………………………………… 76

第四章　保罗一世国家治理理念与独裁统治 ……………………… 80
　　第一节　国家治理理念与改革方案 ……………………………… 80
　　第二节　中央和地方政府机构变革 ……………………………… 84

第五章　亚历山大一世宪政改革计划与国家治理改革 …………… 90
　　第一节　思想理念与社会现实 …………………………………… 90
　　第二节　宪政改革计划与举措 …………………………………… 96
　　第三节　国家治理改革方案 ……………………………………… 105

第四节　中央政府机构改革 …………………………………… 122
　　第五节　地方政府机构体系 …………………………………… 138

第六章　尼古拉一世时期专制制度顶峰与完善国家法治 …………… 142
　　第一节　国家治理集中化与完善国家法治 …………………… 142
　　第二节　国家治理改革设想与举措 …………………………… 146
　　第三节　中央政府机构变革 …………………………………… 151
　　第四节　地方政府机构体系 …………………………………… 158

第七章　亚历山大二世时期国家治理规划与变革 …………………… 163
　　第一节　国内政治任务与政府治理规划 ……………………… 163
　　第二节　宪政改革方案 ………………………………………… 169
　　第三节　国家治理改革方案 …………………………………… 176
　　第四节　中央政府机构变革 …………………………………… 193
　　第五节　地方治理改革 ………………………………………… 199
　　第六节　司法与检察机构改革 ………………………………… 204

第八章　亚历山大三世时期保守统治与治理变革 …………………… 211
　　第一节　道路选择与治理方针 ………………………………… 211
　　第二节　国家治理改革方案 …………………………………… 218
　　第三节　中央政府机构变革 …………………………………… 229
　　第四节　地方治理改革 ………………………………………… 235

第九章　尼古拉二世时期改行君主立宪与国家机构体系 …………… 239
　　第一节　从加强君主专制到改行君主立宪 …………………… 239
　　第二节　国家治理改革方案与举措 …………………………… 246
　　第三节　国家杜马与国务会议 ………………………………… 272
　　第四节　中央政府机构 ………………………………………… 282
　　第五节　地方治理改革 ………………………………………… 289

结语 …………………………………………………………………… 293

参考文献 ……………………………………………………………… 299

第一章　彼得一世时期绝对君主制
确立与国家治理改革

彼得一世改革传统国家管理体制，建立了从中央到地方绝对服从于沙皇的官僚机构，确立绝对君主专制制度。彼得大帝信奉当时欧洲流行的国家建设理念，希望创造完美的国家机器，把其作为改造社会、培养臣民的理想工具。最符合俄国首位皇帝思想的是"正规化国家"理念，即通过对社会生活的全面规范化来实现人民的"共同幸福"，他致力于建立专制者拥有无限权力、官僚机构依法治理、军警制度监督的"正规化"国家。彼得一世实施全方位国家治理改革，建立起统一的中央和地方国家机构体系，各个机构的职能和权限、官员的职责和活动都有明确的立法规章，实行严格的监督制度。这些措施加强了国家机构的官僚化和国家管理的中央集权，为从传统管理组织向建立在合理性原则之上的行政制度过渡奠定了基础。

第一节　绝对君主制确立与俄罗斯帝国诞生

俄国从 17 世纪中叶起就已显现君主专制的一些特征，等级代表君主制开始向绝对君主制转化。但从彼得一世统治时期起，君主制才获得了绝对专制的特征，即"最高权力完全地整个地（无限制地）由沙皇一人独占的管理形式"。[1] 沙皇成了名副其实的专制君主，其权力不再受到任何限制和监督。18世纪初的法律确认了专制君主的法律地位。1716 年《陆军条令》第二十条对君主的地位作了如下定义："沙皇陛下本人乃专制君主，他的行为无需对世间任何人负责；但是他作为信奉东正教的君主，有能力和权力按他的意志和愿

---

[1] 《列宁全集》，第 4 卷，人民出版社，1984 年，第 219 页。

望管理他的国家和土地。"① 1720 年《海军条令》和《宗教条例》中也包含类似的界定。国家最高权力完全属于君主个人，君主的意志就是国家法律，所有臣民必须绝对服从。

俄国绝对君主制确立经历了一个漫长的历史发展过程。从公元 10 世纪弗拉基米尔大公统治时期开始，直至 18 世纪初彼得大帝统治时期，随着国家疆域不断扩大和统一国家形成，莫斯科大公从"同等人中的第一位"变成了俄国唯一的君主。国家版图不断扩张，统治者的专制权力也不断加强，最终，俄国沙皇变成了一言九鼎、神圣不可侵犯的专制独裁君主，完成这一过程的正是彼得大帝。

向绝对君主制的转变首先意味着等级代表机构逐渐消亡。俄国在 16 世纪中期确立了等级代表君主制，1549 年召开俄国历史上第一次缙绅会议。② 缙绅会议没有固定的召开时间，由沙皇根据需要临时举行。沙皇通常在发动战争、经济危机或者是民众动乱等情况下，政府需要比较广泛的社会支持时召开缙绅会议，讨论和决定重大的国内外政治措施。在 16—17 世纪，俄国独特的权力代表机构——缙绅会议在其顶峰时期曾具有立法权力，是全民意志的体现者，履行着"国会"的职能。罗曼诺夫王朝建立之初，沙皇特别需要获得社会的支持，等级代表机构缙绅会议召开比较频繁，是当时不可或缺的重要权力机构。随着国家政权的巩固，缙绅会议召开的次数开始减少。1648—1649 年缙绅会议是俄国历史上最大的、最重要的一次缙绅会议，是俄国从等级代表君主制向专制君主制转变的一次重要会议，会议制定的 1649 年《法典》是这个转变的重要标志。此后，缙绅会议走向衰落。1698 年，俄国最后一次缙绅会议召开，审判搞阴谋活动的索菲娅公主。之后，这个政治制度离开了俄国政治舞台。

彼得一世时期，限制皇权的第二个国家机构——波雅尔杜马也寿终正寝。在 16—17 世纪的俄国国家治理中，最高权力机构"波雅尔杜马"和莫斯科大公共掌大权，国家一切大事由双方协调决定，但是俄国君主的权力已经显示

---

① 〔苏〕В. В. 卡芬加乌兹、Н. И. 巴甫连科主编，郭奇格等译：《彼得一世的改革》上册，商务印书馆，1997 年，第 369 页。

② 缙绅会议（Земский собор）是俄国等级代表机构，由沙皇根据需要临时召开，代表包括波雅尔杜马成员、服役贵族以及上层僧侣和工商业者，又译"国民代表会议"（参见 О. И. 奇斯佳科夫主编，徐晓晴译：《俄罗斯国家与法的历史》上卷，法律出版社，2014 年，第 238 页），笔者在本书中采用了我国史学界约定俗成的译法。

出较大的独立性。伊凡四世实行特辖制时（1565—1571）大权在握，独决国事，排挤乃至剥夺了波雅尔杜马的权力。伊凡四世之后，波雅尔杜马的地位重新恢复。在 17 世纪初外国武装干涉和农民战争时期，波雅尔杜马的作用尤其显著。罗曼诺夫王朝统治之初，波雅尔杜马依然是立法、司法和管理的最高机构，与沙皇分享权力。但随着罗曼诺夫王朝统治权力的稳固，波雅尔杜马的地位日趋下降。到彼得一世亲政的 17 世纪末，波雅尔杜马实际上名存实亡，无法影响沙皇的权力。彼得一世自 1704 年起不再召开波雅尔杜马会议，1711 年成立完全官僚化的机构参政院。

彼得一世摆脱了制约沙皇的力量，对整个国家机构体系进行了重建。彼得一世在率领大使团出访欧洲的一年半里见识到了西欧国家先进的政治制度和治理体系，决心效仿欧洲先进国家改革俄国的国家机器，提高国家管理效率。彼得认为，"在俄国这样的国家里，君主应该成为国家机器的设计者，而且君主应该成为这架机器的操纵者，应该将这架机器拧紧发条，加速运转。"[①] 彼得一世对中央和地方国家机构进行了全面改革。在中央建立委员会体制，取代庞杂重叠的衙门制度。委员会职能划分明确，严格依法工作，比起衙门更能保证国家机构的完全集中化。在地方建立行省制，设立省级机关，并对地方机关的活动作了严格的法律规定，使其对中央机关的隶属性增强。国家机构的集中化与官僚化同时进行。彼得一世还进行了教会改革，废除了牧首制，建立了隶属于参政院的、与其他各委员会平行的宗教委员会，后改称"圣主教公会"，削弱教会的力量，使东正教隶属于世俗皇权，成了沙皇统治的工具。无论是神职人员还是世俗官员都必须宣誓效忠沙皇。

彼得一世改革传统的国家管理体制，取消等级代表机构和限制沙皇权力的机构，永远地消除了领地贵族和教会限制沙皇权力的危险。俄国建立了从中央到地方绝对服从于沙皇的官僚机构，最终确立了绝对君主专制政体。

沙皇权力的加强表现在皇位继承问题上。彼得一世唯一的儿子阿列克谢太子不但不热心于父亲的改革事业，还试图举兵反对。彼得一世不顾父子之情，履行"王子犯法，与庶民同罪"的原则，判阿列克谢死刑。彼得一世于 1722 年 2 月 25 日颁布《皇位继承法》，废除了传统的嫡长王位继承原则，规

[①] 参见张建华：《红色风暴的起源：彼得大帝和他的帝国》，中国城市出版社，2002 年，第 267 页。

定在位皇帝有权按自己的意愿决定皇位的继承权。他说,"借此来敦促皇族的后代和百姓的后代,要以正直忠厚为本,绝不要像朕的儿子那样走上迷途,重蹈覆辙。对于他的例子,朕该永远铭记不忘。"① 这一文献也在俄国绝对君主制的形成过程中有着巨大意义,彼得一世从而"把君主的权力扩展到以前不属于他的权力范围的最后一个领域"。君主继位是神圣恩典降临的原则被打破,取而代之的是皇帝的意志。君主的意愿被认为是法律的唯一合法来源,法律由君主本人或参政院代表其颁布。君主是所有权力的来源和所有国家机构的首脑,所有机构都必须遵守君主的法令和条例。② 彼得大帝主张国家治理以法律为基础,重视立法。他通过立法规范国家生活的所有方面,包括国家机制的运作,但没有触及专制者的权力,没有在法律中规定他的地位、权利和义务。

最高权力的拥有者在加强君主权力的同时,开始思考给予自己的权力以新的合法性。过去一统天下的是神学理论:"君权神授"、国君是"受过登基涂油仪式的天子"。彼得一世时代著名的政论家费奥凡·普罗科波维奇根据沙皇的指示撰写的《君主意志真诠》(《Правда воли монаршей》)作为法律文件公布。普罗科波维奇按照传统把政府形式分为君主政体、贵族政体和民主政体三种。他完全倾向君主政体,而且是无限制的世袭君主政体。他认为,正是在世袭君主政体下,国王能使自己一心一意关怀"共同的幸福",为了使继承人能够继续前任君主的事业,前任君主必须享有任命接班人的权利,而不论其亲等如何。普罗科波维奇便是这样论证彼得大帝的《皇位继承法》的。普罗科波维奇十分注意论述专制君权的不受限制和它的内涵。专制君权不受任何限制,甚至不受他自己颁布的法律的限制。专制君主颁布的命令应无条件地加以执行,在国家中不能有任何其他的权力可以停止或变更君主的命令。教会也必须完全服从国家,君主即教会的首脑。普罗科波维奇把王权的不可分割性引向极端,他认为,专制君主的意志就是法律,他可以命令自己的臣民去做他想做的任何事情。根据普罗科波维奇的学说,留给臣民的只剩下驯服地、绝对地服从命令。普罗科波维奇不仅完全否定人民起义的权利,甚至连提抗议的权利也完全加以否定。人民对"刚愎自用的"国王也必须当作上

---

① 张建华:《红色风暴的起源:彼得大帝和他的帝国》,中国城市出版社,2002年,第380页。
② Исаев И. А. История государства и права России. М.:Юристъ, 2004. С. 261-262.

帝的惩罚来加以容忍，不能把已经交给他的自己的意志夺回来，更不能去夺上帝的意志。臣民甚至连颂扬君主的权利也被剥夺。普罗科波维奇认为把这项权利提供给人民，就意味着使他们有可能议论君主的行为，而这是他无论如何不能允许的。普罗科波维奇后来发展到把沙皇的权力神化的地步，他宣称："君主就是上帝。"普罗科波维奇力图证明沙皇权力不受限制的好处，他断言，它的目的是为了关心"普遍的福利"。决定这个"福利"何在，这是君主的特权。人民不了解自己的利益，因此需要全面的监护。普罗科波维奇把"公民和宗教的各种仪式，习惯的改变，衣服和住房的使用，庆祝宴会和丧礼中的品级和礼节等，都归入君主职责的范围。①因此，绝对君主制得到了法律和思想上的正式确认。当时形成的新皇权思想可以说是专制制度的"君权神授"与基于社会契约和自然法理论思想的复杂而独特的结合。②

彼得一世放弃了世代莫斯科大公、俄国沙皇所在的莫斯科，迁都北方的涅瓦河口。他亲自参与新都圣彼得堡的设计工作，对工程进行监督。他显然是把圣彼得堡作为与莫斯科对立的具有欧洲特征的城市来建设的。新都圣彼得堡的建设不仅显示了沙皇的理性审慎，他想控制和巩固涅瓦河岸，而且还显示了他的最大愿望，即远离传统的、敌对的莫斯科，开始全新的生活。1713年，圣彼得堡被正式定为俄国首都。在作为彼得大帝时代象征的圣彼得堡，彼得所作所为的矛盾象征性地交织在一起：在时常阴沉的天空、刺耳的狂风以及面临洪水威胁的城市环境中，是优雅、奢华、精致的大道、广场、堤岸和宫殿。从常识来看，把一个巨大国家的首都迁移到这样一个不宜居之地似乎是荒谬的。但圣彼得堡的位置对于彼得一世来说具有深刻的象征意义——它是俄国在统治者的意愿下克服自然因素的象征。可以说，沙皇被人造城市的想法所吸引，甚至可以说为之雀跃，他根据对理想城市的信念，用人类思想的力量征服自然，平地创建一个新城。圣彼得堡将成为整个俄国生活正规化、合理性的典范。笔直设计的街道，皇家法令为每类居民规定房屋类型，规定房屋、烟囱、天花板等的颜色和高度。

---

① 〔苏〕К. А. 莫基切夫主编，中国社会科学院法学研究所编译室译：《政治学说史》上册，中国社会科学出版社，1979年，第195页。

② Каменский А. Б. (ред.) Реформы в России с древнейших времен до конца XX в. Т. 2. М.: РОССПЭН, 2016. С. 29.

身着欧式服装的居民，他们全部的公共和私人生活也受到国家的制约和监督。① 与此同时，圣彼得堡是彼得一世外交政策野心的象征。这个城市的名称、它的徽章、彼得保罗要塞及其大教堂（根据最初计划这里应是城市中心），所有这一切都指的是圣彼得市即罗马，这表明当时"莫斯科——第三罗马"的思想从纯粹的意识形态、教会思想到政治思想的转变。根据俄国著名学者 Ю. М. 洛特曼和 Б. А. 乌斯宾斯基的说法，在新都"神圣性……不占主导地位，而是服从于国家性。在国家机关供职变成为祖国效力，同时导向对上帝的信仰来实现灵魂救赎"。② 从此俄国将自己比作罗马不再是将之作为基督教圣地而是帝国的中心。

1721 年，俄国打败了不可一世的北方强国瑞典，终于取得了波罗的海的出海口。同年 10 月 22 日，在收到同瑞典缔结的《尼什塔特和约》正式文本的当天，圣彼得堡举行了隆重的庆祝活动，鼓乐喧天、礼炮齐鸣。谢尔盖耶夫圣三一教堂举行感恩赞美诗的歌唱仪式。参政院为表彰彼得一世在北方战争中所创建的伟大功绩，封他为"全俄罗斯大帝"和"祖国之父"，俄罗斯国家也正式称为"俄罗斯帝国"。御前特命大臣格·伊·戈洛夫金在致彼得一世的贺词中说："沙皇陛下的辉煌业绩、陛下在政治和军事上表现出的勇敢无畏的精神，以及陛下呕心沥血的工作态度，使我们摆脱了原有的愚昧无知的状态，跨入了世界上被赞誉的国家之列。可以说，陛下使我们从无到有，成为世界文明国家的一员。……因此，参政院以最卑贱的态度恳请陛下接受国父兼全俄罗斯大帝——彼得大帝的称号。"③

俄罗斯成为帝国不仅对俄国，而且对整个欧洲都具有重大的政治意义。欧洲大陆政治乃至经济力量的分布由此发生永久性的转变，俄国原先分散的各公国联合成为一个在沙皇领导下，具有绝对政治独立的、疆域广阔的、对欧洲国家有优势的帝国。

---

① См. Каменский А. Б. （ред.） Реформы в России с древнейших времен до конца XX в. Т. 2. М. : РОССПЭН, 2016. С. 88-89.

② Лотман Ю. М., Успенский Б. А. Отзвуки концепции《Москва-Третий Рим》в идеологии Петра Первого // Художественный язык средневековья. М. : Наука, 1982. С. 241.

③ 张建华：《红色风暴的起源：彼得大帝和他的帝国》，中国城市出版社，2002 年，第 342 页。

第二节　国家治理改革规划

在 17 世纪，俄国领土大幅扩张。除了波罗的海沿岸和卡累利阿等地外，在混乱时期因外国武装干涉而失去的土地几乎全部收回。东乌克兰、基辅和扎波罗热地区被纳入俄国，俄国东进西伯利亚，到达太平洋沿岸。俄国的南部边界接近克里米亚汗国、北高加索地区和哈萨克斯坦，居民超过 1000 万。到 18 世纪初，由波雅尔杜马、缙绅会议、中央机构衙门和地方"食邑"督军和各县市自治机构组成的国家治理体系，组织松散、效率低下，已不能胜任解决庞大国家复杂的中央和地方治理的任务。根本完善国家治理体系，进行国家机构改革的问题被提上日程。

学界一般认为，彼得一世国家治理改革最初并没有明确的规划或纲领，而纯粹是为了满足军事需要、增加财政收入而通过"单独的法令、局部的措施"进行，改革是混乱的、不系统的。"彼得一世往往不仅没有具体的改革计划，而且对改革也没有十分明确的想法"。[①] 1718 年之后，当北方战争接近尾声，彼得一世开始有精力关注国内问题，国家治理改革才具有了系统性和规划性。对彼得一世国家治理改革的分期，学界并没有定论。如 19 世纪末 20 世纪初俄国著名史学家 П. Н. 米柳科夫根据政府组织的变化及其对国家生活的影响，将彼得一世行政改革划分为三个时期：衙门改革（1682—1709）、省改革（1710—1718）和委员会改革（1719—1725）时期。[②] 当代研究彼得一世时代的著名学者 Е. В. 阿尼西莫夫将彼得一世国家治理改革分为两个主要阶段：第一阶段从 17 世纪末持续到 1711 年，彼得一世没有具体的改革设想，为了赢得战争对旧的国家机构进行局部变动；1717—1718 年进入第二阶段，彼得一世依靠来自西欧理性主义哲学、法学、国家学说中的一些理论原则，开始进行全面的行政改革，改革具有了思想性和目的性。[③]

[①] Ананьич Б. (ред.) Власть и реформы. От самодержавной к Советской России. М.: ОЛМА-Пресс Экслибрис, 2006. С. 109.

[②] Милюков П. Н. Государственное хозяйство России в первой четверти XVIII столетия и реформа Петра Великого. СПБ.: тип. М. М. Стасюлевича, 1905. С. IV-VII, 526-527.

[③] Ананьич Б. (ред.) Власть и реформы. От самодержавной к Советской России. М.: ОЛМА-Пресс Экслибрис, 2006, С. 109-110.

1698年从国外游历一年半归来,彼得最初对他所希望的未来俄国是什么样子以及他必须做什么来实现愿望只有一些模糊的想法。此后很快是北方战争的筹备和爆发,导致国家机构工作量剧增。彼得大帝从他的前辈那里继承的衙门机构无法应对日益复杂的管理任务,满足国家的战争需要。他先是对旧的国家机构进行灵活调整,以满足战争期间国家对资金的需要。如在必要时组建新的衙门或重新分配旧衙门的职能,将一些衙门合并,44个衙门被合并为25个。[①] 当时的改革不是为了建立全新的国家机器,而是为了在北方大战中取得胜利。中央和地方国家机构的改革措施密切相关,先是地方机构改革引起中央机构体制的相应变化,而中央机构的变化又促使地方机构体制发生相应的改变。

在北方战争初期,国家管理机制特别是地方政府的运转,已显示出无法满足专制政权的要求,各种税款拖欠增加,影响了对军队的供应。为满足战争所需,彼得一世首先对地方治理进行了改革。最初是为了保证税收,对城市管理进行了局部调整,建立市政局。1708年12月建立行省制,这是一种全新的地方治理体系,新的行省是有实权的行政中心,在财政和司法上独立于中央衙门。

过去的沙皇通常坐镇首都,极少御驾亲征,地方上的税款通过地方督军流入首都,再分散到莫斯科各个衙门,其中大部分收入用于这些衙门开支,只有一小部分回到地方。彼得一世动摇了这个古老而稳定的制度。他经常远征,并且在一些地区开创新的艰巨事业。第一次亚速远征之后,他在沃罗涅日建设海军,地方税款越过莫斯科衙门,被送到这里建造舰只。征服亚速之后,又有另外一系列城市奉旨上税以建设塔甘罗格港。同样,在夺取英格尔曼兰后,开始建设圣彼得堡。1705年,阿斯特拉罕爆发了反对彼得种种新政的叛乱,为了平定及安顿该地区,将当地收入转由地方当局支配。1706年,彼得一世受到查理十二世要从波兰向他进攻的威胁时,为了保护西部边境,在斯摩棱斯克和基辅分别设置有实权的行政中心。这种做法出自如下设想:地方上的款项与其绕经莫斯科各衙门,受其大量的中饱损失,还不如直接送交地区行政中心,适当扩大地方官吏的权限。这些地方官吏所辖的管区虽然尚未称作省,但他们却已被冠以省长的尊称了。如1701年任命Ю. А. 门格

[①] Игнатов В. Г. (ред.) История государственного управления России. Ростов н/Д: Феникс, 2003. С. 123.

登少将担任基辅省长，1702 年任命 А. Д. 缅什科夫担任圣彼得堡省长。①

彼得一世在确定中央衙门和市政局无法满足军事需要之后，认为有必要全面建立行省制度，使省长就地直接筹足所需款项。后来他在解释行省改革思想时写道，所有支出，包括军事开支和其他开支，都要分摊给各省，"以便人人知道，某一笔款项得自何处"。②彼得一世认为，地方行政改革不会削弱中央政府，相反会加强集中管理，把行政、司法以及最重要的财政权力集中到沙皇的代表，即省长手中。彼得一世最亲密的伙伴被任命为各省的首脑，他们的权力比以前的督军要大很多倍。"除了沙皇之外，省长们不从属于任何人，因此充当着国家某个地区的总督的角色。"③行省的建立使县成为下一级行政单位。省的面积过于庞大，于是 1712 年，设立了中间行政区划单位——州。地方政府变成了省、州、县三级体系，地方权力机构实行统一原则、等级关系和隶属地位分明。然而，这不是国家权力下放，也不是君主权力下放，而只相当于变体的沙皇"委托"制度。④

成立市政局和 1708—1710 年第一次行省改革，使中央机构衙门制度发生了重大变化。有相当一部分财政类衙门被撤销，由市政局取而代之。而行省改革使管理一些地区的衙门被撤销，同时，市政局本身也失去了中央财政机关的职能。

地方机构改革推动了最高权力机构参政院的建立。行省体制最初几年的运转经验表明，玩忽职守、效率低下等旧疾并未消失。如彼得一世在 1710 年 8 月下令各省向里加驻军输送新兵，命令发出六个月后任务还未完成，他愤怒地警告省长们，"如果在两个星期内谁还没有完成任务……将被作为祖国的叛徒而严加惩罚"。⑤虽然彼得下达严厉谕旨，但他也清楚，导致效率低下的不仅是省长们玩忽职守，也是治理制度弊端使然，缺乏统一省长行动的中心。

---

① Губернии Российской империи. История и руководители. 1707-1917. М.：Объединенная редакция МВД России，2003. С. 250.

② 参见〔俄〕克柳切夫斯基著，张咏白等译：《俄国史教程》第 4 卷，商务印书馆，2018 年，第 167—169 页。

③ Ананьич Б.（ред.）Власть и реформы. От самодержавной к Советской России М.：ОЛМА-Пресс Эксклибрис，2006. С. 115.

④ Ананьич Б.（ред.）Власть и реформы. От самодержавной к Советской России М.：ОЛМА-Пресс Эксклибрис，2006. С. 115.

⑤ Анисимов Е. В. Петр Великий：личность и реформы. СПБ.：Питер，2009. С. 125.

保留下来的旧的或新建立的中央机构，没有一个直接领导省级机关的工作。这也成为他1711年决定设立参政院的直接原因，将其作为领导各省的最高权力机构，统筹各省为军队提供必要物资。为了取得北方战争胜利而临时进行的地方和中央治理改革，建立的行省制和参政院发挥了效力，这种为军队需要而运转的行政系统对彼得一世赢得伟大的北方战争贡献极大。

如果说在国家治理改革的第一阶段彼得一世没有具体的改革设想，一切手段都是为了赢得战争胜利，那么在改革的下一个阶段，彼得一世改革开始具有系统性与规划性。彼得一世国家机构改革的思想基础来自当时西欧流行的理性主义哲学、法学和国家学说。彼得大帝知道当时流行的国家建设理念，热衷于阅读包含上述思想的典籍。当时欧洲普遍存在国家建设思想，如霍布斯的社会契约论：国家不是上帝赐予的，而是人类的创造物，人类本身可以完善它，把它变成改造社会、培养有德行的臣民的理想工具，把它变成一个理想的制度，借用其实现人类的目标"共同幸福"。彼得完全赞同这些想法。创造完美的国家机器是彼得一世长久以来的梦想，他认为对国家生活各个领域都要设立适当的机构进行管理、控制或监督。因此，他对国家机构改革非常重视。在同瑞典的战争胜利在望之际，彼得决定开始实施他的梦想，借助官僚机构来规范社会。

彼得一世的国家治理改革规划以当时西欧盛行的"正规化国家"（регулярное государство）理念为基础，这种理念最大程度上符合俄国首位皇帝的思想，即通过对社会生活的全面规范化来实现人民的"共同幸福"（общее благо）。"正规化国家"的概念常被当代一些史学家等同于国家社会主义，其概念体系是由塞缪尔·普芬道夫、戈特弗里德·威廉·莱布尼茨、克里斯蒂安·沃尔夫等著名德国哲学家提出的。彼得不止一次见过莱布尼茨，与沃尔夫通信并参与普芬道夫的作品《人与公民的义务》的翻译工作。他非常熟悉普芬道夫的作品，以至于翻译这些作品的 Г. 布任斯基称沙皇为"俄国的普芬道夫"。[1] 苏联史学家 Б. И. 瑟罗米亚特尼科夫认为，彼得一世完全相信"正规化国家"是"创造人民幸福的机器"。[2] 在彼得的心目中，国家如同

---

[1] Нефедов С. А. Происхождение《регулярного государства》Петра Великого// Вопросы истории. 2013. No. 12. С. 53.

[2] Сыромятников Б. И. "Регулярное государство" Петра Первого и его идеология. М.：Изд-во Акад. наук СССР, 1943. С. 152.

一艘战舰，舰长是沙皇，他的臣民是军官和水手，按照海军法规行事。只有这样的国家才能成为改革的工具，将俄国变成一个伟大的欧洲强国。在1702年招聘外国人来俄工作的诏书中，彼得首次说出了他的"实现共同幸福"的理想。在1721年10月22日首都圣三一大教堂为缔结《尼什塔特和约》这样的重大事件发表的演说中，俄国首位皇帝着重强调了"共同幸福"的思想："应当为共同利益和幸福去努力工作……这样人民才会有好日子过。"[①] 为了实现"共同幸福"，一方面要通过公布"正确的"法律法规来规范臣民的生活，另一方面要保证法律严格执行。同时，为了建设能够领导民众实现共同幸福的"正规化"国家，国家本身需要建立相应的制度。但彼得一世首先是实用主义者，他不仅相信一般的思想和理论，更为信奉他所知道的现实。因此，在思考改造国家机器时，他借鉴了那些他所青睐的国家机构已经长期运行的国家的经验，如法国、丹麦，特别是瑞典，同时适应俄国的国情而对其做出一些结构性的变革。

彼得一世在进行各项改革时借鉴西欧国家的经验是常见的现象，但他对瑞典经验的借鉴要比任何其他国家更为广泛。这一方面是因为两国社会和经济状况具有相似之处，另一方面是因为彼得一世的个人偏好。彼得一世欣赏瑞典的军事和国家组织，他的野心是要超越瑞典，在战场上与和平生活中都要向瑞典学习。瑞典委员会秘书普列伊斯曾回忆，彼得一世说，"他之所以学会发动战争并让他的人民习惯于战争，除了陛下（查理十二世）之外，他不能归功于别人。"[②] 在取得了对瑞典人这样"正规化"国家的军事胜利之后，彼得提出了以同样的"正规化"改革俄国国家组织的任务。战争结束前夕，彼得已经着手在新的原则下对国家机器进行重大改革。

彼得一世欣赏瑞典委员会体制的官僚主义国家机器运作原则：首先，实行严格的职能划分原则，各中央国家机构专门负责某一国务领域（财政、司法等），这些机构地位平等，管辖范围为整个国家；其次，实行集体负责制，官员职责分明，公文处理专业化，建立统一的工作人员编制和俸禄。与俄国传统管理制度相比，这是一些全新的原则，当时俄国管理机构没有明确的职能划分，有的按管理地区划分，有的按管理领域划分，官员的职责、地位和

---

① Каменский А. Б.（ред.）Реформы в России с древнейших времен до конца XX в. Т.2. М.：РОССПЭН, 2016. С. 51.

② Анисимов Е. В. Петр Великий: личность и реформы. СПБ.：Питер, 2009. С. 211.

俸禄都缺乏明确规定。他将经验丰富的官员亨利·菲克送到瑞典，让其设法收集关于瑞典委员会的最完整信息并送回俄国。

彼得一世效仿瑞典建立委员会体制，废除已存在数个世纪的衙门机构，大规模实行始于1717—1718年。彼得一世确定了委员会的数量和权限，任命了委员会主席，并要求他们组建新的机构。所有委员会主席都奉命在瑞典章程的基础上制定自己的规章，提醒所有主席不得机械地、盲目地照搬和抄袭外国的实例，瑞典规章条款中有不妥之处"或与我国国情不符者，可自行以新条款取而代之"。① 这表明彼得一世要求将瑞典的治理经验适应俄国的条件，只取用与俄国现实相符合的部分。彼得一世对委员会体制寄予厚望：可以"有条不紊地管理"国家大事，"改善陆海军的给养状况"，"增加和发展贸易、手工业工厂和纺织业作坊"。沙皇深信，这些新的机构将为俄国历史开创一个新的时代。1718年12月彼得一世写道，"尽管他在这场艰苦的战争中②付出了艰辛的劳动，不仅要进行沉重的战争，而且还要在战争中教诲人民，制定战争规则和条例，上帝保佑，他使这一切井然有序，军队取得的成果有目共睹。如今，在这方面成功之后，他并没有忽视民政事务治理，而是在努力使其与军事领域一样建立起秩序。这就是建立委员会取代衙门的动因……"③

在作为改革样板的瑞典委员会体制中设有一个委员会办公厅（Коллегия-канцелярия），即皇家国务办公厅（Королевская государственная канцелярия），处于沙皇和委员会之间的位置。根据被派往瑞典考察的亨利·菲克的描述，这是一个专门的协调机构，负责王国内外事务，为国王准备报告并传达他的法令。他建议在俄国设立一个类似的机构。为俄国制定改革计划的А. А. 库尔巴托夫向沙皇提议按照瑞典模式建立"委员会—内阁"（Кабинет-коллегии）或"帝国最高办公厅"（Архиканцелярия империи）。④彼得一世没有采纳亨利·菲克和А. А. 库尔巴托夫的建议，他计划对参政院进行改革，把其当成在他（专制者）和新的中央机构委员会之间的中间机构。

---

① 〔俄〕克柳切夫斯基著，张咏白等译：《俄国史教程》第4卷，商务印书馆，2018年，第184页。

② 即北方大战。

③ Анисимов Е. В. Петр Великий: личность и реформы. СПБ.: Питер, 2009. С. 208.

④ Ананьич Б. (ред.) Власть и реформы. От самодержавной к Советской России М.: ОЛМА-Пресс Эксклибрис, 2006. С. 119.

因此，为了适应新的中央机构——委员会制度，对最高管理机构——参政院的结构、权限和组成进行了改革，可以说，中央国家机构的设立与最高国家机构的改革同时进行。

彼得一世对参政院的改革予以极大的关注。1722年颁布《参政院的职责》（Должность Сената），这份法令由彼得一世亲自起草，曾经六易其稿，确定了参政院在权力体系中的新地位，规定了参政院在新条件下的权限、组织和工作制度。彼得一世将委员会治理原则理想化，打算创建一种超级委员会——委员会的委员会。他让委员会主席成为参政员，在参政院中组成一个委员会。他认为，参政院的这种结构将保证国家免于各种滥用职权，并在他作为专制者不在场时取代他。但彼得一世建立一个由各委员会主席组成的委员会式最高权力机构的计划流产，因为委员会主席们无法同时处理其领导的委员会和参政院的事务。1722年，沙皇被迫放弃这个计划，尽管在参政院讨论事务时保留了集体负责制原则本身。只有海军、外交和陆军三个委员会的主席仍然身兼参政员与主席。

国家机器改革必然要涉及基层地方机构。地方改革与中央和最高国家机构的改革同时进行，并建立在相同的原则之上。地方改革也采用了瑞典的行政经验，改革方案的基础是亨利·菲克的方案。瑞典的地方治理体系分成州、区、教区三级，彼得一世为适应俄国传统只取了州和区两个环节。教区是瑞典行政管理的最低环节也是重要环节。教区活动的基础是民众的积极参与，他们的选举代表被纳入教区的行政和司法机构，教区的最高道德权威——牧师也发挥了重要作用。而在彼得一世时期，俄国人民和神职人员参与专制制度下的国家管理是根本不可能的，下层民选官员的制度不能被接受。在这方面俄国拒绝了瑞典模式，未将区进一步划分成为教区。参政员们对他们拒绝将这种最小的行政区划单位移植于俄国的解释是，将没有人管理他们，因为"各县的农民中缺乏聪明谙事之人"。[①] 彼得大帝还构思了一个宏大的城市改革计划，以"把整个俄国商人分散的建筑物集中起来"。他希望从根本上改变城市管理制度，把欧洲的市政公署、基尔德和行会转移到俄国的城市。于是，这些在西方已经发展了几个世纪的制度被迅速地引入俄国。

---

① 〔俄〕克柳切夫斯基著，张咏白等译：《俄国史教程》第4卷，商务印书馆，2018年，第200页。

彼得一世在所有治理领域都推广集体负责制，以防止领导官员独断专行。但他认为，这并不足以达成官员廉洁奉公的目的，因此，他计划建立对从中央到地方国家机构的全面监督制度，也建立了包括进行公开监督的检察机构和进行秘密监督的监察组织。对于君主专制的俄国来说，只有一个人物，即君主——专制者，不受监督。彼得一世希望实现权力分立，将司法职能与行政职能分开，进行了司法改革，在每个省长下也设立了负责司法工作的省法务官。虽然在现实中这种权力分离并没有实现，但对当时的俄国来说这也是非常重要的。

在吸收了"正规化国家"的理念后，彼得一世认识到法律至关重要，他试图让官僚机器所有环节都按照法律规章完美无缺地工作，基于法律高效地处理所有问题。他真诚地认为，适时发布并坚持执行"正确的"法律，几乎可以做到任何事情，"从用面包养活人民到完善人民的道德"。[①] 俄国皇帝遵循这一总体思路，在1720年制定了全面的法律文件《政府机构工作总章程》（下文简称《总章程》）。《总章程》是根据彼得一世的命令并在他的直接参与下制定的，经过连续十二稿的修订，其中六稿都有彼得的亲笔批示和改动。这份法律包含了所有机构和官员活动的一般原则和规定，具体划分了上至中央委员会主席，下至生炉子的杂役等所有官员及员工的责任与义务。[②] 然后，这些原则被详细地写入了给各个委员会的条例。在为俄国树立了委员会改革榜样的瑞典，50年后才出现了一份类似的文件。据不完全统计，彼得一世统治期间共颁布了3314项法令、条例和规章，彼得一世亲自参与了其中许多法令的起草和编辑。[③]

彼得一世在《总章程》的序言中写道："治国之道莫过于坚决维护各项国家法令，制定法令而不维护它，或者像洗牌时，把各种花色的牌混合在一起那样玩弄它，法令就会形同一纸空文。"法律被宣布为"真理的坚强卫士"，凡破坏法令者，一律处以死刑；"任何人如犯此罪，不论其功劳多大"，均不得逍遥法外。[④] 1722年彼得一世颁布《关于遵守法律秩序的诏令》，指出国家管理成就取决于所有居民，特别是官员们，严格遵守国家法律。如果谁"违

---

① Анисимов Е. В. Петр Великий：личность и реформы. СПБ.：Питер，2009. С. 209.

② Ананьич Б.（ред.）Власть и реформы. От самодержавной к Советской России. М.：ОЛМА-Пресс Экслибрис，2006. С. 119.

③ Ерошкин Н. П. История государственных учреждений дореволюционной России. М.：Высшая Школа，1983. С. 73.

④ 〔苏〕尼·伊·帕甫连科著，斯庸译：《彼得大帝》，国际文化出版公司，2003年，第316页。

反法律，那么他就是政权的敌人，不管他功勋多么显赫，都将被毫不留情地处以绞刑。"俄国第一任皇帝责成国家官员了解现行法律，禁止以"不了解法律为由推卸责任"，1724 年 1 月专门就这一问题颁布法令，国家官员应"了解所有国家法规及其重要性"。[①] 这部法律的文本（连同上述 1720 年《总章程》和 1722 年《关于遵守法律秩序的诏令》文本），彼得一世下令印在特殊的纸张上，并将其粘在一个三面体的棱镜上，放在从参政院到地方法院所有司法机构的桌子上，"让公务人员每天像照镜子一样，经常看到它。"官员在刚参加工作或担任新职务时，都要在根本法律文件上签字，以表明清楚其职责和工作规章，准备为违反规定承担责任。

彼得大帝在国家治理改革中，有意赋予国家统一的、庞大的军事组织的特征，把军队原则应用于国家治理领域。彼得确信军队是最完美的社会结构，它是值得整个社会借鉴的模式。这既表现在军事立法直接适用于民政管理，也表现在赋予行政规章以军事法规的意义和效力。1716 年，根据彼得一世的直接命令，主要的军事法律——《陆军条令》被定为各级国家机构的主要法律文件。他在 1716 年给参政院的谕旨中指示："参政院的先生们！我给您一本陆军条令，你们要大量印刷它，不少于 1000 本，其中要有 103 本或更多的斯洛文尼亚语和德语版（给在我们这里工作的外国人）。虽然现在它是军人的根本法，但它也适用全国的所有官员，因此，把它打印出来后，就把它按比例合理地发给所有军队，以及各省机构，以免有人以不知法作为托辞，将原件留在参政院。彼得。"[②] 为此，特别把陆军条令中适用于民政事务的条款摘录出来集结成册。彼得大帝把国家机构视为军事部门，把行政规章视为军事法规。Н. И. 帕甫连科指出："彼得认为理想的是：国家机构类似兵营，文官类似军官，他们要以军官和士兵遵守军规一样的严肃态度执行工作规章。"[③] 对民法的这种态度导致对文官的惩罚制度与军官差别不大。1723 年 2 月，彼得下令：文官的职务犯罪应受到与军官相同的惩罚，直至死刑。彼得一世颁布大量法令规定对职务犯罪判处死刑，此举在俄国历史上可谓空前绝

[①] Воскресенский НА. Законодательные акты Петра I. Т. 1. М.；Л.：Издательство Академии наук СССР，1945. С. 263-264.

[②] Анисимов Е. В. Петр Великий：личность и реформы. СПБ.：Питер，2009. С. 218.

[③] Павленко Н. И. Петр I（К изучению социально-политических взглядов）// Россия в период реформ Петра I. М.：Наука，1973. С. 86.

后。彼得希望按照军事模式组织国家，这自然导致军队在社会和国家中的作用增加。在北方战争时期的民事和军事机构一体化现象，在和平时期不仅没有废除，反而成为制度性，这反映了彼得大帝创建的帝国的军事和官僚本质。职业军人参与国家管理的做法广泛，如参与人口普查、税收和欠缴税款征收。军人经常被任命担任文职，而且他们（尤其是近卫军）非常频繁地被任命为沙皇的特使（эмиссар），被定期借调到各省和各地区，被赋予执行任务的特权。在北方战争之后，彼得并不打算削减庞大的军队。在和平时期，正规军的数量并没有减少，而是有所增加。彼得大帝从瑞典和平时期保障军队供应做法中得到启示，设想把军团直接安置在农民中间，向农民征收税款以维持士兵和军官的生活。俄国正规军部队几乎部署在所有省份的每一个县，也许只有西伯利亚因为位置偏远除外。

绝对君主自由颁布法律，为所有居民必须遵守。由此出现使国家公职处于法律调节之下，而不再是根据沙皇的"旨令"行事的需要。彼得一世从立法上确立了国家机构职务的明确隶属关系，1722年1月24日颁布法律《军职、文职和御前职务官阶等级表》（简称《官秩表》），成为俄国文职组织的奠基性法律文献，它将文职与军职和宫廷职务分离开来，规定了官阶和职务的等级。绝对君主制政权将贵族视为自己的社会基础，通过法律致力于让贵族成为官僚的主体，《官秩表》向贵族倾斜，禁止神职人员和纳税等级参加国家文职工作。《官秩表》取消了中世纪古老的建立在门第出身基础上的官员委任制，官员根据个人资历和教育水平晋升，从此开始了把个人功勋和能力作为官员选拔标准的激进转变。在彼得一世统治的整个时期，都采取严厉措施促使贵族担任国家公职，对于贵族而言，与军职一样，担任文职成为他们的义务。1722年，规定今后"名门和中层贵族"家族每三个少年中有一个将来要从事文职工作。

彼得一世的国家治理改革规划是以其专制统治为基础来构思的，他的出发点是俄国除了专制以外不应有其他政府形式。他说："皇帝就是君主专制。上帝命令百姓服从皇帝，这是上帝的旨意，既然上帝把百姓托付给皇帝，皇帝就只对百姓的上帝负责。皇帝的周围只能有顾问和圣旨的执行者，惟圣旨抉择一切，舍此，岂有他哉。"[①] 因此，在以建立新的国家机器为标志的彼得

[①] 〔法〕亨利·特罗亚著，郑其行译：《彼得大帝．俄国天骄》，世界知识出版社，2001年，第355页。

大帝时期，丝毫没有提及权力机构中的等级代表问题。"彼得一世根据自己的理解和意愿走近了合理国家的思想：他看到国家的目的在于大众的幸福，人民的福祉……而达到这个目的的手段在于法律制度……他相信政权的创造性威力无边，确信人民的力量和人民的忍受能力取之不尽，用之不竭……他将合法的秩序建立在公众无权的基础之上，因此，在他的合法的国家中虽然有政权和法律，却没有与之并存的使大众活跃的因素，没有自由人，没有公民。"①

彼得大帝理想的"正规化国家"通常也被称为"警察国家"。在这种国家制度下，国家对臣民的大事小情、生活琐事都要制定出相应的条条框框，借助法规加以约束。但是，在目前的历史文献中"警察国家"常被用作贬义，具有政治标签的意味，象征着国家对个性和社会的压制和强暴，而非指它在18世纪时的本意——对臣民生活无微不至的关怀和促进行政体制及社会关系的进一步改善。因而，用"正规化国家"这一概念来界定当时的所谓"警察国家"的政治体系恐怕更合乎科学的要求。② 警察不仅被理解为一种机构，而且被理解为一种关系体系，一种普遍的思维方式，它为社会生活提供集中的、无所不在的国家监护。彼得一世时期俄国出现了最早的专门警察机构（此前警察职能由中央和地方行政机关履行）。法律全面规定臣民的生活，肆意干涉私人生活领域，充当了侵入性的"道德警察"的角色：法令为民众规定了何时关灯，集会时应跳的舞蹈，用什么样的棺材下葬，是否要剃胡须等。彼得大帝在一份章程中写道："警察是市民和一切良好秩序的灵魂，是人类安全和舒适的坚实可靠的支柱。"③

彼得一世建立"正规化"国家是为了改变国家的野蛮和落后状态。"正规化"是国家治理原则的特点，政府机构在"正规化"制度下运作。"正规化"制度的基础是国家主义学说，国家权力包罗万象、无所不在。皇帝位于官僚制度之上，是绝对最高权力的化身，享有无限的权力。俄国君主的意识形态可以被定义为父权制的。国家首脑（沙皇、皇帝）是"国家之父"，"人民之父"，他热爱并清楚地知道他的孩子想要什么。他有权利教育他们，教导他

---

① 〔俄〕克柳切夫斯基著，张咏白等译：《俄国史教程》第4卷，商务印书馆，2018年，第392页。
② 〔俄〕鲍里斯·尼古拉耶维奇·米罗诺夫著，张广翔等译：《俄国社会史》下卷，山东大学出版社，2006年，第134页。
③ 〔苏〕К. А. 莫基切夫主编，中国社会科学院法学研究所编译室译：《政治学说史》上册，中国社会科学出版社，1979年，第194页。

们，并惩罚他们。在许多私人信件及圣谕诏书中，彼得一世都开诚布公地表达了自己对待臣民如同对待子女的态度："吾民恰似吾子。"[①] 彼得一世相信，始终如一地执行"正确的"法律是实现国家共同幸福和繁荣的关键，是解决所有困难和失败的万能药，他作为伟大的改革家梦想建立完美而全面的立法，涵盖并规范人类生活的所有领域，这些立法将从一个人的出生一直伴随到他的死亡。他梦想建立一个像钟表一样精确的、理想的国家机器，通过它来实施法律。[②] 国家机构改革对彼得一世而言非常重要：精确的、发条式的国家机器才能执行他的计划，为国造福。彼得一世通过各种手段，致力于建立专制者拥有无限权力、官僚机构依法治理、军警制度监督的"正规化"国家。

第三节 中央政府机构改革

国家发展需要提高国家治理效率，彼得大帝参照欧洲，特别是瑞典的经验对中央国家机构进行根本性的改革，创建了一个全新的国家机器，设立最高国家机构参政院，中央国家机构委员会。国家机构权限明确、组织统一、隶属分明、依法工作，受到严格监督，实现了管理的集中化与官僚化。在专制政体国家中，宗教权力机关的地位和作用也发生了变化，教会由企图独立于国家之外并使自己与世俗政权分庭抗礼的机构，变为专制君主的驯服工具。

一、设立参政院

彼得大帝因为经常出国，为了不使国家管理事务陷入停顿，决定建立一个最高管理机构在他离开首都时代他执政。彼得在1711年2月向土耳其宣战之日签发了成立国家最高管理机构参政院（Правительствующий Сенат）的诏令："朕决定成立一个拥有政府权力的机构，在朕离开期间代行管理职务。任何人都需听从参政院的命令，像听从朕本人的命令一样，否则，视罪过大小，

[①] 〔俄〕鲍里斯·尼古拉耶维奇·米罗诺夫著，张广翔等译：《俄国社会史》下卷，山东大学出版社，2006年，第128页。
[②] Ананьич Б.（ред.）Власть и реформы. От самодержавной к Советской России М.：ОЛМА-Пресс Экслибрис, 2006. С. 134.

严加惩办或处以极刑。即使他们的命令有损于国家，在朕返回京都之前，也应无条件地执行。"[1] 这第一个诏令并未对参政院的职能权限做出明确规定，它的权限由1711年3月颁布的另两个诏令《参政院的权限》和《参政院的职能》加以明确：参政院监督和管理国家司法事务、行政事务、国家开支以及国家经济各个部门。彼得一世当时赋予了参政院空前绝后的权力，可以说，没有一个国家管理领域不在参政院的权限管辖之内。

参政院有9名沙皇任命的参政员（сенатор），其中有3位来自于古老的名门望族，其余的人都出身不高。彼得在选任参政员时，不以出身贵贱为标准，而以任人唯贤为尺度，以受命者履行誓词里列举的各项义务的才干为准则。在俄国历史上首次引入了就职宣誓，宣誓效忠沙皇等。设立之初，1711—1718年，参政院主持当前政务。参政院设有办公厅（канцелярия），按照17世纪通行的做法划分成五个科（стол）。参政院统管地方，省长隶属于参政院，在参政院办公厅，每省有两名常驻专员（коммисар），他们负责及时向各省发出命令和公文，接收来自各省的汇报和办公厅要求的其他信息。参政院的运作中确立了集体负责制原则。不经参政院全体同意，任何事情都不能做出决定。

最初参政院只是非常时期临时性的国家权力机构，但逐渐地便成为永久性最高机构。在中央国家机构改革，1718年建立委员会体制后，参政院也相应地发生了变化。彼得一世计划让参政院成为管理中央机构的最高国家权力机构。1718年，彼得一世曾命令所有委员会主席成为参政院成员。但1722年1月进行调整，除陆军、海军，外交委员会主席以外，各委员会主席不再成为参政员。后来，参政员数量逐渐增加。随着中央管理机关即委员会活动的开展，参政院越来越失去直接管理的职能，但是保留和加强了它对一切国家机关的活动进行领导和监督的国家最高机构职能。

1722年，彼得一世颁布《参政院的职责》，规定了参政院在新条件下的权限、组织结构和工作制度。参政院享有行政权、司法权，甚至是部分立法权。在立法活动方面，参政院有权编纂法律草案提交沙皇审批，还可以在沙皇不在期间自行颁布法律。在司法权力方面，参政院是重大案件的初审机构，一般案件的最高上诉机构。参政院负责的行政活动多种多样，包括管理国家

---

[1] 参见张建华：《红色风暴的起源：彼得大帝和他的帝国》，中国城市出版社，2002年，第268页。

财政收入和支出、促进工商业发展、铸币事务，还负责交通、城市设施、人民粮食供应、国民教育、保障臣民生命和财产安全等关系国计民生的事务。参政院作为沙皇之下的最高政府机构，集中管理中央机构，负责统一、指导整个国家管理机构的活动。参政院同时是最高行政监督机构，监督中央和地方机构的工作。

除参政员以外，参政院还设有许多负责专门事务的官员，如负责加强中央同地方的联系的专员（комиссар）、受理对委员会及其办公厅投诉的总呈文官（генерал-рекетмейстер）、管理各类官员的贵族铨叙官（герольдмейстер）、负责对各级机构进行秘密监督的总监察官（обер-фискал）和监察官员、进行公开监督的总检察长（генерал-прокурор）和检察官员等。

1722年4月彼得一世下令，授予参政院对地方治理进行调查的权利。每年参政院向各省派出以参政员为首的专门检查委员会，检查地方机构及其官员的工作。在彼得一世统治时期，通过参政院的检查，揭露出很多官员滥用职权的行为。如省长马萨利斯基公爵因滥用职权，非法聚敛财物，被处以没收个人财产，包括其占有的12000名农民；西伯利亚省长加加林公爵因贪污受贿和其他职务犯罪被处以死刑，在参政院大楼前的绞刑架上结束了生命。[①]

彼得一世设立的参政院，与原先的波雅尔杜马相比，后者更多的相当于沙皇的个人咨询会议，而不是常设的国家机构，前者则相反，是真正意义上的国家机构。参政院是俄国第一个具有组织结构和明确职能的最高立法、行政和司法机构。在参政院成立以前，俄国没有对所有政府机构和官员的最高监督机构，它是法律和司法的捍卫者。这个机构一直存在到俄罗斯帝国解体，保留了其主要职能——行政事务监督者、法律捍卫者和司法维护者。

二、建立委员会

彼得一世执政时，衙门管理体制不能胜任国家发展新任务的表现已相当明显。衙门之间分工不明、职能重复，效率低下，官员任意妄为、贪污之风盛行，这一切都导致彼得一世寻找新的国家机构组织形式。国家中央管理机

---

① Мельников В., Нечипоренко В. Государственная служба в России：отечественный опыт организации и современность. М.：РАГС，2000. С. 16.

构改革的范例是当时号称欧洲在国家管理组织方面最先进的瑞典委员会制。彼得一世认为委员会制度的优越性在于各中央机构分工明确、职能清晰、工作高效,实行集体负责制可以集思广益,决定更为合理,同时杜绝腐败现象。彼得在旅行普鲁士时所认识的著名哲学家戈特弗里德·威廉·莱布尼茨也曾经告诉他:"经验足以表明,只有设立组织严密的'委员会'才能使国家繁荣昌盛,因为正如钟表里一个轮子带动另一个轮子一样,在庞大的国家机器中,一个'委员会'应当带动另一个'委员会'去工作,如果所有的机件都装配得恰到好处,转动得很协调,那么,生活的时针就一定会给您指出幸福的时辰。"[①] 这对彼得的启发巨大。彼得一世决定按照瑞典模式设置本国的中央机构。

1718年12月12日下旨建立九个委员会,分别是:陆军委员会(Военная коллегия);海军委员会(Адмиралтейская коллегия);外交委员会(Иностранная коллегия);司法委员会(Юстиц-коллегия);财政委员会(Камер-коллегия);度支委员会(Штатс-контор-коллегия);监察委员会(Ревизион-коллегия);商业委员会(Коммерц-коллегия);矿业与工场委员会(Берг-Мануфактур-коллегия)。但是,委员会的数量并不恒定。为更合理地分配管理对象,原属司法委员会的领地衙门独立为领地委员会(Вотчинная коллегия);矿业与工场委员会分为两个单独的委员会,而作为监督机关的监察委员会则并入参政院,后又重新独立。1722年成立了管理乌克兰的小俄罗斯委员会,管理里夫兰、爱斯特兰和芬兰事务的委员会(1725)等。到彼得在位末年,共有10个委员会。

1720年8月28日彼得一世颁布了规范国家机构活动的根本法律《总章程》,明确了各个委员会的职能权限、组织结构、决策制度、办公程序、文牍制度。《总章程》详细规定了高级官员和下级官员的职责和义务,从委员会主席直至最下层的抄写员,每位官员都必须清楚自己的职责并根据对沙皇的誓言认真履行。对于认真履行职责的官员,沙皇给予奖励,对于玩忽职守的官员,根据罪行轻重予以惩罚。

委员会隶属参政院,受参政院监督。委员会须定时向参政院提交工作报

---

① 〔苏〕尼·伊·帕甫连科著,斯庸译:《彼得大帝》,国际文化出版公司,2003年,第306页。

告，汇报其负责领域的工作状况。地方机构和官员则从属于委员会，委员会向下属机构发送命令。委员会成为参政院和地方机构之间的重要纽带，它们将大量的地方问题纳入其管辖范围。在此之前，参政院因地方事务不堪重负。

每个委员会都设有合议司（присутствие）与秘书处（канцелярия）。合议司有 11 名成员：1 名主席（президент）、1 名副主席、参议（асессор）和顾问（советник）各 4 名，1 名外籍参议或顾问。秘书处由秘书（секретарь）负责，他的职位类似于衙门中的书记，负责管理公文事务，领导各级文员工作。

委员会在管理方面实行两个有别于旧式衙门的原则：根据职能原则划分管辖事务与在工作中采用集体负责制。在委员会制度中，旧衙门中固有的地区性因素消失。委员会根据职能原则建立，所有国家管理问题在各个委员会之间明确分配，实现了国家管理的部门分工。每个委员会负责规定范围内的事务，而且统管全国的此类事务。这是划分国家权力职能的初次尝试。所有留存到这时的旧衙门或是并入了相关的委员会，或是成为其下属机关，例如，并入司法委员会的就有七个衙门。委员会作为中央管理机关，正如其名称所体现的，处理公务时采用集体负责制方式。彼得一世认为，在君主制国家集体负责制比首长负责制管理更有效，能够防止工作中的主观性、保障决定的合理性，国家机构独立于权贵影响，可以维护国家利益而不是个人利益。在他看来"一切最理想的安排都是经过协商的"；"一个人比较容易掩盖违法乱纪的行为，许多同伴在场就难了，因为可能有人会张扬出去"。[①]主席是委员会的核心人物，代表沙皇管理委员会。他由沙皇任命，尽管地位尊贵，但并没有衙门法官那样随心所欲的权力，不能不经他的同事允许自行决定任何事情。根据法律规定，主席只有一个优势，即在各方势均力敌的情况下，他的投票占优势，也就是说，如果双方票数相同，则以主席投票一方为准。会议记录和决定由合议司的所有成员签字。

按改革者的设想，新中央管理机构委员会的优势在于其集体负责制。然而，在俄国的现实生活中，新管理制度的优势并没有完全显现出来。委员会成员之间鲜有争议和分歧，几乎所有决定都是一致通过。讨论过程通常并不是在会议上表现出来，而是提前在幕后交易。精心制定的无记名投票程序形

---

① 〔俄〕克柳切夫斯基著，张咏白等译：《俄国史教程》第 4 卷，商务印书馆，2018 年，第 186 页。

同虚设，在官员们投票之前，事件已经在走廊里预先决定。委员会的成员之间不可能有真正的平等，委员会主席的实际作用要远大于法律的规定。主席都是彼得大帝的亲信政要，违背他们的意愿会冒有风险。俄国著名政治家和历史学家米柳科夫认为，即使在瑞典，集体负责制也没有带来预期的结果，因为它没有消除个人的专断，只是用主席的职位"掩盖"而已，俄国的集体负责制"是一个十分奇特的精致产品，但只相当于一个摆设"。[①] 阿尼西莫夫也持同样的观点，他认为，彼得大帝试图确立的集体负责制原则"在俄国的条件下被证实是行不通的"。在作为彼得一世改革样板的瑞典，委员会如同基于"等级代表制"原则的整个权力体系的传动皮带，在有民主传统支撑的政府体系中运作。"在瑞典土壤上成长起来的，受其自然形成的议会和地方民选机构制约的官僚大树之苗，被栽种在没有等级代表权的俄国土地上，迅速、不受控制地生长。"[②] 个别的民主程序甚至整个民主制度被纳入一个建立在非民主原则基础上的权力体系中，不可避免地会变成一种假象。

随着集体负责制管理方式的引入，公文往来成为中央和地方机构之间沟通的主要方式。《总章程》规定了统一的公文处理规则和新的公文形式。彼得一世认为，规范国家机构公文制度能够加强对官员活动的监督。然而，由于路途遥远、道路不畅和官员不足，这种管理方式的效率并不高，公文数量繁浩，米柳科夫指出，委员会制促进了"造纸产业"，对于官员来说，制造公文已成为目的本身，而不是为了人民和国家的利益。[③] 中央政府改革后，文员数量明显增加。改革前夕，俄国共有1169名文职官员，其中文员占79%，即924人。到1723年改革完成时，文员数量增加了一倍多，达到1962人，占当时文官总数（2100人）的93.4%。1723年，相对较小的商业委员会秘书处一年内收到来自参政院、各个委员会和其他机构以及个人的文件1684份，同时，秘书处从本委员会的合议司收到1041份文件，共计收到2725份文件，还有1702份文件从这里发往其他机构。因此，这一年总共有近4500份文件经商业委员会处理。而当年这个委员会的文员数量为32人。在其他委

[①] Милюков П. Н. Государственное хозяйство России в первой четверти XVIII столетия и реформа Петра Великого. СПБ.: тип. М. М. Стасюлевича, 1905. С. 421.

[②] Ананьич Б. (ред.) Власть и реформы. От самодержавной к Советской России. М.: ОЛМА-Пресс Экслибрис, 2006. С. 125-127.

[③] Шепелев Л. Чиновный мир России. СПБ.: Искусство, 1999. С. 17.

员会，文员数量更多，如财政委员会有 228 人，陆军委员会有 353 人。如果假设文件数量和官员数量之间直接相关，那么所有委员会的 1412 名文员每年至少要处理 20 万份文件。这个数字令人咋舌，因为当时俄国的税收人口最多为 1200 万人。① 彼得大帝去世之后，一些政治家悲痛地忆起衙门的"黄金时代"，著名的"莫斯科繁文缛节"与彼得一世改革所诞生的官僚主义怪物相比，显得简洁得像根"黄瓜"。② 如同旧的衙门机构一样，专制者成为新的机构效率的唯一保证。

委员会制度的建立完成了国家机器的集中化和官僚化进程。委员会职能划分明确，实现了国家管理的部门分工，有统一的组织、固定的人员编制、文牍制度、依法工作。彼得大帝认为，旧的国家治理缺陷将通过在新国家机构运作中引入官僚化、集体负责制而得到纠正，但事与愿违，新的行政系统不仅吸收了旧系统的所有弊端，而且以官僚化为代价使之成倍增加。委员会虽然未能实现改革者所设想的管理优势，但一直存在到 1802 年，由于国家管理的进一步集权化而建立部体制后被废除。

三、设立圣主教公会

俄国教会一直是沙皇制度的支柱，但直到 18 世纪初，它一直独立于国家而存在。在 17 世纪末，传统的教会与进行欧化改革的沙皇对立，牧首谴责彼得一世沉迷于外国事物。彼得一世进行了教会管理改革，1721 年 1 月他颁布了亲自起草的《宗教事务管理条例》，正式废除牧首制，同时宣布沙皇本人就是"最高牧首"。根据此条例，还建立了隶属于参政院的、与其他各委员会平行的宗教委员会。1721 年 2 月，宗教委员会改名为"圣主教公会"（Святейший синод）。圣主教公会由 12 名成员组成，由沙皇从高级神职人员中任命，其成员与其他委员会没有大的区别，由主席、2 名副主席、4 名顾问和 5 名参议组成。圣主教公会成员就职时也向皇帝宣誓效忠，无条件地执行皇上的圣谕。圣主教公会被置于与参政院相同的地位，高于所有其他委员会和中央国家机构。

---

① Анисимов Е. В. Петр Великий: личность и реформы. СПБ.: Питер, 2009. С. 226.
② Анисимов Е. В. Петр Великий: личность и реформы. СПБ.: Питер, 2009. С. 246.

1722 年又设立圣主教公会总检察官（обер-прокурор），监督圣主教公会的活动。沙皇的诏令和命令通过总检察官向圣主教公会宣布，圣主教公会则通过他同一切其他国家机构进行联系。

通过对教会管理机构的改革，教会完全从属于世俗政权。圣主教公会成为俄国东正教教会的最高行政和司法机构机关。它负责任命所有神职人员、解释教义、管理传教活动。在司法方面，圣主教公会审理教职人员背弃信仰等罪行的案件。东正教教规是僧侣必须要为教徒的祷告保密，但是，为了防止弑君篡位和保护国家利益，圣主教公会在 1722 下令废除了这个规定。所有的教士一旦在得知忏悔者存在图谋叛变和弑君的想法的时候，必须要立即密报。因此，教会成为国家机器的一个环节。圣主教公会在 1721—1918 年即近乎 200 年间基本保持不变。

四、皇帝陛下办公室

彼得一世建立的国家机构体系，类似于一个金字塔，其顶端是拥有无限权力的专制沙皇。然而，只要专制者位于他所创造的官僚金字塔的顶端，他自然地就会履行由这个金字塔的结构和功能所决定的一些职责。彼得一世创建的政府机构的工作机制原则上并没有规定皇帝的职责。彼得一世只要求将指控国家犯罪的最重要案件、没有明确法律规定的案件或有争议的问题呈交给他。但是，国家机构改革并没有减轻彼得大帝的重负，他仍然日理万机。国家机构改革之前，1713—1718 年，彼得一世共下发 3877 道谕旨，改革之后，1719—1725 年，他共下发 3707 道谕旨。[①] 由此可见，在确立新的行政体制后，皇帝个人参与国家管理情况变化不大。

只要专制者直接处理大量事务，就需要一个协助君主在国家权力系统中运作的组织。彼得一世时期，这样的组织是皇帝陛下办公室（Кабинет его императорского величества），由皇帝的秘书 А. В. 马卡罗夫领导，为沙皇准备谕旨草案。办公室的工作越来越官僚化，有自己的组织机构、公文程序、工作人员，甚至有自己的印章。马卡罗夫成为沙皇和国家机器之间不可缺少的联系环节，具有异常巨大的影响力。地方和中央机构隶属于委员会和参政

---

① Анисимов Е. В. Петр Великий: личность и реформы. СПБ.: Питер, 2009. С. 241.

院，但它们的负责人还是越级直接给皇帝陛下办公室写信，从而使各级政府环节都趋向这个办公室。事实上，这明显违反了彼得一世建立和维护的隶属分明的官僚秩序。而这在很大程度上源于无限专制权力的本质，无论沙皇多么热衷于倡导合法性，他最终仍然是最高和唯一的权威，可以将他认为需要的事务置于自己的掌握中，并根据他认为最适合国家的政治目标做出决定。尽管对国家机构工作的"正规化"有严格规定，皇帝还是不断地干预其活动。

皇帝陛下办公室在彼得一世去世后，叶卡捷琳娜一世统治时期被最高枢密会议下令取消，后在1741年为伊丽莎白女皇恢复，存在到帝国末期。

第四节 地方政府机构改革

18世纪初，绝对专制俄国管理任务复杂化，要求进行地方国家机构改革，加强和巩固中央政府在地方上的权力。彼得一世统治时期，地方行政区域划分和国家机构设置都经历了不止一次的变动，如先后划分为省、郡、州、区、军管区等。彼得一世地方管理改革最重大的举措是建立行省制，彻底改变了地方治理体系。1708—1718年，实行了第一次省改革，1719—1725年，实行了第二次省改革。地方管理改革触及了城市工商业者的管理体制，进行城市改革，给予城市自治权，但城市自治机构实际上变成政府执行财政政策的工具，并迅速变得官僚化。地方国家机构分工更为明确，依法工作，服从中央机关。

一、第一次省改革

17世纪的俄国地方管理制度由两级构成：第一级是地方督军治理，第二级是中央衙门管理。衙门本是中央管理机关，但是其中许多衙门实际上行使地方管理职能（如西伯利亚衙门），有时个别县、市，甚至村和乡都直属中央。地方上主要城市的督军及其所辖各县城的督军之间的关系，以及其同地方上其他行政主管的关系，均未有法律确定。行省改革是彼得一世改革规划的旨向使然，也是与战争直接间接相关的国内外事件使然。

行政地区重新划分和新地方行政机关的建立依据1708年12月18日诏令

进行。全国划分为八个行政省（Губерния）：莫斯科、英格尔曼兰（后改称为圣彼得堡）、斯摩棱斯克、基辅、亚速、喀山、阿尔汉格尔斯克和西伯利亚省，全国339个县分属这八个省。这在文献中被称为"第一次省改革"。

圣彼得堡和亚速省的最高行政长官称总督（генерал-губернатор），其他省份则称为省长（губернатор），均由沙皇任命其亲信政要担任，无任职期限。如圣彼得堡总督为А. Д. 缅什科夫、莫斯科省长为Т. Н. 斯特列什涅夫，亚速省总督为Ф. М. 阿普拉克辛。总督和省长的权力远大于以前的督军，拥有行政、警察、财政和司法职能，同时是省内驻扎军队的首长。省的执行机关是省公署（Губернская канцелярия），通过它来管理全省。

省长的最亲密助手是副省长。省长下设一些官员分领省内各领域事务：首席专员（обер-комиссар）负责货币税收事务；总粮秣官（обер-провиантмейстер）负责粮秣征收事务；总卫戍官（обер-комендант）负责军务。省下辖县，从1710年起，县的领导不再是督军，而是新设的卫戍官（комендант）。卫戍官也没有任职期限，比以前的督军拥有更广泛的权力，把军事、行政和司法权力都掌握在自己手中，但在每一个领域都要服从于相应的省级长官。省级和县级官员具有严格的官僚隶属关系。

改革后的地方国家机构首先要满足军需，在各省之间分配战争开支是地方政府改革的一项重要任务。1711年2月彼得一世下令，把军团在各省之间划分，以前按团长的名字称呼的团队变成按其所属地区的名称称呼，如车尔尼雪夫军团变为莫斯科军团，戈洛夫金军团变为纳尔瓦军团等。每个军团都有一个来自"他所分属的"省的政委（комиссар）负责监督制服、食品和弹药的补给、人员和马匹的供应，向官兵支付军饷。省政委是同年在参政院成立的军需委员会（Кригс-комиссариат）的基层环节。

改革后地方首脑省长的权力大增，为制约其权力，1713年设立了省法务官（ландрихтер）之职，主持司法事务，对省内所有司法官员进行监督。省法务官直接隶属于参政院，这是为了让司法权在一定程度上独立于地方行政权。限制省长权力的另一个举措是将集体负责制和选举原则引入地方政府，1713年彼得一世下旨在省长之下设立省政委员会（Губернский совет），由8—12名选举产生的省政务委员（ландрат）组成。政务委员相当于参政院和省长特任的官吏。省长在任何事务上均需与政务委员共同商决，以多数票通过为准，他与其他成员的差别仅在他一人拥有两票的权利。但现实使彼得设想的选举原则未能实行，后来，省政务委员由参政院从省长指定的双倍候选人中委派。但这个省长身边的"省政委员会"存在不到五年就被废除。彼得一世试图通过地方独立官员制约省长的权力，但没有成功。这些职位虽然在18世纪初没有完全成为其设想中的角色，但对于18世纪后半叶的立法起到了重要作用，"成为叶卡捷琳娜二世省级政府改革思想的基础"。①

彼得一世设立的各省由于纳税户数的多寡不同对国库的进款数额来说差别极大，如莫斯科省共有24.6万户，而亚速省只有4.2万户，在各省之间分配预算份额时计算比较麻烦。1710年，彼得一世发明了一个计算单位——郡（доля）②，作为确定各省对国家预算的财政单位，规定5536户为一个郡，每省有多少个郡，决定各省对国家要承担多少赋役。俄国共有近147个郡，其中莫斯科有44.5个，圣彼得堡有32.2个，喀山有21个，阿尔汉格尔斯克有18.5个，西伯利亚和斯摩棱斯克各有9个，亚速有7.5个，基辅有5个。③1715年诏令将郡这种财政计算单位变成了行政区，由5536个农户"或适当数量的农户"（通常5000—8000户）组成。采用新的行政区单位是为了方便征收税款和补充军队。郡由省分派的政务委员治理，他们拥有财政、警察和司法大权。政务委员担当行政领导的角色导致需要大幅增加他们的数量。例如，在莫斯科省，根据郡的数目他们的人数从13人增加到44人。④

第一次省改革中设立的行省面积非常广阔。例如，莫斯科省涵盖了后来1775年改革中划分的7个省（莫斯科、卡卢加、图拉、梁赞、弗拉基米尔、科斯特罗马和部分雅罗斯拉夫尔）的地域。这样大的行政区的下一级单位仍然是传统的面积不大的县，结果各省下辖很多的县，如莫斯科省辖39个县，亚速省辖77个县，喀山省辖71个县。为了改变这种行政区划整体和组成部分的失调现象，增设了中层行政区划单位——州（провинция）。从1711年起，一些县就合并成为州，如莫斯科省的县合并成八个州。州由总卫戍官

---

① Писарькова Л. Ф. Государственное управление России с конца XVII до конца XVIII века. Эволюция бюрократической системы. М.：РОССПЭН. 2007. C. 63.

② 此术语在我国学界有多种译法，如音译成"朵梁"或意译成"税收区"，本文从更适合行政区划术语的角度采用"郡"的译法。

③ Милюков П. Н. Государственное хозяйство России в первой четверти XVIII столетия и реформа Петра Великого. СПБ.：тип. М. М. Стасюлевича, 1905. C. 288 - 289；Государственность России. Кн. 2. C. 57.

④ 〔俄〕克柳切夫斯基著，张咏白等译：《俄国史教程》第4卷，商务印书馆，2018年，第173页。

（обер-комендант）治理，集财政和司法大权于一身，下辖本州的所有县卫戍官。因此，国家机构体系由以前的"衙门—县"的两级制变成了"衙门—省—州—县"的四级制。与此同时，地方管理机关中明显地出现了官僚化，确立了严格的等级制度：各县卫戍官必须绝对服从州总卫戍官，总卫戍官又必须服从省长。

18世纪初彼得大帝在战时条件下为解决"财政"和"税收"任务而进行的第一次省级改革，历史学家对其性质评价不一，或者认为它导致了权力下放，或者是相反，认为其导致了权力集中。一方面，中央对地方的权力确实有所削弱，许多衙门的职能被转移给地方，省长们获得了巨大权力，成为广大地域的绝对主人。另一方面，现在沙皇要应对的不是众多县的督军，而只是由他任命的、完全对他负责的八位总督或省长。因此，中央权力得到了相当程度的加强。

二、第二次省改革

1718年按照瑞典模式进行中央国家机构改革后，彼得一世决定建立瑞典式的省级机构，对地方国家机构进行了新改组。1719年开始进行第二次省改革，省的区划单位保留下来，只是从喀山省中划分出下诺夫哥罗德省和阿斯特拉罕省，从彼得堡省中划分出雷瓦尔省——结果共有11个省份。省下面划分为州，州又划分为区。州代替了郡，郡被取消。州作为行政区划单位在法律上确认并在全国推广。全国划成45个州，很快增至50个州。一些比较重要州的领导是总督、省长和副省长，其他州的领导为督军。这些官员都有广泛的行政、警察、财政和司法权力。省长的权力只局限于省城所在的州的范围。

州的行政机关直属中央各委员会和参政院。州督军只是在军务方面以及上诉之类的司法事务方面服从省长领导。各州也设立了类似于省政委员会的州政委员会（Провинциальный совет），由2—9名政务委员组成。督军下设州公署，其结构类似于委员会。俄国首次形成由地方和中央机构组成的部门体系，如财政委员会的地方机构是财政署（Контора камерирских дел），度支委员会的地方机构是度支处即金库 Рентерея（Казначейство）。每个州都设有市政公署（Магистрат）、军需署（Провиантмейстерская контора）、侦查署

(Канцелярия розыскных дел)、林业署（Канцелярия вальдмейстерских дел）等机构。州划分成为区（дистрикт），其地域往往与以前的县相吻合，由地方专员（земский комиссар）管理。地方机构与相应的中央机构委员会紧密相连，确立了全国治理机构的"统一性""规范性"，明确的隶属关系，官僚化加强。

彼得一世时期，地方行政区划及管理体制不稳定，数度更改。在设置省、郡、州、区及相应的管理体制后，1724 年，随着人头税的实施和地方驻扎军队制度，国家领土又划分为团管区（полковый дистрикт）。为解决在和平时期供养和部署部队问题，从 1724 年起，政府分配团队驻扎到地方，团队驻扎在奉命供养它的纳税人中间，而这些在册的纳税人便形成了团管区。以团长为首的军队管理部门监督人头税的征收，税收的一部分用于维持驻扎在那里的团队。团管区的中心是团部办公室（полковый двор）。

因而，在省地方管理中存在两类权力机构：民政当局和军事当局，它们的职权在很多方面相同。在实践中，军事当局的权力要广泛得多，政府利用军事机构来解决很多地方民政管理的问题。如团部办公室要保证驻扎地区的安全，抓捕强盗，制止国家森林中砍伐的行为等，还负责征兵工作，并具有一定的司法职能。地方居民本身被许多昙花一现的机构所困惑，宁愿不求助于督军，而求助于团部办公室。[①] 地方民政机构活动的范围缩小，地方行政管理具有军事性质。

三、城市治理改革

彼得一世地方管理改革触及了城市工商业者的管理体制。随着工商业的发展，城市在国家政治、经济生活中的作用明显增强。为了国家财政收入，同时为了满足城市商人和手工业者的利益和愿望，彼得一世进行了城市改革，给予他们自治权。1699 年 1 月沙皇颁布谕旨，在莫斯科成立市政管理局（Бурмистерская палата），很快改称为市政局（Радуша），直接隶属于沙皇，负责管理工商业者的司法和商业事务。在其他城市成立隶属于市政局的地方

---

① Писарькова Л. Ф. Государственное управление России с конца XVII до конца XVIII века. Эволюция бюрократической системы. М.：РОССПЭН．2007．C．170．

自治署（земская изба）。市政局和地方自治署的领导及其他工作人员都由工商业者选举产生。1699年1月30日谕旨中指出，鉴于首都工商业者常因地方督军和衙门官吏而遭受损失，授权他们从自己的行业中选出合适的委员。"委员必须善良、诚实，人数多少则可自定"，这些委员不仅代收国库税款，而且掌管民事诉讼和商业纠纷案件。谕旨还指出，至于城市以及国家其他农民和皇室农民的社团，由于他们受尽督军的侮辱、索贿，他们可不必再听命于督军，"设若他们愿意"，可由他们自己选出的人审理诉讼案件和征收国税。① 也就是说予以城市商人和手工业者自治权，城市不再归督军管理。市政改革在初期不是强令进行，而是由市民自己决定是否接受。彼得一世认为市民们会乐意接受这种创新，因此选择这种管理形式的公民要缴纳双倍直接税。然而，大部分城市拒绝接受有这些限制条件的自治制度。结果，1699年10月20日颁布了取消双倍直接税的诏令，但必须进行市政改革。

莫斯科市政局作为管理工商业者阶级的最高中央机构，可以越过各衙门直接朝见皇帝，陈奏一切，从而变成了某种类似于专管市政和城市税务的中央机构。市政局的主要任务之一是保证税收，过去上交到13个莫斯科衙门的各种税收（总数100多万卢布），现在统统转由莫斯科市政局主管，到1701年，市政局的收入，连同超额"加征"的款额，已增至130万卢布，占该年度收入总额的三分之一以上，几乎达到一半。② 莫斯科市政局通过地方自治署及选举产生的委员们管理工商业人口、国有农民，使国家行政部门的权限缩小。在第一次省改革中，把地方自治署置于地方行政机关的领导之下，完全从属于省政府，甚至委员的选举要取得省长的同意后才能进行。莫斯科市政局不再起中央机关的作用。这样一来，专制政权在促进新兴商人阶级的发展并通过他们选举产生的机关赋予他们司法权和收税权的同时，也使他们的一切活动完全处于国家的监督之下。

在第二次省改革后，彼得一世也进行了第二次城市改革。1720年2月，在新都圣彼得堡成立了市政总署（Главный магистрат）取代原先的市政局。1723—1724年，在莫斯科和其他城市成立了市政公署（Магистрат），取代原

---

① 〔俄〕克柳切夫斯基著，张咏白等译：《俄国史教程》第4卷，商务印书馆，2018年，第163页。
② 〔俄〕克柳切夫斯基著，张咏白等译：《俄国史教程》第4卷，商务印书馆，2018年，第166页。

先的地方自治署，归市政总署管辖。与以前的地方自治署相比，市政公署的权限有所扩大，负责向市民收税以及所有城市管理事务：警察、财政和经济事务等。在司法权方面，对于工商业者它拥有与高等法院同等的司法职能，只有死刑判决才需要提交给市政总署批准。省长监督市政公署的工作，参政院监督市政总署的工作。市政机构实行委员会制，由 1 个主席（президент），2—4 个委员（бургомистр），2—8 个市政议员（ратман）组成，这些官员均由选举产生。

《市政总署章程》将市民分成正规市民和非正规市民两部分（регулярный и нерегулярный гражданин）。非正规市民是城市中没有财产的贫困阶层。正规市民分成两个等级，大商人和工业家为第一等级，小商人和手工业者为第二等级。商人组成基尔德，按财产地位划分成三个等级。手工业者组成行会。基尔德和行会隶属市政公署，管理其内部等级事务，履行部分警察和财政税收职能。正规居民有权参加市政机构的选举，其选举权和被选举权因财产多寡而有所差别。非正规居民无权参与市政机构的选举。

彼得一世设立的城市自治机构实际上成为政府执行财政政策的工具，并迅速变得官僚化。市政公署主席、委员和市政议员成为国家官员，他们因其职务按《官秩表》获得官阶及贵族的身份。[1]

在城市治理中，在设立自治机构的同时，还建立了专门警察机关。第一次省改革时，警察职能交给了省长、督军和卫戍官。《市政总署章程》对警察职能首次作了规定，指出："警察是市民和一切良好秩序的灵魂，是人类安全和舒适的坚实可靠的支柱。"省长和卫戍官兼管警务的做法对莫斯科和彼得堡这些大城市来说是不够的。在政府看来，新老都城均需要有专门的警察机关。因此在彼得堡设立了警察总长（генерал-полицеймейстер），在莫斯科设立了从属于彼得堡警察总长的警察长（обер-полицеймейстер）。地方上特别加强了警察工作。督军和地方官员收到了关于同逃亡者进行斗争、制止偷窃、抢劫、杀人，维护社会治安的专门指示。农民大会选出的村长、保长和甲长，是地方政府的警察代理人。

彼得一世地方改革的主要策划者亨利·菲克对改革中设立的机构表现不

---

[1] Писарькова Л. Ф. Развитие местного самоуправления в России до великих реформ: обычай, повинность, право // Отечественная история. 2001. No 2. С. 18-23.

满意，在1723年他曾经提出了一个新的地方政府改革草案。这个方案保留了分权原则，为每一类事务设立专门机构：省政府（省公署）负责行政，财政厅负责财政，高等法院负责司法。这些机构将更充分地实行集体负责制管理原则，而且最重要的是，能够在当地解决大多数事务，而不需要将它们送到上级部门。[①] 50年后，亨利·菲克的想法在叶卡捷琳娜二世女皇的身上找到天才的执行者，她将中央委员会的职能转移到各省，建立了新的地方政府系统。

第五节 司法与监察机构改革

彼得一世主张根据瑞典模式改革俄国司法系统，建立普通司法体系，使司法权与行政权相分离，同时设立并保留一些专门法院。彼得一世进行的司法改革过于超前，导致其许多改革成就昙花一现。彼得一世建立起覆盖从中央到地方所有权力机构的监督制度，检察机关的公开监督同监察机关的秘密监视结合进行，专制政体竭力以此办法保证整个管理机关认真严肃地进行工作。

一、司法机构改革

彼得一世重视立法工作。在《俄罗斯帝国法律大全》中彼得在位时期的立法文献达五卷之多，共包括3314道诏令、章程和条令等。[②] 大量诏令都是他亲自起草或作了补充和修改的。彼得的思想充满了极权意识，同时他又指出维护"全民利益"，实现"共同幸福"是专制政权的任务，企图以此来证明专制制度的合理性。彼得一世是一位积极的立法者，也是一位积极的司法活动家，在行政改革的同时进行了司法改革。

彼得一世主张根据欧洲模式改革俄国司法系统。他经常与精通欧洲法学

[①] Богословский М. М. Областная реформа Петра Великого. Провинция 1719-1727 гг. М.: изд. Московского университета, 1902. С. 456-458.

[②] 〔苏〕В. В. 卡芬加乌兹、Н. И. 巴甫连科主编，郭奇格等译：《彼得一世的改革》上册，商务印书馆，1997年，第377页。

的人接触，例如，彼得一世最亲密的随从外交官 П. П. 沙菲罗夫熟悉荷兰法学家雨果·格劳修斯的作品，向沙皇讲述了许多欧洲法律思想成就。沙皇还与一些拥有欧洲大学法律学位的人保持联系，从他们那里了解很多关于欧洲国家法律和法学的新趋势。著名哲学家莱布尼茨对彼得一世的政治法律观点的形成也产生影响。1697—1716年间，沙皇曾五次会见这位哲学家，并与他通信。他为俄国中央政府改革制定计划时建议设立负责司法的司法委员会。但彼得一世最重要的对话者可以说是费奥凡·普罗科波维奇大主教，他是18世纪初俄国最重要的官方政治法律作品《君主意志真诠》的作者，拥有广博的国家法学知识，向沙皇传达欧洲法律思想。在《君主意志真诠》中，他把对司法公正的关注列为皇帝的主要职责："要让臣民没有忧伤，沙皇必须关注给予国家真正的司法公正，保护被侵犯者不受侵犯者的伤害……如同一支强大而技艺高超的军队保护整个祖国不受敌人侵扰。"① 彼得大帝赞同这些思想。

司法机构改革最终也以瑞典为范例。对照瑞典模式建立普通司法体系，包括四个级别：初级法院为城市和州法院，第二级法院为高等法院（надворный суд），第三级法院为司法委员会。参政院是第四（最高）级法院，是最高监督机关和受理上诉的机关。司法机构独立于行政部门。司法系统确立了严格隶属关系，要求法官具有高度专业性和公正性。司法委员会在1717年成立，初级法院和高等法院在1719—1723年陆续建立。全国领土划分为11个司法区：圣彼得堡、莫斯科、喀山、库尔斯克、雅罗斯拉夫尔、沃罗涅日、下诺夫哥罗德、斯摩棱斯克、托博尔斯克、叶尼塞斯克、里加司法区，由高等法院领导。②

初级法院实行集体负责制或首长负责制。实行集体负责制的初级法院通常设在大城市，称作州法院，由首席法官（обер-ландрихтер）领导，包括2—4名陪审员。其他城市的初级法院为城市法院，通常只有城市法官（городовая судья）或地方法官（земская судья）1人，对于有争议的案件他

---

① Феофан Прокопович. Правда воли монарщей // Феофан Прокопович. Избранные труды. М.：РОССПЭН，2010. С. 353.
② Писарькова Л. Ф. Государственное управление России с конца XVII до конца XVIII века. Эволюция бюрократической системы. М.：РОССПЭН. 2007. С. 161.

们必须向高等法院报告。①高等法院由院长（президент）、副院长和 6 名成员组成。司法委员会是帝国各级法院的行政管理机关，同时是高等法院的上诉法院，也作为初级法院审理一些案件。普通司法权法院到 1721 年开始全面运作。

彼得一世主张权力分立，司法与行政分开，剥夺俄国行政机构长期以来所享有的司法权。他试图借第二次省改革之机实现他的设想。1719 年在按照瑞典区长条例制定的《地方专员条例》中规定，今后省长或督军和地方专员不负责县里的司法。但是彼得一世还是未能断然地从根本上打破几百年来的传统，即地方政府在其辖下地区拥有全部权力。同样在 1719 年发布的，基于 1687 年瑞典省长条例制定的《督军条例》中，未再规定省长不干涉司法事务，为其保留了对初级法院活动的监督权。②而且，地方法院实际上沦为行政机关的附属，因为高等法院院长通常由省长和副省长担任。建立普通司法系统的一个客观结果是俄国出现了专业的司法队伍，即法官队伍。18 世纪初属于法官群体的有司法委员会、高等法院、州法院以及城市法院司法官员。从彼得一世司法改革起，"法官"（судья）一词开始按今天的含义使用，而以前这个词用来称呼任何最高职务官员。但彼得一世并没有为法官规定任何资格要求，瑞典法院由训练有素的专业法律人士组成，而俄国法官队伍主要由退役军官和地方贵族组成，他们往往对现行立法没有丝毫了解，申请这个职位的唯一条件是识字。俄国法官的这种构成在一定程度上也导致 1719 年改革计划的司法与行政权分离变成一种空想。

俄国第一批普通司法权法院的时代是短暂的。1722 年 4 月，初级法院被废除，高等法院则在 1727 年 2 月被废除。司法权又重归府督军一人独揽或者由他与陪审员共同行使。俄国再次出现法院与行政机构分离已是在彼得大帝去世后的半个世纪——在 1775 年司法和行政改革中。普通法院体系在 1864 年司法改革时才复兴。

彼得一世也是俄国第一位有目的地着手完善司法的统治者，他希望使俄

---

① Государственность России. Кн. 3. М.：Наука, 2001. С. 177-179.
② Каменский А. Б.（ред.）Реформы в России с древнейших времен до конца XX в. Т. 2. М.：РОССПЭН, 2016. С. 56-57

国臣民"每个人……在所有事情上的司法都应该是公正的和高效的"。① 彼得一世时期的司法改革十分激进，被证明与国家传统过于不协调。彼得一世也是个一贯的实用主义者，在认识到瑞典模式与俄国条件和传统缺乏兼容性后，即对司法改革方针做了调整。

二、设立监察机构

监督制度是国家管理的一项固定职能，是保证国家政策实施的重要手段。彼得一世建立了全新的国家管理机构体系，在设立最高国家机构参政院时明确指出，参政院最主要的任务就是对一切机关拥有管理和监督的最高权力。他在赋予参政院以监督职能的同时，认为必须建立专门的监督组织。早在1711年参政院成立时，彼得一世就在这里设立了总监察官（Обер-фискал）职务，负责"对一切事务秘密监视，过问处理不公的案件，以及监督国税的征收等"。在委员会和其他中央机构设监察官（фискал），每个部门 1 个。在各省办公厅设省监察员及其助理共 4 人。在每个城市，根据居民数量设 1—2 个城市监察员。当时全国共有 340 座城市，所以这样的监察员，包括首都的、各省市的、连同中央机关的，总数不会少于 500 人。②

监察员不从属于地方当局，只受参政院管辖。他们监督所有事务、揭露违反国家法律、财政纪律、税收制度，贪污受贿，滥用职权的官员。监察机构的工作方法是暗中调查，利用"线人"检举等方法秘密寻找证据。指控一经证实，监察员可以得到被检举人罚金的半数，即使指控不能成立，也不得判处监察员有罪。俄国传统审判程序是准许告密作为一种起诉手段的，但这一手段是针对双方的：使被告遭受刑讯的同时，告密者自己也可能受到拷问。如今告密却不会有任何风险。监察官一职的设置带来了不良的道德风气。监察员因为从事暗探工作引起其他官员的仇恨和蔑视。

监察机构成立之初，监察员们积极捍卫国家利益，他们利用沙皇的支持，揭露出大量官员们贪污公款、索贿受贿的行为。但是，整体而言，监察员们

---

① Каменский А. Б. (ред.) Реформы в России с древнейших времен до конца XX в. Т. 2. М.: РОССПЭН, 2016. С. 73-74.

② 〔俄〕克柳切夫斯基著，张咏白等译：《俄国史教程》第 4 卷，商务印书馆，2018 年，第 180 页。

并没有实现沙皇寄予的厚望，没有完成有效监督的任务。很快表明，很多监察员未能经受住考验，在贿赂、收买和贵重礼物面前丧失了原则，他们有时甚至为了获得被告的财产伪造虚假的告密信，引起了人民对监察员的不满。1722年，参政院揭露出总监察官 А. 涅斯捷罗夫的索贿行为，对他执行公开死刑，这严重打击了监察工作，进一步影响了监察员在人民心中的形象。后来在安娜女皇时期监察制度被取消。

国家管理实践迫切要求建立一种公开的、有效的监督制度，实现对从中央到地方机构所有环节、所有官员的监督。1722 年建立了检察制度（Прокуратура）。1722 年 1 月，彼得一世下令，在参政院设总检察长（Генерал-прокурор）、总检察官（Обер-прокуров），在所有中央委员会和地方机构设检察官（прокуров），隶属于总检察长。①

彼得一世赋予总检察长的职位以极其重大的意义，他在诏令中指出："此官吏犹如朕的耳目和一切国务的代理人……"② 彼得一世任命自己的亲密助手 П. 亚古任斯基担任总检察长这个重要的职务。据同时代人评价，亚古任斯基非常有教养、精力充沛、干劲十足、诚实公正。他是彼得一世改革的坚决支持者和积极推行者，受到彼得一世的信任。在实际生活中，亚古任斯基也通过自己有针对性的、积极的工作逐渐在国家管理中占据了中心地位。

检察机构覆盖从中央到地方所有国家机构，有明确的法律基础，在国家机构体系中占据特殊地位。总检察长作为最高权力代表独立于参政院，直接隶属于沙皇，监督参政院依法履行其职能，没有总检察长的同意和签字，参政院的任何决定都是无效的。检察官在其所在机构享有总检察官在参政院的权力。各级监察官员开始隶属于检察官。检察机关的公开监督往往同监察机关的秘密监视结合进行。专制政体就竭力以此办法保证整个管理机关认真严肃地进行工作。

彼得一世国家机构改革触及了自中央到地方所有管理领域，建立了全新的国家权力机构体系，隶属关系严格，组织结构统一。彼得一世在国家治理改革时所遵循的基本原则有：中央集权制；集体负责制；职能分工、职责明

---

① Сабенникова И.，Химин А.（ред）Государственность России. Кн. 5. Ч. 2. М.：Наука，2005. С. 103.

② 〔苏〕В. В. 卡芬加乌兹、Н. И. 巴甫连科主编，郭奇格等译：《彼得一世的改革》上册，商务印书馆，1997 年，第 366 页。

确、严格依法办公；尝试建立分权制，行政权与司法权分开；建立对官员系统的监督制度。国家机构的集中化与官僚化同时进行。彼得一世改革深刻影响了以后国家组织的发展，在此之后国家行政改革基本上延续了他奠定的基本原则。但是彼得一世改革使行政机构不断膨胀导致其维护成本提高、效率低下、贿赂贪污等顽疾并没有被克服。到 18 世纪 20 年代末，彼得一世国家治理改革的积极和消极后果都明显地体现出来。斯佩兰斯基在他的时代这样评价彼得时代的政治意义："彼得大帝在政府的外部形式上坚决没有建立任何有利于政治自由的东西，但他为科学和贸易打开了大门，从而也为政治自由打开了大门。"[①] 彼得一世希望通过政治杠杆实现把俄国变成一个真正欧洲强国的庞大计划，但他所建立的政治机构遭到了继任者的质疑和排斥。

---

① Сперанский М. М. Проекты и записки. М.：Издательство Академии наук СССР，1961. С. 157.

第二章　宫廷政变时期政府机构变革

宫廷政变时期，沙皇频繁更换，最高权力被削弱。由于女皇（伊丽莎白是个例外）或少年皇帝性格软弱，在他们背后进行统治的是来自新旧贵族的亲信或宠臣。在彼得一世绝对专制权力得以合法确立的同时，贵族等级中也逐渐形成限制专制的思想。政府内部提出改革极权专制统治，限制君主无限权力的方案，国家面临着对其未来道路的选择。宫廷政变时期进入对彼得大帝国家治理改革的"消化"及其对俄国国情的适应过程，继任统治者保留了中央的委员会体制，将注意力集中在不适应俄国现实的地方机构。从叶卡捷琳娜一世时期到伊丽莎白统治末期，最高、中央和地方政府机构都几经更迭。

第一节　精英集团夺权斗争与最高权力机构更迭

在俄罗斯帝国历史上，彼得一世去世后至叶卡捷琳娜二世登基之前的1725—1762年被学界称为"宫廷政变时期"。在这37年间，发生数次封建贵族和近卫军政变，国家统治者数度被推翻，最高国家权力机构几经更迭。

彼得一世国家改革完全根据他个人的倡议，借助他充沛的精力和顽强的意志，在大规模惩罚和镇压的威吓下使用暴力手段推行。彼得大帝去世也带来改革的动力消失，俄国政治改革的马达熄火。彼得一世的死亡导致了一种后来在俄国政治史上多次重复的局面：改革时期为停滞甚至反改革时期所取代，已取得的改革成果被放弃。除了沙皇之外，很少有人理解他所进行的改革的必要性，社会上层和下层都继续奉行旧的规范和观念。即使是彼得最亲密的伙伴，也不是他真正的志同道合者，不能如同彼得一样认识到自己对祖国的责任感。克柳切夫斯基就此指出："这些人身不由己地成为了改革的合作者，从内心来说他们并不是改革的真诚信徒，与其说他们支持改革，毋宁说他们本人全赖改革的支持，因为改革使他们处于有利的地位。彼得为自己的祖国服务，尽管如此，却还不能说为彼得服务就是为俄国服务。祖国的思想对于彼得的奴仆们过于崇高，这不是提高他们的公民觉悟就能企及的。最贴近彼得的人并不是改革活动家，而是他个人的奴仆。"① 彼得一世以其超人的意志把这些人联合在一起，他们习惯于服从来自于外部的管控，一旦最高权力的控制力减弱，彼得一世时代的政治家们就会显示出他们自己的本来面目。"彼得的事业，这些人既没有力量，也没有愿望去继承或者摧毁；他们只能败坏它。彼得时期，他们习惯于按照彼得的残酷指挥行事，因而一个个都好似杰出的人物。如今他们失去了扶持依靠，因而露出了平庸无能的本来面目。"② 彼得一世改革没有得到持续的另一个原因，是在他之后登上俄国皇位的多数统治者不具备作为改革者沙皇的素质。彼得一世颁布《皇位继承法》，由皇帝亲自挑选继承人，但他去世时没来得及留下遗嘱，宫廷贵族集团之间开始了权力斗争，皇位争夺战特别激烈。宫廷政变成为决定执政者和统治等级之间矛盾的方式。

宫廷政变时期国家机构不稳定，相继出现新的最高权力机构：最高枢密会议、"内阁"、最高宫廷委员会。彼得一世设立的最高国家机构参政院则丧失了其昔日地位。彼得一世时期确立绝对君主制，他去世之后，国家机构的演变与绝对专制制度密切相关。尽管从表面上看，似乎一些最高权力机构独立行事，或在沙皇出席下共同做出决定。事实上，这种决定只具有协商的性质，国家权力依然集中于君主手中，所以绝对权力拥有者的素质非常重要。然而，彼得一世的继承者大都教育程度低，统治能力弱，对国务不感兴趣。宫廷政变时期，除少数例外，几乎都是女性或儿童担任沙皇。在女性或幼小沙皇的统治下，宠臣的作用突出。

彼得一世去世后，当时有两个王位竞争者：皇太子阿列克谢之子彼得一世之孙彼得·阿列克谢耶维奇以及彼得一世的遗孀皇后叶卡捷琳娜。彼得·阿列克谢耶维奇是皇室王朝的直系后裔，他身后是戈利津和多尔戈鲁基等名门贵族代表。皇后叶卡捷琳娜出身低微，但她得到了以缅什科夫为首的新贵

---

① 〔俄〕克柳切夫斯基著，张咏白等译：《俄国史教程》第 4 卷，商务印书馆，2018 年，第 277—278 页。
② 〔俄〕克柳切夫斯基著，张咏白等译：《俄国史教程》第 4 卷，商务印书馆，2018 年，第 279—280 页。

集团的支持。敌对贵族之间的争端由近卫军解决，叶卡捷琳娜登上了皇位。叶卡捷琳娜一世立下遗嘱，将王位传给彼得·阿列克谢耶维奇，这份遗嘱完全符合《皇位继承法》，所以在她1727年去世后，彼得·阿列克谢耶维奇继位没有引起任何争议。叶卡捷琳娜一世没有亲自管理国家的能力和愿望，她的大部分时间是在夏宫花园里散步和宴饮。彼得二世即位时年仅12岁，沉迷于狩猎。

这一时期最高国家权力机构是最高枢密会议（Верховный тайный совет，1726—1730），于1726年2月成立，最初由六名成员组成：其中五名属于新贵——А. Д. 缅什科夫、П. А. 托尔斯泰、Г. И. 戈洛夫金、П. 阿普拉克辛，包括外国人 А. И. 奥斯捷尔曼在内，第六位是名门望族代表 Д. М. 戈利津。[1] 叶卡捷琳娜一世时期，缅什科夫在最高枢密会议影响力最大，但新老权贵们在宫廷争夺权力。彼得二世即位后，缅什科夫很快被废黜流放。旧名门贵族集团力量加强，В. Л. 多尔戈鲁基公爵成为新的掌权人。

最高枢密会议位于帝国所有国家机构之上，参政院、圣主教公会以及所有委员会都隶属于它，它的职权范围虽然没有明确规定，但负责国内外政治、财政、军事事务。女皇叶卡捷琳娜一世只是在1726年9月之前参加了12次会议，然后在12月又参加了2次会议。彼得二世在1727年参加了9次会议，1728年参加了4次。[2] 在这种情况下，为国家机器的正常运作，1726年8月4日法令允许最高枢密会议签署法律。事实上，最高枢密会议以其拥有的广泛权力和崇高地位取代了皇帝。但最高枢密会议获得最高权力的事实并没有在法律上限制专制君主的权力。最高枢密会议成员由沙皇任命，会议成员之间出现分歧时要向沙皇报告，由沙皇定夺。最高枢密会议工作时期，法律制定和行政活动的强度并没有减缓。《俄罗斯帝国法律大全》收录的法律中，叶卡捷琳娜一世在统治的27个月里颁布了427个（每月15.8个），彼得二世在位的28个月里颁布了438个（每月15.6个）。[3] 可以说，最高枢密会议的国家管理在一定程度上是有效的。然而，会议成员的崇高地位和巨大权力使他

---

[1] 〔俄〕克柳切夫斯基著，张咏白等译：《俄国史教程》第4卷，商务印书馆，2018年，第300页。

[2] Каменский А. Б. (ред.) Реформы в России с древнейших времен до конца XX в. Т. 2. М.: РОССПЭН, 2016. С. 123.

[3] Каменский А. Б. (ред.) Реформы в России с древнейших времен до конца XX в. Т. 2. М.: РОССПЭН, 2016. С. 124-125.

们有可能取代皇帝。在1730年1月，最高枢密会议曾试图正式限制君主的权力。

彼得二世未满15岁就突然离世，没有留下任何遗嘱。罗曼诺夫王朝直系男丁中断，俄罗斯帝国处于重大王朝危机的边缘。在戈利津的建议下，1730年1月19日最高枢密会议决定选择彼得一世哥哥伊凡五世的二女儿安娜继位。就像叶卡捷琳娜一世登基一样，在安娜女皇即位中占上风的不是正式的继承原则，而是权臣们的政治考虑，打算通过限制女皇的权力来巩固他们权力。戈利津和多尔戈鲁基秘密制定了安娜继承王位的《条件》，限制沙皇的专制权力，将其置于最高枢密会议控制之下。为了登上俄国帝位的宝座，安娜接受了《条件》。但是，最高枢密会议向安娜提出的即位条件引起了许多政要、僧侣和贵族的不满，他们担心最高枢密会议成为寡头机构，反对限制女皇的权力，认为沙皇专制的无限权力更符合贵族等级的利益。最高枢密会议想用寡头统治取代专制，但无力用武力支持他们的计划。贵族的军人代表团近卫军反抗寡头政治，向安娜提出了专制的要求。于是安娜撕毁了《条件》，作为专制女皇登上了皇位。绝对君主制在维护专制权力的道路上继续发展。

1730年3月4日，最高枢密会议被废除。安娜没有表现出管理国家的能力和愿望。为了有效管理国家事务，1731年秋成立了由三位大臣组成的"内阁"（Кабинет министров），包括Г. И. 戈洛夫金、А. И. 奥斯捷尔曼、А. М. 切尔卡斯基。最初，"内阁"只履行行政职能，自1735年11月起，集中负责整个国家管理，"内阁"三人的签名可以替代女皇的签名。"内阁"分成三个司，分别负责陆军、士官武备学校和拉多加运河的事务；外交和海军事务；内政事务。各大臣独立管理自己的部门，对特别重要的事项才召开共同会议。宠臣当权是软弱的女皇们维持无限权力的手段之一，安娜的宠臣比隆大权在握。比隆任命德国人担任政府要职，德国人在俄国宫廷影响很大，引起俄国贵族不满。1740年10月，安娜女皇去世。

安娜女皇去世时，皇位传给了她指定的继承人，她的侄女安娜·莱奥波尔多夫娜之子、当时仅两个月大的伊凡·安东诺维奇，即伊凡六世。比隆公爵成为摄政王。从法律角度看，伊凡六世皇帝的继承权无可置疑。首先，伊凡的王位继承符合传统，因为伊凡是伊凡五世之曾孙，其长女叶卡捷琳娜之孙，从罗曼诺夫家族谱系上高于彼得一世的外孙荷尔斯泰因公爵卡尔·彼得·乌尔里希。其次，这种权力是基于法律规定的沙皇自行选择继承人的权力。但是，近卫军对德国人比隆大权独揽不满。不久后，1741 年 11 月 25 日，近卫军发动政变，罢免比隆，废黜伊凡六世，拥立彼得大帝之女伊丽莎白登上王位。

伊丽莎白女皇希望将统治权掌握在自己手中并加强专制权力的意义，恢复了"彼得的创造"——参政院作为最高国家机构，废除了"内阁"，恢复了彼得大帝时期设立的皇帝陛下办公室。前"内阁"的一些事务由参政院负责，而另一部分则由女皇亲自负责。归女皇负责的事务被送到皇帝陛下办公室，如各部门、参政院、总检察官的奏章等。颁布法令只由女皇个人签署。为讨论最复杂的国务问题，特别是外交政策，伊丽莎白女皇召开最高政要特别会议，称为"会议"（Конференция），其参与者被称为"会议大臣"（конференц-министр）。1756 年七年战争开始后，成立最高宫廷委员会（Конференция при высочайшем дворе）作为特殊的最高权力机构，最初其只关注外交事务，后来将国家行政管理权集中在其手中。在形式上，最高宫廷委员会与参政院和圣主教公会同等重要，但根据 1756 年 10 月 5 日法令，委员会有权向参政院和圣主教公会发出指示，并向其他机构以女皇的名义发出指示。

伊丽莎白选择她的外甥彼得作为皇位的继承人。她在 1761 年 12 月去世，王位顺利传给了彼得三世。1762 年，彼得三世成立了由八名成员组成的御前会议（Императорский совет），取代最高宫廷委员会。它只举行了八次会议，大部分是为计划中的军事行动筹集资金。彼得三世虽然通过了闻名一时的法规——《贵族自由诏书》，免除贵族必须担任公职的规定，但终因未将贵族（精英）放在眼里，转瞬之间就被拉下了皇位。1762 年 6 月 28 日，彼得三世成为由他的妻子领导的宫廷政变的牺牲品，他的妻子叶卡捷琳娜成为女皇。

在宫廷政变和统治者更迭期间，俄国绝对君主制的本质并没有改变。宫廷政变的主要原因之一是贵族统治集团之间的矛盾。新兴贵族是绝对君主制的社会支柱，支持专制政权与古老名门的斗争。政治斗争存在两个不同倾向：一个是寻求新的政治机制，限制专制权力，表现为相对"合法的"冲突；另一个是保存现有制度，不改变"政府形式"本身，改变统治者的人选，表现为密谋政变。彼得一世去世后，因君主大多不具备管理才能，出现了各种最高权力机构，在一定程度上使政权得以稳定和维持日常管理秩序。叶卡捷琳娜一世和彼得二世时期最高枢密会议的崛起，使它在 1730 年 1 月试图从法律上限制君主的权力。

第二节　国家治理改革方案

在彼得一世绝对专制权力得以合法确立的同时，贵族等级中也逐渐形成限制专制的思想。1730 年最高枢密会议拟定的安娜女皇即位的《条件》是俄国历史上首次试图在法律上严格限制沙皇的专制权力。这份文件导致政府的分裂和广泛的政治讨论，出现了来自贵族的其他一些政治改革方案，提出了从贵族中选出代表参与帝国立法和治理。伊丽莎白女皇时期提出的政治改革方案尝试通过和平方式把专制制度引入法律轨道，秉承启蒙思想的精神建立防止独裁的法律保障。宫廷政变时期，彼得一世建立的地方政府机构为适应俄国生活条件而被修正或废除，统治集团内部不断探索合适的地方治理方式。

一、限制专制权力方案

彼得大帝的统治在俄国历史上留下了不可磨灭的印记，是自统一国家建立以来俄国历史上的关键时期之一。彼得一世希望实现文明的突破，把俄国转变为真正的欧洲强国，但他采用的是极端专制的手段，"把全体臣民变成他可怕的中世纪国家机器上的螺丝"，所有臣民，无论社会阶层如何，都无条件地服从他的个人意志。斯佩兰斯基在 1802 年对俄国人民生活状态的评价："实际上除了乞丐和哲学家以外，在俄国是没有自由人的，"正是自此时起源。[①]同时，彼得大帝带来的欧洲文明对政治生活产生了强大的影响。呼吸到另一种文明空气的人们迟早会对彼得大帝用来实现其将俄国转变为真正的欧洲强国的宏伟目标的专制政治杠杆提出质疑。

1730 年 1 月 19 日晚，彼得一世之孙，14 岁的彼得二世死于天花。这位罗曼诺夫王朝最后一位直系男丁没来得及根据《皇位继承法》指定继承人。最高枢密会议成员在叶卡捷琳娜一世和彼得二世皇帝软弱时期实际上统治着

[①] Конституционные проекты в России XVIII-начала XX в. М.：Институт российской истории РАН，2000. С. 27.

国家，他们渴望维持手中的权力，觊觎决定王位的命运。最高枢密会议主张将伊凡五世的二女儿、寡居的库尔兰公爵夫人安娜推上王位，原因之一就是她在国内没有支持者。最高枢密会议成员秘密制定了安娜继承王位的《条件》，根据这份《条件》，女皇要承诺自接受俄国皇位之后终生不再结婚，无论生前还是死后都不指定皇位继承人，并且与最高枢密会议一起统治国家。女皇未经最高枢密会议同意不得宣战；不得签订和约；不得向臣民增加新的赋税负担；不得封赏上校以上的官衔，近卫军和其他军队必须置于最高枢密会议的统辖之下；不经法庭审理，不得剥夺贵族之生命、财产和荣誉称号；不得赏赐世袭领地和村庄；不得任命宫廷官员；不得动用国库收入。在这些条款的后面，以女皇的口吻写着："朕躬一旦不履行、不遵守上述诺言，即可摘去朕头上之俄国皇冕。"安娜为了皇位毫不犹豫地同意了所有条件并在上面签字："朕许诺无一例外地履行上述所有条款。安娜。"①

这些条件的实施意味着废除绝对君主制，建立在最高政府机构——最高枢密会议主导下的有限君主制。这是俄国历史上第一次通过法律限制专制的尝试。俄国内外学界都有研究人员将这份文件视为俄国第一个立宪方案。② 当时英国、萨克森、普鲁士等国驻俄大使在其通信中明确将最高枢密会议成员的计划看作是希望改变俄国的政府形式，通过"实行类似英国的统治"来限制专制。③ 当时在这份文件之后，又出现了若干份限制君主专制权力的方案，虽然具有限制专制的共同诉求，但对于新政府形式的看法出现分歧。

如前所述，彼得一世驾崩之后，在君主无力治国之时，最高枢密会议成为俄罗斯帝国的实际统治者。彼得二世去世时最高枢密会议为多尔戈鲁基公爵和戈利津公爵两个名门家族把持，在八名成员中仅这两个家族就占有六名，可说得上是寡头垄断。最高枢密会议当时的主要领袖是戈利津公爵，他是望族显贵中见多识广的领袖，先后到过意大利等西方国家，对西方各国制度和政治书籍有浓厚的兴趣，研究欧洲各种国家机构，以便从中选择最适合俄国的机构。他形成了一种思想：唯有望族权贵才有能力维持国内合法制度。从

---

① 〔俄〕克柳切夫斯基著，张咏白等译：《俄国史教程》第 4 卷，商务印书馆，2018 年，第 307 页。

② Конституционные проекты в России XVIII-начала XX в. М.：Институт российской истории РАН，2000. С. 27.

③ Конституционные проекты в России XVIII-начала XX в. М.：Институт российской истории РАН，2000. С. 27.

这种思想出发,他选定了瑞典的贵族政体,并且决定把最高枢密会议变成实现自己意图的据点。

1730年2月2日,最高枢密会议召开隆重的会议,向参政院、圣主教公会、将领们、委员会主席和其他高官宣读了安娜签署的即位《条件》,以最高枢密会议名义发布开始新统治的宣言:彼得二世去世时,俄国人民表达了他们的共同愿望,让有皇室血统的安娜·伊凡诺夫娜登上王位,而她又宣布限制自己的权力。最高枢密会议编制了《政府形式》(《Форма правления》)或者说《誓言》(《Пункты присяги》),这份文件在形式上是女王陛下的忠诚臣民的誓言,实际上是确认《条件》的不可侵犯性,规定帝国最高和中央国家机构——最高枢密会议、圣主教公会、参政院和委员会的任务和人选制度。例如,最高枢密会议要为"空缺选择出身名门、将军和大贵族,对国家社会忠诚和友好的候选人,并提交女皇陛下批准。并确保在这样的候选人中出身一个家族者不超过两个人……不实行人治,而实行法治"。[①] 参政院、将军、委员会成员和名门贵族将参与"讨论"重大国策。这份文件并未完成。最高枢密会议向高级官员征求建议,让他们撰写并提交关于俄国新"政府形式"的方案。

在这种号召之下,1730年冬天,莫斯科出现了意外的政治"解冻",参与讨论者近千人。一些贵族赞同最高枢密会议成员的创举,然而他们对未来"政府形式"的观点并不一致。西班牙大使德·利里阿在信中说,"党派不计其数……现在大家都在思考新的统治方式,我们在外国大使的紧急报告中可以读到:高官显贵和小贵族的计划各种各样,没完没了;大家都犹豫不决,不知为俄国选择什么样的统治方式才好:有的要像英国那样用议会权力来限制君权,有的要像瑞典那样限制君权,有的要像波兰那样设立选举委员会,还有的希望建立没有君主的贵族共和国。"[②] 最高枢密会议收到了来自各个贵族团体的建议,思想观点一致的人联合起来递交自己的方案。由各贵族团体呈递或准备呈递给最高枢密会议的意见、呈文和方案已知的有13份,在其末

---

① Каменский А. Б. (ред.) Реформы в России с древнейших времен до конца XX в. Т. 2. М.: РОССПЭН, 2016. С. 105.
② 〔俄〕克柳切夫斯基著,张咏白等译:《俄国史教程》第4卷,商务印书馆,2018年,第309页。

尾可以看到1000多个签名。① 大多数贵族是保守派，不愿意引入像英国（宪法、议会、有限君主制）、瑞典和波兰（选举管理）那样的制度，害怕最高枢密会议成员权力过大，出现寡头统治。各种方案最关心的是这个最高政府机构的人数和成员门第问题，以避免狭隘的寡头集团垄断权力。

"364人方案"（此处及以下方案均按其签名者的数量命名）建议设立一个由21个人组成的新最高国家机构。新的最高国家机构以及参政员等高级官员由选举产生，一个家族中不得超过一个候选人，这表明贵族希望消除大贵族的寡头政治野心。方案还提出建立一个两院制机关，分为最高会议和常设会议，候选人须得到君主的批准。"15人方案"与现有秩序妥协，保留最高枢密会议，但将其成员增至12—15人，建议由70人组成的特别会议进行最高枢密会议成员候选人的选举，从每三位候选人当中确认一位的权力被移交给最高枢密会议本身。至于参政员以及省长和委员会主席的任命，有两种方式："由最高枢密会议定夺或由社会投票选举"。

后来最高枢密会议还收到了"25人方案""13人方案""5人方案"等。所有这些方案都要求增加最高枢密会议成员。"25人方案"建议成立一个由百人组成的特别大会，选举最高枢密会议新成员和高级官员：参政员、省长和委员会主席。"13人方案"认为有必要建立一个由80人组成的大会选举高级官员，以及制定法律。"5人方案"提出将最高枢密会议成员人数增加到15人。这些方案都主张最高政府必须由贵族选举产生，选举原则不仅适用最高枢密会议成员，而且还扩大到参政员、委员会主席和省长等高官。但是，所有方案的思想基础是：贵族是唯一享有政治权的阶层，政府通过他们来统治国家。

上述方案都是从《条件》中宣布的限制君主权力的原则出发，但不接受寡头统治，限制每个名门家族只能有一到两名代表。所有这些都可以构成妥协的基础，并共同发展一个新的国家制度，在法律上确立君主的新地位，可能是一个新政治传统的开始。

最高枢密会议成员也试图调整其"宪法"草案。戈利津公爵制定了一个"宪政"计划并在最高枢密会议进行了讨论。按照这一计划，最高政权属于最

---

① 〔俄〕克柳切夫斯基著，张咏白等译：《俄国史教程》第4卷，商务印书馆，2018年，第313页。

高枢密会议，它由 10 或 12 名名门家族成员组成。最高枢密会议下设三个机构：由 36 人组成的参政院预先讨论将由最高枢密会议决定的一切事情；由贵族选举产生的由 200 人组成的贵族厅保护贵族的权利；城市代表厅管理贸易和工业事务，并保护普通百姓的利益。这样，名门望族执掌政权，而贵族代表与商人代表维护自己的利益。① 最高枢密会议成员对此问题的讨论至此而止，接下来他们忙于组织迎接女皇。最高枢密会议成员 2 月 18 日拟定的臣民宣誓的文本中没有"专制"一词，安娜只被称为"伟大的女皇"，宣誓者不仅要做她的"忠实的好仆人和臣民"，还要做"国家"的好仆人和臣民，"作祖国忠诚的儿子，保护祖国的完整和繁荣"。②

但是，支持代议制和法治思想的基本上属于当时的政治精英。相对于普通贵族来说，他们还是占少数，且内部存在分歧。一些成长于彼得改革时代新权贵强烈反对摧毁彼得大帝的国家机器，如喀山省长、少将 А. П. 沃伦斯基担忧，拟议的方案不仅不会扩大贵族的权利，反而可能"使一个专制君主变成十个独裁的强大家族"。历史学家和政论家谢尔巴托夫公爵指出，最高枢密大臣们自己"组成了一群君主来代替一个沙皇"。当时有一篇一位普通小贵族致莫斯科某人的函写道："上帝保佑，可别让十个飞扬跋扈、势力强大的家族取代一个专制君主之事发生！否则我们小贵族将完全陷入困境，不得不比先前更悲惨地在人前卑躬屈膝，向大家乞求恩典，而且又很难求到。"③ 大主教费奥凡·普罗科波维奇反对限制专制，积极面向不同认知水平的听众发表演说，竭力维护专制，他最常提及的论据就是分裂割据时期的国家衰弱。后来叶卡捷琳娜二世就 1730 年事件发表看法时重复了这一观点："要知道，如果你们的政府变成了共和国，它就会失去自己的力量，你们的地区就会成为第一批掠夺者的猎物；你们是否愿意因为你们的规则而成为某个鞑靼金帐汗国的猎物，并能否希望在他们的枷锁下满足、愉快地生活。"④ 最高枢密会议

---

① 参见〔俄〕克柳切夫斯基著，张咏白等译：《俄国史教程》第 4 卷，商务印书馆，2018 年，第 315 页。

② Каменский А. Б. (ред.) Реформы в России с древнейших времен до конца XX в. Т. 2. М.: РОССПЭН, 2016. С. 112.

③ 参见〔俄〕克柳切夫斯基著，张咏白等译：《俄国史教程》第 4 卷，商务印书馆，2018 年，第 310 页。

④ Каменский А. Б. (ред.) Реформы в России с древнейших времен до конца XX в. Т. 2. М.: РОССПЭН, 2016. С. 115.

成员未能说服社会接受他们的国家改革计划，主张限制皇权的贵族们彼此之间无法找到共同语言，加上对政治形势的理解程度不同，缺乏组织和联合政治行动的经验。1730年2月25日政变将专制权力还给了安娜女皇。

反对"宪政"改革团体组织对最高枢密会议成员的抗议活动，得到了近卫军团和女皇本人的支持，女皇也赢得了近卫军的支持。从2月20日开始，有数万名贵族到莫斯科宣誓，他们未受到"宪政"改革情绪的影响，对他们来说安娜女皇还理所当然的是一个专制者。他们对宣誓中女皇没有被赋予通常的头衔而不满。女皇决定加冕仪式完成后就使自己拥有以前的皇权。政变在2月24日晚上或第二天早上开始。最高枢密会议成员失去了对皇宫的控制。2月25日上午，根据安娜的命令，由她签署的《条件》被送到了大厅，她当众把它撕碎。1730年2月28日发表了一份诏书，其中说："我们忠诚的臣民一致要求在我们的俄罗斯帝国实行专制。"一些支持安娜的贵族们要求废除最高枢密会议，恢复参政院以前的重要性，给予贵族选举参政员、委员会主席和省长的权利，也就是说他们仍然希望女皇允许"贵族"参与政府，但这些条件也没有得到满足，俄国仍然是一个绝对专制国家。寡头权力已经衰落，但代议制也没有建立。

1754年，伊丽莎白女皇的重臣 П.И. 舒瓦洛夫尝试通过和平方式把专制制度引入法律轨道，从法律上界定君主权力的性质。他在奏章《关于国家利益的各种方案》中提出需要重新制定法典，取代过时的1649年法典，在俄国实行一些永久的原则，一套不能被废除的"根本法"。为了确认这些法律，女皇须"在上帝面前为她自己和她的继承人宣誓，维护和保持'根本法'的神圣和不可侵犯，并命令所有臣民作为祖国的真正孩子，在任何情况下都要遵守法律的坚定性和不可违反性，并对此进行宣誓"。[1] 伊丽莎白在1754年7月成立法典编纂委员会，修订旧的法律并建立新的法律体系。但伊丽莎白女皇的去世、彼得三世统治的短暂和动荡、叶卡捷琳娜二世登基的政变，打断了编纂法典工作。1762年6月28日政变后，法典编纂委员会被转移到莫斯科，并在1763年初被解散，但委员会的所有材料在叶卡捷琳娜二世统治时期被用来进一步立法。

---

[1] См.: Конституционные проекты в России XVIII-начала XX в. М.: Институт российской истории РАН, 2000. С. 193-227.

二、地方治理改革方案

彼得一世地方治理改革建立众多新的机构，维护政府的支出巨增。他的继任者决定降低地方治理的成本。他刚一去世，从 1727 年起他的继任者对地方管理进行了重大调整，简化地方治理。彼得一世成立的很多地方机构被取消，地方权力重新集中到旧式督军手中。

伊丽莎白女皇以恢复彼得一世制度为旗帜登上皇位，也没有忽视地方治理制度。1744 年 4—5 月参政院审议了地方治理改革方案，这个方案实际上重复了彼得大帝 1719 年改革。方案一开始就详细描述了彼得大帝的改革并指出，"在彼得大帝去世后这种制度被废除，高等法院也被废除……在所有城镇都任命了督军，他们负责司法、税收以及财政收入分配。所有督军任期 2 年，由此导致混乱局面，省长和督军都为各项琐事所累，没有精力去革新，却因而受到各个委员会的罚款；……督军知道自己将不断调动……对工作漫不经心。"[①] 参政员们建议首先，重建彼得一世时期一些省份，任命总督和副总督，如彼得堡省。其次，恢复高等法院，由总督和省长领导。第三，对各省首脑的过失必须报告给参政院，由参政院来决定处罚。第四，督军不实行任期制，就像彼得一世时期那样。经过参政院的讨论，这个方案被呈送伊丽莎白，但被退回进行修改。两年后，即 1746 年，它被重新提交并再次退回，之后被束之高阁。改革实施需要大量资金，当时的政权并不具备。

地方改革方案的再次提出与舒瓦洛夫伯爵的名字有关。1754 年，他的奏章《关于国家利益的各种方案》涉及地方管理。[②] 他建议在不废除地方检察机构的情况下，建立另一个监督制度，即独立于省长的专员。专员们应监督督军的财政账目及其整体活动。他写道，鉴于"各省、州和市中缺乏有能力的办公人员，缺乏司法公正"，有必要在每省设立 1 名总专员（генерал-губернии-комиссар），2 名高级专员（Обер-комиссар），在每州设立 1 名州专

[①] Цит. По: История Правительствующего Сената за двести лет. Т. 4. СПб: Сенатская типография, 1911. С. 34.

[②] См.: Конституционные проекты в России XVIII-начала XX в. М.: Институт российской истории РАН, 2000. С. 211-215.

员（провинциальный комиссар），在每市设立 1 名县专员（уездный комиссар）协助地方政府工作。这些职位的任期为三年。省总专员和高级专员的职位由参政院任命，让他们"成为无权无助的人民的完美守护者"。州级和县级专员在地方贵族中选举，这意味着地方贵族自治。在参政院下成立"国家经济办公室"（Контора государственной экономии）监督这些专员。这个奏章被提交给法典编纂委员会，并在参政院讨论，但经过长时间讨论后也被束之高阁，主要原因同样是缺乏资金。而且，最高当局对地方贵族自治的组织很警惕，特别是让其拥有对省政府的监督权。

1754 年法典编纂委员会编制的《新法典》草案中涉及地方治理，根据惯例，省级政府机构仍然集司法和行政权于一体，但提出一个激进的建议：在所有省和州及县公署，每年任命并更换来自贵族的全权代表，每省 3 名，每州 2 名，每市 1 名。其中省公署的两名代表由省城贵族选出，第三名代表由全省贵族选出。同样，在州公署，一名代表由州内所有贵族选举，另一名由州的中心城市贵族选举；而在县公署中，代表应仅由城市贵族选举。这个建议实际上将地方政府的行政机构部分改组为自治性质的。此外，法典草案中提出，有必要考虑到城市中非贵族人口的利益。在涉及非贵族（商人和小市民）的案件调查和侦查中出席的省公署官员，应有一个是"市政公署成员"。[1]

中央政府呼吁地方机构参与改革的准备工作，并提交自己的草案。1755 年 6 月参政院正式提出这一呼吁，规定了接受地方当局提案的程序。伊丽莎白女皇 1755 年 10 月 10 日下令，责成各省和县公署提交关于地方治理迫切变革的方案和建议。从 1755 年到 1762 年底，总共收到了 18 个省长、26 个州和 7 个县督军的改革方案。[2] 其中很多方案强调，鉴于地方精英在地方上的重大影响，要加强当地贵族对地方治理的参与，建议设立贵族自治机构。

---

[1] Коршунова Н. В. Проекты реформ в России（вторая половина XVIII-первая четверть XIX в.）. Челябинск：Издательство ООО фирма《ПИРС》，2009. С. 172.

[2] Коршунова Н. В. Проекты реформ в России（вторая половина XVIII-первая четверть XIX в.）. Челябинск：Издательство ООО фирма《ПИРС》，2009. С. 172.

第三节　中央政府机构变革

宫廷政变时期国家权力机构体系的一个特点是存在所谓的"君主亲自领导的委员会"——高于参政院的最高权力机构。如本章第一节所述，1726年2月，叶卡捷琳娜一世女皇创建了最高枢密会议，1731年被安娜女皇的"内阁"所取代，1756年伊丽莎白女皇设立最高宫廷委员会，彼得三世登基后成立御前会议。这些最高权力机构与最高和中央政府机构（参政院、委员会）都是行政权力中心。

彼得大帝去世后，他在位期间作为最高国家机构的参政院命运多舛。彼得一世的改革非常激进，遭到了保守派的强烈反对。彼得一世成立的机构在其生前就有许多反对者，在他去世后，很多"彼得一世鸟巢之雏鸟"失去了昔日的重要地位。彼得一世改革的反对派立刻利用其继任者的软弱，百般反对他建立起来的制度。但恢复旧制度，最大也是最难克服的一个阻碍就是参政院，因而他们把矛头首指参政院。宫廷政变时期，参政院的重要性下降，隶属于最高权力机构。在某些时候其地位再次上升，但时间不长。事实上，参政院占据了履行通常行政职能的中央机构的地位。

叶卡特捷琳娜一世时期，参政院的地位类似于"成为地位一般的委员会"。参政院失去了原先的监督、行政和司法权。不再设立总检察长，即"君主之眼"之职，也不设立检察官。各委员会越过参政院直接同最高枢密会议联系。安娜女皇统治初期，参政院的地位有所提高，委员会重新隶属参政院，参政院的行政和司法权得到恢复。参政院分成五个司：宗教事务；军事；经济；司法；手工业工场、贸易和矿业司。每个司研究委员会提交的事务。将参政院划分为若干司的尝试反映了建立中央集权的等级官僚体系的普遍趋势。但在1731年春天，司的划分消失。[①] 很快参政院再次失去了其重要地位，它不再领导许多委员会，变成一个执行上级命令的机构，用于上诉法庭审查司法案件、省长和督军的决定。但总检察长的职位被恢复。伊丽莎白女皇即位

[①] Петрухинцев Н. Н. Царствование Анны Иоанновны: Формирование внутриполитического курса и судьбы армии и флота. СПБ.: Алетейя, 2001. С. 76.

后，按照父亲彼得一世的原则实行统治，恢复了参政院最高行政和司法机构的地位。参政院在国家机构中的主导地位一直保留到最高宫廷委员会成立，此后它不再负责外交事务和国内政策的一般性问题，但保留了对国家行政机构的领导。参政院再次划分为四个司：宗教、财政、商业和工业、司法事务司。

中央国家机构委员会在宫廷政变时期也经历了各种变革，主要是机构重组及其与参政院的关系发生变化。委员会没有参政院的那种稳定性，尽管参政院有时也会失去其领导地位，但毕竟未被取消过。而委员会则不同，多数委员会的存在极不稳定，它们时而关闭，时而重新成立，时而与其他委员会合并，时而以某种名称重新独立。1725—1730年，财政委员会与度支委员会合并。1731年，矿业委员会、工场委员会和商业委员会合并为一个商业委员会，1742年，又恢复为独立的中央机构。比较稳定的是陆军、海军和外交委员会，以及司法委员会和领地委员会。至于委员会与参政院的关系，二者之间并非一直是隶属关系。在参政院的地位降低时，委员会不再受其领导，甚至出现过一些委员会地位高于参政院的情况。但这种反常现象只是暂时的、偶然的。

彼得一世以后的沙皇时期，出现建立首长负责制代替集体负责制的倾向。早在1726年7月，每个委员会的顾问和参议的人数就被削减了一半，委员会由主席、副主席、2名顾问和2名参议组成。委员会的组织结构包括司（департамент）、科（экспедициия），并逐渐增加了办公厅（канцелярия）和办公室（контора）。到18世纪中叶，委员会制度处于危机状态。

第四节　地方政府机构变革

18世纪上半叶，在俄国封建农奴生产关系占主导地位的条件下，缺乏资产阶级，很难实现彼得大帝在组织地方国家机构时所设定的原则：司法与行政分离，监督与执行分离。彼得一世改革在地方上建立了财政、经济和司法部门机构，结果却无济于事，经常不得不求助于省长、督军和地方专员来执行任务。国家财政状况也迫使彼得一世继任者简化地方政府体系，采取机构合并与整合等举措，废除了许多成本高昂、效率低下的地方机构。

彼得一世成立的很多地方机构在1726—1727年被取消。如1726年，除彼得堡、莫斯科和托博尔斯克外，所有城市都关闭了度支处，其职能被交给了财政署，仅这一项每年就可节省5470卢布。① 1727年是地方行政管理的一个转折点，这一年1月9日法令中指出，"全国范围内管理人员及机构的增加不仅增加了官员编制，而且造成了人民沉重的负担……不同级别的管理者都设有自己的办事处及办事员，特殊的法庭，在自己的职权范围内拖累贫穷的人民。"② 彼得一世创建的许多地方机构和制度被废除，如高等法院、财政署；团管区、区的划分被废除，恢复了历史上县的区划。1727年俄国被划分为14个省、47个州和250多个县。在随后几十年里，这种行政区域划分基本未变。

各省的领导是省长，各府和各县的领导是督军（воевода）。他们的权力急剧增加，集行政和司法职能于一身。地方国家机构进一步官僚化、集中化，隶属关系明确。县和市督军隶属于州督军，州督军隶属于省长。只有省长有权与中央和最高机构沟通。省长和州、县督军通过相应的办公厅履行自己的职能，按规章办事，公文处理也有严格的程序。1729年，曾令地方行政当局惶恐不安的监察制度几乎已经不存在。

督军成为地方管理的核心人物。州的行政机构大量削减，官员减少，权力集中于督军身上。1727年，在彼得一世改革以前设有督军的地区都恢复了这个职位。1730年，恢复了督军两年一更换的旧制度，规定督军的任职期限是为了加强对地方管理的监督。法令中指出，"许多督军给城市居民和县居民造成了极大的伤害和破坏，还做了其他不光彩的事情，收受贿赂，对此有许多人向参政院申诉，如果这些督军长年在某地任职，居民就不敢对他们提出申诉。正是出于这个原因，督军在两年后将被替换。他们应向参政院提交有关其事务和收入的报告。在一年中，如果没有申诉，就会对他们进行新的任命。"③ 伊丽莎白统治期间，曾计划进行地方政府改革。参政院准备了改革草案，提出督军"不可更换的权利，直到其死亡或被怀疑犯罪"，也就是说，督

---

① Писарькова Л. Ф. Государственное управление России с конца XVII до конца XVIII века. Эволюция бюрократической системы. М.：РОССПЭН. 2007. С. 252.
② Шепелев Л. Чиновный мир России. СПб.：Искусство，1999. С. 13.
③ Писарькова Л. Ф. Государственное управление России с конца XVII до конца XVIII века. Эволюция бюрократической системы. М.：РОССПЭН. 2007. С. 260.

军的任职将成为永久性的。这个草案没有得到沙皇的批准，但在1760年，督军的任职期限增加到五年。

1727年取消市政总署，市政公署重新改称市政局，其作为民选机构以前在形式上独立于行政部门，现在则从属于省长和督军，被纳入中央集权体系。在县级城镇、大型贸易村也设立了市政局。市政局由委员和议员组成，并由主席领导。所有市政局官员都由选举产生。市政局负责税款的分配并保障其征收，组织承包，批准进入商人阶层和行会，监督新兵和工人的招募等。他们也是城市居民的司法机构。1743年恢复市政总署，监督和领导市、州、省市政局。

可以说，1726—1729年实际上建立了一个新的地方治理体系，在很大程度上重新回到彼得一世所背离的莫斯科国家的原则。彼得大帝从瑞典借鉴而来的复杂的地方机构系统被俄国传统的督军管理所取代。改革不是为了废除，而是使新的国家管理组织适应俄国的生活条件。与彼得大帝建立的管理体系相比，新的治理体系以其组织简单和成本低为特色。这种管理制度存在了近半个世纪，一直到1763年叶卡捷琳娜二世改革。1726—1729年建立的地方政府组织，把前彼得一世时期国家制度的元素嵌入到彼得一世所建立的制度之中，从而使地方管理与以前的传统具有了一定程度的连续性，这种地方行政组织形式存在了近40年并非偶然。但是，这种制度的一个严重缺陷是地方政府和中央政府明显不平衡。中央官僚机构的分权体制与地方政府的"简化"结构不相适应。中央不同部门制定了众多指示、规章和要求，这些都集结到督军办公厅。地方和中央政府的结构类似于一个倒金字塔。

宫廷政变时期，专制制度的存在是矛盾的。一方面，专制制度在俄国社会思想中，在彼得大帝时期获得了"正规化"特征的国家制度中有着强大的根基；另一方面，这一时期的历史表明，专制者的权力是极其脆弱的。"光荣的近卫军的无礼"就可以使绝对权力成为下一个觊觎者的战利品。皇帝的遗嘱和法律、对福音书和十字架的誓言并不能保护俄国免遭一次又一次的宫廷政变。"18世纪的宫廷政变有着十分重要的政治意义，这种意义远远超出了宫廷的范围，涉及了国家制度的根本。"[1]

---

[1] 〔俄〕克柳切夫斯基著，张咏白等译：《俄国史教程》第4卷，商务印书馆，2018年，第285页。

第三章　叶卡捷琳娜二世开明专制统治与完善国家治理

叶卡捷琳娜二世受启蒙思想的影响，实行开明专制政策，亲笔起草《圣谕》作为新法典编纂委员会工作的指导方针，宣称制定绝对平等的法律。叶卡捷琳娜二世的国家理想是"合法君主制"，严格依法治国，法律规范所有生活领域、国家机器和君主自身。但叶卡捷琳娜二世认为君主专制是最适合俄国的管理形式，将之作为国家建设的首要原则，政治体制改革的前提。女皇准备进行全方位国家治理改革，制定了各类改革方案，旨在法律的坚实基础上，通过集中化、合理化和统一化完善国家治理。地方治理改革在叶卡捷琳娜的总体改革计划中极为重要，地方政府机构是她实现政治理念的适合基地。

第一节　开明专制思想与统治

18世纪初，经过彼得一世改革，俄国最终确立绝对君主制。1725—1762年一系列宫廷政变削弱了俄国国家制度和各级政府。叶卡捷琳娜二世在近卫军的支持下暴力废黜她的丈夫彼得三世，登上皇位。18世纪60—80年代，女皇叶卡捷琳娜二世顺应国际潮流，实行"开明专制"，俄国君主专制政体进一步加强。

叶卡捷琳娜二世即位时，已具有相当明确和成熟的政治信仰和观点。影响女皇观念的重要因素是那个时代的历史、法律和哲学思想。她与西欧启蒙思想家交往密切，熟悉伏尔泰、孟德斯鸠等人的作品，受到瑞典、德国、奥地利、法国开明专制的影响。早在即位前，她就曾写道："我的愿望，就是一心让上帝引我来的这个国家吉祥幸福，国荣我亦荣，这就是我的原则；如果我的理想能促使这个原则实现，我会是三生有幸。我希望国家和臣民富裕；

这就是我依据的一条原则。不受人民信任的政权，对于想成为受到爱戴和享有荣誉的人来说是毫无意义的。"① 登基后，叶卡捷琳娜二世在 1762 年 7 月 6 日发布的诏书中谈到俄国国家制度本身，"如果国君不具备善良仁爱的品质对其权力加以控制，那么专制独裁乃是一种罪过，它往往是引起许多致命后果的直接原因。"俄国政权从来没有从皇位的高度向人民这样公开地郑重说明这一可悲的真理：君王高踞国家大厦之巅，时刻会因其结构不牢固而摧毁整座大厦。为防止这一灾祸，女皇"特别庄严郑重地"保证使国家的建制合法化，使之"传诸后代"也要确保帝国和君主专制政权的完整性，将祖国忠诚的仆人们"从忧郁苦闷和备受凌辱的境况中"解救出来。②

叶卡捷琳娜二世登基之后，试图表明自己是一个开明的君主，渴望塑造开明的君主形象。但叶卡捷琳娜二世认为，君主专制是最适合俄国的管理形式，领土辽阔的俄国必须实行君主专制。拥有无限权力的开明君主比权力受到限制的君主更能为国造福。她统治各个时期的手谕中都体现出这一点，如 1764 年给参政院总检察长 А. А. 维亚泽姆斯基公爵的手谕中指出："俄罗斯帝国幅员辽阔，除君主专制外，任何其他政府形式都对它有害，因为其他政府组织都执行不力，且内部方向不统一，导致权力和力量分散，最好是拥有所有手段来阻止一切伤害并将共同幸福视为己任的君主……"③ 叶卡捷琳娜二世在给法典编纂委员会的《圣谕》中写道："君主应是专制的……一个庞大国家的前提是统治它的人拥有专制权力。必须迅速处理从远方发送来的案卷，以弥补因地方遥远造成的拖拉现象。任何其他形式政府不仅会对俄国不利，而且会使其彻底毁灭。"④ 可以说，女皇用一种新的"地理论据"来论证专制制度是俄国这种庞大规模的国家唯一可以接受的政府形式。绝对君主专制是叶卡捷琳娜二世建设国家的首要原则，是她政治体制改革的前提。君主专制是为了促进社会的不断完善，维护每

---

① 〔俄〕克柳切夫斯基著，张咏白等译：《俄国史教程》第 4 卷，商务印书馆，2018 年，第 64 页。

② 〔俄〕克柳切夫斯基著，张咏白等译：《俄国史教程》第 4 卷，商务印书馆，2018 年，第 390 页。

③ Каменский А. Б. （ред.） Реформы в России с древнейших времен до конца XX в. Т. 2. М.: РОССПЭН, 2016. С. 173-174.

④ Конституционные проекты в России XVIII-начала XX в. М.: Институт российской истории РАН, 2000. С. 249.

个公民的安全。绝对权力的存在并不是为了剥夺人们的自由，而是为了引导他们的行动走向最大的利益：公民、国家和君主的荣耀。为了实现这些目标，需要制定"最完善的法律"。

1762年7月6日叶卡捷琳娜二世的诏书就"庄严地承诺颁布法律，以规定所有的国家机关的活动权限"。① 1767年，女皇召开新法典编纂委员会，希望制定出一部绝对平等的法律或"根本法"并建立全国统一的法律秩序。1767—1768年法典编纂委员会无疑是18世纪俄国历史上最引人注目的事件之一。编纂现有立法和制定新法典的想法当然不是叶卡捷琳娜的发明，因为几乎所有她的前任都把它们视为最重要的问题。为此建立特别委员会的解决形式也不新鲜。自1700年第一个这样的委员会成立以来的60多年里，尝试了不同的方案——从由最高当局任命的官员组成的纯官僚机构到由各社会团体的当选代表组成的机构。② 叶卡捷琳娜二世在召集委员会时遵循了同样的路径。然而，她的想法有本质上的不同。她所设想的法典编纂委员会应该成为完全意义上的代表机构，包括全国所有地区除了地主农民和神职人员的所有人。新法典编纂委员会经选举产生，贵族（地主）代表每县一名，市民代表每个城市一名，国有农民分三级（乡、县、省）选举，每省二名，哥萨克和非俄罗斯族代表每省一名，教会由圣主教公会派代表参加。中央政府机构参政院和各委员会都有代表参加。全体代表的总数是596人，其中中央政府机构28人，贵族189人，市民216人，农民24人，独户农43人，哥萨克45人，非俄罗斯族51人。每个代表都带有一份或几份委托书。委托书共有1465份，反映了社会需求和困难。③

在俄国历史上，最重要的立法问题第一次在这样的大规模论坛上被提交给公众讨论，委员会会议的报告被公开印在报纸上。特别立法规定，所有代表都有平等的权利和崇高的地位。叶卡捷琳娜二世下令在委托书上要签名为"臣民"（верноподданный）而不是传统的"奴仆"（раб）。叶卡捷琳娜二世召集这样的法典编纂委员会是受到启蒙思想的启发，让"人民"参与"根本法"的制定，正如女皇一再宣称的那样，是为了所有人民的利益。叶卡特林娜二

---

① 〔俄〕克柳切夫斯基著，刘祖熙等译：《俄国史教程》第5卷，商务印书馆，2009年，第1页。
② 〔俄〕克柳切夫斯基著，刘祖熙等译：《俄国史教程》第5卷，商务印书馆，2009年，第74页。
③ 孙成木等主编：《俄国通史简编》（上），人民出版社，1986年，第331页。

世于 1766 年 12 月 14 日发布的《建立法典编纂委员会的诏令》中宣称:"我们的根本目的是我国人民的幸福与祉吉,为此我们需要更好地了解人民的需求与渴望。……本诏令发表半年后,各个地区选一名代表,来到我国旧都莫斯科。每个地区选出代表后,应给代表成文的委托书。召集代表开会,不仅要听取他们关于各个地区的匮乏与需要的说明,而且要他们起草新法典,提交朕御批。这个委员会将在朕的指导与带领下开展工作。建立这个委员会,为帝国臣民提供一个检验自己的真诚及对祖国的热爱的机会。"①

叶卡捷琳娜二世在 1764—1766 年花了两年的时间亲笔起草《圣谕》作为新法典编纂工作的指导方针。《圣谕》最明确表达了叶卡捷琳娜二世的政治学说,其内容虽然绝大多数是借用当时启蒙学者,如孟德斯鸠的《法意》和贝卡利亚的《论罪与罚》等作品,但在思想上是一个独立作品,反映了女皇"开明专制"的意识形态。这个《圣谕》可称之为 18 世纪自由主义政治理念实践性的登峰造极之作,叶卡捷琳娜二世因此被启蒙思想家欢呼为"北方的塞米拉米达"。②作品通篇体现着启蒙运动所倡导的平等、自由、博爱的思想内容,叶卡捷琳娜二世宣称:"我需要人人遵守法律,但不需要奴役。我需要一个使人人得到幸福的总目标,不需要破坏这个总目标的任性、奇想和暴政……"③叶卡捷琳娜二世在给友人的一封信中这样说:"我断言,我的《圣谕》不仅是好的,而且甚至是卓越的、极合时宜的,因为贯穿其存在的 18 年,它不仅未产生任何的恶,而且一切由它引起的、有口皆碑的善,都来自它所确定的原则。"④

但叶卡捷琳娜二世希望编纂一部贯穿启蒙思想理念的完整法典的心愿没有达成,1768 年 12 月法典编纂委员会关闭。对委员会关闭原因存在不同的看法,包括俄土战争爆发、沙皇政府害怕代表们在农民问题上过于激进的发言。还有学者认为,委员会不是完成立法任务的有效机制,代表们缺乏立法

---

① Веденеев Ю. А., Богодарова Н. А. (ред.) Очерки по истории выборов и избирательного права. Калуга: Фонд 《Символ》 РЦОИТ. 2002. С. 474.

② 塞米拉米达系传说中的亚述女王,她领导了亚述的多次征服活动并建造了"空中花园"。〔波〕瓦利舍夫斯基著,姜其煌、濮阳翔译:《俄国女皇叶卡特林娜二世传》,上海:上海译文出版社,1982年,第 1 页。

③ 〔波〕瓦利舍夫斯基著,姜其煌、濮阳翔译:《俄国女皇——叶卡特林娜二世传》,上海译文出版社,1982 年,第 278 页。

④ 〔俄〕普列汉诺夫著,孙静工译:《俄国社会思想史》第 3 卷,商务印书馆,2017 年,第 32 页。

活动经验，政治文化和公共意识水平太低，且大多数代表只是从其狭隘的等级和集团利益的角度，而不是从整个国家的利益出发进行立法。但法典编纂委员会的工作极端重要，叶卡捷琳娜二世通过其了解整个帝国的信息，亟待解决问题的信息。代表们的委托书在叶卡捷琳娜面前展开了一幅非常可怕的画面，它们表明，"俄国几个世纪以来取得的国家和社会的所有成就都只限于表面……政府设立的司法和行政机构没有深入农村，而民众不分等级，仍然得不到任何法律的保护。"[①] 这证明了改革的必要性，女皇统治下一阶段改革的重心落到行政和领土划分、地方行政和司法权力上。法典编纂委员会工作期间成立的局部委员会一直持续到 1774 年，其各种立法活动为女皇在随后几年的立法工作（如给贵族和城市的特权诏书）提供了基础。

"开明专制"思想也意味着承认社会生活的基础是由开明君主制定的法律，在国家层面培养臣民"从野蛮到文明、从黑暗到光明、从迷信到知识"的进步。叶卡捷琳娜二世积极制定法律，《俄罗斯帝国法律全集》中有 5798 项立法在她统治的 34 年里发布，平均每月颁布 14 项立法。[②] 虽然最重要的法律最初是在女皇的监督下由她的智囊团起草，但后来她自己也成为主要法律的制定者。从 18 世纪 80 年代中期到生命的最后阶段，叶卡捷琳娜在财产、家庭、刑事和其他法律领域起草了一系列法案。[③] 叶卡捷琳娜二世开玩笑地称自己患有"立法狂热病"。

近年来，随着充分研究这位多产的女皇留下的法律和法案体系，学界开始提出叶卡捷琳娜二世曾计划制定一部渗透着开明君主制基础原则的法典《国家法律汇编》，建立完整的根本法体系。[④] 她在 18 世纪 80 年代中期就开始了这一宏伟的工作。当时通过她的努力发表了给贵族和城市的特权诏书，并起草了可以构成"合法君主制"法律大厦的其他重要法律方案，如界定专制制度的法律地位、王位继承问题、立法原则，起草、公布和解释法律的程序等。所有法律合在一起，就是要建立"合法君主制"，其基础是严格遵守法

[①] Милюков П. Н. Очерки по истории русской культуры. Т. 3. М. : Прогресс-Культура，1995. С. 267-268.

[②] Каменский А. Б. （ред.）Реформы в России с древнейших времен до конца XX в. Т. 2. М. : РОССПЭН，2016. С. 165.

[③] См. : Екатерина II. Избранное. М. : РОССПЭН，2010.

[④] Ананьич Б. （ред.）Власть и реформы. От самодержавной к Советской России. М. : ОЛМА-Пресс Эслибрис，2006. С. 170.

律，法律规范所有生活领域和社会运作、国家机器和君主本人。可以说，从叶卡捷琳娜二世统治时期开始，俄国专制制度逐渐失去独裁的特征，走向对君主权力自身的"法律规定"。虽然这些法案并没有颁布，但毫无疑问，这些新法案对俄国来说包含了另一个历史性的选择，在有利的条件下，它可以使国家更接近于法治社会。1796年11月，叶卡捷琳娜二世的去世中断了这一进程。

彼得一世是叶卡捷琳娜二世的政治理想。她一再宣称自己是他事业的继承人。这位女皇也被她同时代人比作彼得大帝。叶卡捷琳娜二世梦想着与彼得大帝平起平坐，甚至超越他。她认为，彼得的主要功绩在于使俄国转向欧洲发展道路。1782年在圣彼得堡建立的"青铜骑士"纪念碑是女皇对彼得大帝遗产的这种认识的象征。但在叶卡捷琳娜看来，彼得一世的立法不够人性化，她的伟大前任借助惩罚和恐吓来统治，而她打算通过说服、教育和爱护她的臣民来行使她的权力。同时，正如彼得一世在对他所创建的"正规化"国家的未来感到焦虑和怀疑中离世一样，叶卡捷琳娜二世在她生命的最后阶段悲痛地写道："我不知道我为谁工作，我的辛劳以及对帝国利益的热忱是否会徒劳无功。因为我看到，我不能使我的努力承袭下去。"[1]叶卡捷琳娜二世终其一生建立的庞大的"开明君主制"建筑的命运，就像曾经的彼得大帝国家的命运一样，被置于对继承人的"良好道德"和其他品质的依赖之中。这就是专制制度的深刻矛盾，由于其自身的不可监督性，依赖于君主个人，包括继承人的个人观点和偏好。

叶卡捷琳娜二世被法典编纂委员会授予"英明伟大的女皇和国母"称号。叶卡捷琳娜二世执掌大权的34年，以"开明专制"而载入史册。在女皇统治的整个期间，对国家治理所有领域都在计划和实施改革。与彼得大帝相似，叶卡捷琳娜二世将国家视为变革的唯一杠杆，并像彼得一世一样对国家进行了改革。显然，就像彼得大帝梦想创建"正规化国家"一样，叶卡捷琳娜二世的国家理想是建立"合法君主制"。

---

[1] Омельченко О. А. 《Законная монархия》 Екатерины Второй: Просвещенный абсолютизм в России. М.: Юрист. 1993. С. 351.

第二节　国家治理改革方案

叶卡捷琳娜二世设想规范国家管理体制，计划进行全方位国家治理改革。叶卡捷琳娜二世的统治旨在法律的坚实基础上，通过集中化、合理化和统一化完善国家治理，建立"合法君主制"国家。地方治理改革在叶卡捷琳娜的总体改革计划中极为重要，地方政府机构是她实现政治理念的适合基地。地方管理改革的动力不仅是普加乔夫领导的农民战争，而且是地方政府转型的客观要求。构成地方改革基础的绝大多数想法都来自以前的草案，改革方案的制定尽可能地考虑地方当局的意愿。

一、中央政府改革方案

叶卡捷琳娜二世即位之时，俄国新兴官僚贵族在中央摆脱了古老名门望族的压力，在地方脱离了社会的监督，贪赃枉法、专权独断代替了依法治理。叶卡捷琳娜二世清楚这些缺陷，在给总检察长维亚泽姆斯基公爵的密谕中写道："所有政府机关和参政院本身，背离了自己的原则，部分是由于对其先辈的事业不尽心，部分是由于得势者的徇私舞弊。"[①] 叶卡捷琳娜二世意识到她首先需要改造国家治理的最高环节。

叶卡捷琳娜二世统治之初，通过参加参政院的会议来熟悉国务。参政院的会议经历令女皇沉郁，她在笔记中提到参政院办公效率低下、挥霍国家财产、信息闭塞，等等。例如，参政院委派省长们赴各地，竟然没有城市数量和清单的信息，讨论时从不查阅帝国地图，这里也没有地图。有一次，叶卡捷琳娜到参政院后，掏出 5 卢布，派人到科学院购来地图册赠给参政院。因此，对女皇来说，改革中央政府，消除她所发现的严重缺陷非常必要。1763 年 7 月 6 日叶卡捷琳娜二世就参政员们"内部不和、相互敌视和仇恨"发出语气严厉的警告："尊敬的参政员们！我不能说你们对共同利益和幸福没有爱

[①] 〔俄〕克柳切夫斯基著，刘祖熙等译：《俄国史教程》第 5 卷，商务印书馆，2009 年，第 102 页。

国主义的关怀；但我也必须痛苦地对你们说，事情的结局并不像人们期望的那样成功……不是所有人都有同等的才能。一个人的天赋较高，另一个人的天赋可能相对较低；因此，在任何情况下，每个人都应该节制、理性，而不要固执和空谈……"①

叶卡捷琳娜二世计划首先按照她的前任们设立的"君主亲自领导的委员会"的类型建立一个由亲信政要组成的专门会议，然后改革参政院。女皇委托 Н. И. 帕宁伯爵起草相关草案。

帕宁伯爵是拥戴叶卡捷琳娜二世发动政变的重臣，19 世纪下半叶著名的外交家和政治家。他出身名门（А. Д. 缅什科夫公爵的侄孙），是保罗一世的帝师（1760—1773）。1762 年 12 月 28 日他向女皇提交了《关于改革参政院和成立御前会议》的方案，提出由这两个机关组成新的最高国家机构。帕宁的方案与叶卡捷琳娜二世的愿望大相径庭，提出成立御前会议（Императорский совет），成员由任命产生，拥有立法权，女皇只有在御前会议批准后才有权签署法令。帕宁伯爵曾长期在瑞典斯德哥尔摩充任公使，是瑞典政治制度的崇拜者，把瑞典由贵族组成的常设国务会议看成是最高政府机构的榜样，试图在俄国也建立一种国家决策机制来限制君主的专制权力。他认为，俄国与欧洲不同，在行政管理方面是"个人权力大于国家机关的权力"，行政机构缺乏能够保证其稳定运行的法律基础。这在帕宁看来很像是既没有法定政府也没有成文法律的"野蛮时期"。②他建议实行分权制度，引入西方社会秩序要素，规范国家制度，使国家不依赖于王位之上者的任性，要保护王位不受人的偶然性的影响。克柳切夫斯基指出，"简言之，帕宁想说的是，俄国没有能限制个人专横的根本法律。"③ 按帕宁的方案，立法机构御前会议由 68 名顾问（советник）组成。下设四个司：外交、内政、陆军和海军事务司。四位御前顾问被任命为御前秘书，领导各司的工作。除通过参政院呈交皇上钦定的以外，所有需要新法律的事务全归御前会议办理，由有关的御前顾问拟订法律草案，再由御前顾问一起讨论，然后呈交皇帝批准。御前

---

① Каменский А. Б. （ред.） Реформы в России с древнейших времен до конца XX в. Т. 2. М.: РОССПЭН, 2016. С. 200.
② 〔俄〕克柳切夫斯基著，刘祖熙等译：《俄国史教程》第 5 卷，商务印书馆，2009 年，第 62 页。
③ 〔俄〕克柳切夫斯基著，刘祖熙等译：《俄国史教程》第 5 卷，商务印书馆，2009 年，第 103 页。

会议颁布的每一项新法律均需君主签署。御前会议是根据相应的形式和程序完成立法准备工作的"立法工作室",好让"仁慈的君主在百忙中少犯人类特有的错误"。①帕宁认为,这样的最高立法机构可以防止专制制度中不可避免的任意性,即"任性和无原则的人"的统治对国家和臣民的损害,"君主的权力只有在合理地为某些少数卓越的代表人物分享时才会行之有效。"②

帕宁的改革方案包括两部分,除建立御前会议之外,还有改革参政院。帕宁认为,政府职能在现有机构中的分配不当,最高国家机构的特点是立法、行政和司法混杂,参政院尤其典型。他坚信,参政院不应拥有立法权。新的最高立法机构,即由君主领导的御前会议,负责制定法律。应赋予参政院对其下属政府机构进行行政司法监督的职能。他建议把参政院划分为若干个司,各司独立管理其所负责的事务,"都具有同等权力和尊严",这些司承担的是后来设立的各部的职能。③

帕宁的方案是叶卡捷琳娜二世时期第一个国家权力机构改革方案。帕宁认为,改组参政院,成立御前会议能够防止国家权力掌握在逢迎谄媚者手中,对于后者而言国家仅是满足其个人私欲的源泉。这个方案长期以来引起了学界的注意,尽管对其评价不一,但大都认为帕宁试图限制专制权力。然而,有史学家认为这个方案主张寡头政治,贵族希望限制君主的权力,增加他们的权力。有学者认为帕宁的方案是主张宪政。④还有学者认为这个方案是帕宁自己作为王位继承人导师的野心的体现。叶卡捷琳娜二世经过一番犹豫后拒绝了帕宁的方案,她显然从这个方案中看到了对专制权力的威胁,炮兵总监维尔堡猜测了女皇的秘密想法,他宣称,"法定的御前会议将来会上升到起共同执政者的作用,臣仆过于接近君主,有可能萌发同君主分享权力的欲

---

① 〔俄〕克柳切夫斯基著,刘祖熙等译:《俄国史教程》第5卷,商务印书馆,2009年,第62—63页。

② 〔俄〕克柳切夫斯基著,刘祖熙等译:《俄国史教程》第5卷,商务印书馆,2009年,第102页。

③ Конституционные проекты в России XVIII-начала XX в. М.: Институт российской истории РАН, 2000. С. 222-232.

④ Сафонов М. М. Проблема реформ в правительственной политике России на рубеже XVIII и XIX вв. Л.: Наука, 1988. С. 37; Плотников А. Б. Политические проекты Н. И. Панина // Вопросы истории. 2000. No 7. С. 74-84.

望。"① 帕宁的方案中提出了未来亚历山大一世时期成立的国务会议的轮廓，虽然他的思想未得到全面贯彻，但以另外一种形式在亚历山大时代改革中得到体现。

尽管叶卡捷琳娜二世拒绝了帕宁建立御前会议的想法，但帕宁关于划分参政院为若干司的思想付诸实现。1763年4月，成立一个特别委员会制定把参政院划为若干司的草案。1763年12月15日颁布了有关参政院的新组织的诏书，对参政院进行改组，将其划分为六个司。1788年，叶卡捷琳娜二世还亲自起草了一份参政院改革方案。参政院的成员扩大，包括君主任命的参政员以及委员会领导和其他高官，省长们在首都时也要出席。参政院被划分为四个司，其中每个司又包括三个按地域原则划分的议事处。因此，改革后的参政院将成为帝国的中央治理机构，在地方上设有分支机构。第一司主要负责国家内务管理，还监督法律的实施和维护秩序。第二司是刑事案件最高法庭，还监督刑事法律的遵守和司法判决的执行。第三司相当于最高民事法庭。第四司管理和监督国家财政。② 这实际上将参政院变成政府，而各司，特别是第一司和第四司，履行部门管理的职能，实质上相当于部。通过这份参政院改革方案可以看出，叶卡捷琳娜二世打算在未来改革中央机构委员会，但这个方案没有实施。

叶卡捷琳娜二世时期，中央机构委员会进一步向首长负责制原则演化。地方改革使"中央和地方机构权限重新分配"，中央机构的许多职能转移到各省。中央行政机构发生了相应的变革，一些委员会被取消，但"中央集权原则保持不变"。

二、地方治理改革方案

地方政府改革在叶卡捷琳娜二世改革的总体构想中极为重要，地方治理机构是她实现政治思想的合适基地。此外，还有一些因素促使她把主要注意力转向地方治理改革。首先，1773—1774年爆发了声势浩大的普加乔夫起

---

① 〔俄〕克柳切夫斯基著，刘祖熙等译：《俄国史教程》第5卷，商务印书馆，2009年，第63页。

② Коршунова Н. В. Проекты реформ в России（вторая половина XVIII-первая четверть XIX в.）. Челябинск: Издательство ООО фирма 《ПИРС》, 2009. С. 106-107.

义,地方当局既未能预防,也未能及时地扑灭起义。第二,1767 年法典编纂委员会中贵族代表所坚持要求的正是改组地方政府。

叶卡捷琳娜二世希望在集中和统一原则基础上进行地方治理改革。彼得大帝省改革时就确立了统一原则,俄国所有地区,无论其民族、社会和地域特征如何,大体建立了基于严格中央集权和官僚化之上的统一政府机构。在彼得之后的年代,由于彼得一世创建的机构似乎太过臃肿、昂贵和不便,从瑞典借鉴的地方治理体系失去了其本质,职能划分原则基本被废弃;地方治理严重偏离彼得的"正规化"国家原则,回归传统督军治理方式。督军一身兼任法官、首席财政官和行政官的大权独揽,不符合叶卡捷琳娜二世的开明思想。"专制国家的发展逻辑要求改革地方治理制度,随着帝国边界的扩大,这项任务也越来越紧迫。要建立严格统一的地方政府系统,使广阔领土上每一个细胞和每一个居民都将处于政府官员的管理和监视之下。"[①] 叶卡捷琳娜二世的这种设想可以说是在新形势下对彼得大帝"正规化"原则的回归,女皇希望继续彼得大帝未完成的"正规化"国家的建设。

1762 年秋,叶卡捷琳娜二世委托前参政院总检察长 Я. П. 沙霍夫斯基伯爵制定了地方治理改革的第一个方案。沙霍夫斯基是伊丽莎白时代遗老,精通地方事务。1762 年 7 月成立由沙霍夫斯基领导的特别委员会,研究完善国家治理方案,其制定的地方治理方案有两个关键点:吸收贵族代表参与管理;改变各省领土划分,实行总督管理。

吸收贵族参与地方管理的想法,并非由沙霍夫斯基方案首创。如前所述,舒瓦洛夫伯爵 1754 年的奏章中就提出,解决地方治理顽疾的方法之一是在地方政府中增加来自当地优秀贵族的地方专员。与彼得一世为征收人头费而设立的地方专员不同,这些社会代表在其管辖地区拥有广泛的权力。沙霍夫斯基进一步发展了舒瓦洛夫关于贵族参与地方治理的想法,在所有机构中增加贵族的选举职位。在省级机构,贵族选举 4 名省长助理中的 1 名。在各州和城市,贵族选举督军助手。此外,在每个省、州和城市,贵族选举自治委员。选举于每年 11 月在省城举行。这种等级自治原则在 1785 年有关贵族与城市的特权诏书中占据了重要地位。为治理地方官员腐败和玩忽职守的顽疾,沙

[①] Каменский А. Б. 《Под сению Екатерины》. Вторая половина XVIII в. СПБ.: Лениздат, 1992. С. 296.

霍夫斯基在某种程度上重复了舒瓦洛夫的计划，建议设立由当地贵族选举代表担任的专员进行监督。这一措施的出台可能不会根除腐败，但肯定会为地方自治铺平道路。他拟定的措施与19世纪下半叶实施的地方自治有很多共同之处。

沙霍夫斯基提议改善帝国行政区划。他提出根据居民的数量来划分省，并设定每省大约20万—45万人口。他还提出在俄国设立七个总督区：圣彼得堡、莫斯科、别尔哥罗德、奥伦堡、斯摩棱斯克、喀山和西伯利亚。这是在俄国国家治理史上首次有关设立总督管理的建议。总督是地方政府领导，只服从参政院，他管理所辖省份的所有机构和官员，监督各部门工作。总督有选举产生的助手，从每省贵族、商人中各选出一名代表，任期1—2年。沙霍夫斯基一方面提出设立新的行政单位使领土划分更加规范化，另一方面，使总督的权力在一定程度上受到当地贵族甚至商人代表的限制。[①] 沙霍夫斯基公爵关于地方政府改革的建议并未被完全采纳，但其中一些原则体现在1775年《全俄帝国各省管理条例》中。

1767年法典编纂委员会在地方治理改革筹备中发挥了特殊作用。委员会代表们的委托书中也反映了地方治理的现状及改革建议。来自地方的代表们对地方政府的弊端有亲身体会并提出了改革建议，可归纳为以下几点：①在县和市的行政机构中增设选举代表，在地方增加贵族自治机构，这将恢复和谐、和平、安宁和公正。每个等级都表示希望有自己的法庭，由本等级代表来进行审判。②实行更平衡和精细的领土划分，增加国家机构数量，从而使政府更接近民众。③地方政府应保护地方利益和民众的福利。[②] 俄国历史学家Ю. В. 戈季耶就此指出，研究1767年法典编纂委员会的材料，首先给人留下的印象是地方管理的两种原则：纯粹的官僚原则和贵族等级原则之间的决定性碰撞。如果说以前的改革措施保留了地方政府的纯官僚性质，那么现在要求它成为某种程度上的贵族的和选举产生的政府。1727年建立的地方机构受到谴责，而官僚原则被吸收贵族参与地方治理的必然性和必要性的想法所击

[①] Писарькова Л. Ф. Государственное управление России с конца XVII до конца XVIII века. Эволюция бюрократической системы. М.：РОССПЭН. 2007. С. 271-273.

[②] Писарькова Л. Ф. Государственное управление России с конца XVII до конца XVIII века. Эволюция бюрократической системы. М.：РОССПЭН. С. 393.

败。① 法典编纂委员会代表们的委托书对 1775 年省改革产生了决定性的影响。

根据叶卡捷琳娜二世的指示，1768 年 9 月，总检察长维亚泽姆斯基向各省政府发出命令，要求他们向委员会提交有关其需求和愿望的信息。伊丽莎白女皇统治时期已经向地方当局提出了类似的要求。地方当局的反馈主要是：首先，抱怨省的规模巨大以及一些省份的边界不明确。其次，对地方司法组织不满。②

1768 年 4 月，在法典编纂委员会下成立"关于普通法效力下的国家制度委员会"（Комиссия《О порядке государства в силе общего права》），分析俄国政府现状，提出未来改革原则。戈季耶就此写道，"如果我们问，1768 年叶卡捷琳娜在地方治理领域的想法是什么，是对现有秩序进行修正，还是对其进行根本改革，我想我们会毫不犹豫地支持第二种假设。"③ 这个委员会用三年半编写了《当代俄国政府概况》，并提出了行政区域划分方案，实行等级法院和将法院与行政部门分离等设想。这些成果也反映在 1775 年《全俄帝国各省管理条例》中。

长期筹备工作的结果是 1775 年叶卡捷琳娜二世进行了著名的地方改革。女皇本人在改革的基本法律《全俄帝国各省管理条例》的制定中发挥了重要作用，这个条例是她作为政治家在《圣谕》之后的最重要作品。如果说《圣谕》在很多方面是宣传性的，那么这个《条例》则是成熟的立法文件，是对《圣谕》中所表达的原则的实施，并成为女皇所设想的重建整个国家机构体系原则的体现。女皇为自己的新成果感到自豪，1775 年 11 月 29 日，她在给 M. 格里姆的信中说："这是我最好的作品——与这个作品相比，在目前看来，我的《圣谕》不过是空洞的废话。"④ 这是一份详尽而浩瀚的文件（共二十二章六百五十五条），在俄国立法中首次出现了详细规定了整个地方行政机

---

① Готье Ю. В. История областного управления в России от Петра I до Екатерины II. Т. 2. М.：Имп. О-во истории и древностей рос. при Моск. ун-те, 1941. С. 228，250.

② См. об этом Готье Ю. В. История областного управления в России от Петра I до Екатерины II. Т. 2. М.：Имп. О-во истории и древностей рос. при Моск. ун-те, 1941. С. 213-215.

③ Готье Ю. В. История областного управления в России от Петра I до Екатерины II. Т. 2. М.：Имп. О-во истории и древностей рос. при Моск. ун-те, 1941. С. 236.

④ Писарькова Л. Ф. Государственное управление России с конца XVII до конца XVIII века. Эволюция бюрократической системы. М.：РОССПЭН. 2007. С. 399.

构和司法系统，它们的组织、权限和活动。

第三节　中央政府机构变革

叶卡捷琳娜二世在整个统治期间试图通过法律来建立她理想的国家——"合法的君主制"，国家机构改革也是她为达成这个目的采取的重要步骤。专制制度不可动摇的意识形态决定了改革的基本原则，国家机构被视为"执行开明专制沙皇意志的机制"。

1768年，由于俄土战争爆发成立了最高宫廷会议（Совет при высочайшем дворе），由名门贵族、廷臣高官、亲信政要组成，其职责没有明确规定，最初只是根据沙皇意愿和需要不定期地开会，讨论外交政策和同土耳其的战争问题。1774年战争结束后，它变得相当有规律地运作，成为女皇在军事、外交、内政、国家管理改革问题上的咨询机构。之后继位的保罗一世大大缩小了这个会议的职能，但其一直存在到1801年。1763年，从皇帝陛下办公室分离出一个御前秘书办公厅（Канцелярия статс-секретарей），处理女皇陛下的"个人事务"，前者开始只负责经济问题。女皇通过这个办公厅与国家机构进行沟通，编写法案草案和时事报告，总结和分析国家管理信息。在这里工作的国务秘书都是女皇的亲信，对内政外交政策有巨大的影响。从1775年起，国务秘书A. A. 别兹勃罗德科公爵对国务具有重要的影响力，叶卡捷琳娜二世根据他的建议制定了许多法律。在18世纪末，这种个人办公室变成固定的沙皇陛下办公厅，成为国家管理最高机构。

在宫廷政变的动荡中，彼得一世设立的参政院作用削弱，特别是在叶卡捷琳娜一世和安娜女皇统治时期。伊丽莎白执政时参政院复兴，成为最高行政和司法机构。1763年，叶卡捷琳娜二世对参政院进行改组，成立六个相对独立的司（департамент）。第一司的领导是总检察长，其他司的领导是检察长。第一司主要负责行政、外交等事务；第二司主要负责司法和土地测量事务；第三司主要负责小罗斯、波罗的海沿岸、维堡等省份事务；第四司主要负责军事事务；第五司负责莫斯科省当前事务；第六司负责莫斯科省上诉事务。每个司都获得独立解决事务的权力，在出现分歧时才将事务提交全体会议，如果在全体会议也无法做出决定，那么提交沙皇定夺。[①] 部分司位于彼得堡，部分司位于莫斯科。总检察长及其领导的第一司（行政司）作用急剧上升。这时总检察长实际上起着总理大臣的作用。深受女皇信任的维亚泽姆斯基公爵担任总检察长28年（1764—1792）。

委员会中的集体负责制原则被削弱，加强首长负责制原则。委员会作为中央机构开始退出政治舞台，女皇取消了多数委员会，只保留了外交、陆军和海军委员会。被废除的委员会的职责被移交给地方政府，中央和地方当局之间的权力彻底重新分配。一些经济领域不再归国家管理，中央政府的作用变成一般行政管理和监督。由于叶卡捷琳娜二世对中央国家机构的改革，彼得大帝创立的委员会制实际上不复存在，开始了从集体负责制向首长负责制的转变。

国家机构依法运作是叶卡捷琳娜二世所有改革的最重要目标之一。叶卡捷琳娜二世改革后，可以说，政治上的中央集权保持不变，而在行政和官僚层面上实现了部分权力下放。

第四节　地方政府机构改革

叶卡捷琳娜二世地方治理改革建立了比较有效的行政区划单位，建立了强大的行政和警察机构。地方机构职能按部门原则划分，每个省构成一个完整的、自行运转的机构，只在最高方面隶属于参政院。省长的权力加强，负责对基层机构工作进行监督，对省级机构工作的监督权委托给总督。建立与国家行政部门平等的贵族社会管理，加强贵族在国家事务中的作用，地方政府的一些职位由选举产生的地方贵族担任。城市治理改革，赋予城市独立行政单位的地位。城市社会自治机构、城市等级自治组织在省市政府的严格监督下运作，是对国家行政与警察机构的经济和行政管理的补充。地方机构组织统一、职责分明以及其他进步措施提高了地方行政管理效率。

[①] Ерошкин Н. П. (отв. ред.) Высшие и центральные государственные учреждения России 1801-1917 г. Т. 1. СПБ.: Наука, 1998. С. 90-98.

一、省改革

叶卡捷琳娜二世地方治理改革分成两个阶段：18世纪60年代和18世纪70—90年代，其分界线是70年代初普加乔夫起义。

1764年4月21日《给省长的训谕》是叶卡捷琳娜二世地方治理改革的开端，女皇在其中指出：整个国家的福祉取决于对各地区的适当管理，"如果各个地区秩序混乱，整体就不可能完美。构成我们祖国的主要部分是各省，它们是最需要改进的部分。"① 她宣布逐渐切实改善地方治理，加强和提高地方政府的作用。女皇将省长这一职位提升到了即使是18世纪30—50年代的督军也从未梦想过的高度。

省长从一个卑微的中央政府命令的执行者变成了沙皇的"代表"，并获得了与沙皇通信的权利。作为"委托给他管理的省份的首脑和主人"，他是君主意志和法律的执行者，只隶属于女皇和参政院。省长拥有全部行政权和部分司法权，包括有权免除本省任何官员的职务。所有地方机关隶属于省长，包括海关、边防部队；他还有权指挥省内驻军。总而言之，省长如同一个小国的君主。

1775年11月7日颁布《全俄帝国各省管理条例》进行省改革。史学界传统观点认为，1775年省改革是由普加乔夫起义引起的。地方政府治理不力，不能防止或镇压农民起义。但是，关于这个《条例》起草工作的信息表明，改革计划早在起义之前就已制定，只不过起义之后实施改革的条件更加有利，因为被普加乔夫起义吓坏了的贵族们团结在王位周围，比以往任何时候都意识到自己对专制权力的依赖，反对改革的可能性更小。在震撼帝国政权的普加乔夫起义之后，叶卡捷琳娜二世果断对地方管理进行重大改革。

同《全俄帝国各省管理条例》一同颁布的诏书指出，现行地方机关存在下列弊端：省辖行政区地域太大；地区机构数量太少，人员编制短缺；各部门职能混杂，同一机关既管理行政，又管理财务、司法。② 1775年地方治理

---

① Писарькова Л. Ф. Государственное управление России с конца XVII до конца XVIII века. Эволюция бюрократической системы. М. : РОССПЭН. 2007. С. 390-391.

② 参见〔俄〕克柳切夫斯基著，刘祖熙等译：《俄国史教程》第5卷，商务印书馆，2009年，103页。

改革旨在消除这些弊端，采取的主要措施有：重新划分行政区域；增加行政机构的数量和人员；按部门划分治理事务；让各等级民选代表参与地方治理。

《全俄帝国各省管理条例》取消从前的省、州、县三级行政区划，而代之以省、县两级行政区划。省的面积缩小，数量增加。改革前夕，俄国领土被划分为23个省，66个州和大约270个县。改革将各省分割，其数量增加了一倍，州作为行政区划单位被废除。至叶卡捷琳娜二世统治末期，国家划分成50个省，570个县。① 省和县的划分原则是纳税人口数量相同，并没有考虑各地区的经济联系和居民的民族构成。每个省大约有30万—40万税丁，每个县大约有2万—3万税丁。

叶卡捷琳娜二世设立了总督职务，最初设想在每个省设一个总督，但后来每个总督管理2—3个省（共19位总督），每位总督管理的地区为总督管区（наместничество）。总督直接隶属于沙皇，拥有极大的权力。他既是地方驻军指挥，又是地方行政长官，还是参政院成员。总督有他的总督公署（наместническое правление）作为执行机构，他通过省级行政机构、法院、等级机构、警察局、境内军队进行管理，监督地方政府所有领域。总督是各省与最高当局之间的纽带，保障国家政府的统一性。总督是中央在地方的最高权力代表，省长是省行政首脑。省的这种"双头"领导现象持续了22年。保罗一世在1797年取消了多数省的总督，从此省长既是最高政权的代表，也是省的全权管理者。

地方治理权力下放，以前委员会的职能转归地方政府，地方机构和官员的权限扩大。地方机构数量大大增加，到叶卡捷琳娜二世统治结束时，仅在48个省和553个县，就可能运行超过3700个机构，比彼得一世改革所创建的机构数量多出5倍以上。② 按照部门原则分配管辖对象，地方机构和官员大体上可以划分成三个部门：行政—警察、财政—经济和司法部门。

属于行政—警察部门的，在省里有省长、省行政公署、社会救济衙门。省长由君主任命和罢免，全权治理本省。省长不能干预法院的诉讼程序，但有权监督司法机构。省长通过省行政公署（губернское правление）实现对全

---

① Писарькова Л. Ф. Государственное управление России с конца XVII до конца XVIII века. Эволюция бюрократической системы. М.：РОССПЭН. 2007. С. 408.

② Писарькова Л. Ф. Государственное управление России с конца XVII до конца XVIII века. Эволюция бюрократической системы. М.：РОССПЭН. 2007. С. 417.

省的管理。省行政公署是省的基本行政机构，直接隶属于省长，但其成员由参政院任命。县级行政机构是初级地方法院（нижний земский суд），尽管这个机构称为法院，但它不是司法机构，而是实行集体负责制的县管理机构。初级地方法院又具有警察职能，领导称为县警察局长（земский исправник）。他和两名陪审员由县里贵族中选出，并由中央当局批准。县城治安由市长负责。社会救济衙门（Приказ общественного призрения）是为履行一些社会保护职能而设立的一个全新机构，由省长领导，成员由省等级法院的陪审员组成。这个机构负责本省的国民教育、保健和慈善事业，也执行一些警察职能，如管理习艺所和感化院。① 属于财政—经济部门的，在省里有财政厅（казенная палата），在县里有财政局（уездный казначей）。财政厅负责财政和行政—经济事务，它接管了财政委员会和监察委员会的许多职能。县财政局隶属于省财政厅，负责县级财政事务。

1775年改革建立了庞大的地方机构体系，划分行政、财政和经济、司法、警察职能，体现出地方政府官僚化和集中化的趋势。叶卡捷琳娜二世考虑到了贵族参与地方管理的愿望。贵族在作为一个供职阶层出现后，18世纪中期已经变得强大和富有。贵族拥有俄国绝大多数的财富，拥有数百万农奴的巨大领地，依靠不断加强的经济基础，享有的特权不断扩大。叶卡捷琳娜二世虽然宣称"关心"所有臣民的福利、安全与和平，但实际上她更关心的是加强贵族的地位，加强贵族等级在国家生活中的作用。同时代人尊称叶卡捷琳娜二世为贵族女皇，她执政的34年被称为是贵族专政的黄金时代。

1785年4月21日《俄罗斯帝国贵族权利、自由和特权诏书》是提高贵族在政府中作用的顶峰，它确认了贵族以前的权利和特权，并赋予了其新的权利和特权。诏书取消了贵族必须为国家供职的义务。贵族成立自己的等级团体，保护贵族的等级利益。建立与国家行政部门平等的贵族社会管理，加强贵族在国家事务中的作用。贵族组成省、县两级贵族联合会（Дворянское собрание），由贵族选举产生的首席贵族（предводитель дворянства）领导。省贵族联合会选举县警察局长、法官、陪审员等警察和司法机构官员，但选举产生的官员需经省长批准。省首席贵族是省所有委员会机构的成员，县首

---

① 感化院和习艺所主要收容处于困境的穷人、农奴和儿童（应其父母申请），具有半监狱的性质，要完成强制性劳动。

席贵族是县所有委员会机构的主席。贵族联合会代表本省（县）贵族，有权向省长、总督乃至沙皇提出建议和要求。这大大加强了贵族组织及其在省和县管理中的作用，使君主制管理明显具有了贵族特征。贵族的基本组织被纳入国家机器，成为国家机器的一部分，贵族组织的所有职位，包括首席贵族，都被纳入《官秩表》。

叶卡捷琳娜二世省改革在俄国历史上产生了巨大的积极影响。19世纪法学家 A. B. 洛赫维茨基指出，这次省改革相当于完成了俄国领土治理的"开发"，他写道："让我们在头脑中想象，把1775年以前的俄国去除省长、督军和办公厅机构，就会得到一群互不相干的人；省、州和县根本就不存在，只有村社，而且它们只是通过税收联系起来。我们再对当代做同样的想象，结果已然不同，各省的定居点和城镇之间存在联系，贵族团体有其代表组织。"① 省改革也是叶卡捷琳娜改革中影响最久的。如果说行政区划基本上一直保留到19世纪末，那么地方机构体系（经过某些修正）一直存在到19世纪60—70年代大改革。

二、城市治理改革

叶卡捷琳娜二世时期，进行了城市治理改革，赋予城市独立行政单位的地位。1785年4月21日颁布《俄罗斯帝国城市权利和利益诏书》，这是俄国历史上第一部关于城市管理组织的详细法律。这个法律保留了城市的政府机构，确认了各级机构和官员的地位和职能，规定了城市社会自治机构、城市等级自治组织及其对政府机构的隶属关系等。

城市管理由市长（городничий）负责，他具有很高的官方地位，由参政院从退役贵族军官中任命，集中行政、警察和其他职能。都城由政府任命的警察局长（полицмейстер）领导。城市的市政公署和城镇的市政局失去了行政职能，变成工商业居民的法庭。市政公署的署长（бурмистр）和市政局议员由工商业者选举产生。在城市里还有感化法院和孤儿法院。市政公署、市政局以及感化法院和孤儿法院是城市社会自治机构，在省市行政机构的严格

---

① Писарькова Л. Ф. Государственное управление России с конца XVII до конца XVIII века. Эволюция бюрократической системы. М.：РОССПЭН. 2007. С. 415.

监督下运作。

城市等级自治组织主要有：城市联合会（городское собрание），全市杜马（общая городская дума），六头杜马（шестигласная дума）。其中城市联合会由所有城市居民参加，每三年召开一次，但选举权和被选举权有财产和年龄等资格限制。城市联合会选举市长、市政局议员、法官等行政和司法官员。城市联合会还选举等级自治执行机构——全市杜马，选举三年进行一次。根据财产状况和职业类别，城镇居民被分为六类：房产主、地产主及其他不动产拥有者；一、二、三等基尔德商人；行会手工业者；异族人和外国人；名誉市民；有一定资本的工商业者。全市杜马选举其执行机关六头杜马，成员有市长和 6 名议员，6 名议员是每类市民 1 名代表。六头杜马在市长的监督下固定工作，每周召开会议。市长主持全市杜马和六头杜马会议。

与彼得一世时期几乎负责所有城市管理问题的自治机构市政局和市政公署不同，1785 年改革后，很多城市管理职能不在等级自治机构的权限之内，如警察事务、税收事务掌握在政府机构手中，而司法则由司法机构负责。全市杜马和六头杜马只负责城市设施和福利、发展工商业，保护等级权利等事务。城市等级自治组织大会的召开和选举都须经由省长批准。六头杜马的收入和支出要向省长和财政厅汇报。整体而言，城市等级自治机构职能有限，是对国家行政机构与警察机构的经济和行政管理上的补充。

叶卡捷琳娜二世改革了城市警察机构体系。1782 年《警察章程》（Устав благочиния）规定了对城市生活的警察式管理，警察局被赋予干预市民社会和私人生活的权力。叶卡捷琳娜二世亲自参与了这个章程的起草。

城市最高警察机构是城市警察局（Управа благочиния），彼得堡和莫斯科两个都城警察局的首脑是警察总长（обер-полицеймейстер），在其他城市则是警察局长（полицеймейстер）或总卫戍官（обер-комендант），除警察局长外，还有两个分管刑事和民事案件的警察所长，以及一些从商人中选举出来的市政局官员。城市被划分成各个警察区，每个区（часть）由 200—700 户组成，由警察区长（частный пристав）领导，每个区又分成 50—100 户组成的街区（квартал），由街区监督员（квартальный надзиратель）及其助手（квартальный порутчик）进行警察监督。所有警察官员都被列入《官秩表》中。在各个县，警察职能由县警察局长和区警察局长承担，他们的工作依靠居民选举出来的乡村警察和甲长。

《警察章程》体现了警察国家即"正规化国家"的理念,在18世纪,"警察国家"这个术语意味着统治者关心其臣民的福利,并试图通过积极干预他们的日常生活来创造福利的国家。警察的职能远远超出了保护法律和秩序的范围,包括管理一般公共生活以及公民之间的个人关系等。事实上,警察局成为以某些思想准则教育臣民的工具,这些思想准则被强加给社会,因为立法者确信这是"共同的利益"。女皇仿佛是在套用彼得一世1724年《市政总署条例》中的一个著名表述:"警察是市民的灵魂",指出,"警察这一名称往往意味着国家秩序"。① 建立覆盖全国的正规警察机构,即作为国家治理体系最重要环节的执法机关,是维护秩序和法律的必要措施,是国家治理现代化的标志之一。

1775年叶卡捷琳娜二世地方政府改革在一定程度上可以与1708—1711年彼得一世的改革进行类比。彼得一世撤销了大部分衙门,建立行省,委托亲信领导,他们拥有巨大权力,直接与沙皇联系。而叶卡捷琳娜二世走同样的道路:取消大部分委员会,将其许多职能移交给地方政府;增加省的数量,地方首脑省长或总督拥有巨大权力,直接向女皇负责。新的地方政府体系也延续了彼得大帝的"正规化"理念,建立在国家对公民生活严格监管和控制的基础上。

第五节 司法与检察机构改革

1775年《全俄帝国各省管理条例》指出三个相互关联的地方改革领域:帝国的行政区域划分、地方政府机构和地方司法机构。根据这个《条例》不仅实行了新的行政区划和地方政府改革,也进行了司法改革。叶卡捷琳娜二世支持孟德斯鸠的分权理论,在改革地方司法系统时试图将这些理论付诸实践。地方法院与行政部门分离,但法院本身仍然以等级为基础。

叶卡捷琳娜二世改革建立了完整的地方司法机构体系:各省最高司法机构是泛等级法院:刑事高等法院(Палата уголовного суда)和民事高等法院

---

① Каменский А. Б. (ред.) Реформы в России с древнейших времен до конца XX в. Т. 2. М.: РОССПЭН, 2016. С. 181.

(Палата гражданского суда)。各省设有等级法院：贵族的高等地方法院（Верхний земский суд）、市民的省市政公署（Губернский магистрат）和国有农民的高级农民法院（Верхняя расправа）；还有专门法院：感化法院（Совестный суд）和高级法院（Надворный суд）。县的等级法院有：贵族的县法院（Уездный суд），市民的市政公署（Городской магистрат）以及国有农民和独院农户的初级农民法院（Нижняя расправа）。县等级法院的案件上诉提交给相应的省等级法院。省等级法院的院长均由省长任命，陪审员则由各等级选举产生。县等级法院法官和陪审员都由贵族选举产生。农奴依然完全由他们的主人管理。

刑事高等法院和民事高等法院取代了司法委员会和领地委员会，是全省所有下级法院的上诉法院。高等法院成员都由参政院任命。感化法院是俄国一个全新的司法机构，也具有泛等级性质，法官和陪审员都由贵族选举产生。感化法院负责审理精神病人、未成年人的刑事犯罪以及亲戚之间的民事纠纷，以调解方式为主，如果当事人双方达不成调解，则将案件转交普通法院。叶卡捷琳娜试图通过感化法院将《圣谕》中宣布的一些启蒙思想转化为实践。她解释建立感化法院的必要性，"每个忠诚的臣民的人身安全对仁爱君主来说是非常宝贵的。感化法院应遵循博爱；尊重人格；憎恶压迫或压制人民"[1]的规则。感化法院对法官最基本的要求就是要有良知，保持公平公正，"感化法院的裁决不仅依据法律，还要依据良心"。高级法院设在都城，负责涉及官员和平民知识分子的案件。

在县法院和市政公署之下设立了各自的等级监护机构：贵族监护院（Дворянская опека）和孤儿法院（Сиротский суд），保护相应的贵族或资产阶级的财产，前提是这些财产的主人是寡妇、未成年人、挥霍浪费者以及"劣迹斑斑者"。为这些财产的主人指定监护人帮助其管理财产，以财产收入的5%作为报酬。贵族监护院和孤儿法院监督这些监护人的状况，并处理对监护人的投诉。

叶卡捷琳娜二世司法改革再次尝试将司法与行政分离，但赋予省长暂停执行法院裁决的权力，使得权力分立和法院的独立性并不完整。

---

[1] Каменский А. Б.（ред.）Реформы в России с древнейших времен до конца XX в. Т. 2. М.：РОССПЭН，2016. С. 248.

彼得一世建立的检察机构在其之后几任沙皇时期地位下降，甚至在实质层面上被闲置。直到叶卡捷琳娜二世执政，俄国检察制度才又一次得到发展。

叶卡捷琳娜一世执政时，检察官员数量大大削减，甚至不设总检察长和检察长之职，检察机关的作用微不足道。安娜女皇重新在参政院设立了总检察长和检察长，在委员会和省办公厅设立了检察官，但总检察长和检察机关实际上徒具虚名。伊丽莎白女皇赋予检察机构在彼得一世时期所拥有的那些权限，检察官数量增加，又成为国家机关中不可或缺的角色。但总体来说，检察机关所起到的监督作用十分有限。叶卡捷琳娜二世登基后，在恢复检察机关权力的同时，扩大了检察机构的监督职能，不再限于监督国家行政机构，而且扩展到财政、司法和经济等主要领域。俄国检察制度进一步发展和完善，"形成了组织严密的、不知疲倦地捍卫封建国家利益的检察机关体系"。①

1763 年参政院改革后，总检察长领导参政院第一司（行政司），总检察长的作用急剧上升，其他司的领导由检察长担任。1775 年地方改革在对各省确立了检察官监督，检察官员明显增加。每省设立省检察官、高等地方法院检察官、市政公署检察官、高级农民法院检察官，也就是设有 4 个检察官。俄国领土划分成 50 个省，那么连同中央机构的检察官一起，检察官员增加到 200 多名。与之相比，叶卡捷琳娜二世统治初期，检察机构才有 52 名官员，其中委员会检察官 10 名，省检察官 42 名。② 1775 年 11 月 7 日《关于检察官和司法稽查员的职责》规定，省检察官应向总督报告法院没有准确执行法律法令的情况和警察机关侦查案件中违反程序的情况。司法稽查员履行检察长助手的职责。"检察官和司法稽查员要在维护政府利益、监督法院是否遵守国家各项法律的同时，还负责监督省内各类司法机构的运转情况"。③ 检察官员们揭露出国家机构的一系列重大犯罪、滥用职权事件，如 1775 年陆军总参谋部的重大滥用职权行为。根据账簿，这个机构金库中应该有 1300 万卢布，但检察员发现金库中实际只有 27.7 万卢布，其他资金都被盗用。④ 参政院为此

---

① 〔俄〕О. И. 奇斯佳科夫主编，徐晓晴译：《俄罗斯国家与法的历史》上卷，法律出版社，2014 年，第 244 页。

② Мельников В., Нечипоренко В. Государственная служба в России: отечественный опыт организации и современность. М.: РАГС, 2000. С. 131.

③ 参见王海军：《近代俄国司法改革史》，法律出版社，2016 年，第 78 页。

④ Мельников В., Нечипоренко В. Государственная служба в России: отечественный опыт организации и современность. М.: РАГС, 2000. С. 132.

成立专门调查委员会，最后总司令格列博夫被法院判决撤职，驱逐出首都，财产充公。其他有罪官员根据罪行轻重受到处罚。

此后，叶卡捷琳娜二世又通过一系列立法进一步完善检察机关，并提高检察机关在维护俄国法制方面的威望。叶卡捷琳娜二世的检察机关改革对于俄国检察机关的发展和完善具有积极意义。

叶卡捷琳娜二世国家治理改革的重心在地方，中央政府的一些职能被转归地方机构，省长和总督被赋予广泛的权力。地方管理改革促进了进一步的部门职能划分，吸收贵族和城市等级选举官员参与，提高了地方治理效率。地方改革在一定程度上贯彻了"分权"原则，建立了独立于行政机构的法院。城市管理中的官僚集中化、警察化、社会化原则得到加强。国家中央管理机构没有重大变化，绝对君主制加强，参政院地位削弱，委员会衰落。国家政治和经济发展要求在从中央到基层所有环节都建立起有效的治理制度。中央国家机构改革问题提上了日程，成为继任沙皇时期面临的重要任务之一。

第四章　保罗一世国家治理理念与独裁统治

保罗一世在为王储期间受到启蒙思想和法治理念的影响，但在他心中这些思想理念与专制集权思想共存。他即位后的政治理想不再是建设基于启蒙思想原则的国家，执政风格和手段异常专制与残酷。保罗一世在其短暂统治期间进行的国家治理改革，不仅仅是出于对其母亲的仇视，而且是实施旨在加强君主权力、加强中央集权和官僚化的具体政治目标。

第一节　国家治理理念与改革方案

保罗一世（1796—1801）是帝俄历史上一位独特的、悲剧性的沙皇。童年时保罗经历了一场噩梦，父亲死在母亲的宠臣手上。保罗一世热爱自己的父亲，把他视为一位受难者，这种心理伴随他终生。保罗一世年满17岁成年后，希望母亲将皇位传给他，但叶卡捷琳娜二世并不想把皇位传给他。反对女皇的势力一直呼吁让位给保罗，造成了母子之间无形的竞争。社会上充斥着女皇打算剥夺儿子的皇位继承权，让长孙亚历山大继位的传闻。然而，叶卡捷琳娜二世意外离世，未来得及指定继承人。1796年11月6日，保罗一世终于在等候了34年以后，登上了他梦寐以求的皇位。学界对保罗一世政策及其人的评价两极分化：要么是一个疯子的政策，要么是一个民主沙皇的政策；要么是一个温和、理智、赞同启蒙运动的理想皇帝，要么是一个皇位上神经质、反复无常、滑稽的刚愎自用者。[①]

保罗一世政治思想的形成受到18世纪开明人士和叶卡捷琳娜二世周围启

---

① Каменский А. Б. （ред.） Реформы в России с древнейших времен до конца XX в. Т. 2. ОО РОССПЭН, 2016. С. 19.

蒙思想的影响，追求 18 世纪时髦的"共同幸福"的乌托邦目标，用保罗一世的表述是"所有人和每个人的幸福"。①对王储保罗思想观点影响最大的是他的老师帕宁伯爵，他一贯支持限制皇权。如前所述，帕宁在 1763 年提出的改革方案主张在俄国建立瑞典式的贵族国务会议机构——御前会议，限制君主专制权力。帕宁在对保罗的教育中灌输"根本法"至高无上的思想。从伊丽莎白女皇时期舒瓦洛夫伯爵的奏章起，俄国政府有很多相关的论述。帕宁在 1783 年去世前夕给保罗留下一份政治遗嘱《关于根本法的思考》。他在其中指出，"授予君主以最高权力只是为了谋求他的臣民的福利"，为了避免政权作恶，需要国家根本法。帕宁尖锐抨击俄国政治："在这个国家里，每个人都可以永远要么成为暴君要么成为牺牲品。"这个国家没有根本法，它的最高统治机关是一部由君主的独断专横来推动的没有灵魂的机器。这是"一个使其人民在极端愚昧的黑暗中爬行，默默地负担着残酷奴隶制压迫的国家"。他认为，在俄国这种政治黑暗的情况下，真正开明的君主"都会利用根本法来保障社会安宁"。帕宁曾考虑草拟一个宪法草案，但死亡使他未来得及做这项工作。②

在帕宁辞职后实际上领导俄国外交的是后来被保罗一世赋予最高官阶的一品文官别兹勃罗德科。他 1799 年撰写了奏章《关于俄罗斯帝国的需求》，相当于这个著名政治家的政治遗嘱。奏章的思想是基于孟德斯鸠关于独裁和受根本法限制的君主制之间的区别，它并不否认专制的合理性，认为俄国由于其地域庞大和多民族构成，专制是必要的，但主张建立合理的组织，尽可能地限制君主独裁。为此，别兹勃罗德科计划通过法律来规范所有阶层的地位，精简行政和司法系统，建立对遵守法律的监督，在君主下设立一个谘议性的代表机构审议法案，然后将其提交给参政院，由君主最后批准。③

保罗一世受到法治思想的熏染。保罗一直生活在压抑之中，他的母亲女皇对他不满，用彼得大帝君主可自行指定皇位继承人的法律来威胁他，再加上其他一些因素，如关于他的"私生子"的流言、女皇对其长孙亚历山大的

---

① Ананьич Б.（ред.）Власть и реформы. От самодержавной к Советской России М.：ОЛМА-Пресс Экслибрис, 2006. С. 175.
② 参见姚海：《俄国立宪运动源流》，四川大学出版社，1996 年，第 23 页。
③ Конституционные проекты в России XVIII-начала XX в. М.：Институт российской истории РАН, 2000. С. 305-310.

特殊关爱、女皇的宠臣对他的羞辱和压迫、对父亲彼得三世悲惨命运的记忆，都使保罗确信关于皇位继承这样的根本法是最重要的。1789 年法国大革命初，保罗同法国大使塞居尔交谈时问他："为什么其他欧洲君主制国家的君主能平平安安一个接一个地登位，而我们这里却是另一种样子？"塞居尔回答说，这是因为没有皇位继承法，所以现任君主有权按自己的意志指定继承人，结果就造成了争名夺利、尔虞我诈、明争暗斗的根源。大公回答说："是的，国家的习俗就是这样，但要改变并非没有危险。"塞居尔说，可以利用某个庆典的机会如加冕礼进行改变，那时民众的情绪都抱信任态度。保罗回答说："是的，是该考虑一下！"① 这些考虑促使保罗皇帝在 1797 年 4 月 5 日其加冕之日发布《皇位继承法》，全面规定皇位继承顺序和皇族成员的相互关系，君主的长子自然而然地就是皇位继承人。"这样，国家就不会没有继承人；这样，继承人总是由法律本身指定的；这样，就不应该对谁来继承有丝毫怀疑；这样，宗族的继承权就会保留，不会打破自然法。"② 这项法令一直适用到 1917 年革命。

大多数现代学者认为，保罗一世的行动并不像传统所认为的那样任性随意，而是基于一个思想体系，如果说不是存在一个政治规划的话。帝俄时期研究保罗一世的著名学者 M. B. 克洛奇科夫指出，保罗一世的政治行动存在某种体系，"在许多知名政要的参与下在某种程度上有计划地贯彻，尽管保罗的情绪有些喜怒无常，影响了一些人的命运，但没有改变事务和秩序的总体进程。"③ 由于相关资料匮乏，不可能谈及保罗一世的政治规划，但从他留下的几份文件可大致了解他的治国理念。

保罗在他 1783 年的两份笔记和 1788 年的《训示》中谈到了国家治理改革。1783 年他曾经做过两份笔记，一般认为是在他的老师帕宁临终的床边做的。第一份笔记中指出，"领土庞大的国家君主的行政权力应与自由优先相互协调，每个等级为保护自己不受独裁的侵犯必须具有自由。"参政院要由各地区选出的贵族组成。君主掌握立法权，参政院"维护"法律。总检察长的职

---

① 〔俄〕克柳切夫斯基著，刘祖熙等译：《俄国史教程》第 5 卷，商务印书馆，2009 年，第 169 页。

② Шумигорский Е. С. Император Павел 1：Жизнь и царствование. СПб：Тип. В. Д. Смирнова，1907. С. 58.

③ Клочков М. В. Очерки правительственной деятельности времен Павла I. Пг.：Сенат. тип.，1916. С. 2.

位保留，但起主要作用的是"司法大臣"（канцлер правосудия），他是参政院和君主之间的联络人。笔记中建议在各省设立"处理不同类型事务的司或院"；这样，"委员会将会自行消失"。政府权力管理那些"需要统一意愿才能迅速采取措施和实现意志的领域，如政治、金融、商业、军事和财务等领域"。由于沙皇本人不能监视一切，所以每个领域都由"大臣或首长"领导，他们共同组成国务会议。在这份笔记中可以看到部体制的影子，有些史学家认为是保罗奠定了部体制的基础。在第二份笔记中提出了改革参政院的设想，使其只作为司法机构。同时，为了提高治理效率，提议再设立四个参政院，分别位于莫斯科、圣彼得堡、喀山和格鲁霍夫，每个参政院负责一定数量的省份。保罗在1788年出征前写给皇后玛丽亚的《训示》，相当于他留下的某种政治遗嘱，其中指出专制制度是俄国唯一适合的政府形式，强调了编纂现行法律法典的必要性，而且明确规定了参政院的地位，它将成为执行法律的最高司法机构和监督法律执行的机构。保罗一世建议改变君主下的会议，虽然他的建议与当时存在的最高宫廷会议没有太大区别，但重要的是，他认为会议成员不应该由君主的喜好来决定，而应该由所担任的职位来决定。[①]

保罗一世亲自起草了《关于国家各管理领域制度》的方案，计划在俄国设立基于权力分立，集体负责制与首长负责制结合的政府。将中央管理事务分配给七个司负责：司法、财政、陆军、外交、海军、商业和国库司。司由大臣领导，每个司包括几个委员会，指导并统一委员会的活动。如司法大臣领导司法委员会和领地委员会；财政大臣负责财政、矿业、国有经济和盐业委员会；商业大臣领导商业、工场委员会和海关等。委员会由副大臣领导。大臣和副大臣组成最高立法谘议机构。参政院是最高司法机构。在君主之下设立陛下办公厅，由御前总理（генерал-адъютант）和六位御前秘书（секретарь-адъютант）组成，前者负责办公厅所有事务，后者每人负责一个司的事务。御前总理监督各司活动，向沙皇呈交大臣们的报告，向大臣们传达沙皇的决定。[②] 保罗一世的这个方案是集体负责制和首长负责制之间的折衷，表明中央国家机构沿着首长负责制和部门领导个人责任制的方向发展。

---

① Каменский А. Б. (ред.) Реформы в России с древнейших времен до конца XX в. Т. 2. М.: РОССПЭН, 2016. С. 286-287.
② Писарькова Л. Ф. Государственное управление России в первой четверти XIX в.: замыслы, проекты, воплощение. М.: Новый хронограф, 2012. С. 17-18.

成立以大臣为首的司,通过陛下办公厅直属沙皇,完全符合中央集权管理模式。

尽管保罗一世接受了帕宁等人向他灌输的宪政理念,但在他心中这些理念在某种程度上与典型的专制集权思想共存,他曾经明确表达实行严格纪律、全面监管和加强警察原则的想法。① 保罗一生中大部分时间忧心忡忡地等待继位,当他登上皇位后,由帕宁的宪政思想和他的法治愿望所支配的对宪法制度的美好构想已不复存在。他对启蒙运动甚至是公民自由、君主权力受法律制约以及君主对人民的责任等价值观感到失望,将之视为一种威胁。当他成为专制者后,他不是建立他和帕宁所探讨的"理性和法律的王国",而是建立了一个粗糙的"服从式"国家。他的政治理想不再是基于启蒙思想原则的国家,而是对绝对君主权力进行神化的中世纪国家,贵族骑士般地效忠于君主,每个臣民都要准确地执行君主的意愿。他将中世纪的理想与警察国家的理论元素结合起来。

第二节 中央和地方政府机构变革

保罗一世时期,参政院作为一个具有最高司法和部分管理职能的集体负责制机构,重要性日益减弱。保罗一世希望参政院仅是司法机构,在他统治时期许多行政领域逐渐退出参政院管理。尽管参政院并没有像保罗一世所设想的那样成为一个纯粹的司法机构,但加强了参政院总检察长对中央政府的监督和地方检察官对省级官员的监督。参政院总检察长权力扩大,获得"一人之下,万人之上"的地位。如果说叶卡捷琳娜二世时期总检察长 А. А. 维亚泽姆斯基发挥了巨大作用,那么保罗一世时期总检察长 А. А. 贝克列晓夫的影响比他有过之而无不及。保罗对贝克列晓夫说的话广为人知:"您和我,我和您,只我们两个人就可以办事情。"② 总检察长不仅监督机构和官员的活动,而且还负责军事、财政、行政和警察、司法和人事事务。省长们将总检察长视为他们的上司,在报告中甚至称他为"民政总长"。保罗一世奉行

---

① Эйдельман Н. Я. Грань веков. М.: ЭТС "Экслибрис", 1982. С. 44.
② 孙成木等主编:《俄国通史简编》(上),人民出版社,1986年,第381页。

首长负责制的管理方式，叶卡捷琳娜二世推动和发展的首长负责制权力体系加强。

保罗一世上台后，加强行政管理的集中化，中央国家机构委员会有所恢复。在保留陆军、海军和外交委员会的同时，1796 年恢复了工场、矿业和商业委员会，1797 年重新组建了财政委员会。保罗重新创建的委员会表面上与以前相似，但在性质上不同。叶卡捷琳娜二世地方改革在各省建立的部门机构履行着以前中央机构的职能，因此不可能按照旧的原则恢复委员会。这些委员会由总委员长（Главный директор）领导，商业委员会负责人被称为大臣，他们有独立于委员会成员行动的权利，他们可以亲自向沙皇报告，直接将管理问题提交"圣上"御批，从而在很大程度上破坏了集体负责制原则。恢复委员会和扩大其领导的职责既是集中管理的措施，也成为建立部体制的准备步骤。由于中央集权的思想，本来被转移给地方、分散在各个机构中的事务被集中到中央，在中央各个部门分配。在论及保罗一世"恢复中央政府"对国家治理的重要性时，阿尼西莫夫指出，保罗一世恢复了委员会，但"不是为了恢复集体负责制，而是为了将其转变为部的一种变体"。[1] 内务部周年纪念著作的作者之一 С. А. 阿德利阿诺夫在描述保罗一世国家行政改革结果时写道："到亚历山大一世皇帝登基时，最高管理领域的集体负责制原则几乎完全被首长负责制原则取代，但这种变化是通过局部措施实现的，没有确定的计划，所以在新建成的国家机构大厦中自然没有严格的系统性和整体性。"[2] 部体制改革实际上在保罗一世时期已经开始，保罗设想的最高和中央国家机构体系在一定程度上为 19 世纪初管理制度的形成奠定了基础。

保罗一世对叶卡捷琳娜二世根据 1775 年条例建立的地方治理系统进行了明显的调整。地方政府改革由 1796 年 12 月 12 日关于修订帝国行政区划的法令启动，取消以前的 50 个省，将国家划分为 41 个省（不包括顿河军区）。其中 30 个省根据一般法律管理，西部、西北和西南边区 11 个省根据"特殊原则"管理。叶卡捷琳娜二世改革在划分省时没有考虑民族和其他特性。在保罗一世改革中，有 27 个省在旧地域基础上形成，其他省份的地域重新划分形

---

[1] Ананьич Б.（ред.）Власть и реформы. От самодержавной к Советской России. М.：ОЛМА-Пресс Экслибрис, 2006. С. 197.

[2] Министерство внутренних дел. 1802-1902. СПб.：Тип. М-ва внутренних дел, 1901. С. 10.

成。各省的人口规模从 10 万到 65 万不等。① 县的总数从 572 个减少到 429 个。②

总督管区制度被废除。但在边境地区和新并入俄国地区保留了总督的职位,其权力延伸到几个省。省长的权力扩大,大部分军事、财政和行政—警察职能集中在省长身上,他变成了"本省的全权主人"。因为取消了总督作为一般监督环节,加强了最高权力和中央机构对省长活动的监督,沙皇通过参政院和总检察长行使监督职能。在省里,省检察官直接履行监督职责。

地方治理改革的结果是其"官僚化",地方政府权力加强。叶卡捷琳娜二世时期,1775 年省改革和 1785 年《俄罗斯帝国贵族权利、自由和特权诏书》,使贵族在地方治理中起主导作用。保罗一世废除《俄罗斯帝国贵族权利、自由和特权诏书》,同时颁布《俄罗斯帝国城市权利和利益诏书》,限制贵族和城市自治。1799 年取消省级贵族联合会和选举。用皇帝委派官吏取代贵族选举的管理机关。只在县级政府还有等级代表:县警察局长(капитан-исправник)和贵族陪审员(初级地方法院和县法院各两名)。克柳切夫斯基指出,用皇帝委派的官僚取代"贵族选举的管理机关"表明了"进一步变革管理体制的主题——官僚体制占了上风"。③ 随后限制商人和市民的等级管理制度。1799 年在首都设立市管理局(ратгаузы)取代城市杜马和市政公署,1800—1801 年在所有城市建立市管理局。与以前选举产生的城市杜马或市政公署不同,市管理局中增加了任命官员。市管理局是省政府机构的一部分,也就是说,与叶卡捷琳娜二世时期不同,它们不是城市等级机构,而是政府机构,城市管理的官僚主义—中央集权因素加强。社会救济衙门将管辖事务移交给市管理局财政处,不再作为独立机构存在。

地方治理改革明显减少了省县政府机构的数量。保罗一世即位的 1796 年,省级有九个政府机构:总督公署、刑事高等法院、民事高等法院、财政厅、感化法院、高等地方法院、省市政公署、高级农民法院、社会救济衙门。县级有七个政府机构:市公署、县法院、县财政局、贵族监护院、初级地方

---

① Клочков М. В. Очерки правительственной деятельности времен Павла I. Пг.: Сенат. тип., 1916. С. 415-416.

② Писарькова Л. Ф. Государственное управление России с конца XVII до конца XVIII века. Эволюция бюрократической системы. М.: РОССПЭН. 2007. С. 496-497.

③ 〔俄〕克柳切夫斯基著,刘祖熙等译:《俄国史教程》第 5 卷,商务印书馆,2009 年,第 167 页。

法院、县市政公署、初级农民法院。到 1800 年，在省一级取消了五个机构：高等地方法院、省市政公署、高级农民法院、感化法院和社会救济衙门，在县一级取消了两个机构：县市政公署和初级农民法院。刑事和民事高等法院被合并为一个机构：司法与执行院（Палата суда и расправы）。结果，到保罗一世统治末期，省政府只保留了三个机构：省公署、司法与执行院以及财政厅。县政府只保留了四个机构：市公署、县法院（包括县首席贵族和贵族监护院）、县财政局和初级地方法院。地方官员人数几乎减半，其供养费用也减少了三分之一以上。[1] 保罗一世地方改革的目标之一是"降低国家机器的成本"。在国家预算长期赤字的情况下，众多地方机构的巨大开支是导致减少省份数量、大幅削减编制的主要原因之一。

保罗一世削弱贵族在地方治理中的影响，加强"非贵族"等级在地方管理中的作用。克洛奇科夫就此指出：作为权力下放思想的崇拜者，叶卡捷琳娜二世设立众多地方机构，赋予作为第一等级的贵族广泛的权利，让他们在皇室任命的、但同样主要来自贵族的官员的密切指导下参与行政和司法工作。而保罗一世作为中央集权的支持者，试图在各地建立严格服从制度，使其完全依赖君主意志的直接作用。[2] 保罗一世限制贵族在地方政府中的作用，是从治理权力下放走向中央集权。

对于保罗一世的国家治理改革，传统上认为是保罗一世极端仇视自己的母亲，因为她的专权和长寿使他延迟多年才登上沙皇宝座。他上台之后改革的主要原因之一是他灵魂中累积的对他母亲所做一切的仇恨，不分青红皂白地废除他母亲所做的一切：摧毁叶卡捷琳娜的所有机构，恢复被她废除的委员会，废除总督管区制，改革省和县政府机构。保罗一世确实仇视自己的母亲，他通过合法方式即位，却表现得像个篡位者。据一位目击者说，皇宫"在一瞬间看起来就像被皇帝军队攻占；这里站岗士兵的行为与服饰与前一天截然不同"。[3] 但也有观点认为，保罗一世是实施旨在加强君主权力的政治规

---

[1] Клочков М. В. Очерки правительственной деятельности времен Павла I. Пг.：Сенат. тип.，1916. С. 591-592.

[2] Клочков М. В. Очерки правительственной деятельности времен Павла I. Пг.：Сенат. тип.，1916. С. 435-436.

[3] Массон Ш. Секретные записки о России во времена царствования Екатерины II и Павла I. М.：Новое лит. обозрение，1996. С. 87.

划，实现治理的集中化和官僚化。① 他试图建立与叶卡捷琳娜时期有所区别的国家制度。他认为，贵族参与治理国家动摇了专制制度的社会根基，从地方政府中消除等级和选举因素，使贵族退出司法和行政机构，并代之以"国家官员"。保罗一世改革旨在形成强大的中央政权，通过重建中央机构委员会，赋予参政院总检察长广泛的权力，废除一些省和县机构及职位，建立中央对地方政府的控制。在最新的研究中，加强中央集权是保罗一世行政改革主要目标的观点占主流。如 Л. Ф. 皮萨里科娃指出："保罗一世登基时有明确规划，旨在实现国家治理的中央集权。"②

保罗一世以独裁行事，施军警式管理。如同彼得大帝一样，保罗一世按照"正规化"和"警察国家"的标准以及自己的理解来调整国家组织。"正规化国家"即"警察国家"是 18 世纪专制制度意识形态不可或缺的元素，并在历朝统治时期不同程度地表现出来。尽管一些政治原则与前朝有共同之处，保罗一世执政风格和手段异常专制并残酷，使社会处于恐惧和混乱状态，这也决定了他的命运。1801 年推翻保罗一世政变的领导人之一 П. А. 帕连在回忆录中写道："我很清楚……如果保罗的生命没有结束，他地狱之门很快就会打开，出现最可怕的反动，无辜者的鲜血就如同罪犯的鲜血一样，染红首都和各省。"③ 这也是保守派 Ф. Ф. 维格利在他的笔记中写道的，保罗一世的统治是"一场短暂的、令人窒息的噩梦"，他强调皇帝的死亡是合理的，因为这是一个专制者"任性的"统治，他"只看重自己的权力"，认为"俄国被作为一个领地遗产送给了他"。他不想承认"与权力结合在一起的义务是同样神圣的"。④ 专制制度的积极捍卫者卡拉姆津后来写道，"雅各宾派对共和国所做的，就是保罗对专制制度所做的：他让人们讨厌专制制度的专横独裁……他想成为伊凡四世，但俄国人已经有了叶卡捷琳娜二世，知道君主如同他的

---

① Корнилов А. А. Курс истории России XIX в. Ч. I. М.：Высшая школа，1993；Клочков М. В. Очерки правительственной деятельности времен Павла I. Пг.：Сенат. тип.，1916.

② Писарькова Л. Ф. Государственное управление в России первой четверти XIX в.：Замыслы，проекты，воплощение. М.：Новый хронограф，2012. С. 17.

③ Андреева Т. В. Государственное управление России во второй половине XVIII-первой четверти XIX В.：к проблеме преемственности и различия в правительственной преобразовательной политике// Петербургский исторический журнал No 3（2016），С. 30.

④ Вигель Ф. Ф. Записки. М.：Захаров，2000. С. 76.

臣民一样必须履行其神圣的职责，违反这种职责就会破坏服从权力的古老戒律。"① 1801 年 3 月 12 日保罗一世皇帝被暗杀，正如他曾经写的那样："……独裁制度吞没了一切，最终毁灭了独裁者自己。"②

---

① Карамзин Н. М. Записка о древней и новой России в ее политическом и гражданском отношениях. М. : Наука，1991. С. 44-45.
② Сафонов М. М. Конституционный проект Н. И. Панина-Д. И. Фонвизина //Вспомогательные исторические дисциплины. Л. : Наука，1974. Т. 6. С. 266.

第五章　亚历山大一世宪政改革计划与国家治理改革

欧式教育使亚历山大一世形成共和主义思想和实行立宪制度的信念。他在位期间，先后倡议制定1801年《赐俄国人民文书》、1809年《国家法典导言》、1818—1820年《俄罗斯帝国国家法定文书》，赐予芬兰和波兰宪法，进行了总督管区的试验，表明其自由主义宪政改革计划具有一定的整体性和系统性。但立宪改革方案在俄国遭到了贵族的强烈反对，亚历山大一世深谙自己的政治理想与国家政治现实的矛盾性，他的政策是他对国家制度与国家治理的改革思想和政治上谨慎态度的复杂混合体。亚历山大一世试图建立一种新形式的君主制，虽然从法律条文上看专制制度受到了一定限制，但实际上君主保留了绝对专制权力。整体而言，亚历山大一世国家机构改革取得显著成效，建立了全新的最高和中央国家机构体系，实现了从传统的管理组织向建立在理性主义基础上的行政体制的转变，形成了结构完整的国家机构体系。

第一节　思想理念与社会现实

1801年3月12日，俄国在进入新世纪的同时迎来了新沙皇。亚历山大一世统治的开始与他的祖母叶卡捷琳娜二世类似，登上皇位不仅是通过国家政变，而且是踩着前位沙皇的尸体，这次是他父亲的尸体。保罗一世的统治抛弃叶卡捷琳娜二世的政治方针，独裁专断，众叛亲离，近卫军官发动宫廷政变，杀死保罗一世，拥护王储亚历山大登基。人们对保罗一世"猝死"之真相心知肚明，热切期盼新沙皇恢复叶卡捷琳娜二世的政治方针。新皇登基受到广大民众的热烈欢迎，首都各界如盛大节日一样欢庆。亚历山大一世在登基诏书中许诺将"依照法律和朕的祖母之心愿"统治国家，建立法治，限制独裁和专制。普希金将之称为"亚历山大统治的美好开端"。

亚历山大一世是俄国历史上一位至关重要的政治活动家,但他的个性中充满了一些难解之谜,其中最难破解的谜团是他内心真正的想法,他也因此被称为北方的"斯芬克斯"。如普希金对亚历山大一世的评价也是自相矛盾,他在写下"亚历山大统治的美好开端"这样的诗句的同时,也写到他是一个"懦弱而狡猾的统治者"。[①] 赫尔岑称亚历山大一世为"皇位上的哈姆雷特",到坟墓仍然是谜一样的人。当代俄国著名学者 Ю. М. 洛特曼写道:"皇帝生性多疑,高傲自大,鄙视朝臣,但又因缺乏自信而痛苦,他怀疑每个人都贪图私利。同时,他自尊心极强,睚眦必报,渴望得到认可。他喜欢被奉承,但鄙视奉承者。他不能忍受别人的独立,却只尊重那些独立的人。"[②] 这种描述会使人觉得亚历山大一世人格分裂,也使他成为史学家的难解之谜。

亚历山大一世从出生起就接受了统治国家的精心培养,不像他的父亲保罗,虽然保罗是王位合法继承人,但一直生活在恐惧中,担心得不到最高的权力。但在表面有利的环境下,亚历山大是在充满狡诈和阴谋的宫廷氛围中长大的。他从小就不得不在统治者祖母和正式的皇位继承人父亲之间随机应变、曲意逢迎。在"哲学家女皇"叶卡捷琳娜二世和她的宫廷那里,他必须起到"哲学家亲王"的角色,赞同"开明女皇"的观点,表示愿意继承她的事业,而在父亲王储保罗和他的加特契纳庄园那里,他必须隐藏起自己对自由主义思想的热情,参加刻板的军事训练。在两个迥然不同的宫廷间周旋时,亚历山大"必须靠两种思维方式度日,除保持家庭日常生活第三副面孔,还必须保持两处隆重场面的两副面孔,即保持两套手段、感情和思想"。[③] 在这样的环境下成长,亚历山大习惯于掩饰自己内心的真实想法。他掌握了平衡的艺术,先是在家庭生活中,然后是在政治生活中,隐藏自己的真实感情和思想,或许,在罗曼诺夫王朝的宝座上他这方面的能力无人能及。这种很深的城府使未来的沙皇—政治家在治国之时在贵族保守派和改革派之间不断寻求政治平衡,一方面维持传统制度,一方面考虑到国家的现代化需求;一方

[①] 顾蕴璞、范红译:《普希金全集》第 5 卷,河北教育出版社,2001 年,第 311 页。

[②] Лотман Ю. М. 《О древней и новой России в ее политическом и гражданском отношениях》Карамзина-памятник русской публицистики начала XIX века //Литературная учеба. 1988. No 4. С. 94.

[③] 〔俄〕克柳切夫斯基著,刘祖熙等译:《俄国史教程》第 5 卷,商务印书馆,2009 年,第 184 页。

面维护专制制度，一方面准备立宪方案。

亚历山大从童年起就被作为皇位继承人培养，他的祖母叶卡捷琳娜二世将亚历山大的降生视为皇位继承人、她新政的继承者的诞生，有意取消其子保罗的继承权。保罗不满意他"永远的王储"地位，性格偏激、喜怒无常，排斥自己母亲的所有创新措施，有自己的一套世界观和政治观。叶卡捷琳娜二世认为，如果保罗实施他的政治观点，将全面颠覆她的新政。女皇准备按当时的教育学理念培养出一位开明君主，成为她"开明专制"方针的继承人。在亚历山大一世思想形成中起重要作用的来自瑞士的拉加尔普，他是热情的共和主义者、人文主义者和启蒙运动者，具有高尚的道德品质。拉加尔普教授亚历山大政治和法律知识，他给自己的学生授课内容都是有关理性的力量、人类的幸福、国家起源契约论等方面的，但讲得最多的是关于人生而平等、专制制度荒唐有害、奴役制度卑鄙可憎。拉加尔普非常推崇孟德斯鸠，他向学生提出了与"专制"相对的"真正的君主制"的想法，让他了解法国大革命的历史，谴责暴政，甚至承认被压迫的人民有武装反抗直至杀死暴君的权利。拉加尔普担任了大公 12 年（1783—1795）的教师，对亚历山大一世的影响深远，后来沙皇曾说，"我的为人，可能，我全部的长处，都应该归功于拉加尔普先生。"①

欧式教育使亚历山大形成自由主义和共和主义思想，形成反对农奴制和实行立宪制度的信念。亚历山大自少年时起就认为"权力世袭制度是不公正、荒唐的，最高权力不应根据生辰的偶然现象，而应根据民族的意愿，因为它能够选举最可尊敬的人进行管理"。② 他在 13 岁时就向拉加尔普保证，他将"使俄国的幸福建立在坚定的法律基础上"。与同样因政变而上台的祖母不同，亚历山大参与密谋反对父亲的动机不是担忧自己的命运，而是对国家局势不满，希望做出改变。在与朋友的会面中，在与拉加尔普的通信中，亚历山大都批评俄国局势，说国务处于"令人难以置信的混乱不堪状态"。他认为混乱的根源在于最高权力的独裁："只凭一种绝对权力颐指气使、即兴处置。"他谴责农奴制，认为有必要以"真正的君主制"的精神改造俄国。1796 年春亚

---

① 〔法〕亨利·特罗亚著，迎晖、尚菲、长宇译：《神秘沙皇——亚历山大一世》，世界知识出版社，1984 年，第 9 页。
② 〔俄〕克柳切夫斯基著，刘祖熙等译：《俄国史教程》第 5 卷，商务印书馆，2009 年，第 185 页。

历山大向他最亲密的朋友恰尔托雷斯基承认，他"憎恨专制……热爱那种人人享有同等权利的自由；他以深切的同情注视着法国革命，在谴责它的恐怖极端时，仍希望共和国成功……他希望到处看到共和国，认为这种政体是唯一符合人类权利的政体"。① 他当时已开始考虑自己治国的问题，1797年9月给拉加尔普的信表明他支持在俄国立宪，他一旦掌握大权，就将致力于给国家以自由，以防它再度成为疯子手中的玩物；他将致力于建立一个代议制机构，由它制定一部自由的宪法。他写道："有了宪法，我也就不会继续享有绝对权力。那时，若是上苍保佑一切顺遂，我将退居某个偏僻所在，愉快而满足地在祖国幸福地度过余生。……愿上天保佑我一举成功，将自由赐予俄国，并保佑它不再受专制暴政之害。"②

亚历山大一世即位后改革思想的关键词是自由和宪法。在那时，现代意义上的"宪法"术语在俄国尚未确立，其在俄语中的含义与以前的"根本法"一词相同。亚历山大赋予"宪法"一词的含义更接近于"根本法"的概念。他曾多次指出俄国国家制度的主要缺陷是"独裁统治"，要消除这种现象，必须制定"根本法"。尽管后来在他统治期间一再尝试制定一份接近于现代宪法概念的文件。如前所述，"根本法"的思想在叶卡捷琳娜大帝的改革活动中占有重要地位，但在女皇的解释中，制定根本法是保护社会不受专横管理践踏和专制制度侵犯的一种手段，并不意味着对君主权力的限制。亚历山大一世明显更进一步，他主张通过给人民一部宪法来完成自己的革命，"这将是一种最为理想的革命，一种由合法政权实现的革命。一旦宪法就绪，国家拥有议员代表，专制权力即不复具有合法性。"亚历山大一世决定成为王位上的改革者，给他的国家以自由和宪法，从而限制君主的权力，以防止将来出现他父亲统治时期的独裁和专断。

登上皇位的年轻改革者面临的环境非常复杂，要实施他的理想并不容易。尽管当时普遍批评保罗一世的政策，但对于国家需要什么样的改革以及如何改革众说纷纭。欢迎他登基的贵族们大多不接受"废除农奴制"，也不接受建立"真正的君主制"的殿堂。当时有三大"团体"争夺对亚历山大一世的影响：沙皇的"年轻朋友"，发动宫廷政变的领导人，以及"叶卡捷琳娜时期的

---

① 参见姚海：《俄国立宪运动源流》，四川大学出版社，1996年，第39页。
② 〔法〕亨利·特罗亚著，迎晖、尚菲、长宇译：《神秘沙皇——亚历山大一世》，世界知识出版社，1984年，第46页。

老臣"。每个团体都试图利用皇帝的改革心愿来实现自己的利益。

亚历山大一世为王储期间结识了一群志同道合者，被称为沙皇的"年轻朋友"，包括 Н. Н. 诺沃西里采夫、П. А. 斯特罗加诺夫、А. А. 恰尔托雷斯基、В. П. 科楚别伊。他们都思想先进、文化素养高，接受西方人文主义思想，希望为祖国造福。诺沃西里采夫公爵出身名门、睿智聪明、学识渊博，曾经任俄国驻法大使，熟悉法国大革命精神，主张建立君主立宪政体。斯特罗加诺夫在法国接受教育，公开宣扬西方自由思想。法国革命期间他在巴黎，是雅各宾俱乐部成员。恰尔托雷斯基是波兰公爵，也在英国研究过那里的国家体制和法律制度。科楚别伊也在国外受过良好教育，先在日内瓦，后在伦敦学习政治学。他们经常与年青的王储讨论俄国政治法律制度改革问题，成为沙皇周围自由主义改革阵营的核心。沙皇的"年轻朋友"认为，改革要循序渐进，在"落后的社会"做好准备前不要过早地破坏专制权力。他们认为只有在遥远的将来才有可能根据宪法—代议制原则改造俄国。在他们为研究国家改革组成的"秘密委员会"第一次会议上，年轻朋友们建议首先对帝国现状加以研究，然后对行政机关加以改造，最后再设法进行立宪，而亚历山大一世温和地低声问道："能不能马上就实施第三项呢？"朋友们对他的回答是惶恐不安、默不作声。[①] 皇帝昔日的导师拉加尔普在理论上狂热而激进，在行动上却极为谨慎小心，他也在1802年提醒他的学生不要醉心于民主："为了您的人民，陛下，请保留托付给您、您愿意用来只是为人民谋取最大幸福的全部权力。不要让无限权力引起的那种憎恶感把您引入歧途。您要有勇气完整地保留权力，一直到在您的领导下完成必要的工作，尔后您要留下有效地秉政治国所必需的权力。"[②]

推翻保罗一世推举亚历山大一世登基的政变领导者"朱波夫团体"主张贵族（寡头）式立宪主义，他们试图建立贵族宪政，提出把国务会议或参政院作为这样的机构。十二月党人 М. А. 冯维津曾就此指出，Н. И. 帕宁的方案在做了一些变动后再次出现——谋杀保罗一世的人"梦想着他们将与皇帝一起统治"，使亚历山大立即接受宪法。亚历山大一世拒绝了 Н. П. 帕宁

[①]〔俄〕亚·阿尔汉格尔斯基著，刘敦健译：《亚历山大一世》，人民出版社，2011年，第80页。

[②]〔俄〕亚·阿尔汉格尔斯基著，刘敦健译：《亚历山大一世》，人民出版社，2011年，第81页。

（Н. И. 帕宁的侄子）和 П. А. 帕连的这个提议，因为它有胁迫的意味。①"朱波夫团体"在宫廷、首都社会和近卫军中开展了建立贵族寡头代表机构的有力宣传活动。亚历山大一世在与这些人员打交道时极为谨慎，在时机成熟之前不揭开自己的底牌。作为"真正的君主制"的支持者，他本人认为可以谈论一些旨在消除政府专制性质的步骤。

叶卡捷琳娜二世时期的权贵们组成独立的政治团体。他们认为自己有权积极参与政府和国内政策的制定，坚决维护贵族特权的不可侵犯性，反对废除农奴制，但是支持国家治理领域的温和改革。他们认为上层贵族是主要的政治力量，与君主分享权力的"新统治阶层"，主张利用参政院加强贵族对君主活动的影响。同时，他们对政变组织者，特别是朱波夫兄弟和帕连等人的影响力不断增强表示担忧和不信任。身处英国的 А. Р. 沃龙措夫伯爵密切关注着俄国事态，他在那些日子里写道："君主在他们手中。他既没有毅力也没有力量对抗这个可怕的集团的野心。他时刻从周围人的脸上看出他们心中的想法：'我们扼杀了您的父亲，如果您敢于反对我们的意志，他就是您的榜样。'"普鲁士驻俄大使卢齐告诉威廉三世，亚历山大一世"被杀害他父亲的凶手包围，并以某种方式服从他们，他是如此软弱，以至于无法坚持他的意愿"。②

皇位上的改革者在统治阶级中没有足够的支持。保罗一世的统治表明，不考虑高级贵族和军官的意见在国内进行任何改革都冒有危险。整个上流社会似乎都对改革感兴趣，但改革首先要保证他们的稳定和权利。皇室内部也形成保守阵营，主要人物有康斯坦丁·帕夫洛维奇大公、皇太后玛丽亚·费多罗芙娜和公主叶卡捷琳娜·帕夫洛芙娜，强烈地反对沙皇的自由主义改革方针。叶卡捷琳娜·帕夫洛芙娜委托当时著名的历史学家和文学家卡拉姆津撰写著作，提供理论武器，从保守立场出发公开批评沙皇的自由主义行动和改革方针。

亚历山大一世的统治是俄国历史上最具争议的时期之一。在他统治期间国家生活各个领域进行了改革，但是所进行的改革绝非总是反映他自己的观

---

① Фонвизин М. А. Сочинения и письма. Т. 2. Иркутск：Вост.-Сиб. кн. изд-во, 1982. С. 145-147.

② Цит. по：Сафонов М. М. Проблема реформ в правительственной политике России на рубеже XVIII и XIX вв. Л.：Наука, 1988. С. 77.

点。亚历山大一世是君主立宪制的支持者,他一直都没有放弃限制专制权力的想法。可以说亚历山大一世是俄国皇位上第一个自由主义者,但他的自由主义是执政统治者的自由主义,他深谙自己的政治理想与国家政治现实的矛盾性。史学界传统上对亚历山大一世改革的犹豫和放弃立即限制专制权力的解释是,他的两面性、软弱性和左右逢源;或者是年轻皇帝相信计划中的改革需要几十年才能实施。亚历山大一世在其统治的20多年间立场并不稳定,他的政策是他对国家制度与国家治理的改革思想和政治上谨慎态度的复杂混合体。

亚历山大一世统治时期并没有被作为一个重要的改革时代载入史册。当人们把19世纪初俄国所进行的改革与同时代人和史学家都知道的宏伟改革计划与方案相比较时,就会形成这些改革无足轻重的印象。然而,如果这些改革计划和方案不为人知,人们面对的只是现实中完成的改革,那么对亚历山大时期的评价就会迥然不同。了解这个时代的国家改革方案和计划的历史以及实现这些方案和计划的尝试,对于充分了解俄国改革进程的特点、决定其成败的条件和因素非常重要。

第二节 宪政改革计划与举措

在近代史上最初几个世纪,俄国在政治上与西欧差距不断加大。西欧逐渐取消封建制度,形成议会、政党和宪法,而俄国封建制度向纵深发展,等级君主制为绝对君主制所代替。叶卡捷琳娜二世改革和彼得一世一样,在很大程度上改变了俄国的宗法制面貌,完善了国家治理体系。但是,改革者们的努力不仅没有削弱,而且加强了专制制度。俄国迈进19世纪之时还是一个绝对君主制国家,与当时已经通过改革和革命方式发生民主进程的西方距离进一步拉大。

亚历山大一世登基后,手中真正掌握了无限的权力,开始具有了实现他少年时立下的理想的可能性。他立志改革,最为关心的问题之一是根本性改变国家制度实行宪政问题。"宪法"的术语在18世纪俄国从欧洲政治词典中借来,在19世纪初俄国保留了上个世纪的典型含义,一般用于表示:"条例或章程""君主的法令""根本法"。① 占主流地位的宪法概念是开明君主制定的"根本法"。亚历山大一世将宪法改革置于国家改革规划的中心。可以说，从此俄国形成了"政府立宪主义"，即使传统（专制）政权合法化，君主制国家合理化和系统化的行政机构在坚定的法律基础上运作。

国家政治改革要求具有周密的改革计划。在亚历山大一世改革初期占据重要地位的是他的"年轻朋友"，他们形成制定国家改革计划的核心机构"秘密委员会"（Негласный комитет）。秘密委员会是非官方机构，没有正式组织，在亚历山大一世冬宫的房间内开会。秘密委员会对其任务的界定是："系统地研究改造帝国这座轮廓模糊的大厦。"秘密委员会被官僚反对派起绰号为"雅各宾匪帮"，亚历山大一世本人不无政治作秀地将之称为"救国委员会"。

秘密委员会的发起人斯特罗加诺夫伯爵撰写了札记《我国宪法的状况》，他所说的"宪法"指规定立法程序的固定法律，在修改时必须通过严格规定的程序进行。他认为这将关闭任何独裁的大门，减少因统治国家的人的能力差异而可能产生的恶。他建议首先建立有效的国家治理体系，进行行政改革，然后出台"宪法"，把国家新的治理原则纳入其中。斯特罗加诺夫拟定了一份宪法草稿，被命名为《总法典》，阐述了对国家制度的看法。其中首先指出，俄国是君主制国家，国家君主统一行使立法和行政权力，但需要明确界定君主的权力和责任。斯特罗加诺夫在政治信念上强烈反对独裁，倡导自由主义治理观点。他始终强调，权力专断不仅可以来自君主个人，也可以来自任何拥有巨大的无限权力的国家机构。因此，国家政权的首要任务是建立防止任何独裁的保障体系。亚历山大一世皇帝的绝对权力可为社会提供这种保障，限制他的权力会导致独裁的加强而不是结束。② 这些观点基本上得到了秘密委员会其他成员的认同。

亚历山大一世曾下令为 1801 年 9 月 15 日加冕日制定一份名为《赐俄国人民文书》（《Грамота российскому народу》）的法律文件。这份文件由国务委员 А. Р. 沃龙措夫和 Д. П. 特罗辛斯基、秘密委员会成员科丘别伊和诺沃西里采夫以及法律编纂委员会成员 А. Н. 拉吉舍夫起草。最终定稿交由特罗

---

① Тимофеев Д. В. Европейские идеи в социально-политическом лексиконе образованного российского подданного первой четверти XIX века. Челябинск：Энциклопедия，2011. С. 128-138.

② Цит. по：Коршунова Н. В. Проекты реформ в России（вторая половина XVIII-первая четверть XIX в.）. Челябинск：Издательство ООО фирма 《ПИРС》，2009. С. 71-74.

辛斯基完成，但几乎完全由他的秘书 M. M. 斯佩兰斯基负责。这份《文书》的最终版本类似于 1789 年法国《人权和公民权宣言》。《文书》中也借鉴了中世纪和近代的根本法案——英国 1215 年《大宪章》和 1679 年《人身保护法》。《文书》被视作宪法的组成部分，宣称保障所有"自由人"的公民权利，包括人身安全、动产和不动产、行动自由，而且加入了宣扬资产阶级自由的条款，包含了对那些年的官方文件来说不同寻常的对所有俄国臣民的承诺，即享有"思想、信仰、祈祷、言论、通信自由"，但有一个条件"不得违反国家法律，不得冒犯任何人"。[1] 开明君主的基本职责是保障这些权利、稳定和安全。在加冕礼前这份《文书》被国务会议一致通过，如果其在加冕仪式期间公布，就会成为一份历史性文件，为在俄国逐步形成保护个人权利的权力制度奠定基础。然而亚历山大一世没有决定发布这一文件，他提出的理由是：《文书》削弱了贵族特殊的法律地位，将导致他尚不稳固的政权与大多数保守贵族的对抗，使改革环境复杂化。

俄罗斯帝国根本性改变国家政治制度的第一步实际举措是亚历山大一世委托斯佩兰斯基在 1809 年制定著名的国家改革方案——《国家法典导言》，这在当时俄国条件下是一个非常激进的方案。斯佩兰斯基是 19 世纪上半期俄国著名改革家和国务活动家。他出身寒微，凭借着出众的天赋和个人的拼搏，展现出超群的工作能力和远见卓识，赢得沙皇的重视。1806 年，斯佩兰斯基成为沙皇的个人秘书。这时，朝廷政治精英的构成发生了变化。拥戴亚历山大上台的政变领导者以及前朝老臣或者是被告老还乡，或者是被赐国外旅行。沙皇与其"年轻朋友"的关系逐渐冷淡，他们接连被迫离去——有的从政坛消失，有的在政坛另辟蹊径。沙皇终于得以摆脱对周围人员的依赖，他选择斯佩兰斯基作为改革的主要助手，委托其拟定国家改革计划。

斯佩兰斯基博览欧洲各国政治文献，尤其是法国启蒙思想家的著作。他赞同国家形成的社会契约论，主张用"国家根本法"即宪法限制君主的权力，且宪法应当由人民制定。斯佩兰斯基认为，在专制制度下，"俄国有两种身份的人，一种是君主的奴隶，另一种是地主的奴隶。第一类人仅仅对第二类人

---

[1] См.：Конституционные проекты в России XVIII-начала XX в. М.：Институт российской истории РАН，2000. С. 321-332.

来说才是自由的，而实际上除了乞丐和哲学家以外，在俄国是没有自由人的。"①斯佩兰斯基对拿破仑非常崇拜。在他看来，这位《法国民法典》的作者创造了一种无可匹敌的治理制度。因此，他力图以法国为榜样，对俄国的政治体制进行根本改革，被后人称为"俄国自由主义之父"。斯佩兰斯基参与了亚历山大一世统治前期各项重大改革，他的自由主义思想也体现在亚历山大一世时期的政治体制改革当中。

斯佩兰斯基1809年在亚历山大一世授意下完成了著名的国家改革方案——《国家法典导言》。②这个改革计划在某种程度上是斯佩兰斯基和亚历山大一世两个人的作品，因为没有沙皇的批准和首肯，斯佩兰斯基不可能敢于提出这个在当时俄国条件下非常激进的方案。改革计划的倡议和斯佩兰斯基本人的崛起都是沙皇一手策划：斯佩兰斯基只是一个对最高"订货人"的思想和意志出色的、富有创造性的阐述者。斯佩兰斯基写道，他直接根据沙皇的旨意行事，"全面国家改革计划……没有任何创新的内容，只是对陛下感兴趣的思想系统地阐述。"③

斯佩兰斯基在《国家法典导言》阐述了根本改革国家制度的必要性。他指出，专制制度的毁灭是不可避免的。立宪国家必然代替专制制度，因为任何时候，当统治方式落后于社会发展程度时，它将通过或大或小的动乱而被推翻，如果这种代替不从上而下地通过改良来实现，则将通过革命来实现。改革专制制度、建立新制度的时代已经到来。国家制度改革的重点在于"使管理建立在国家根本法的基础上"。建立"真正的君主制"应该是通过"将帝国政府建立在稳定的法律（即宪法）上"，将专制权力建立在法律之上。

改革计划确立资本主义制度的三权分立原则。斯佩兰斯基写道，"只存在一个专制政权，既负责制定法律，又负责执行法律，不可能实现法治管理。"首先应该将立法、司法和行政权力分开，由彼此独立的国家机构负责。立法权归国家杜马，设立乡、区、省和国家四级杜马，杜马代表由选举产生，代

---

① 〔苏〕K. A. 莫基切夫主编，中国社会科学院法学研究所编译室译：《政治学说史》上册，中国社会科学出版社，1979年，第357页。

② Сперанский М. М. Проекты и записки. М.：Издательство Академии наук СССР，1961. C. 143-222.

③ Сперанский М. М. Проекты и записки. М.：Издательство Академии наук СССР，1961. C. 164.

表人民的声音自由发言。国家杜马成为限制君主权力的机构：任何法律不经杜马的通过不能颁布。行政权属于政府即各部，政府向立法机构负责。司法权属于由自由选举产生的各级司法机构，其分成乡法院、区法院、省法院、最高法院四个等级，最高司法机构是参政院。同时为了保证国家生活的正常运转，应该保证这三种权力的平衡，但沙皇一人难以担此重任，为此必须成立专门机构。斯佩兰斯基认为这个机构是国务会议，其是新国家组织体系的顶端。国务会议也成为独特的上议院，为各种权力的协调行动制定法律基础，对最重要的国务问题进行初步讨论。国务会议成员由沙皇任命。俄国所有居民分成三类：贵族、中层（商人、小市民和国家农民）和劳动人民（农奴、工人和家仆）。所有居民都享有一定的民权，但只有前两个阶层享有政治权，即参与国家管理的权力，只有拥有不动产者有权参与司法、立法、监督国家权力机构的活动。

改革方案中对"皇帝的权力和特权"进行了法律规定，沙皇手中仍保留着管理国家的全部权力（"在俄国所有行政权应该归属专制政权"），沙皇也拥有立法倡议权，以及批准所有新法律的权力。然而，沙皇的权力明显受到新选举机构的限制：他所建议的法律必须经由国家杜马通过，此外，专制者无权参与诉讼程序，最高统治者在司法领域的活动，仅限于监督和维护司法程序。根据这份国家改革方案，立法、行政、司法三权分立；立法、行政、司法三个系统也要分为中央、省、州、乡四级，从中央延伸到全国的基层单位各乡；三权的汇集点是国务会议，通过国务会议上升到君主，专制君主制度受到温和的人民代表制的限制，俄国将由一个专制制度的国家变成一个三权分立、四级结构的二元制君主立宪政体的国家。亚历山大一世和斯佩兰斯基关于二元君主制是最符合俄国国情的想法，是通过分析其他国家的宪法法案并从中挑选出适应俄国民族特点的必要原则而形成的。

亚历山大一世对改革寄予厚望，他也担心贵族对改革计划的反对。尽管1810年1月1日宣布成立新机构——国务会议，但国务会议的职能与斯佩兰斯基的设想已经有着本质性差别，它是国家最高立法谘议机构，没有独立的立法权，对法案只有研究讨论权，法案没有得到沙皇的同意不能生效。限制专制政权的国家杜马和其他代表制机构都未能建立。专制政治制度的基础岿然不动。斯佩兰斯基的庞大改革计划只有一些彼此之间没有联系的局部方案得以实施，绝大多数都成了一纸空文。斯佩兰斯基本人也因其所执行的一些措施引起贵族的强烈不满，1812年3月亚历山大一世不得不把自己多年来自由主义改革的臂膀撤职并流放。在斯佩兰斯基被流放的第二天沙皇就对戈利津公爵说："要是有人砍掉您一只手，您肯定会叫起来，说疼死您了。昨天夜里斯佩兰斯基被人从我这里夺走了，而他就是我的右手。"①

在吞并芬兰和波兰之后，对亚历山大一世来说，帝国新领土的出现提供了一个机会，使它们成为他的宪政改革计划的一种试验场。如果成功的话，可以将之扩展到整个俄国。由于1808年俄瑞战争胜利而成为帝国一部分的芬兰是这种试验的起点。在芬兰正式并入俄国之前，皇帝就已经在俄占领土发布了承诺保留议会和召开立法会议的公告。1809年2月1日亚历山大一世以"全俄罗斯皇帝和全权君主"及"芬兰大公"的名义发布召开议会的命令。1809年3月28日议会正式开幕，皇帝和芬兰代表们参与了正式建立自治的芬兰国家的隆重仪式。仪式第一项是宣布敕令，亚历山大一世承认并负责维护芬兰的宪法："朕，亚历山大一世……愿以本敕令确认和批准此邦的宗教信仰和各项根本法，并确认和批准上述大公国内根据宪法每一等级迄今所特别享有的，以及不论地位高低全体居民迄今所一般享有的各项特权和权利。我允予维护所有这些权益和法律，使之固定不变并具有充分效力。"② 亚历山大一世虽然在俄罗斯帝国范围内仍然是专制君主，但在芬兰却是一个君主立宪制下的国君。亚历山大不能以命令统治芬兰，而必须接受芬兰议会作为立法工作的参与者。未经议会同意，皇帝不能修改法律和制定新的法律。芬兰地域有自己特殊的政府系统，以及建立在宪法之上的立法。这是一个可以用来改革整个国家政治制度的先例。芬兰宪法对于俄国改革者来说也同样重要，通过促进芬兰大公国宪法秩序的建立，他们可以希望在俄国发展类似的制度。

然而，斯佩兰斯基改革计划的破产以及同法国战争的爆发，使新的改革设想被推迟了很长时间。同法国战争胜利后，在决定战后欧洲命运的1815年维也纳会议上，波兰王国并入俄国。俄国皇帝坚持波兰在帝国内获得自治地位，并在宪法基础上进行管理。1815年所发生的种种事件表明亚历山大一世

---

① 〔俄〕亚·阿尔汉格尔斯基著，刘敦健译：《亚历山大一世》，人民出版社，2011年，第143页。

② 约翰·亨·伍里宁著，武汉大学《芬兰史》翻译组译：《芬兰史》，湖北人民出版社，1973年，第193页。

要对俄国政治制度进行根本性的改革，波兰似乎更适合作为宪法改革的试验场。① 亚历山大一世通过波兰王国进行了立宪方面的"政治尝试"，赐予波兰当时欧洲最自由的宪法。波兰王国议会由参政院和众议院两院组成。上院参政院由沙皇任命的省长、市长、主教等组成，参政院议员是终身的，多由大贵族充任。众议院由地方议会选举产生的 77 名贵族和 51 名非贵族出身的地主、新兴资产阶级代表及其知识分子组成。议会每两年召开一次。宪法宣布波兰语为国语，公民享有言论、出版、宗教信仰和人身不可侵犯的自由。宪法还宣布，私有财产神圣不可侵犯。凡年满 21 岁的男性公民拥有土地和私有财产在 10 万兹罗提以上者均有选举权。小小的波兰王国有选举权的公民达 10 万人，而当时法国有选举权的公民只有 8 万人。② 俄国皇帝被宣布为波兰的沙皇，但他的权力受到宪法的限制，他在加冕为波兰沙皇时必须宣誓遵守宪法。

1818 年 3 月 15 日亚历山大一世在波兰议会开幕式上的演讲公开宣称他把在波兰实施宪法看成在俄国全境确立君主立宪制度的计划的第一步："你们赐予我一个机遇，向我的祖国展示我已经为她筹谋多年的一切，当如此重要事务的各方面条件达到适当的成熟度后，祖国也会享用这一切。"③ 在涉及原则性重要决议之时一贯优柔寡断的亚历山大一世，却在此次演讲中秉持己见。关于亚历山大发出这样讲话的真实意图，有些人认为他对俄国宪法的渴望毋庸置疑，有些人则认为这是他的一种政治手腕。很难说哪些看法更接近真理，但事实是沙皇做出了这种演讲，该演讲使俄国保守力量惊慌失措，透过这个演讲他们看见的不仅有宪法，而且有废除农奴制，等等。圣彼得堡高官显贵以及外省中小地主都对此反应强烈，他们强烈反对沙皇中的立宪倾向。同一年，在华沙演讲后亚历山大一世在俄国旅行感受到了这样的情绪，这迫使沙皇重新考虑进一步的行动，但他仍然继续秘密地为俄国制定宪法。

俄国著名历史学家 C.B. 米罗年科通过查证档案，指出亚历山大一世的立宪思想与行动是严肃的。沙皇委托时任波兰总督办公厅长诺沃西里采夫制

---

① 参见〔俄〕谢·弗·米罗年科著，许金秋译：《19 世纪初俄国专制制度与改革》，社会科学文献出版社，2017 年，第 161—235 页。
② 刘祖熙：《波兰通史》，商务印书馆，2006 年，第 199 页。
③ 〔俄〕谢·弗·米罗年科著，许金秋译：《19 世纪初俄国专制制度与改革》，社会科学文献出版社，2017 年，第 172—173 页。

定俄国宪法。因为他熟悉法国和英国的议会制度，曾写过一些关于宪法问题的札记。这一工作持续了两年，在 1820 年秋天结束。诺沃西里采夫组织制定的宪法方案得到沙皇赞同。宪法一式两份起草，一份是法语的，一份是俄语的。宪法的法语名称是《La charte constitutionelle de l' Empire de Russie》精确的俄语译法应该是《俄罗斯帝国宪章》。但是，宪法的俄语版本的名称采用了另一种译法——《俄罗斯帝国国家法定文书》（简称《法定文书》）（Государственная уставная грамота Российской империи）。可能是亚历山大一世担心，名称的精确译法会过于明显地暴露方案要对俄国国家生活基础进行根本改革。而且，《法定文书》中一次也没有出现过"宪法"这个词，尽管这个文件正是这样一份方案，它的实现将使俄国变成君主立宪国家。

《法定文书》宣布公民自由：言论、出版、信仰自由，人身权利不可侵犯，保护私有财产，所有公民在法律面前一律平等，司法独立。在俄国建立拥有立法权的两院制议会，《法定文书》第九十一条中有热情澎湃的表述："祝愿俄国人民从现在起永远拥有人民代议机构。它应该是国家议会（国家杜马），由君主和两院组成。上院由参政院构成，下院由地方代表和城市团体代表组成。"《法定文书》规定的一个主要原则是帝国实行联邦制，较多关注地方行政机构改革。宪法方案第一章，不是像所有类似文件通常的做法阐述宪法基本原则，取而代之的是阐述新的地方管理组织。《法定文书》第一条规定："俄罗斯国家，无论以何种名义归属其所占有的领土，都根据清单划分成较大的区域，称为总督管区。"① "总督管区"也设有议会，与国家议会的组织原则整体上相同，分成两院。上院由沙皇任命，下院由沙皇在选举产生的代表中任命。代表形成的这种混合原则，体现了宪法编纂者，首先是亚历山大一世本身，追求最大限度地将专制原则与资产阶级制度的元素结合起来。成立总督管区应该是实际贯彻宪法方案的先行军。在《法定文书》制定工作完成之前，沙皇实际上在贯彻宪政改革计划的道路上迈出了第一步。1819 年 11 月，А. Д. 巴拉绍夫被任命为五个省：图拉、奥廖尔、沃罗涅日、坦波夫和梁赞省的总督。

《法定文书》如果得到亚历山大一世的批准，可以促进俄国专制制度向君

---

① Конституционные проекты в России XVIII-начала XX в. М.：Институт российской истории РАН，2000. С. 411.

主立宪制的演变，使俄国出现类似于欧洲议会的代议机构，推动国家政体的现代化。在起草《法定文书》的同时，诺沃西里采夫还起草了《文书实施方案（试行）》，宣称皇帝赐予"善良和忠诚的臣民"以宪法。诺沃西里采夫还根据沙皇的直接指示起草了关于废除1815年波兰宪法，把波兰变成俄罗斯帝国一个总督管区的宣言。[①] 这表明亚历山大一世确实离在俄国实际贯彻宪法只有一步之遥。但是任何事情都没有发生，无论是《法定文书》，还是其他相关文件，从来未被公布于众。

综上所述，1801年《赐俄国人民文书》、1809年《国家法典导言》、赐予芬兰和波兰宪法、1818—1820年《俄罗斯帝国国家法定文书》及《文书实施方案（试行）》，以及总督管区的试验，表明了亚历山大一世宪政改革计划的整体性和系统性。这一时期的立宪方案，与18世纪时期的方案具有一定程度上的连续性，都是旨在使君主权力受到"根本法"限制。只是这时的立宪方案不是主张在君主下设立贵族等级代表机构，而是扩大社会基础，在君主之下设立各等级参与的立法谘议机构。众所周知，西欧的君主立宪经过长期艰苦的斗争才得以实现，而俄国沙皇自己倡议实行君主立宪、限制王权，理应得到俄国贵族的支持。但事实恰恰相反，立宪改革方案在俄国遭到了贵族的强烈反对。1818年3月15日在波兰议会开幕仪式上的讲话是亚历山大一世唯一一次公开表示希望在俄国实行立宪制度。亚历山大一世放弃改变政治制度的主要原因是绝大多数贵族的对抗。他对1811年春天收到的卡拉姆津的《论古代和近代俄国的政治和公民关系札记》印象特别深刻，它相当于俄国保守主义的一种宣言，阐述了贵族对这个问题的普遍反对立场，其中写道，专制制度缔造并复活了俄罗斯，随着国家规章制度的改变，俄国会逐渐走向毁灭，以至最终灭亡。"专制政权是俄国的护卫者，为了俄国的幸福必须保证专制政权的完整性；因此，俄国沙皇作为唯一的权力源泉，没有任何理由侮辱与俄国一样古老的贵族。"[②] 卡拉姆津的奏章与贵族的不满情绪代表了他们对改革的拒绝。亚历山大一世不能忽视这种情绪，他实际上面临着一个选择：是效仿彼得大帝，通过暴力使俄国社会屈服而走向进步，还是表现出真正的

---

① 〔俄〕谢·弗·米罗年科著，许金秋译：《19世纪初俄国专制制度与改革》，社会科学文献出版社，2017年，第230页。

② Карамзин Н. М. Записка о древней и новой России в ее политическом и гражданском отношениях. М.：Наука，1991. С. 29，36.

自由主义，向后退让。与 18 世纪初不同，19 世纪时期俄国贵族已经成为享有统治权的等级，甚至决定着皇位继承等国家重大事项。亚历山大一世非常清楚，无论他的权力多么大，如果没有强大的社会基础，任何改革都不能进行。亚历山大也永远不会忘记自己父亲的悲惨命运，反对统治阶层的意志，只会导致意外状况的发生。他从启蒙运动的抽象哲学思想中汲取的信仰远不足以应对这一切。

第三节　国家治理改革方案

亚历山大一世统治时期，国家治理改革具有重要意义。进入 19 世纪时，传统的君主专制危机反映在国家机器的运作混乱上，国家机构无法应对庞大帝国的有效管理。政府寻求形成有根本法规定的、稳定有效的行政体制。总体而言，国家机构改革是为了解决以下重要问题：明确划分国家机构职能，建立现代化的中央和地方国家治理体系。

一、设立国务会议方案

俄国的国务会议，从本质上讲，是就国家立法和管理问题向沙皇提供建议的机构。自古以来俄国君主下就设立一些在重大国务问题上向其提供意见的机构，但在不同历史时期，随着君主权力的变化，这些机构的地位不同。基辅罗斯时期，这类机构的职责最初由大公的亲兵卫队承当，后来是波雅尔杜马。亲兵卫队和波雅尔杜马不是纯粹的谘议机构，具有一定的政治影响力，是制约大公权力的重要因素。随着君主权力不断增强，专制制度确立，波雅尔杜马的政治影响力降低，变成谘议机构。彼得一世成立参政院取代波雅尔杜马，他的继任者们不满意参政院的独立性和正式地位，依然越过参政院在周围聚集一些谋士。如前所述，有叶卡捷琳娜一世时期的最高枢密会议、安娜女皇时期的"内阁"、伊丽莎白女皇时期的最高宫廷委员会、叶卡捷琳娜二世时期的最高宫廷会议等。所有这些机构都是君主的个人谘议委员会，没有确定权限。在俄国，作为具有固定职能（主要是立法职能）的君主谘议机构，从亚历山大一世起才出现。

19世纪初,君主不能再仅靠自己以及两三个亲信来治国的看法相当普遍,要求确立君主行使权力的新原则——通过常设的机构来治国。发动推翻保罗一世政变的领导人帕连、帕宁等人以及特罗辛斯基等人要求"为讨论国家事务和政策"而设立国务会议,代替叶卡捷琳娜二世创建并在保罗一世时期继续运作的最高宫廷会议。于是,1801年3月30日成立了国务会议(学界又称之为"常设会议"①)。国务会议最初被设想为国家管理体系中的一个固定环节,П. А. 帕连把它看成是18世纪掌有大权的最高枢密会议的继承者。亚历山大一世看似优柔寡断误导了经验丰富的廷臣,年轻的皇帝并不打算把权力交给 П. А. 帕连,他和其他阴谋组织者一起被迫离开了政治舞台。

沙皇想使国务会议成为主要负责立法事务的最高机构,实行西方国家同类机构的组织原则。在1802年建立部体制和大臣委员会、改组参政院后,亚历山大一世委派斯佩兰斯基起草国家机构改革方案。斯佩兰斯基在他的全面国家改革规划1809年《国家法典导言》中把国务会议置于新国家组织体系的顶端。国务会议将成为沙皇与新的立法、行政和司法权力组织之间独特的连接纽带。

斯佩兰斯基将改组国务会议视为贯彻其庞大的国家改革计划的第一步。无论斯佩兰斯基本人多么坚信俄国未来必然沿着资本主义道路发展,他都十分清楚不太可能迅速地全面实现自己的计划。改革不能一蹴而就,他按照日期编排了500天的进程(从计划呈交给沙皇之日算起)。他认为,最初的改革不应该完全暴露最高政权的真实思想,"民可使由之,不可使知之"。他就贯彻所设想改革的具体步骤写道:"在从目前的规章转向实行新的规章之时应该这样进行,使这种转向看起来相当简单、最为自然,新的规章似乎是在旧的规章之上形成的,这种转向似乎不会改变任何东西,永远有方法完全保留和

---

① 在1801年3月30日第一次正式会议上这个机构被称为"国务会议",后来出台的法律文件确认了这个名称。19世纪和20世纪初一些历史学家将这个机构称为"常设会议",将之与其它咨议性最高国家机构等同,认为它是1810年设立的国务会议的前身。在20—21世纪初史学著作和手册中,把常设会议和国务会议视为两个独立机构,将国务会议的出现与1810年1月1日诏书联系在一起,但这份文件宣布的不是创建,而是给予自亚历山大一世统治初期就已经存在的常设会议以新的"组织结构"。当代有史学家呼吁归还1801年创建的这个会议真正的、最初的名称——国务会议。参见 Писарькова Л. Ф. Непременный или Государственный Совет был в России в 1801-1809 гг.? (К вопросу об уточнении терминологии) // Отечественная история. 2008. No 5. С. 128-130.

维护以前的秩序。"① 改革的每一步都要想出令人信服的理由来转移人们的注意力。一切应当从1810年1月1日，即国务会议成立之日开始。斯佩兰斯基把研究民法典与国家财政状况作为改革国务会议的借口。他建议沙皇下令在8月15日之前从各等级选举出代表，组成国家杜马。选举的理由是讨论和实施民法典，杜马在9月1日开始工作。国家法典通过后，国务会议应该讨论司法改革和新参政院条例。斯佩兰斯基在报告的最后写道，"如果上帝保佑这些创举，那么到1811年，本王朝统治的第十年年底，俄国将成为一个全新的存在，完成各个领域的全面革新。"② 斯佩兰斯基的计划得到沙皇的赞同，他接着起草了改革国务会议的诏书和《国务会议章程》。

1810年1月1日，如计划设想，召开了新的国务会议的第一次会议，颁布了改革国务会议的诏书和规定其活动的法律文件——《国务会议章程》。然而，改组后的国务会议与斯佩兰斯基在《国家法典导言》中阐述的改革原则有巨大分歧。国务会议被赋予的完全是另外一种职能——纯粹的立法谘议机构。由于政府中保守派的压力，斯佩兰斯基的改革计划没有实现。原来拟定在1810年5月举行的国家杜马选举被取消。这使国家杜马的召开推迟了近100年，直到1906年。原计划的代议机构国家杜马并没有成立，因此，国务会议占据的是以前划给国家杜马的位置，又完全建立在另外一种原则之上。斯佩兰斯基方案中所设想的国务会议名存实亡。但斯佩兰斯基仍然尝试赋予它一些作为限制专制权力的机构的特点，规定所有的法律法规和条例在颁布时一定要包含表述"依国务会议之所见"。但即使这种微不足道的限制也很快就被丢弃。专制政治制度的根基仍然是坚如磐石。

二、参政院改革方案

到19世纪初，参政院是一个职能众多的庞大机构，处于衰落状态。亚历山大一世即位后关心所有最高国家机构的改革问题。亚历山大一世于1801年6月5日下令，让参政员们起草关于参政院权利和义务的奏章，就参政院在国家机构体系中的作用、地位和意义发表看法，它标志着对参政院改革进行

---

① 〔俄〕谢·弗·米罗年科著，许金秋译：《19世纪初俄国专制制度与改革》，社会科学文献出版社，2017年，第33页。
② 同上，第34页。

公开讨论。新成立的国务会议大多数成员，以及参政员们自身都响应皇帝号召，思考参政院的改革。叶卡捷琳娜时期的老臣政治积极性异常高涨，如杰尔查文、帕宁、特罗辛斯基等人，建议提高参政院的地位，恢复参政院的"昔日辉煌"，使其成为最高行政机构、最高司法机构、立法谘议机构。

参政员 П. В. 扎瓦多夫斯基受参政院委托编写了《论参政院权力和特权》的奏章，他分析了参政院衰落的原因，认为"追名逐利的官员利用君主的信任，觊觎让他们自身而不是机构来主导事务"；"全票通过"制度被废除，决定由简单多数票做出，总检察长变得有权否决参政员的任何决定。报告的主旨是恢复参政院的地位，使其成为最高行政、司法和监督机构。实行集体负责制，采取一致同意的原则，以避免各类"得势者的寡头意图"。在君主颁布的法律法令与现行法律法令相悖或不明确时，参政院有权向君主提出。虽然扎瓦多夫斯基多次重复说他是专制的支持者，但拟议方案中的一些规定显然是为了限制专制。扎瓦多夫斯基的报告得到了大多数参政员的支持，但杰尔查文表达了不同意见，他建议不仅将最高行政和司法权，而且将立法权都集中在参政院。同时，杰尔查文建议使参政院成为代表机构，引入参政员选举，他认为应该由贵族、神职人员和商人进行选举。在俄国历史上，首次提及参政院的选举是在 1730 年安娜女皇即位时发生的事件中，当时是要求贵族选举参政员。

亚历山大一世建议杰尔查文与朱波夫一起做最后修订。他们修订后的方案是一个庞大的参政院改革计划，将立法谘议、行政、司法和监督职能集中在最高国家机构中的主要思想仍然没有改变。参政院的立法权将体现在由所有参政员组成的立法会议。行政权力将被赋予帝国最高委员会，所有主要部门的负责人都要参加，实际上是把这个机构变成了大臣会议。司法权将被转移到一个特别的司法司，成为帝国最高司法机构。对参政院及其下属机构正确执行法律的监督，由总检察长领导杜马来完成。参政员由选举产生，从前四品官员中为每个职位选出三名候选人，由君主任命其中一人为参政员。这个方案计划把参政院改造成独立于君主的最高机构。从形式上看，沙皇的专制权力被完全保留下来，但自行其是的可能性大大缩小，将被迫在法律框架内行事。这个方案类似于一部"宪法"，"合法地"限制君主的权力。叶卡捷琳娜时期的老臣们主张加快改革，"以便尽快地把俄国宪法这项珍贵的桂冠戴在自己头上，并且把沙皇手中割让出来的权力重新分配给富有经验、成熟干练的官员，而他们则代表了整个阶层的利益。"①

亚历山大一世不能无视前朝老臣们提出的改革。秘密委员会曾经召开几次会议研究参政院改革问题，分析了所有拟议的草案，基本否决了老臣们提出的改革方案，反对赋予参政院立法职能，对报告中设想的增加参政院的行政职能并不满意，认为它应该只是最高司法机关。将参政院转变为选举产生的"半代表机构"的想法受到了"年轻朋友"的最大攻击，他们坚信现在就把宪政的枷锁套在沙皇的专制权力之上不合时宜，那意味着加强了老臣们的势力。皇帝指示他们制定自己的参政院改革方案。在秘密委员会的参政院改革方案中，参政院被赋予帝国"最高司法机构"的角色，还承担一些行政和监督职能。诺沃西里采夫刻意淡化了参政院的历史作用，指出参政院并不能成为防止"滥用最高权力"的真正屏障，即不能成为保护"人民合法权利"的机构。这样的机构运作的前提条件是"权力分立"，而在当时的俄国几乎不可能建立真正的分权。因此，他认为彻底改变参政院的地位是不可能的。斯特罗加诺夫建议将参政院更彻底的改革推迟到更好的时候，现在的改革则简化为对其所负责的行政和司法案件在各司重新分配。恰尔托雷斯基认为，参政院应该摆脱总检察长的过度影响，明确划分参政院和国务会议的权限。恰尔托雷斯基提出把参政院分为两个部分：管理参政院和司法参政院。管理参政院负责对大臣们的活动进行监督；司法参政院对司法机构进行监督。在改革参政院的同时，有必要进行部体制改革，部体制改革与参政院的改革休戚相关。皇帝和秘密委员会其他成员基本同意他的观点，认为国家行政改革的总体计划第一阶段是建立各部。

伴随着秘密委员会对部体制改革的讨论，参政院改革也在国务会议被讨论。讨论的中心是这个机构的权力问题，既研究了新的方案和报告，也考虑了杰尔查文和朱波夫的方案。大多数人反对扩大参政院的权力。亚历山大一世对参政院的作用也很犹豫，对在国家管理改革之初就扩大其权力的想法持谨慎态度。对参政院改革这种广泛讨论的结果是，1802年9月8日建立部体制的同一天颁布《关于参政院权利和特权的法令》。参政院被确定为帝国的最高司法机构，监督大臣的活动，并部分恢复了其立法谘议职能。②

---

① 〔俄〕亚·阿尔汉格尔斯基著，刘敦健译：《亚历山大一世》，人民出版社，2011年，第80页。
② История Правительствующего Сената за двести лет. Т. 3. СПб：Сенатская типография, 1911. С. 28-61.

经过精心准备并期待已久的参政院改革就这样进行了。在准备改革和公开讨论改革的过程中，皇帝成功地启动了俄国贵族的"改革热情"。但亚历山大一世担心朱波夫团体的政治阴谋和一些参政员的激进思想，担心赋予参政院广泛权力将为高级贵族提供反对其政治纲领的法律机制。因此，新颁布的法律只是规定参政院成为最高司法机关，是遵守法治的监督机构。尽管进行了长时间的充分准备，参政院的改革并没有任何重大的政治意义。亚历山大一世统治初期参政院享有的权力很快受到了限制。1803年3月21日亚历山大一世下旨，剥夺了参政院对新法律提出建议的权力。

1810年改革国务会议，是俄国最高国家机构进行根本改革的一年，但参政院没有发生任何重大的变化。1810年改革的主要策划者斯佩兰斯基曾计划对参政院进行根本改革。他向亚历山大一世提交了《管理参政院》方案，建议将参政院分成管理参政院和司法参政院两个部分，将参政院的行政权与司法权分开。管理参政院成员包括所有大臣、副大臣和各机构的主要领导，像国务会议协调在立法领域的活动一样，协调各部门在行政领域的活动。斯佩兰斯基提出取消独立的大臣委员会，使之并入管理参政院，由沙皇亲自担任主席，处理需要沙皇决定的事务。全国只有一个管理参政院。司法参政院则按各州分配，其成员中既有政府任命的，也有贵族选举的官员。这个有关参政院新制度的方案在国务会议讨论时引起保守委员的激烈反对。尽管反对意见众多，但该参政院改组方案还是在国务会议上得以通过。① 只是资金不足、拿破仑战争的威胁、战争的准备工作以及斯佩兰斯基被贬谪等因素，使斯佩兰斯基对参政院的改革计划没能实现。

在与法国战争胜利结束之后，亚历山大一世没有放弃完善国家治理的意图。应亚历山大一世的要求，科丘别伊伯爵在1814年起草了《关于帝国状况及在政府各部门消除混乱并建立秩序的措施》。他认为，专制制度作为一种君主制政府的形式，适合俄国的地理环境和发展水平，他强调了专制制度的不可侵犯性，且必须使最高权力符合"真正的君主制"的理念，将皇帝的权力置于遵守法律的框架之内。他认为俄国政府有效运作的障碍在于行政和司法职能的混乱，以及对国务会议、大臣委员会、参政院与各部的权力缺乏明确

---

① История Правительствующего Сената за двести лет. Т. 3. СПб：Сенатская типография，1911. С. 70-116.

的界定。科丘别伊指出,尽管俄国是君主专制,但必须建立分权制度。国务会议代表立法权,参政院代表司法权,各部委代表行政权,将与国务会议立法谘议权重复的大臣委员会变成"就行政管理进行协商"的合议机构。作为司法机构的参政院和司法部的职能应该有更明确的区分。科丘别伊提议合并部分部(内务部和警察部、国民教育部和宗教事务部、财政部和国家国库),这些建议部分得到实施。

Д. А. 古里耶夫伯爵在1815年受亚历山大一世委托编写了《关于俄国最高政府体系》的奏折,分析了最高国家机构参政院、国务会议和各部委之间的权力划分问题。在他看来,这几个国家机构职能重叠,国务会议是立法谘议机构,但也负责部分行政和司法事务;参政院是最高司法机构,也负责部分行政和立法事务;大臣委员会"在所有一般事务上有特殊的权力",而各部在某些情况下从属于这三个机构,各部大臣也是这三个机构的成员,有权直接请求皇帝下达法令。古里耶夫提出,必须在不违反"合理的分权"的情况下维护治理的统一,确保真正的而不是名义上的分权。他制定了自己的最高国家权力机关组织方案。他认为,"治理的统一"应该集中在君主的身上。最高国家机构体系应包括枢密会议(Тайный совет),"协助"皇帝维护各管理领域的统一与和谐。立法谘议会议(在现行国务会议基础上建立)代表立法权。行政权将由执行会议或管理参政院代表。司法权应该由司法参政院来代表。部的数量不应超过八个。在各部的司下面设立区公署,领导地方管理,建立中央和外省之间有序的互动系统。所有大臣都将自动成为枢密会议和执行会议的成员。因此,在古里耶夫看来,参政院应该划分成为管理参政院和司法参政院,他提议,管理参政院分成六个司:陆军事务、海军事务、内务和警察、财政和国家经济、司法和贵族管理、审计司。管理参政院实际上代替了大臣委员会。[①]

然而,无论是科丘别伊的奏章还是古里耶夫的奏折,或是其他人呈递给亚历山大一世的方案,都被束之高阁。皇帝有了深深的挫败感,他曾经热切地渴望进行根本改革,完善国家治理,但他开始对自己自由主义创举的失败、实现心中理想面临的困难感到沮丧。

---

① История Правительствующего Сената за двести лет. Т. 3. СПб: Сенатская типография, 1911. С. 116-126.

三、设立大臣委员会方案

建立部体制后,需要建立某种协调机制来统一各部的行动。秘密委员会在讨论建立部体制的方案时,提出了如何协调各部行动的问题。多数成员认为应该成立大臣委员会,因为很多国家都有这样的传统。沃龙措夫伯爵以英国为例,说英国的重大措施都是整个内阁共同决定的,而不是大臣一人对沙皇的建议。"这种制度的优点在于大臣永远也不会使沙皇处于为难的境地,或向他提供错误的信息,使他采取不当的措施。"[1] 恰尔托雷斯基也强调这样一个委员会的必要性,提出在沙皇下设由大臣组成的委员会作为一般性的协调机构。大臣们在向皇帝和参政院提交报告之前,在这里交流当前信息并讨论他们的报告。现有的国务会议并不适合这个任务,当时国务委员大多反对部体制改革。

1802年在建立部体制的同时建立了大臣委员会,但法律并没有明确规定其权限,皇帝似乎并不信任国务会议和参政院,倾向于在大臣委员会解决所有问题。而且,由于大臣有权向皇帝做个人报告,沙皇根据他们的报告直接下达法令,参政院不能对这些法令提出意见,它对大臣活动的监督作用逐渐变得毫无意义。通过大臣委员会来实现"部的统一",也就是实现政府统一和大臣团结的想法,在实践中未能实现。内务大臣科丘别伊在1806年《关于建立部体制》的札记中提到,亚历山大一世不愿意把委员会变成一个具有协调各大臣活动的实际权力的"联合政府",坚持皇帝单独与各大臣一起决定国家重大问题。[2]

斯佩兰斯基在1810—1811年进行最高管理机构改革时,认为应该建立统一管理,合理划分所有国家事务,建立有效的大臣责任制。大臣委员会的存在与他的思想不符,他在1810年《国务会议章程》及《部总条例》中对大臣委员会只是一带而过,未赋予它特殊的意义。他根本没计划让大臣委员会长期存在,而是想永远取消这个机构,认为它与新建立的机构体系不协调,特别是削弱了参政院的地位。斯佩兰斯基认为,应该使所有执行事务集中到参

---

[1] Ерошкин Н. П. Российское самодержавие. М. : РГГУ, 2006. С. 127.

[2] Цит. по: Тимофеев Д. В. Европейские идеи в России: восприятие либерализма правительственной элитой в первой четверти XIX века. Челябинск: Пирс, 2006. С. 156.

政院，而非大臣委员会。1812 年是斯佩兰斯基退出国务活动舞台的年代，也是大臣委员会地位急剧提高的年代。

四、建立部体制方案

叶卡捷琳娜二世地方改革建立了复杂严密的地方政府机构体系之后，并没有建立起各部门明确分工的中央管理机构。到 18 世纪末 19 世纪初，中央管理机构总体上组织混乱、权限不清、效率低下，官员滥用职权特别是贪污受贿泛滥。亚历山大一世在 18 世纪 90 年代末就注意到国家治理的混乱状况。1796 年 5 月他在给科丘别伊的信中写道："我们的事务处于难以想象的糟糕状况，腐败肆虐，混乱不堪，秩序全无。"1797 年 9 月给拉加尔普的信中他阐述了同样的观点，"您清楚女皇统治时期俄国的各种滥用职权现象，她的健康和力量、精神和身体开始衰弱，滥用职权现象日益严重……我父亲登基之后，准备果断地改革一切。他最初的一些措施很好，但后来却发生变化，一切都本末倒置，管理的混乱变本加厉……在管理事务中不考虑国家利益：只有颠倒黑白的无限权力。"[①] 亚历山大一世认为中央管理改革的最佳方案是将国务管理划分成各个单独领域，委托给一些人领导，这些人对其管理领域承担直接责任，也就是建立首长负责制的部体制。他选择建立部体制受到法国的影响。法国根据 1799 年宪法成功建立部体制，分工明确、办公高效。法国对俄国产生影响始于提尔西特条约的签订，爱尔福特会面之后对俄国的影响已经非常明显。在亚历山大一世看来，建立部体制也是施行宪法的准备措施，是走向全面"法治"改革的第一步。按照设想，部体制实行"首长责任制"，可以"统一、迅速行动"，适于贯彻最高权力的改革措施。建立部体制的计划与参政院改革同时进行，但与之不同的是，它没有提交给公众讨论。亚历山大一世在部体制改革初期依靠他的"年轻朋友"，后期则依靠斯佩兰斯基。

亚历山大一世和他的"年轻朋友"组成"秘密委员会"讨论完善国家治理的方法。秘密委员会第一次正式会议于 1801 年 6 月 24 日举行，断断续续地持续到 1803 年底。尽管秘密委员会没有正式形式，讨论本身也缺乏体系和

---

① Шильдер Н. К. Император Александр Первый, его жизнь и царствование. Т. 1. СПБ.: Издание А. С. Суворина, 1897. С. 266, 162.

连续性，但对于俄国来说有着无可争议的重大作用，正是在这里讨论了19世纪初政府多项改革措施，制定了政府最初的改革计划，其中成就最为突出的就是部体制改革方案。从1802年2月10日到5月12日，秘密委员会召开了九次会议讨论部体制改革问题。

恰尔托雷斯基在1802年2月10日会议上提交了《关于管理形式》的报告，他把国家管理事务分成三个部分：行政、司法、监督。行政权力归属于即将成立的各部，计划设立八个部：内务、财政、外交、警察、司法、陆军、海军、国民教育部。委员会作为独立的行政机构被取消，但大多委员会被改造为司，并被纳入各部。大臣领导所管理领域，下设大臣会议作为协商机构。恰尔托雷斯基的报告得到了皇帝和秘密委员会成员的支持。会议决定尽快通过建立部体制的法律。秘密委员会所有成员和拉加尔普都参与了法律的制定和讨论。

1802年9月8日《关于建立部体制》诏书的基础是诺沃西里采夫的报告。他在1802年4月11日会议上做了"关于部和部的权限划分"的报告，提出将所有政府行政事务划分成司法、内务、财政、国库、外交、陆军、海军、国民教育几个部分。他专门说明，如果沙皇愿意，可以从财政部分出一个商业部。每个大臣都有工作规章，明确权限。诺沃西里采夫建议，对所有超越大臣权限的问题，大臣向沙皇提交报告。如果大臣建议的措施不要求取消现行法律或颁布新法律，则沙皇批准报告，反之，将大臣报告提交国务会议讨论，讨论通过之后，由沙皇批准，大臣副署。沙皇虽然未公开否定提交国务会议讨论的建议，但建议折衷性的决定暗含的意思即表示否定。[①] 诺沃西里采夫领会了沙皇的想法，取消在国务会议讨论的提议，从而只剩下一条途径，即前述恰尔托雷斯基提出的成立由大臣组成的协商机构、最高行政机构——大臣委员会。诺沃西里采夫在1802年4月21日提交了建立部体制的完整方案。他此前与拉加尔普会面征求意见，拉加尔普建议先制定统一的工作规则后，才可能贯彻建立部体制的计划。诺沃西里采夫认为，部的最初工作可以根据彼得一世颁布的委员会《总章程》进行，然后再根据拉加尔普在法国收集的资料等制定部的工作规则。亚历山大一世同意诺沃西里采夫的意

---

① Сафонов М. М. Протоколы Негласного комитета. Вспомогательные исторические дисциплины. Т. 7. Л.: Наука, 1976. С. 210.

见。拉加尔普主张必须成立独立的商业部，沙皇支持这一点。

从 1802 年 5 月末到 9 月初，诺沃西里采夫一直进行部体制方案的修订工作。有关大臣责任的问题引起争议。按照诺沃西里采夫的方案，大臣每年向沙皇提交年度工作报告。报告预先在参政院研究，参政院就此提出意见，然后将意见随同大臣的报告一起提交沙皇，参政院有权在一年之内要求大臣做出解释。亚历山大一世最初反对大臣们必须向参政院报告，认为参政院应成为最高的司法机构。如果赋予参政院前所未有的权力，将与这个想法相矛盾。而斯特罗加诺夫、恰尔托雷斯基与诺沃西里采夫都认为，必须赋予参政院这种权力，否则就是姑息大臣专权。沙皇同意了这种观点。秘密委员会成员和拉加尔普一致认为，必须同时颁布关于改革参政院和建立部体制的法令。秘密委员会在讨论委员会的去留问题时出现分歧，一些人主张保留委员会，另一些人主张取消委员会，全面消除集体负责制原则，用首长负责制取而代之。亚历山大一世支持前一种意见，他认为立刻取消委员会过于激进，"应该先让委员会隶属各部，当经验表明这些机构已无益处时再取消它们"。总之，沙皇赞同他的谋士们实行大臣个人责任制，由参政院监督大臣的活动，同时成立大臣委员会等方案。但是，秘密委员会在部体制的组织结构和制度规章方面准备很不充分。

1802 年 9 月 8 日《关于建立部体制》诏书，只是简单地将各个委员会分配给各个部。结果在部体制建立初期，部的组织和活动缺乏法律支持。大臣的权限没有明确界定；各部的组织机构不统一；部内各个机构及各部之间的相互关系没有明确规定；各部取消委员会机构，成立司和处的进程没有固定的计划。部体制改革是非常不完善的。

该制度的支持者和反对者都对当时的部体制提出了批评。[①] 一方面，反对者认为建立部体制是错误的，批评部组织严重的官僚主义和文牍主义，缺乏大臣责任制。1814—1817 年任司法大臣的国务委员特罗辛斯基对 1802—1811 年部体制改革的批评最为深刻和具体，他写了一份长篇报告，将委员会制度理想化，证明建立部体制不利于俄国绝对专制的国家制度。报告写道："委员会制度可以防止官员恣意妄为"，是国家管理稳定的基础，也是专制制

---

① Марней Л. П. Министерская реформа 1802, 1811 гг. в оценках современников // Вестник Московского университета. Сер. 8: История. 2000. № 1. С. 69-89.

度稳固的保证，而部体制的缺陷是缺乏监督，大臣独行专断。他抱怨 1802 年改革"用首长负责制的专权管理制度代替了委员会合理的集体管理制度"。① 亚历山大一世实行改革为人民造福的高尚目的被蒙上了抽象的哲学思想，结果事与愿违。另一方面，部体制的支持者也对 1802 年 9 月 8 日改革明显不满。科丘别伊伯爵于 1803 年 7 月 18 日向皇帝呈交一份奏章，其真正作者是时任内务部司长斯佩兰斯基。奏章中指出，中央各部门有效运作的主要障碍是保留了集体负责制，导致了效率低下和缺乏问责制。"大臣在委员会的地位仅相当于以前的总委员长，只能实行表面上的管理，也就是说接收和研究委员会提交的工作汇报，就此提出建议，这是一些毫无实质内容的公文往来！大臣在每个委员会设立办公室和档案室只是为了传达自己的意见和命令！这一切使大臣缠身于琐事，分散了他的精力，消耗了他的时间，使他无法宏观领导他主管的领域。"② 奏章提出取消委员会，设立司和处。沙皇批准了这个奏章。科丘别伊在 1806 年 3 月 28 日又上呈奏章，指出 1802 年以后国家管理"混乱不堪"，拟定了改变目前状况的措施：选择具有共同思想的人担任大臣；确定部与参政院、大臣委员会、国务会议、省行政公署的关系；调节各部之间的关系，授予大臣能够真正解决事务的权力；确定大臣责任制度。③ 但与前一份奏章不同，科丘别伊的这份奏章未能影响部体制改革的进程。

　　1802 年建立的部体制初期的明显缺陷，主要是各部的职能权限、组织结构和文牍制度，各部和大臣在国家管理体系中的地位，部与参政院和其他中央管理机构的关系等问题都没有明确法律规定。各部与参政院之间的权限分配不清，"很难确定，参政院的权力从哪儿开始，大臣们的权力到哪儿结束"。各部的权限分配混乱，划分权限时更多的是遵照以前的惯例，而不是事务之间的有机联系，如有的部同时管理警察、财政和工业事务。大臣实际上处于一种独特的法律真空状态，除了成立诏书外，没有任何法律文件对他们的活动做出规定。虽然诏书许诺为每位大臣制订详细工作规则，但是并没有兑现。但这些在部体制发展的第二个阶段有了明显的改善，第二阶段与斯佩兰斯基紧密相关。

---

①　Ерошкин Н. П. Российское самодержавие. М. : РГГУ, 2006. С. 227.
②　Ерошкин Н. П. Российское самодержавие. М. : РГГУ, 2006. С. 226.
③　Министерская система в Российской империи: К 200-летию министерств в России. М. : РООСПЭН, 2007. С. 18-24.

按照斯佩兰斯基的计划,新的部体制与他所设计的整个国家机构体系密切相关。但是,因为建立在立宪基础上的庞大国家改革计划未能实现,部体制改革也未能完全按照斯佩兰斯基的设想进行。斯佩兰斯基在他的改革总体方案《国家法典导言》中指出,1802年建立的部体制主要有三个缺陷:大臣责任不清,管理对象分配混乱,缺乏规章和条例。① 部体制改革致力于消除这些缺陷。1810—1811年颁布由他起草的两个法律——1810年7月25日《关于国务分别单独管理》和1811年6月25日《部总条例》成为部体制改革完成的法律基础。②

《关于国务分别单独管理》旨在合理划分国家事务,明确权限和责任,建立能够迅速、准确完成任务的行政制度,为此将所有国家行政事务划分成五个部分:对外事务由外交部负责,国防事务由陆军部和海军部负责,国家经济事务由财政部、国库、国家审计总局、内务部、国民教育部、交通管理总局负责,民事和刑事司法事务由司法部负责,国内安全事务由警察部负责。《部总条例》确立了部体制新的组织原则,规定了各部统一的组织结构和文牍制度,部内各个机构之间的相互关系,部与其他机构之间的相互关系。斯佩兰斯基在制定这个法律时,不仅借鉴了俄国部体制八年的工作经验,而且借鉴了拿破仑法国成熟的、受过实践检验的部体制模式。这个法令的颁布标志着从1802年开始的部体制改革的完成。

斯佩兰斯基的改革方案《国家法典导言》规定成立代表机构国家杜马监督大臣的活动,大臣向杜马汇报工作,然而并没有成立代表机构国家杜马。斯佩兰斯基转而认为,必须通过一个实行委员会制的机关将各部统一起来,这个机关就是参政院,以此来平衡首长负责制管理的缺陷。斯佩兰斯基计划对参政院进行根本改革,通过参政院统一行政管理。虽然改革计划已经做出,但因为战争、斯佩兰斯基个人命运的转变等情况,计划未能实施。斯佩兰斯基在彼尔姆给亚历山大一世的信中写道:"上帝保佑!尊敬的沙皇!多么希望改革参政院的时刻能够到来。可以让一些比我学识渊博的人修改、更正,或者是重新起草改革方案。我深信,如果参政院的体制不能与部体制相适应,

---

① Сперанский М. М. Проекты и записки. М.: Издательство Академии наук СССР, 1961. С. 201-202.

② Министерская система в Российской империи: К 200-летию министерств в России. М.: РООСПЭН, 2007. С. 24-26, 46-70.

各管理领域之间缺乏协调、密切的联系,那么部体制带给您的更多是损失和麻烦,而不是利益和喜悦。"① 虽然亚历山大一世采取了一些措施改组参政院,希望使之成为国家最高监督机构,但未收到任何成效。

提高中央国家机构管理效率,需要提高官员素质,斯佩兰斯基采取措施推动官员提高教育水平。1809年4月3日颁布《关于宫廷贵族称号的法令》,同年8月6日颁布《关于文职官阶晋升及晋升八品和五品文官的文化考试的法令》。前者规定只有"侍从"和"少年侍从"等宫廷贵族称号而没有在军事或民事部门中任职的贵族,要在两个月内选择任职种类并到任;超过四个月没有到任者,立即褫夺宫廷贵族称号。这样一来宫廷贵族称号今后只是一种单纯的荣誉,它不与官阶以及职务权力发生必然联系。后者规定,即使在九品官阶达到必要的年资,获得领导的积极评价,但不能提供俄国大学的毕业证书,证明他在这所大学修完文职工作所需知识的课程,或者是通过了相应的大学考试,那么任何人不得晋升八品文官。那些已经取得八品官阶的官吏,在晋升五品官阶时,也要照此规定执行。这两道法令"打破了官职升迁的两条基本原则——高低尊卑和官官相护,并为中等学校毕业生和平民知识分子开辟了升迁之路"。

19世纪初中央国家机构改革十分激进,在组织原则上用首长负责制代替委员会制,管理各个国务领域的责任转移到个人,即大臣身上。这次改革与百年前彼得一世的中央国家机构改革相比,可以说,两次改革建立的管理制度完全相反,彼得一世建立委员会实行集体负责制,亚历山大一世建立部实行首长负责制。但这两次改革的前提条件却十分相似,彼得一世改革前的衙门制度和亚历山大一世改革前的一长制与合议制混杂的委员会制度都混乱不堪。彼得一世时期,18世纪初,国家需要有效的管理制度,一切都要重新建立。在讨论新的措施、寻找适合的管理手段方面,集体负责制机构从本质上来讲比首长负责制的行政机关效率更高。一个世纪之后,亚历山大一世时期,社会和国家需要迅速膨胀、复杂化,行政组织和工作远远落后于现实生活,需要对其进行改造和更新。年轻的政府面临着选择,或者是保留原先的委员会,只是对其进行变革和完善,或者是建立与之完全相反的制度。当时西方

---

① Ивановский В. Государственное право. Известия и ученые записки Казанского университета. По изданию №5 1895 года-№11 1896 года. //Allpravo. ru.

已经以部体制为主，法国拿破仑时期的部体制已经十分完整和完善。最终，俄国政府倾向于部体制，委员会体制退出了国家舞台。这是在18世纪下半叶形成的国家管理集中化趋势的继续。

五、地方治理改革方案

1809年国家改革规划以及《俄罗斯帝国国家法定文书》反映了亚历山大一世改革的主要思想，最高、中央和地方治理都为此目的，并使它们构成一个在俄罗斯帝国全境运作的统一系统。斯佩兰斯基曾指出，随着各部的建立，还打算完善省级机构。但在1802年和1809年都没有为此准备一个完整的草案。①

拿破仑战争结束后，亚历山大一世开始为地方治理改革进行积极准备。亚历山大一世似乎最初计划让斯佩兰斯基参与进来，1816年8月任命他为彼尔姆总督，然后在1819年3月调任他为西伯利亚总督，负责起草这一地区的治理改革方案。同年11月，成立了由图拉、奥廖尔、沃罗涅日、坦波夫和梁赞五个省组成的总督管区，由巴拉绍夫领导。按俄国学者米罗年科的推断，巴拉绍夫总督管区的建立与亚历山大一世的立宪计划休戚相关，可以说，在《法定文书》的最后文本准备好之前，他就已经开始了准备实施的工作。

在起草宪法方案《法定文书》时，亚历山大一世在1819年同起草者诺沃西里采夫商定了其《基础原则概要》，计划实行联邦制原则，把俄国划分为十个总督管区。在每个总督管区成立自己的议会。《法定文书》较多关注地方行政机构改革，"在191个条款当中至少有70条是关于地方管理的法规"。② 确切地说，不仅是关注其整体上的改革，而且关注其新的环节——总督管区。《法定文书》阐述新的地方管理组织的第一章，把成立总督管区看成是旨在实际贯彻宪法方案的步骤的先行军。划入总督管区的各省，保留了原先县的区分，创新之处是县又被划分成为区。城市被设想成为区的中心。整体而言，

---

① Андреева Т. В. Государственное управление России во второй половине XVIII-первой четверти XIX в.: к проблеме преемственности и различия в правительственной преобразовательной политике// Петербургский исторический журнал № 3 (2016), С. 56.

② Конституционные проекты в России XVIII-начала XX в. М.: Институт российской истории РАН, 2000. С. 411-454.

总督管区的权力组织，与全国范围内的权力组织别无二致。总督管区的机构是相应的全国机构的缩影。"总督管区"议会和全国议会的组织原则整体上相同。《法定文书》方案的作者们把联邦制度看成是在庞大国家的管理中建立起相对秩序的手段。建立总督管区政府机构，在议会讨论地区所有具体需要，能够保障在地方迅速准确地贯彻政府政策，规范事务管理，完成国家管理全面改革。

1820年1月19日沙皇签署上谕，正式宣布成立总督管区这样一个不同寻常的行政单位。亚历山大曾经对总督巴拉绍夫提到了已进行的中央管理改革，以及他就此赋予实行总督管区的意义。他指出，即将到来的改革是在1810—1811年发起，但因为战争而被迫中断的改革的延续。现在，在"欧洲确立了持久和平"之后是时候重回改革，"建立由一些省份组成的管区，在总督的领导下团结在一起"。但亚历山大并未与巴拉绍夫分享自己的立宪计划。巴拉绍夫提及皇帝在1819年11月对他说："我已和您多次谈过如何改善国家内部管理问题，我们始终停留在加强地方管理的想法。现在我决定把这个思想付诸实践，并希望您不会拒绝在这方面帮助我。我的困难仅仅（在于）如何让这一切做得更妥当。起初，我的想法是回到女皇叶卡捷琳娜时期的管理，在各地设立地方行政长官或者是总督，将两个邻近的省份并在一起。但同时我感觉到这一点无法实现，她要比我幸福。我承认，我无法找到26个这样的将军，在我看来他们能够有能力担任这样的职务，同时不被其他职务所需要。在这一想法之后，我转向了另一个想法，让每五个省份处于我可以依靠的总督的领导之下，使总督与大臣等同。"① 因此，将有十个总督区，这在《法定文书》中得到了体现。巴拉绍夫期待颁布一项确定总督职能的条例规章，明确规定自己的权力和责任，他期待着能够为他建立这样的机构，使他据之有效管理辖下庞大的地区。但是，他的愿望落空。亚历山大一世的最亲近助手 И. И. 季比奇曾指出："皇帝亚历山大希望通过成立总督管区实行宪政管理，先从这一步开始，在每个总督管区设立由一些代表或委员组成的会议管理，但是，这个措施或者说是这个计划，半途而废。"② 专制政权坚决地、明确地

---

① 〔俄〕谢·弗·米罗年科著，许金秋译：《19世纪初俄国专制制度与改革》，社会科学文献出版社，2017年，第207—208页。
② 〔俄〕谢·弗·米罗年科著，许金秋译：《19世纪初俄国专制制度与改革》，社会科学文献出版社，2017年，第201—202页。

放弃公布宪法。在 1822 年底 1823 年初，选择最终做出，专制政权放弃了政治领域的根本性改革。

1821 年 3 月，斯佩兰斯基重返圣彼得堡，亚历山大一世建议他制定地方治理方案。斯佩兰斯基在分析地方治理领域的现状时，首先对四个主要时代——彼得一世、叶卡捷琳娜二世、保罗一世和亚历山大一世时代进行了历史回顾。他特别关注 1775 年改革，改革中各省实现了统一治理，每个省成为一个整体，仅在最高关系上隶属于参政院。他认为叶卡捷琳娜改革的主要弊端在于总督地位的不确定性。他们监督所治理的领土，对此却没有明确规定，监督可以是临时性和永久性的——前者可以是个人的；但后者需要特别的公共机构。保罗一世 1797 年改革废除了总督职位，省级机构缺乏严格监督，只有检察官的监督，这种监督在各地都很薄弱，在遥远的省份几乎可以忽略不计。

斯佩兰斯基提议准备并实施全面的省级改革，撰写了《总督管理导言》，提出改革省管理制度，特别是监督制度。他指出，有必要建立"一种比一般条例中规定的监督更明确的、比参政院的一般监督更有针对性的、比参政院的外省检查更持续的监督"。斯佩兰斯基认为，现行的总督职位不适合新的监督工作。为了解决这个问题，有必要建立"主要的地方行政机构，不是作为个人性的机构，而是按确定规则行事的机构"。改革后的监督机构应归于中央而不是地方机构，"它相当于在地方行事的部，隶属于参政院。因此，部的体制将分为两种形式：一种是全国的，按领域划分事务，另一种是地方的，按地区划分事务。"斯佩兰斯基认为，重要的是赋予总督独立审议地方官员腐败的权力，并据此对有不法行为的官员进行免职、撤职和开除。1821 年 10 月，斯佩兰斯基着手制定《州管理条例》。斯佩兰斯基决定使用一个中性术语——州（область），来描述这种新的行政单位。斯佩兰斯基指出了建立州的目的："第一，使地方当局监督下属机构行动；第二，使地方治理部门迅速有效行动。"[1] 亚历山大一世去世后，斯佩兰斯基的方案仍在制定中。亚历山大一世时期尚未完成的各种改革方案被移交给 1826 年 12 月 6 日秘密委员会。

---

[1] Коршунова Н. В. Проекты реформ в России（вторая половина XVIII-первая четверть XIX в.）. Челябинск：Издательство ООО фирма《ПИРС》, 2009. С. 111, 112.

第四节 中央政府机构改革

亚历山大一世即位之初就希望对帝国政权的大厦进行改建,建立合法的自由机构,他改革的决心非常坚定,命令将"法律"一词刻在庆祝他登基发行的纪念章上。亚历山大一世国家机构改革的第一个阶段是 1801—1810 年,成立国务会议,改组参政院,确立了参政院最高监督机构的地位,建立部体制,成立大臣委员会,协调大臣们的工作。第二个阶段是 1810—1811 年,改组国务会议,使之成为俄国历史上第一个集中立法谘议职能的常设机构,部体制改革最终完成。这些改革加快了俄国走向合法君主制的步伐,使俄国实现了从传统的管理组织向建立在理性主义基础上的行政体制的转变,在接下来的很多年决定了俄国国家管理制度的基本面貌和特征。

一、改革参政院

1802 年 9 月 8 日建立部体制的同一天颁布《关于参政院权利和特权》的法令。这个法令确立了参政院在国家体制中的地位,规定其为最高司法机构和法纪监督机构。法令第一条明确指出,"参政院是帝国最高机构,所有政府机构都隶属它,它是司法和法律的捍卫者。"参政院的权力仅受沙皇陛下的限制,无任何其他权力机关在参政院之上。只有沙皇能够取消或者终止参政院的命令,对于参政院的命令要像圣旨一样执行。参政院负责公布法律法规并监督法律的准确执行,获得对沙皇已签发法令"提出意见"的权力,如果参政院认为法令明显不便执行,或者与以前法令矛盾,或者是表述不清楚,都有权向沙皇提出异议。参政院对各部活动进行最高监督,各部大臣们每年向参政院递交其部门年度工作报告以供审查。但是,亚历山大一世统治初期参政院享有的这些权力很快受到限制。1803 年 3 月 21 日亚历山大一世下旨,取消了参政院对以后颁布的法律"提出意见"的权利。各部不再向参政院,而是向大臣委员会提交年度报告。尽管在实践中参政院越来越被国务会议和大臣委员会排挤,降于次席,甚至是第三位,但它在国家管理体系中的作用依然很大。

参政院享有对民事、刑事和土地测量事务的最高监察权,是全国民事和刑事案件的最高上诉机构。参政院监督地方管理,处理对省级机构的上诉,还负责监督税收,维护国家安宁和安定等事务。尽管法律规定参政院是最高司法和法纪监督机构,但它的职能很复杂,并不仅限于司法和监督事务,与国务会议和大臣委员会的权限划分不明确。如参政院处理涉及几个部利益的有争议的事务,批准所有国有建筑的修理和建造,管理地方赋役工作,授予贵族等级身份,外国人申请加入俄国国籍,前四品文官的官阶晋升等事务。

1802年参政院改革并未涉及其内部组织结构。参政院设有司、全体会议等机构,由凌驾于参政院之上的总检察长领导。部体制建立后,所有大臣凭借职务成为参政员。随着部体制的建立,总检察长同时担任司法大臣的职务,结果造成参政院的决定完全取决于司法大臣。参政员 П. 洛普欣在19世纪初写道,从这时起,参政院"确立了一个不良的传统,参政员们的意见要同司法大臣或者说是总检察长妥协,相当于他自己决定事务,参政员们的意见和工作都只是摆设"。[①] 结果是国家最高司法机构依附于中央管理机构——司法部。

1805年再次对参政院进行改组,司的数量增加到九个,其中六个设在彼得堡,三个设在莫斯科。在各司之间重新分配权限,分配原则是加强参政院作为最高司法机构的作用,除第一司和土地测量司属于行政司外,其他司均属于司法司。贵族铨叙局负责文官管理事务。1763年参政院就设立了两个全体大会,分别为位于彼得堡和莫斯科的各司而设。1805年改革保留了莫斯科的全体会议,在彼得堡设立两个全体会议,一个面向第一、第二和第三司,一个面向第四、第五司和土地测量司。1813年彼得堡的两个全体会议合并。参政院实行集体负责制度,但各司解决事务时,如果不能达成一致意见(三分之二以上人员通过),把事务提交给相应的全体会议,若在全体会议依然无法达成一致,则呈交沙皇裁决。

参政院的工作自始至终处于检察官员的监督之下。检察长不同意司的决定,可以把事务提交给相应的全体会议,总检察长不同意全体会议的决定,可以通过国务会议把事务提交给沙皇决定。参政院决议的执行也离不开检察长的参与,参政院的每个决议,除法律规定不属于检察官员监督范围之内的,

---

[①] Ерошкин Н. П. Российское самодержавие. М.: РГГУ, 2006. С. 141.

在执行之前都要先返回到他们那里，全体会议的决议返给总检察长，司的决议返给检察长，他们在决议上签字后才能执行。如果这些决议需要发给各地执行，那么法令的印刷需要总检察长同意。

彼得一世去世后的最初几任沙皇时期，参政院几乎再未对外省进行检查。到叶卡捷琳娜二世统治末期，才偶尔命令参政院到外省调查一些已经发现的职务犯罪。保罗一世恢复了参政院的经常检查制度，1799年10月下令，参政院每三年对各省进行一次抽查。19世纪上半叶，积极使用参政院检查的方式对外省进行监督。1805年制定了新的参政院检查委员会规章，赋予检查委员会广泛权力，各省隶属中央各部门的机构、海关等专门机构都在检查范围内。但与彼得一世时期相比，19世纪初的参政院委员会仅有检查权，没有司法权。1805年规章中指出，参政员到各省"不是作为法官，而是作为检查员"。参政员以"钦差大臣"的身份巡视地方政府的工作，取得了显著的效果。当地所有居民都可以向前来此地的钦差大臣状告任何一名官员。果戈理在其名著《钦差大臣》中形象地表现了地方官员在钦差大臣面前的惊慌和恐惧。由参政员出任的钦差大臣大大遏制了地方官员的恣肆妄为、专横跋扈。

二、设立国务会议

国务会议（Государственный совет）于1801年3月30日成立，具有法定的正式地位。关于成立国务会议的法令指出："为了研究和处理国务，代替我们宫廷中的临时会议，我们认为根据特别规则成立一个常设会议是正确的。"斯佩兰斯基后来写道："常设的不是它的成员，而是它的规章。"[1] 国务会议由沙皇担任主席，最初由前朝12位政要组成，其中大部分是被解散的最高宫廷会议成员，除了帕连之外，还有朱波夫兄弟等。国务会议最初处理国内外当前事务，就这些问题向皇帝提供建议，在做出决定时，皇帝既可以采纳国务会议多数或少数人的意见，也可以完全不予以考虑。1802年建立部体制后，所有大臣都成为国务会议成员。尽管按照设想，这个新机构享有起草和研究新法律的广泛权力，亚历山大一世曾打算让国务会议成为改革进程的中

---

[1] Писарькова Л. Ф. Непременный или Государственный Совет был в России в 1801-1809 гг. ? (К вопросу об уточнении терминологии) // Отечественная история. 2008. No 5. С. 128.

心，但很快沙皇就发现，国务会议在讨论国家改革措施方面起到了一种阻碍作用，如1802年4—5月在讨论参政院改革问题时，只有扎瓦多夫斯基伯爵、沃龙措夫伯爵和特罗辛斯基等少数几人支持改革。国务会议也很少召开会议。沙皇只参加了一次会议，即1801年3月16日研究禁止不附带土地单独出售农奴问题的会议。

1810年1月1日根据斯佩兰斯基的改革计划对国务会议进行了改组，国务会议成为全新的最高国家机构，成为俄国历史上第一个常设的最高立法谘议机构。《国务会议章程》规定，国务会议"讨论所有立法问题，所有法律、规章和条例的草案都要提交国务会议讨论，然后呈交沙皇御批"。沙皇颁布法令时前面需要加上"依国务会议之所见，兹核准该法"的语句，也就是客观上强调立法工作由沙皇和国务会议共同参与。一些帝俄时期的法律史学家，如A.格拉多夫斯基、B.谢尔盖耶维奇，将这句话视为君主立法权受到限制的表现，另一些史学家，如H.科尔库诺夫、B.拉特金等则认为这是君主聆听各方意见的标志。[①] 国务会议本身没有立法动议权，它所研究的法律草案通常是大臣提交的或者沙皇特别命令起草的。国务会议成立后，俄国立法程序如下：立法动议权属于沙皇和大臣，法律草案由部门内部委员会和跨部门委员会制定，在国务会议各司和全体会议讨论（有时在大臣委员会、最高委员会等机构讨论），经沙皇口头或书面批准后成为正式法律，由参政院第一司"颁布"。自国务会议成立后，各项法律在沙皇确认颁布前均需在国务会议先行审议，审议通过的才被视为法律，否则，皆为具有法律效力的指令。但在实践中，国务会议的职能经常被剥夺：法律草案在大臣委员会、沙皇陛下办公厅、陆军和海军会议讨论之后，绕过国务会议，直接呈交沙皇批准。从19世纪初起，确立各部门首脑（大臣）向沙皇作个人报告的制度后，这些"给沙皇的报告"经常不通过国务会议的讨论，立刻被沙皇批准成为法律。从1812年6月起，沙皇颁布的法令中已经不再包含"依国务会议之所见"的语句。

国务会议的权限并不局限于立法事务，还负责最高行政事务及部分司法事务。国务会议负责的行政问题的一般特点是，这些问题没有现行法律为依

[①] 〔俄〕鲍里斯·尼古拉耶维奇·米罗诺夫著，张广翔等译：《俄国社会史》下卷，山东大学出版社，2006年，第140页。

据，国务会议每次在讨论这些问题时都要做出一些新的、没有现行法律为根据的决定。国务会议在司法事务方面的权限很小，主要是受理对参政院决定的申诉；处理参政院各司未取得法定多数票，或者是司法大臣反对参政院决定的事务等。从1813年起，参政院的报告和汇报交到国务会议研究。

    国务会议由四个司、全体会议、国务办公厅和两个委员会组成。四个司分别为法律司、军事司、民事和宗教司、国家经济司。各司设主席，主席以外成员不得少于三人。国务委员在各司的分配和各司主席的任命每半年进行一次，由沙皇决定。各司对相关问题的法律草案进行事先讨论，有时几个司组成合议司对法律草案进行讨论，然后将讨论结果交到全体会议通过。全体会议主席由沙皇任命，每年一次，如果沙皇出席，则由其亲自主持会议。两个委员会分别是法律编纂委员会和呈文委员会。国务办公厅负责组织国务会议的活动，处理公文事务。国务办公厅由国务秘书领导，第一任国务秘书是斯佩兰斯基。国务办公厅针对国务会议各司分成若干个处，由秘书长领导。国务办公厅的官员在当时被称为"文官近卫军"，在这里工作不仅荣耀，而且晋升机会多。国务秘书有重要的影响力，亚历山大一世时期，斯佩兰斯基亲自担任国务秘书。[①] 国务会议主席由沙皇任命。国务委员都是沙皇从前三品高官中任命的，既有文官，也有武官。现任大臣虽然没有国务委员的封号，但是据其职务参加国务会议的工作，享有国务委员的权力。第一批国务委员有35名。[②]

    按照《国务会议章程》，国务会议实行集体负责制，决定采取多数票的方式通过。国务会议开始工作后不久已经显现，沙皇并非总是支持多数国务委员的意见。如1810—1825年，国务会议出现分歧的242例事务中，亚历山大一世159次批准了多数人的意见，83次批准了少数人的意见，而且有4次批准的是只有一个委员所持的意见。[③] A. A. 阿拉克切耶夫崛起后国务会议的实际地位迅速降低，从1816年起，他垄断了国务会议事务向沙皇报告的权力。国务会议最初一些年的活动俨然表明，专制政权甚至不能遵循自己确立的制

---

    ① Козлов А., Янковая В. (ред) Государственность России. Кн. 1. М., Наука, 1996. С. 265.
    ② Ерошкин Н. П. (отв. ред.) Высшие и центральные государственные учреждения России 1801-1917 г. Т. 1. СПБ.: Наука, 1998. С. 22.
    ③ 〔俄〕谢·弗·米罗年科著，许金秋译：《19世纪初俄国专制制度与改革》，社会科学文献出版社，2017年，第36页。

度。亚历山大一世所接受的在俄国建立合法的法律秩序的普遍思想，在实践中与更为根深蒂固的俄国专制制度君主独裁传统发生矛盾。在建立法律秩序方向迈出的任何一步很快就会伴随专制者本身破坏法律的行为。虽然法律确定了限制专制权力的形式，实际上沙皇依然保留着专制权力。

斯佩兰斯基自己也寄希望于未来。他说道："在国务会议目前的情况下，不能要求它从成立之初就像其他国家的类似机构那样有效的工作。不要过分关注它的缺陷。随着其他政治机构的发展，国务会议也会逐步完善。"[1] 尽管这样的国务会议全然违背了斯佩兰斯基的改革初衷，但还是受到保守分子的激烈反对。以反动观点而闻名的 Д. П. 鲁尼奇把改革看成要在俄国"引入宪法秩序"。他愤怒地呼喊，"沙皇的君主独裁竟然要考虑国务会议的意见。"[2] 卡拉姆津认为国务会议削弱了王权，在自己著名的《论古代和近代俄国的政治和公民关系札记》中竭力证明这种机构不符合俄国，将它称为"擅于钻营的牧师儿子"轻率思想的产物，他特别反对"依国务会议之所见"这样的表述。卡拉姆津指出，"俄国沙皇所需要的只是理智，从他自身的智慧、书籍或者自己优秀臣民的头脑中吸取理智，专制政权颁布法律时除了沙皇批准以外，不需要任何机构的同意。"[3] 按照斯佩兰斯基计划改组后的国务会议，尽管受到众多指责，但却非常稳定，其基本特征不仅在亚历山大一世统治期间保持不变，而且在以后沙皇期间也基本未变。

国务会议的成立是俄国国家机构发展史上一个划时代的事件。因为有了国务会议，法律草案的准备和讨论具有了一定的公开性，使沙皇在一定程度上倾听并考虑执政阶层的意见。国务会议的设立使自立法提案到颁布实施的立法全过程都被纳入严密有序的轨道。国务会议的成立无疑促进了俄国立法机制的完善，加快了俄国走向合法君主制的步伐。国务会议生命力十分旺盛，它几乎无重大变化地存在了 95 年，直到 1906 年改革，变成俄国议会的上院。

---

[1] Южаков С. Н. Михаил Сперанский. Его жизнь и общественная деятельность, СПБ.: Общественная польза, 1892. С. 60.

[2] 〔俄〕谢·弗·米罗年科著，许金秋译：《19世纪初俄国专制制度与改革》，社会科学文献出版社，2017年，第37页。

[3] Карамзин Н. М. Записка о древней и новой России в ее политическом и гражданском отношениях. М.: Наука, 1991. С. 61.

三、设立大臣委员会

1802年9月8日诏书在宣布建立部体制的同时，诏告成立大臣委员会（Комитет министров），以协调大臣们的工作，统一各部的行动。最初，大臣委员会的法律地位不确定，因为法律既未明确大臣委员的权限，也未赋予它任何确定的体制。在相当长的时间内，大臣委员会没有固定组织和人员。1802年9月8日诏书指出，"大臣在必要的时候就其主管领域事务向沙皇作报告"，在向沙皇递交报告之前，"应该预先将报告提交到大臣委员会讨论，以根据所有国务领域综合考虑"。斯佩兰斯基据此认为，"这个委员会既不是机构，也不是特殊的规章"，它只是一个报告的形式。"①

从1805年起，大臣委员会的作用不断提高，权力明显扩大。1805年、1808年、1812年相继颁布《大臣委员会条例》，最终确立大臣委员会国家最高行政机构的地位，使其建立起稳定组织，明确其职能，包括涉及几个部，"必须共同讨论和行动"的事务，超出大臣权限的事务，沙皇命令提交的事务，法律规定由大臣委员会负责的事务。沙皇不在首都期间，大臣委员会具有管理所有国家事务的特殊权力。在实践中，大臣委员会的权限不断扩大。大臣委员会是国家最高执行机构，同时拥有一些立法谘议职能，甚至是司法职能。大臣委员会逐步集中了所有管理环节，以至于参政院开始向它提交报告。大臣委员会干预参政院的事务，甚至可更改其决定。这从根本上违反了1802年确立的制度，即参政院监督大臣。皇帝将大臣委员会视为其亲信的集合，更喜欢绕过国务会议在这里讨论法律草案。用科丘别伊伯爵的话讲，大臣委员会是亚历山大一世的"宠儿"。沙皇陛下第二办公厅厅长 M. A. 巴鲁吉扬斯基在1826年《关于俄国机构和立法改革方式的思考》的奏章中，总结了亚历山大一世时期大臣委员会的工作，他指出："在当时状态下，大臣委员会负责的既有立法事务，也有根据法律属于参政院权限的事务，从而国务会议和参政院的尊严被侵犯。"② 因此，和以前一样，由于俄国政治体系的特点，某个权力机构能否超越其法律规定的权限，取决于皇帝的喜好和个人的

---

① 〔俄〕谢·弗·米罗年科著，许金秋译：《19世纪初俄国专制制度与改革》，社会科学文献出版社，2017年，第41页。

② 同上，第42页。

心情，受皇帝青睐的机构才具有至高无上的地位。

最初，大臣委员会的成员包括大臣、副大臣。没有指定主席，委员们轮流履行主席职能，每四次会议更换一次，如果沙皇出席，由其亲自主持会议。国务会议成立后，国务会议各司主席凭借职务成为大臣委员会成员。后来，委员会成员范围不断扩大，除大臣、总局局长、国务会议各司主席以外，还包括一些高官，如彼得堡武职省长、国务秘书等。从1812年起，大臣委员会主席开始由沙皇从高官中任命，第一任大臣委员会主席是大元帅 H. 萨尔特科夫伯爵。从这时起至1865年的数十年间，大臣委员会主席和国务会议主席由一人兼任。这种现象彻底破坏了斯佩兰斯基在《国家法典导言》中提出的"分权原则"，恢复了最高立法机构从属于最高行政机构的封建原则。

成立大臣委员会的目的是协调各部的行动。但是，与西方政府不同，俄国大臣委员会不是由独立的总理领导的内阁。内阁是议会制度的产物，以稳定的宪法为基础。而俄国沙皇保留了管理国家的无上权力，自行任免和监督大臣，大臣有权向沙皇作个人汇报，在他们作汇报时可能建议沙皇批准自己的方案，从而使其成为法律。大臣向沙皇汇报的五分钟就可以达成一个决定，否则需要用几个月甚至几年的时间才能达成。在20世纪初国家杜马会议上，十月党人 А. Ф. 梅因多尔弗男爵说："在旧制度下有正常的立法秩序，同时还存在大约与这个房间座位之间通道一样多的立法途径。有的途径比较长，有的途径比较短，有的途径非常短，不比抽一支好雪茄的时间长。"[①] 他所指的正是大臣给皇帝的报告。任何由皇帝签署的文件都可以成为法律。说服皇帝比说服国务会议或大臣委员会容易得多。亚历山大一世及后来的沙皇都有意识地限制大臣委员会真正成为协调各部行动的机关，担心委员会主席成为第一大臣后将削弱专制原则。按照法律，大臣委员会主席甚至没有向沙皇定期汇报的权力。亚历山大一世统治后期，由拥有无限权力的阿拉克切耶夫向沙皇汇报大臣委员会所有事务。阿拉克切耶夫本人在他的名为《关于大臣委员会》的奏章中，提议赋予大臣委员会主席特别权力，消除各部行动中的分立，使委员会主席成为皇帝和各部之间的有效中介，并未得到亚历山大一世的支持。

---

① Соловьев К. А. Политическая система Российской империи в 1881-1905 гг.: проблема законотворчества. М.: РОССПЭН, 2018. С. 94.

可以说，1905年以前，大臣委员会根本无法成为协调大臣行动的机构，不能起到"内阁"的作用。在俄国协调大臣之间的行动，使他们隶属某个协调机关的做法始终都无法取得效果。所有俄国沙皇都不愿意设立类似于其他欧洲国家总理大臣的职务，认为这将威胁专制沙皇的权力。由此形成俄国中央管理机构严重的部门分立主义，各部门领导者在其主管的国务管理领域内各自为政。财政大臣 А. А. 阿巴扎指出："我们每一个部实际上都相当于一个独立的国家；很多大臣经常不知道另一个部的行动，不仅得不到同事的帮助，有时甚至遭到反对，因此矛盾重重。政府的目的很难实现。"[①] 俄国统一国家管理的思想只体现在沙皇一人身上。

四、建立部体制

19世纪初俄国在完善中央管理机构方面前进了一大步，亚历山大一世即位后不久就取消了委员会，建立了部体制。部管理体制的建立是俄国国家管理史上的一个重要事件。部体制在俄罗斯帝国繁荣时期产生，历经帝国的衰落和灭亡，历经三次俄国革命和国民战争，成为苏联管理机构的重要组成部分，一直保留到当代俄罗斯联邦时期。

1802年9月8日亚历山大一世颁布《关于建立部体制》诏书，标志着中央国家机构改革的开始。诏书指出，建立部体制的目的在于为俄国人民谋求最大的幸福。使人民幸福的手段不是根治，而是预防所有弊病。预防的主要手段是建立部体制。"政府只有采取挽救措施，不仅纠正那些已经带来不良后果的弊病，而且杜绝这些弊病的源头，防止所有可能破坏社会和个人安定因素的出现，理智、热情、有效地建立起完善的制度，并遵守这些制度，增加财富，使帝国更加强盛和壮大，使人民过上持续的、稳定的幸福生活。""古代和现代的众多例子使我们深信，国家管理的手段越适合，国家的政治机体越合理、稳定和完善，人民就越满意和幸福。我们遵循这个规律和我们心灵的授意，遵循俄国伟大的改革家彼得一世理智思想的传统，为此我们认为比较合理的是，根据国家事务之间的有机关系将其分成各个领域，委托给我们

---

① Соловьев К. А. Политическая система Российской империи в 1881-1905 гг.：проблема законотворчества. М.：РОССПЭН, 2018. С. 222.

挑选的大臣,为他们制定严格的工作规章,我们期待着他们为了人民的共同幸福忠诚、敬业、勤劳地工作。"[1] 根据1802年诏书建立八个部:陆军部、海军部、外交部、司法部、内务部、财政部、商业部、国民教育部。

部体制建立之初,当时存在的委员会保留下来,被分配给大臣管理。建立新管理制度的目的是用首长负责制原则代替委员会制原则,但因为委员会没有取消,结果同时实行两种管理原则,导致了行政机关处于更加混乱的状态。从亚历山大一世批准内务大臣科丘别伊1803年7月18日奏章起,才开始真正取消委员会,实行首长负责制原则。内务部最先开始取消委员会,建立实行首长负责制的司和处。内务部的组织机构成为其他部的范例。因此,在1802年9月8日到1803年7月18日这一短暂时期,可以说俄国是一种独特的两种自相矛盾的国家管理制度并存时期。1803年以后这种现象逐渐消失,一方面,委员会的权限不断缩小,其职能不断分配给司、处和办公厅;另一方面,不断取消委员会。这一进程持续了30年,从1803—1832年,到尼古拉一世时期才结束,最后一个取消委员会的是外交部(1832)。

1810—1811年颁布斯佩兰斯基起草的两个法律文件——1810年7月25日颁布的《关于国务分别单独管理》和1811年6月25日颁布的《部总条例》完成了部体制改革。

《关于国务分别单独管理》确定了多数部的管辖对象,只有陆军部、海军部、外交部和司法部的职能没有明确,依然适用1802年9月8日诏书规定。取消了商业部,其职能转交财政部和内务部分管。从内务部分出来两个独立机构:警察部和宗教信仰事务管理总局。因为警察部和内务部的任务有很大的共性,加上财政困难,1819年取消了警察部,重新将之并入内务部。交通管理总局、宗教信仰管理总局、国库和国家审计总局享有部的地位。

《部总条例》由两部分组成:《部体制规章》和《一般条例》,一共401条,还附有《文牍制度》。《部体制规章》规定了部的管辖对象、基本的组织结构。《一般条例》规定了大臣的权限及他们与其他权力机构:上级机构(国务会议和参政院)、同级机构和下属机构(地方机构)的关系。条例中还规定

---

[1] Министерская система в Российской империи: К 200-летию министерств в России. М.: РООСПЭН, 2007. С. 14.

了大臣责任制度、报告制度、部里各级官员的职责及其相互之间的从属关系。①

各部设立统一的组织结构：部的首脑是大臣，下设副大臣。大臣直属机构有大臣办公厅和大臣会议。部的执行机构是司，司下设处，处下设科。实行首长负责制，司长直接隶属大臣；处长直接隶属司长；科长直接隶属处长。

部的首脑大臣由沙皇任免，实际上只对沙皇一人负责。大臣们是"官僚奥林匹斯山"上的关键人物。大臣凭借其职位自动成为国务会议成员。大臣与下属机关之间是严格的服从关系，但下属机构领导在执行大臣下达的指令时发现有不妥之处，要及时向大臣报告。大臣的权力仅局限于本部主管领域，不可干涉其他部的事务。副大臣没有独立的职责，大臣亲自办公时，副大臣不参与任何管理，但有权参加大臣会议。大臣可在征得沙皇批准后委托副大臣管理某些事务。副大臣的重要意义在于，在大臣缺席或者生病时代替大臣的职位，这时他暂时相当于大臣，权力和责任与大臣相同。部体制建立之初，副大臣的影响力微乎其微，因此这个职务经常空缺。后来，到尼古拉一世统治时期，副大臣的作用才有所提高。

大臣会议是研究"需要共同协商的重要事务"的谘议机构。会议主席由大臣、副大臣或者某个司长担任，会议成员包括所有司长以及大臣挑选的一些人士作为专家参加会议，如精通事务的工厂主和商人等。大臣会议没有决定权。所有在大臣权限之内的事务，最终决定都取决于大臣个人的意志。那些按法律规定"超出大臣权力，当属国务会议或者参政院决定的事务，则提交这些最高机构决定，大臣在给这些机构的报告中需阐明大臣会议的意见"。大臣办公厅负责处理归大臣直接决定的事务以及涉及各司的共同事务。大臣办公厅领导的地位类似于司长。

司由原来的委员会构成，负责各类日常事务。司的领导是司长，下设处与科的领导分别为处长和科长。司也设有谘议性机构——合议处，由司长领导，常设成员是各处处长，在讨论某些专门性的或者技术性的问题时，司长可自行邀请其他人参加。由此可见，在部管理体制下，合议制原则并未彻底消失，只是退居次要地位。《部总条例》详细规定了司长及其下属人员的权力

---

① Министерская система в Российской империи: К 200-летию министерств в России. М.: РООСПЭН, 2007. С. 46-70.

和职责，他们之间严格的隶属关系，在此基础上规定了追责、检查和汇报等制度，以及官员任免制度。大臣和副大臣由沙皇亲自任免，司长和办公厅长亦是如此，但沙皇需要考虑大臣的建议。处长的任免由大臣根据司长的建议进行，但大臣需要就此征求沙皇批准。其他官员的任免由大臣根据机构领导的建议进行。各机构领导仅有权决定下层办事员的人事问题。晋升官阶、奖励、休假、撤职和交付法院问题的程序也是如此。实行"权责一体"原则，官员的权力越大，责任越重。

按照《部总条例》规定，大臣只享有执行权力。大臣只对沙皇负责，由沙皇个人控制大臣的活动。俄国大臣具有在当时条件下一项重要的权利——向沙皇当面汇报。大臣给沙皇的"报告"经常不通过国务会议讨论，直接被沙皇批准下令公布，从而成为法律。因为在绝对君主制条件下，法律和沙皇的诏令很难区分。斯佩兰斯基曾就此写道："沙皇的所有诏令都应像法律一样执行。法律和诏令在执行方面没有区别。"[①] 但是，大臣具有立法动议权，法律给予大臣立法动议权是明智之举。部是中央行政机构，大臣比其他人更为熟悉其主管领域的现状，了解该领域的真正需求，大臣可以根据该领域的需求制定法律草案并亲自付诸实施。大臣凭借其职位自动成为国务会议成员，因此大臣还有讨论法律草案的权利。这同样是一个明智举措。只有提出法律草案的大臣亲自参加国务会议讨论，才能就其提出的草案作详细解释，大臣没有任何司法权。司法权完全属于参政院和司法机关。这样，司法职能与行政职能严格区分开来。

《部总条例》规定了大臣责任制度。追究大臣责任的两个原因：一是大臣超越职权，二是大臣不作为。追究大臣责任的控告先呈交沙皇审阅；如果沙皇认为控告可信，则将问题提交国务会议调查；国务会议为此成立特别委员会进行调查，调查结果交由国务会议全体会议研究，做出决定。追究大臣责任有两种结果：一是大臣尽管没有蓄意损害国家利益，但其管理方式欠妥，则被解职；二是大臣有重要的职务犯罪行为，则交付最高刑事法院。

斯佩兰斯基希望尽可能明确、严谨地制定有关大臣责任的法律规定，在俄国建立起严格的大臣责任制度，但他的目的最终未能实现。有关规定尽管

[①] Середонин С. М. Исторический обзор деятельности Комитета министров, Т. 2，Ч. 1. СПБ.，1902. С. 22.

从表面上看体系完整，但却缺乏实质内容和可操作性。在中央国家机构实行首长负责制，某个领域的管理完全取决于某个人，容易出现大臣独断专权的情况，这是部体制的根本缺陷。在西方国家，代议制弥补了这个缺陷，大臣对人民代表机构负责，限制了他们的独断专权。亚历山大一世及其左右都清楚地认识到这一点。皇帝既然决定建立这个制度，显然计划对国家制度进行根本性改革，仿照西方建立代议制。但因为众多因素所设想的国家制度根本改革未能实现，最初的部体制方案与后来实施的方案根本不同，《部总条例》中规定的大臣责任制度也与原先计划中的大臣责任制度大相径庭。只有监督机关真正地实施监督权力，才能限制大臣独断专权。但这点在俄国实际操作中未能做到，也不可能做到。维格利写道，"在俄国，大臣们将向谁负责？对沙皇负责？他要尊重自己对大臣的选择，他们使他成为自己错误的同谋，而他被蒙在鼓里，不会将他们撤职。对人民负责？人民一文不值。对后代负责？他们根本不考虑后代。难道他们仅对自己的良心负责，他们中的某个人可能偶尔会良心发现。"① 俄国大臣直接向沙皇负责，从而不能建立起真正的大臣责任制度，形成了国家管理制度的重大弊端——缺乏监督大臣权力的相关机制。

《部总条例》附录了"文牍制度"，规定了中央国家机构统一的公文处理办法，公文形式开始统一，改变了以前的混乱局面。公文处理是实现国家管理职能的手段和工具，同时是政权监督国家机构和官员活动的必要手段。部的公文制度更为完善，符合新管理组织的需要。

从1811年起，大多数部开始迅速贯彻《部总条例》。1811年7月25日《部总条例》是一个立法佳作，尽管后来一些部和管理总局的组织结构、工作和文牍制度都发生了一些变化，但直至俄罗斯帝国倾覆该条例，它一直是部体制的根本法律。

在19世纪初的中央国家机构中，内务部规模最大，职能最多，地位也十分突出。内务部在其存在的头20年，管理对象经常发生变化，但其基本职责不变：是维护国内安定，管理地方机构，促进人民生活水平提高。外交部负责制定对外政策，处理外交事务；领导驻外大使馆、领事馆等机构和官员；管理俄国境内侨民问题；保护境外俄国公民的利益、境外的俄国财产等；领

---

① Ерошкин Н. П. Российское самодержавие. М.：РГГУ，2006. С. 231.

事和护照事务；与外国签订条约、协议等事务；收集有关外国政治、经济状况的信息等。司法部是最高司法管理机关，负责管理除军事和宗教领域外的所有司法机构，总检察长兼任司法大臣。司法大臣的权力和活动从最初起就具有矛盾性，特别是在他同其他大臣和参政院的关系方面。司法大臣，作为大臣他与其他大臣的地位平等，但作为总检察长，要对其他大臣进行监督，他的地位又高于其他大臣。参政院是最高司法机关，所有大臣都隶属参政院。所有超出司法大臣权限的事务，他都要提交参政院处理。但司法大臣作为总检察长又负责监督参政院。司法大臣，既要向参政院提交超越他权限的事务，同时又要指导参政院如何处理这个事务。这些矛盾在理论上存在，但在现实中影响不大。因为在新的管理制度下，总检察长完全失去了昔日的意义，他作为最高监督机关领导者的地位下降，主要负责司法管理事务。

财政部的主要任务是管理国家的财政收支，还负责税赋征收和分配、铸币事务等。从成立之初，财政部的权限就十分广泛，不仅管理真正意义上的财政事务，而且负责管理重要的经济领域——加工工业、国内外贸易、采掘工业，以及银行和信贷机关等。1802—1810年间还曾存在商业部，领导商业委员会和所有海关事务。成立商业部的目的是加强对外贸易，但很快其工作就因为大陆封锁而停止。1810年商业部被取消，其负责的事务中对外贸易转归财政部负责，国内贸易转归内务部负责（从1819年起国内贸易也转归财政部负责）。"国家审计总局"与部同等级别，是独立的国家财政监督机构，负责监督国家财政收支。国家审计总局由地位相当于大臣的国家监察官（государственный контролер）领导。国民教育部的主要任务是"教育青年、普及科学"，管理高等、中等和初等教育机构，管理科学院、艺术学院、印刷厂等，只有宗教、军事和一些专门教育机构除外，还负责进行书刊检查。1817年，所有宗教事务划归国民教育部，这个部改称为"宗教事务和国民教育部"。这个部包括原先三个独立的部门：圣主教公会、外国宗教事务管理总局和国民教育部。1824年，东正教事务从这个部分离出去，重新归圣主教公会管理。这个部重新称为国民教育部，只负责国民教育和外国宗教信仰事务。外国宗教信仰事务在1832年转归内务部管理。

19世纪初建立部体制在国家管理制度现代化方面迈出了关键的一步。改革中确立的一些官僚组织原则，如分工明确、组织结构和权限明确、部门原则、吸收资产阶级参加部的协商机构等，使俄国的中央国家机构与西欧资产阶级君主制度中央管理机构相接近。后来，斯佩兰斯基在彼尔姆给亚历山大一世的信中写道："我相信，没有一个欧洲国家敢像我们这样以果断地、坚定地建立部体制而自诩。"① 这时建立的中央国家机构体系一直存在到俄罗斯帝国末期，从此部体制的发展和变化建立在考虑国家治理需求的基础上，探索最合理的组织结构体系。

五、设立沙皇陛下办公厅

在俄国绝对君主专制政府体系中，君主是国家治理的最高环节，需要有机构协助沙皇行使个人权力。沙皇陛下办公厅是直属专制沙皇的执行机构，借助这个机构沙皇可以绕过其他所有最高环节，迅速、高效地解决最重要的国务问题。彼得一世成立了沙皇陛下办公室，叶卡捷琳娜二世时期从皇帝陛下办公室分离出一个御前秘书办公厅。保罗一世统治时期，这类机构开始称为陛下办公厅（Государева Канцелярия），负责为沙皇起草诏书、接收呈给沙皇的请愿、向请愿者下达沙皇的决议等。用陛下办公厅的主管总检察长特罗辛斯基的话说，他是"皇帝陛下在所有国家管理事务中的实际大臣"。

亚历山大一世时期，随着部体制的建立，这个陛下办公厅被关闭。部体制改革改变了总检察长的地位。他从皇帝的首席助手变成了普通的司法大臣，脱离了行政事务，这削弱了参政院的行政作用。最高权力运作机制发生了变化：所有管理环节集中于皇帝，他直接与各部门首脑大臣沟通。大臣们向皇帝作私人报告的权利为法律所确认。新设立的大臣委员会与国务会议和参政院的权力没有明确划分，造成了混乱，在这样的政府组织下，皇帝不得不处理许多他的前辈们没有处理过的事务，工作量大大增加。1803年亚历山大向拉加尔普抱怨他的工作量太大："我的日常工作太多，我几乎无法完成，不想推迟到另一天，它消耗了我所有的时间。"②

按照1810—1811年改革的设计者斯佩兰斯基的设想，国家机构改革要规范国家管理体系，国内政务由各部自行处理，只需要最高的监督和指导，只有军事和外交事务才是陛下的工作对象。但随着改革计划的实施，这种状况

---

① Ерошкин Н. П. Российское самодержавие. М.：РГГУ，2006. С. 232.

② Писарькова Л. Ф. Власть монарха в административной системе России первой четверти XIX в.：《режим ручного управления》// Петербургский исторический журнал № 2（2018），С. 62.

并没有发生。亚历山大一世给拉加尔普的信表明，皇帝确实负担过重。1811年3月12日他又在给前导师拉加尔普的信中说："我每天工作12个小时，再加上我要承担的其他职责占据了我4个小时，睡觉前我几乎没有一个小时的空闲。"①

陛下办公厅作为一个秘密机构复苏，在斯佩兰斯基被贬谪后由阿拉克切耶夫领导。1812年12月这个机构公开，正式称为"沙皇陛下办公厅"（Собственная Е. И. В. Канцелярия），阿拉克切耶夫任厅长。在俄法战争的极端条件下，这个机构的职能增加，负责与指挥官通信、安置战俘、安排军队补给和宿营、收集蒙受损失的贵族领地信息等。1815年战争胜利后，沙皇陛下办公厅的权限明显扩大，它在国家行政系统中的作用越来越大。从1816年起，沙皇陛下办公厅开始负责高级官员的奖励和晋升事务。从1817年秋天起，沙皇陛下办公厅每周在各部和地方行政、警察机构上交材料的基础上编写《帝国重大事件公报》呈交皇帝。

1816年3月8日亚历山大一世给大臣委员会和国务会议主席Н. И. 萨尔蒂科夫公爵下达谕旨，皇帝需要通过大臣委员会的报告来了解大臣们的意见，报告不是通过大臣委员会主席，而是通过沙皇陛下办公厅厅长阿拉克切耶夫伯爵呈给亚历山大。这份旨在减少向皇帝提交大臣个人报告数量的谕旨，加强了沙皇陛下办公厅的作用。

1818年《沙皇陛下办公厅条例》中指出："沙皇陛下办公厅的存在是为了处理直接归沙皇本人研究和决定的事务，这里所有事务由沙皇直接处理，或者由沙皇授权办公厅官员处理。沙皇意愿的范围无法确定，因此沙皇陛下办公厅的权限和制度也无法确定。"沙皇陛下办公厅不仅成为皇帝行使皇权的灵活有效的工具，而且还获得了集中政府所有部门职能的国家机构的地位。到亚历山大一世统治末期，沙皇陛下办公厅已经成为国家所有管理环节的协调中心，国家事务管理逐渐集中在亚历山大一世本人手中。皮萨里科娃对此指出："与文献中的主流观点相反，亚历山大一世作为国家元首做了很多，所有的举措，不管同时代人和后人对其评价如何，都源自于他。他执政期间建立权力垂直体系，增设大量机构和组织，仍然由皇帝一个人驱动，他把这个

---

① Писарькова Л. Ф. Власть монарха в административной системе России первой четверти XIX в.：«режим ручного управления» //Петербургский исторический журнал № 2 (2018)，С. 63.

复杂而笨拙的机器的缰绳握在自己手中。"① 亚历山大一世统治时期建立起来的国家权力体系仍然是由皇帝一个人来推动。

第五节 地方政府机构体系

从统治初期开始，亚历山大一世几乎恢复了叶卡捷琳娜二世在 1775 地方改革中建立的所有地方治理机构和等级自治机构。19 世纪初部体制的建立促进了俄国部门管理制度的形成。

亚历山大一世国家治理改革在一个幅员辽阔的国家完成了向部门管理方向的转变。在 18 世纪，最初俄国中央和地方机构为放射状等级制度，省长和督军在不同问题隶属不同的中央机构委员会。1775 年地方管理改革后，将除陆军、海军和外交三个委员会以外的职能移交给省级行政机构，使每个省构成一个完整的、自行运转的机构，只属于参政院。部体制建立后，地方机构和官员在相应部之间分配，中央和地方机构变成垂直管理，所有地方机构和官员（除驻军司令和总督外）隶属固定的部，形成了部门管理制度。研究革命前俄国国家机构著名史学家 Н. П. 叶罗什金指出，"现在，各部的中央和地方机构形成统一部门，有自己的部门行政秩序、官员编制、财政预算，甚至是部门区域划分，后者往往与国家省和县的一般行政划分不相吻合，如学区、矿区、交通区等部门区划。"② 整体而言，这一时期地方政府基本上保留了叶卡捷琳娜二世改革中建立的体系。新的中央部门，即各部实行首长负责制，而地方省级机关仍保留集体负责制。亚历山大一世时期，随着行政权力集中在各部委，在中央和地方之间重新进行了有利于前者的权力分配。

19 世纪俄国主要行政区划单位是省和县。在叶卡捷琳娜二世的省级治理体系中发挥着关键作用的总督职位在保罗一世即位后不久，1797 年就被取消，与之相关的总督管区也不复存在。俄国只是在一些地区实行特殊管理，主要只是在边疆地区。设立总督的有芬兰、西西伯利亚和东西伯利亚、波罗的海地区、奥伦堡地区、新俄罗斯以及都城（彼得堡和莫斯科）。部体制的建

---

① Писарькова Л. Ф. Государственное управление России в первой четверти XIX в.: замыслы, проекты, воплощение. М.: Новый хронограф, 2012. С. 386.

② Ерошкин Н. П. Российское самодержавие. М.: РГГУ, 2006. С. 232.

立并未导致全面恢复总督制度。19世纪初，设有三个总督管区（包括八个省）。总督是总督管区若干个省的地方首脑。总督的工作遵循1775年《全俄帝国各省管理条例》。1819年曾成立了由巴拉绍夫领导的由图拉、奥廖尔、沃罗涅日、坦波夫和梁赞五个省组成的总督管区作为改革试验。

建立部体制后，原地方上的行政—警察部门大多隶属内务部。省长以及隶属于他们的省政府机构是专制政权的直接代表。随着部体制的建立，省长的地位是双重的，一方面，他们直接隶属于皇帝，由皇帝直接任命，每年向陛下呈递关于省内事态的报告，另一方面，省长开始归内务部管辖，是内务部官员，实际上也隶属于内务大臣。省长必须严格依法管理，同时监督省内所有机构依法活动。省长的职权范围非常广。省长不仅拥有行政权力，他的权力还扩展到司法机构：对司法机构进行监督，高等刑事法院的一些判决要提交他批准。如据内务部的数据，在19世纪40年代，很多省长每年要批示或签署10万多份文件，也就是每天要收发270多份文件。即使省长处理每份文件只用1分钟，那么每天还需要4个半小时。[①] 省行政机关的第二号人物是副省长，他是省长的直接助手，在省长因各种事由无法履行职责时，临时代替省长职务。隶属省长的国家机构有：省行政公署、省长办公厅、一些委员会。

省行政公署是省主要行政机构，实行委员会制度，由省长担任主席，附属于省长，同时仍然隶属于参政院。所有这一切导致麻烦重重。И. А. 布利诺夫在其关于省长设置的专门历史—法律研究中写道，"根据部条例，大臣无权向省行政公署下达指示，只能与省长直接打交道，而省行政公署依然只能向参政院作报告，这造成参政院的指示和大臣的指示彼此消息隔绝的情形。局面极端混乱，公文数量浩繁。"[②] 省行政公署的基本事务都集中在办公厅，办公厅下设处。新成立了一些委员会，履行行政—经济职能，解决社会问题。如人民粮食委员会负责解决建立粮食储备的任务，建筑和道路委员会领导道路和国有建筑的建设，统计委员会负责收集省内统计信息。天花和霍乱委员会、社会保健委员会、精神病鉴定委员会等负责解决各种医疗问题。这些机构由省长担任主席，成员基本相同，主要有省首席贵族、省检察长、财政厅

[①] Шепелев Л. Чиновный мир России. СПБ.：Искусство, 1999. С. 85.
[②] 〔俄〕谢·弗·米罗年科著，许金秋译：《19世纪初俄国专制制度与改革》，社会科学文献出版社，2017年，第53页。

主席等省内重要官员。县行政管理机关依然是称为初级地方法院的警察机构。

亚历山大一世恢复了被保罗一世废除的《俄罗斯帝国贵族权利、自由和特权诏书》和《俄罗斯帝国城市权利和利益诏书》。与以前一样，地方上设有等级管理机构。地方贵族等级组织在地方管理中起着重要作用。贵族可以组成省、县两级贵族联合会，由选举产生的首席贵族领导。省贵族联合会选举县警察局长、法官、陪审员等警察和司法机构官员。省首席贵族是省所有委员会机构的成员，县首席贵族是县所有委员会机构的主席。贵族联合会代表本省（县）贵族，有权向省长、总督及至沙皇提出建议和要求。[①] 国家对城市的管理恢复了叶卡捷琳娜二世时期建立的国家机构以及城市自治机构。城市的长官是市长，彼得堡和莫斯科两个都城的长官为由沙皇任命的警察局长。城市等级自治机构是城市大会、全市杜马、六头杜马。城市的"安定和秩序"由警察局负责，警察局保持着1782年《警察章程》规定的组织结构。

原地方上的财政—经济部门隶属于财政部。各省的主要财政机构是省财政厅和县财政局。财政部还管理其他一些地方机构：海关、矿业（矿业署，盐务署）等。

亚历山大一世恢复了叶卡捷琳娜二世1775年地方改革中所建立的司法机构，归司法部管辖。省级司法机构是泛等级的刑事高等法院和民事高等法院，贵族等级法院——高等地方法院，城市等级法院——省市政公署，国有农民等级法院——高级农民法院，还有执行专门任务的法院：感化法院和高等法院。县的司法机构是县法院和初级农民法院。19世纪初，在大城市设立了商业法院和口头法院。

在建立司法部后，检察机构，一方面在同时兼任总检察长的司法大臣的领导下工作，一方面在作为最高司法和监督机构的参政院的监督下工作。检察机构的组织分成三个层次。第一个层次是兼任总检察长的司法大臣通过司法部的力量对全国检察监督工作进行统筹领导。第二个层次是检察长监督参政院全体会议和各司的工作。第三个层次是省和县级检察员监督地方机构的工作。第一任司法大臣兼总检察长 Г. 杰尔扎温（1802）发布的指示、1828年9月28日参政院法令以及后来的《省检察员和监察员一般条例》等文件中

---

① Игнатов В. Г. （ред.）История государственного управления России. Ростов н/Д：Феникс，2003. С. 221.

规定了检察官员的职责。他们负责监督国家官员依法工作，制止官员的违法行为，特别是索贿受贿、玩忽职守、对国家和社会造成损失等行为。

亚历山大一世政府进行教育改革，在俄国历史上首次建立了国民教育体系，归国民教育部管辖。1803年建立彼得堡、莫斯科、维尔诺、杰尔普特、哈里科夫、喀山六个学区，每个学区包括若干省，由督学领导，监督学区内所有学校。1804年建立具有泛等级性质的学校网，包括四年制高级中学、二年制初级中学、一年制教区学校。在19世纪初俄国还成立了一系列贵族学校，为培养国家官员起到了重要作用。

亚历山大一世时期，在国家机构系统性改革后仍然存在各部门职能不清，责任不明，缺乏监督，专断独权与腐败现象普遍等不足。但整体而言，亚历山大一世国家机构改革取得显著成效：设立国务会议使立法机制逐渐被引入必由之路，建立部体制是向依法治国迈出的关键性一步，改组参政院，确立其最高监督机构的地位，成立大臣委员会，以协调大臣们的工作，中央和地方机构形成部门管理制度，形成了结构完整的国家机构体系。亚历山大一世国家机构改革的结果是"极具自由主义色彩的沙皇专制制度与结构多元、职能广泛的现代官僚体制并存"，俄国形成了"专制制度"与"官僚体制"的奇异结合。俄国已经具备了现代化国家的部分特质。

第六章　尼古拉一世时期专制制度顶峰与完善国家法治

尼古拉一世时期，加强中央集权和军事专政，俄国官僚中央集权主义达到顶峰，所有管理环节直接集中于皇帝。同时，尼古拉一世力主将国家管理纳入法制轨道，法典编纂工作成功，使帝国治理以严格遵循沙皇制定的法律为基础，俄国政体进一步向合法君主制演化。尼古拉一世时期国家机构变革，打破了中央和地方管理之间的平衡，极大地扩充了中央管理机构，地方管理机构却基本未动。政权为提高国家机关和官员活动的工作效率，建立越来越严密的全方位严格监督的体制，结果却适得其反，官僚主义和形式主义盛行，治理效率低下。

第一节　国家治理集中化与完善国家法治

尼古拉一世统治时期的专制接近于独裁，在加强中央集权和军事专政方面，在俄国历史上可以说是前无古人，后无来者。在俄国国内，以警察专政为特征的专制国家机器和以皇权主义为特征的专制思想文化横行肆意，同时代和后世的大多数史学家均认为尼古拉一世统治使沙皇专制制度达到了顶点。

新沙皇与前一位沙皇他的哥哥亚历山大一世无论是作为个人还是作为统治者，都迥然不同。尼古拉不像他的哥哥亚历山大那样优柔寡断，他处事果断，有着钢铁般的意志和强烈的责任感。在同时代人眼中，尼古拉一世是一个严以律己、勤奋工作的人。他拥有健康的生活方式，从不吸烟也不喜欢吸烟；从不喝烈性酒；喜欢安步当车，经常身佩武器；喜爱穿普通军大衣，喜欢睡硬板床。他有严格的工作时间表：每日工作从早晨7点整开始，9点接受下属的报告，每日工作16—18个小时。"对于他来说，沙皇宝座不是安乐窝，而是激励他努力工作的动力。"① 无论从性格还是其英俊而威严的外表来看，尼古拉似乎都是一位完美的专制君主。

尼古拉一世登基之时爆发十二月党人起义，他在 1825 年 12 月 12 日即位时，已经知道十二月党人将在最高权力机构向他宣誓之日（即 12 月 14 日）发动起义。他知道，这一天将决定他的命运，他或者成为一个强大帝国的沙皇，或者被某个醉醺醺的近卫军杀死。在 1825 年 12 月 14 日早晨 6 点，早于规定的时间，他接受了参政院、圣主教公会和国务会议等官员的宣誓。然后，他对这些高级官员说："宣誓之后，你们要用生命保证首都的安定，至于我，只要我当一个小时的沙皇，我也会证明，我是一个称职的沙皇。"② 尼古拉一世将自己 7 岁的儿子萨沙交给可靠的近卫军，乘车前往起义广场。到了晚上，起义被镇压下去。尼古拉一世终生都记得 1825 年 12 月 14 日那一天，这也体现在他的执政方式方面。赫尔岑称尼古拉一世是"带着五座绞刑架"开始了他的独裁统治的。

尼古拉一世认为，十二月党人起义是他哥哥亚历山大执行自由主义政策的结果。因此，他认为给予社会自由只会导致悲剧性的结果，必须对俄国社会进行严格的监督，建立起秩序和纪律。他不容许存在不同政见，他的思想就是真理。沙皇的亲信国务委员 M. 科尔夫男爵在日记中写道："沙皇不止一次指出，他不需要聪明的人，需要的是服从者。"③ 尼古拉青年时期熟悉的 18 世纪法国大革命历史对这位未来独裁者世界观的塑造产生了影响。他对革命煽动者十分反感，对革命者的敌视与日俱增。他谴责法王路易十六行为软弱，没能履行自己的职责，认为路易十六"本应保护自己的人民免受很多苦难"。他所信奉的一个准则是：如果统治者信心坚定、无情报复，那些最勇敢的人就会变成最懦弱的人。他所经历的十二月党人起义、1830 年波兰起义、1830 年和 1848—1849 西欧革命，强化了他的这种情绪，让他的政策保守特点浓厚，致力于加强专制制度的基础，免受来自各方危险势力的破坏。

尼古拉一世加强军事专政，把全国变成高度集权统治的兵营。在国家机构很多环节，如矿业、林业和交通等部门，实行了军事化管理，任命军官担

---

① 张建华：《帝国风暴——大变革前夜的俄罗斯》，北京大学出版社，2016 年，第 361 页。
② Олейников Д. И. Николай I. М.：Молодая гвардия, 2012. С. 92.
③ Зайончковский П. А. Правительственный аппарат самодержавия в XIX веке. М.：Мысль, 1978. С. 106.

任省长。据统计，在他统治时期，将军在大臣中占 55.5%，在国务委员中占 49%，在参政员中占 30.5%，在省长中占 51.7%。① 1850 年，在 53 个省和州（不包括芬兰和波兰王国），仅有 12 个中部省份由文官管理。② 尼古拉认为国家制度与军队机制相似，将管理集中在一个人手中是极其必要的。他毫不掩饰地说："在这里（军队中）秩序是绝对法纪，没有任何自以为是和争论矛盾，……我把人的生命看成是一种服役，因为每个人都在服役。"③ 整个政府机器越来越渗透着直接命令、唯命是从和一丝不苟的军事作风。

到 19 世纪中期，俄国中央集权主义达到顶峰，几乎各部门的所有管理职能都集中到了中央机构——部和管理总局。国务会议、参政院和大臣委员会这样的最高国家机构也疲于解决很多琐碎事务。如根据 19 世纪中期法律，地方机构只能决定 3000 卢布以下的承包事务；3000—7500 卢布的由总督或者省长决定；7500—15000 卢布的由大臣或者总局局长决定；15000 卢布以上由参政院决定。④《俄罗斯帝国法典》和《陆军条令》中有很多类似的规定。

尼古拉一世讨厌按部就班的准备、磋商或其他需要花费时间的程序，在处理国务时经常绕过正常的渠道，特别喜欢利用独立于常规国家机构的各种委员会。在他统治时期，这类最高委员会经常剥夺了其他最高机构的职能。多数最高委员会的活动是讨论或者是准备、编写法律草案。在这些委员会讨论的法律草案，一部分被送交国务会议或者是大臣委员会研究；一部分越过这些机构，被尼古拉一世直接批准；还有一部分（占多数）根本没有任何结果，被尼古拉一世直接否决。最高委员会成员不多，都是尼古拉一世信任的高级官僚，他们紧密团结，工作高效。最高委员会的工作严格保密，被称为"地下政府"。如制定巩固国家机构和等级制度措施的 1826 年 12 月 6 日委员会，若干个研究农民改革问题的农民委员会，贯彻国内政策措施的最高秘密新闻检查委员会，管理各个边疆和民族地区的委员会等。1825—1850 年间由少数高级官僚组成的最高委员会是尼古拉一世时期中央集权制的另一个产物。大多数委员会是立法机制的必要环节，在狭小的高级官僚圈子中秘密讨论和

---

① 赵士国：《俄国政体与官制史》，湖南师范大学出版社，1998 年，第 160 页。
② Гаман-Голутвина О. В. Политические элиты России: Вехи исторической эволюции. М.: РОССПЭН, 2006. C. 176.
③ Шильдер Н. К. Император Николай Первый. Его жизнь и царствование. Т. 1 СПБ.: А. С. Суворин, 1903. C. 147.
④ Ерошкин Н. П. Российское самодержавие. М.: РГГУ, 2006. C. 113.

制定完善国家机器的法律草案。

尼古拉一世以一切可能的方式加强专制集权,在他统治时期,管理的中央集权化达到极限,所有管理环节直接取决于皇帝。这得以实现在很大程度上是通过对沙皇陛下办公厅的根本改革,这个机构的重要性和作用激增,集中处理很多最重要的国务问题。沙皇陛下办公厅从沙皇的个人办公厅变成了最高政府机构,拥有最广泛的权力,位于国家机构金字塔的顶端。

尼古拉一世统治时期,俄国政治生活中发生了一个新的巨大变化,这就是沙皇进一步摆脱了贵族的影响。亚历山大一世执政时期,尚依赖于贵族的支持,他计划进行政治改革,然而遭到了贵族的反对,被迫放弃了改革的设想。尼古拉一世则尽可能地摆脱贵族,主要依靠官僚阶层进行统治,官僚逐渐成为治国的主体。促使尼古拉一世摆脱对贵族依赖的根本原因是十二月党人起义。虽然起义被镇压,但这极大地刺激了尼古拉一世。他对贵族失去信任,转而信赖官僚,贵族的政治地位开始降低,治理国家的权力转移到遵从沙皇意志的官僚手中。官员队伍人员补充机制的改变也是导致贵族在国家管理中失去作用的因素之一。1762年叶卡捷琳娜二世颁布《俄罗斯帝国贵族权利、自由和特权诏书》取消贵族必须出任公职的义务后,公职人员的补充也由官员体系取代了等级体系。1755年,贵族出身的官员尚占总数的50%,到1840—1855年减少为44%。[①] 虽然以等级制为基础的政府官员的人员补充原则并未废止,但在录用国家公职人员时更看重的是其工作业绩、受教育程度及专业水平,因而,担任公职的贵族的身份首先是官员,然后才是贵族。

尼古拉一世主张专制,痴迷军事,崇尚秩序,同样是一位狂热的法律卫道士。在尼古拉一世看来,法律是维护社会稳定的手段,是社会生活的秩序性、纪律性和组织性的基础。他认为,要想使一个巨大的帝国实现秩序井然,需要有严格规范每个政府机构和每个俄国公民生活的法典。而当时,国家继续适用的是1649年《法典》,在1649年《法典》后通过的法律散落在各种档案和部门纪录中,官员们经常要去寻找17世纪下半叶、18世纪和19世纪初那些经常相互矛盾的法令和命令。在这种情况下,官员们有机会以冠冕堂皇的理由滥用职权。尼古拉一世非常清楚这一点,他说:"在我登基之时,我就

[①] 〔俄〕鲍里斯·尼古拉耶维奇·米罗诺夫著,张广翔等译:《俄国社会史》下卷,山东大学出版社,2006年,第143页。

认为我有责任关注治理问题……占据我注意力的第一件事当然是司法。我研究了（由亚历山大一世设立的）法律编纂委员会的状况。痛心的是，事实表明，工作仍然没有成效。"① 与从彼得大帝开始的前任皇帝的做法不同，尼古拉认为问题的解决不在于制定新的立法，而在于编纂现有立法。

尼古拉一世为编纂法典在沙皇陛下办公厅中专门设立了第二厅，这里所有工作的真正灵魂是斯佩兰斯基，在经历了133年的失败尝试之后，1830—1832年，俄国终于编纂出了《俄罗斯帝国法律全集》和《俄罗斯帝国法典》，使以后的国家管理建立在坚实的法律基础之上。《俄罗斯帝国法典》第一卷《国家根本法》第一条中指出："全俄罗斯皇帝是专制的、无限的君主。服从其最高权力，不仅是出于畏惧，而且是出于良心，此乃上帝的旨意。"直到1906年，这个条款在俄国法律中保持不变。《国家根本法》规定国家治理要依法进行："俄罗斯帝国应在来自专制政权的积极法律、条例和规章的坚实基础上进行治理。"臣民们也被要求严格遵守法律。在这种情况下，正如 A. E. 普列斯尼亚科夫所指出的，"'法律'的真正内涵对尼古拉一世的世界观来说仍然是陌生的；法律规范只是作为政权的命令，对它们的服从是基于臣民的政治忠诚，培养臣民在高高在上的权威面前的虔诚的谦卑态度。"②

尼古拉一世在极力加强专制集权统治的同时，将国家管理纳入了法制轨道，法典编纂工作成功，为政府机构的活动提供了有效的法律法规，奠定了专制国家制度的法律基础。可以说，在18世纪即被俄国政权认识到的"合法君主制"（建立在根本法之上），在尼古拉一世时期具有重要的意义并在法律上得到确认。在进行改革规划时，叶卡捷琳娜二世采用了"开明专制"的理念，亚历山大一世采用了"政府立宪主义"，而尼古拉一世的基本立法完全在专制制度的框架内进行。

第二节　国家治理改革设想与举措

尼古拉一世的信念是，绝对君主专制是最适合俄国条件的、最稳定的政

---

① Цит. по: Олейников Д. И. Николай I. М.: Молодая гвардия, 2012. С. 125.
② Пресняков А. Е. Российские самодержцы. М.: Книга, 1990. С. 267.

府形式。1825年十二月党人起义使他更加相信，只有"专制的、强大的君主才能阻止革命的九头蛇，并团结国家"。在尼古拉一世看来，只有他的国家还忠实于从拜占庭和罗马帝国继承下来的君主制原则，其他欧洲国家已偏离这些原则，被启蒙哲学的理性主义理想所引诱。尼古拉一世认为，亚历山大一世，特别是在他统治的最后几年，使俄国成为一个真正的欧洲国家的愿望和尝试，导致了帝国几乎所有生活领域的停滞。新君主不同意其兄长所坚持的自由主义观点，不赞成他的行动，认为国家停滞以及十二月党人起义的主要原因是在国家管理中缺乏适当的秩序，缺乏一只"铁腕"。但尼古拉一世并不反对改革，只是有一个前提条件，那就是改革要来自沙皇，不涉及专制制度，在这方面他不会做出丝毫让步。在与一位法国特使的谈话中他明确说："我会区分开那些想要合理变革并希望改革来自合法政权的人，以及那些想自己进行改革的人，天知道他们用什么手段。"① 像他的前任的做法一样，尼古拉一世试图完全在他主持下启动变革。

十二月党人对尼古拉一世统治的影响是双重的。一方面，十二月党人起义决定了他统治的主要方向。尼古拉一世对他的兄弟米哈伊尔说："革命就在俄国的门槛上，但我发誓革命不会穿透进来，只要我还活着，只要受上帝的恩惠我还是皇帝。"② 他一生都坚定地遵循这一誓言。另一方面，尼古拉一世通过审讯十二月党人，也加深了他必须采取措施稳固政权的认识。他下令详细研究十二月党人秘密团体的纲领，研究他们关于政治改革的要求。十二月党人在供词中明确提出沙皇政府要采取迫切行动，他们强调，"俄国立法……和行政机构的不完善使政府方针不稳定，影响了中央和地方治理，助长了官员们无法无天、滥用权力和自行其是。"③ 尼古拉一世命令将十二月党人的供词编成《蓄意为恶的团体成员关于国内状况的供词汇编》，这份文件在1830—1831年波兰起义和欧洲革命之前一直被放在君主的办公桌上，作为即将进行改革的一种象征。他还下令将这部汇编的副本发给内务大臣和国务会

---

① Каменский А. Б. （ред.）Реформы в России с древнейших времен до конца XX в. Т. 2. М.：РОССПЭН，2016. C. 368.

② Цит. по：Шильдер Н. К. Император Николай I, его жизнь и его царствование. Т. 1. СПБ.，1903. C. 315.

③ Андреева Т. В., Государственное управление России в начале царствования Николая I：к проблеме преемственности и различия в правительственной преобразовательной политике//Петербургский исторический журнал №2（2017），C. 32.

议主席。

　　国家治理机构是尼古拉一世最为重视的问题之一。亚历山大一世建立的新中央管理机构——部体制实行首长负责制，而地方政府基本上保留了叶卡捷琳娜二世地方改革建立的体系，即仍保留原先的集体负责制，中央和地方机构建立在不同的原则之上。亚历山大一世统治晚期政府机构管理能力削弱，官僚滥用职权和腐败日益严重。尼古拉一世和他的政府积极讨论改革方案。登基时的特殊情况即十二月党人起义造成的政权危机，使新统治者最重要的战略目标是加强国家政权，这也对他选择国家政策的战略重点和战术方针有决定性影响。他的设想是将强大的君主专制权力与完善的国家行政系统及为之建立坚实的法律基础相结合。

　　尼古拉一世希望建立最高、中央和地方国家机构的统一系统，并有协调和监督它们行动的中心，加强中央统一管理。他认为改革不是为了新机构而取消旧机构，而是改进和完善现有的国家机构。这一点最清楚地反映在沙皇陛下办公厅的改组上。这个由保罗一世创立的机构，在亚历山大一世时期成为国家机器的重要环节，在尼古拉一世时期具有了完全不同的分量和意义。沙皇陛下办公厅由皇帝本人直接领导，成为管理系统的顶点。沙皇陛下办公厅作为最高政府机构运作，不仅是皇帝和国家机构之间的联络环节，而且还具有重要的管理职能。职能的多样性使得沙皇陛下办公厅的结构更加复杂。1826 年 1 月它被分为第一厅和第二厅。第一厅保留了沙皇陛下办公厅的传统职能，第二厅作为俄罗斯法律编纂机构。1826 年 7 月成立第三厅，作为政治侦查机构。玛丽亚皇太后去世后，1828 年 10 月成立第四厅，负责皇太后庇护的慈善和教育机构。1836 年 4 月成立第五厅，负责准备国家农民的改革，1842 年 8 月成立第六厅，为外高加索地区管理改革制定法规。

　　第三厅作为"最高警察局"而存在，设立这样一个组织的方案是由独立近卫军团司令 A. X. 本肯道夫提出的。他指出建立新的警察机构主要是为了防止再发生像十二月党人的叛乱和起义。这只能通过对社会情绪、国家机构的活动以及近卫队和军队的情况建立严格的监督来实现。尼古拉一世试图采用一种监督中央和地方权力机构活动的可靠手段，获得关于地方局势和社会情绪的可靠信息，为此设立了第三厅。本肯道夫就设立这个机构的目的及其职责范围写道："尼古拉皇帝试图消除行政部门许多环节的弊端，并确信有必要通过一个中心进行全方位地、更加严格地监督。皇帝正在创建一个机构，通过它不仅可以直接监督反国家分子的出现，还可以监督整个复杂的行政机器的运作。"① 尽管第三厅的主要职能被定义为"对公众舆论和精神的秘密监视"，但它在准备官方改革措施，打击官僚腐败和滥用职权中起到了一定作用。第三厅要提交工作报告供皇帝审查，报告内容在某种程度上体现了改革要求，特别是在国家治理改革的要求。

尼古拉一世认识到国家治理组织是不完善的，需要研究和制定必要的改革方案。然而，他坚信政府的改革意图必须深藏不露，改革方案的讨论及决策的制定都秘密进行。他下令在国务会议下设各种临时的最高秘密委员会，研究改革问题。在这类委员会中最引人注目的是1826年12月6日委员会（1826.12.6—1832.3.9），按其成立日期命名。成立这个委员会的目的是"研究当前各管理领域状况，寻找改善和加强措施"。这个委员会还被称为"审议完善国家制度方案委员会"，为最高、中央和地方各级部门的系统改革制定方案。委员会主席是国务会议主席科丘别伊，成员是著名的国务活动家，斯佩兰斯基也位列其中，他成为委员会的"主要的发动机"。这个委员会研究在亚历山大一世办公室文件中发现的各种改革方案，以及委员会成员在工作过程中提出的"建议"，如斯佩兰斯基、科丘别伊、巴鲁吉扬斯基和古里耶夫等人的改革计划。这个委员会总共召开了173次会议，编写了115份会议纪要。②委员会活动最积极的时期是在1826—1827年，共举行了79次会议。③ 1830年后，它开始很少开会，1832年3月停止活动。

1826年12月6日委员会工作的第一步是研究最高和中央政府机构——国务会议、参政院、大臣委员会和各部的状况和权限。委员会讨论的一个根本问题是三个最高国家机构国务会议、参政院和大臣委员会是否有必要存在，因为它们之间权限混乱、职能重叠。行政和司法权没有分开，参政院、国务会议和大臣委员会都负责部分行政事务和司法事务。委员会认为，需要在源自专制君主的统一国家权力中明确划分立法、行政和司法权。国务会议应限于立法谘议职能，以及审查预算和大臣们的年度报告。大臣委员会应该作为

---

① Сидорова М. В., Щербакова Е. И. (сост.) Россия под надзором: отчеты III Отделения. М.: Российский Фонд Культуры, Российский Архив, 2006. С. 11.

② Ерошкин Н. П. Российское самодержавие. М.: РГГУ, 2006. С. 208.

③ Андреева Т. В., Государственное управление России в начале царствования Николая I: к проблеме преемственности и различия в правительственной преобразовательной политике//Петербургский исторический журнал №2 (2017), С. 48.

讨论一般事项的"大臣会议"。如巴鲁吉扬斯基指出的，大臣委员会，即各部门首脑的联合机构，应该"采用内阁的称号，集中一些见多识广的官员，不是定期召开会议，而是在沙皇的命令下，或者是在要求所有部门领导共同协商的情况下召开会议"。① 委员会赞同斯佩兰斯基1811年方案中提出的将参政院分成管理参政院和司法参政院的观点，并在此基础上起草了《管理参政院条例》和《司法参政院条例》。但是，与原先一样，这两个条例未被执行。因为这样做预示着将确立资本主义的分权原则，取消大臣委员会，改组法院，而尼古拉一世不想进行这样的激进改革。斯佩兰斯基向委员会提交了《关于司法决定的统一和分歧》的报告，他谴责19世纪初确定的参政院会议投票原则，即三分之二多数票通过的原则，指出在这种投票原则下非常容易产生分歧。他以法国司法制度为例，建议在各司和全体会议上实行简单多数通过的原则。② 斯佩兰斯基改变参政院工作制度的想法未能实现，但一些旨在加强参政院工作效率的具体措施得以实施。如1827年彼得堡各司全体会议重新分成两个。

委员会还讨论了总督管区的问题，分析了斯佩兰斯基等人起草的关于总督管区体制的草案。但委员会拒绝了设立总督管区的想法，认为总督职位只应保留在两个都城和边境省份。省长作为地方政府的一般首脑履行管理和监督职能。委员会讨论了调查十二月党人的最高侦查委员会编写的《蓄意为恶的团体成员关于国内状况的供词汇编》，其中列举了十二月党人指出的国家机构体系中的一些缺点，如职能不清，官员恣意妄为、玩忽职守等，委员会承认有些是事实，但很多是过于夸张。

尼古拉一世统治初期成立1826年12月6日委员会，是想采取重大的措施，通过实行全面改革巩固专制制度。委员会编写了有关国务会议、参政院、部和省的基本条例等新法律草案，建议明确划分国务会议和参政院的职能，国务会议是立法谘议机构，将参政院分成管理参政院和司法参政院，取消大臣委员会，成立大臣会议，改革部和地方机构组织等问题。沙皇面临着关键的抉择：是否要进行改革？尼古拉一世显然犹豫了。他下令把所有文件发送给他的哥哥，在华沙的康斯坦丁大公。沙皇的哥哥反对改革，尤其是如此全

---

① Ерошкин Н. П. Российское самодержавие，М.：РГГУ，1981. С. 130.
② Ерошкин Н. П. Российское самодержавие，М.：РГГУ，1981. С. 141.

面、"草率"的改革。他认为,只有旧的秩序才能保证国家生活的稳定。他建议将改革交由"时间定夺"。尼古拉一世自己也持这种观点。沙皇的弟弟米哈伊尔也认为改革是不合时宜的。结果,这个委员会精心设计的方案被束之高阁。

尼古拉一世统治后期,政权封闭保守,拒绝做出任何重要变革。他受到十二月党人起义震动并深切关注改革管理制度的时代已经过去。尼古拉一世坚信在他的英明领导下,国家正朝着唯一正确的方向前进,与分裂的、"腐朽的"西方背道而驰。当时一些思想家加强了皇帝的信念——俄国是独一无二的,在俄国不存在使欧洲分崩离析那样的害群之马。用沙皇陛下办公厅第三厅厅长本肯道夫的名言来表述:"过去的俄国令人惊叹,现在的俄国更加辉煌,未来也会超乎想象,可以做出最大胆的形容。"① 如果是这样,那又为什么要做出重大变革呢？19世纪30年代国民教育大臣 C.C. 乌瓦罗夫伯爵提出的"东正教、专制制度和民族性"三位一体的"官方民族性"理论,成为俄国统治的精神支柱,不仅成为尼古拉一世国内政策的意识形态基础,而且成为他对俄国国际地位的看法的基础。1853年爆发的克里米亚战争实际上是由俄国政府基于一些错误判断而引发的,其中最主要的是对自身力量的错误评估,不能认识到自拿破仑战争以来,周围世界和俄国的国际地位已经发生了重大变化。

第三节　中央政府机构变革

尼古拉一世统治时期,国家管理中央集权化达到顶峰,所有管理环节直接集中于皇帝。为了实现这一目标,对最高国家机构进行了改组。沙皇陛下办公厅地位急剧提升,从沙皇的个人办公厅变成了最高政府机构,拥有最广泛的权力,位于国家机构金字塔的顶端,它的组织结构反映了沙皇个人关注的问题范围,沙皇借助它得以在一个小的高级官员圈子内决定国家的命运。政府颁布了一系列法令扩大国务会议的权限,但是其实际社会地位却不断下

---

① Каменский А. Б. (ред.) Реформы в России с древнейших времен до конца XX в. Т. 2. М.: РОССПЭН, 2016. С. 51.

降。相反，直接与沙皇联系的大臣委员会和部的影响不断增加。

一、沙皇陛下办公厅

尼古拉一世时期，中央集权化趋势加强，沙皇陛下办公厅的作用激增，沙皇陛下办公厅的组织机构不断扩大。在1826—1842年间出现六个常设的厅。每个厅都相当于一个独立的最高国家机构，有明确的职权范围，有自己的领导、编制和秘书处。沙皇通过第一厅对高级官僚进行管理。第二厅负责法律编纂工作，为专制国家和社会制度建立法律基础。第三厅及其辅助机构（独立宪兵团）以极端中央集权的、无所不在的政治侦查代替了以前分散的政治侦查制度。其他厅的活动范围较窄。第四厅管理慈善机构。第五厅准备和实施国家农村改革。第六厅准备边疆民族地区高加索的管理制度改革。

沙皇陛下第一办公厅（1826.1.31—1882.2.22）继承了以前沙皇陛下办公厅的职能。尼古拉一世登基后很快停止了阿拉克切耶夫对沙皇陛下办公厅的管理，宣布由他亲自领导。从1826年5月起，除陆军和海军部以外的所有部门首脑、大臣委员会秘书、圣主教公会总检察官每天早晨向第一厅提交自己部门事务的简短汇报，归沙皇御批的事务的文件。从1827起8月起，所有大臣要在每月1日以前编写其接收和执行法令的统计报告上交第一厅。第一厅全面管理文官，1846年设立文官监察司（Инспекторский департамент гражданского ведомства），司长由第一厅长兼任。最高政权将官员的选拔、任免和晋升事务都集中在自己手中。从此，文官队伍的所有变动都以最高政权的名义，通过沙皇的"圣谕"进行。尼古拉一世在成立这个司时声明，"我想提高文官的地位，使之与军官相等。我想认识所有文官，就像认识我们军队所有军官一样。"[①] 克里木战争后，社会运动高涨，国家管理中央集权开始削弱。从50年代后半期起，沙皇陛下第一办公厅这个代表官僚集权主义的机构的权限明显缩小，地位开始下降。

沙皇陛下第二办公厅（1826.1.31—1882.1.23），集中了最重要的国家职能——立法活动，编纂俄罗斯帝国法典。从彼得大帝起的100多年间，帝俄历代沙皇就为编纂法典成立了一个又一个法律编纂委员会，但是都没有取得

---

① Шепелев Л. Чиновный мир России. СПб.：Искусство, 1999. С. 79.

成效。尼古拉一世认识到存在一部全面适用的法律全集是在国家建立法律秩序的必要条件，1826 年 1 月 31 日下旨，"为保证法律编纂工作顺利进行"，在沙皇陛下办公厅成立一个新的厅——第二厅。厅长是原法律编纂委员会成员，尼古拉一世的老师，圣彼得堡大学第一任校长巴鲁吉扬斯基教授，但整个庞大的编纂工作的灵魂和核心还是斯佩兰斯基。斯佩兰斯基在这里没有任何职务，甚至没有列入这个机构的编制。这显然是尼古拉一世对斯佩兰斯基不信任，但这项工作又离不开他的头脑、知识和对编纂技术的精通。斯佩兰斯基在被流放之后，意识到他的庞大政治改革设想是根本不合适宜的，也是徒劳的。用赫尔岑的话说，"陡峭的山峰磨平了平坦的彼得堡的烈马，使他成为一个循规蹈矩的、拉车的劣马，最重要的是给他套上了马具。"① 他从幻想中醒悟后，仍然保持他年轻时的勤奋，接受了编纂法典的使命。

第二厅在短时间内完成了惊人的工作。到 1830 年，收集法令并按时间排序的庞大工作完成。第一套《俄罗斯帝国法律全集》准备出版，共 45 卷，其中 40 卷是法律，5 卷是索引，包括从 1649 年《法典》后到 1825 年 12 月 3 日的全部 30600 条法律。《俄罗斯帝国法律全集》的印刷工作十分庞大，全集一套 33780 页，要印 6000 多份，尼古拉一世特意为此成立了国家印刷厂，这项工作也在一年之内完成。②

随着《俄罗斯帝国法律全集》的出版，法律编纂委员会开始编写满足国家机关和官员实际需要的《俄罗斯帝国法典》，这里收入的只是现行法律条文，将其按类别分卷，对某些法律作一些解释。1833 年 1 月法典的全部 15 卷都提交到国务会议并得以通过。此后，它成为国家机构解决事务时的唯一法律依据，适用时间从 1835 年 1 月 1 日起。因为这部法典在 1832 年编写完成，因此史上习惯称为 1832 年《法典》。1832 年《法典》第一卷是《俄罗斯帝国根本法》，由斯佩兰斯基编写，包括 18 世纪至 19 世纪初关于俄国国家制度根本原则的所有法律，一直适用到 1907 年。在 1832 年《法典》中，俄罗斯帝国的国家制度首次在法律上得到了确认。其中第一章明确规定沙皇"至高至尊，享有无限权力"。这也就是说，沙皇大权独揽，无须对任何人负责。"帝国全境的治理权力属于君主。"但第四十七章则规定，沙皇在行使专制权

---

① Герцен А. И. Собр. соч. : В 30 т. Т. 16. М. : Изд-во Акад. наук СССР, 1959, С. 66.
② 后来，每年颁布的法令编成一卷，1825—1881 年的所有卷称为第二套法律全集，1881—1914 年的所有卷称为第三套法律全集。全部的法律全集，包括附录、目录和索引共有 233 卷。

力时必须遵循法律:"俄罗斯帝国的治国原则以严格遵循沙皇制定的法律法规为基础。"这样,俄国政体便借法律之名披上了合法的外衣,而不再是君主凌驾于法律之上的独断专行。第二厅还编纂并出版了《陆军条例全集》(1838)、《刑事改造和处罚条例》(1845),以及一些边疆民族的法律。法律编纂工作提高了国家机构所有环节的工作效力,国家各级行政和司法机构开始"依法"工作。

斯佩兰斯基在第二厅的工作赢得了尼古拉一世的好感,他获得了所有最高勋章,甚至是伯爵封号。在1833年1月的国务会议上,斯佩兰斯基将第一版《俄罗斯帝国法典》呈献给尼古拉一世,尼古拉一世当场摘下自己佩戴的"安德列耶夫之星",亲手给他戴上。1835年,斯佩兰斯基被任命为皇太子亚历山大的法律教师,他将这份工作一直做到1839年2月23日逝世。尼古拉一世在得知他去世的消息后说道:"不是所有人都能理解、正确地评价米哈伊尔·米哈伊洛维奇(斯佩兰斯基),最初我也是,甚至比其他人更排斥他,但是,时间和实践消除了谗言的影响。我认识到他是一个最忠诚的、勤奋的仆人……"[①] 斯佩兰斯基去世之后,由经验丰富的官僚 Д. 达什科夫(1839)和 Д. 布鲁多夫(1839—1864)领导第二厅的工作。

沙皇陛下第三办公厅(1826.7.3—1880.8.6)作为政治侦查机构在国家机构体系中占有特殊地位。在调查十二月党人事件期间,独立近卫军团司令本肯道夫向尼古拉一世提交了《关于组织最高警察局》的方案。他指出,12月14日事件和对此已酝酿了10多年的可怕阴谋,清楚地表明国家警察机构无所作为,必须尽快按照一个周详的计划成立新的警察机构。本肯道夫建议成立实行严格中央集权原则、覆盖帝国所有地区的新政治警察机构。尼古拉一世则认为应该在沙皇陛下办公厅成立一个厅专管此事,通过这个机构建立一支新的高效的秘密警察队伍。这个机构不但要及时发现各种阴谋行动,而且要扼制相关的思想苗头。

沙皇陛下第三办公厅在内务部特别办公厅的基础上成立,由本肯道夫领导。第三厅的职能非常驳杂,拥有极大的权力,归它监督的不仅有个人,还有中央和地方政府机构。它的权限没有明确的法律界定,从社会经济和政治领域跨到民事领域。但无论第三厅的权限多么广泛,其最主要的职能还是政

[①] Ерошкин Н. П. Российское самодержавие. М.: РГГУ, 2006. C. 178.

治侦查，监视国内政治局势和社会思想。在19世纪30—40年代，第三厅残酷地压制了所有社会政治运动的苗头。赫尔岑就此写道："尼古拉用德意志式的韧性和准确，将第三厅的锁链紧紧地套在了俄国的脖子上。"[①] 第三厅对俄国先进的文学界也进行残酷压制。如尼古拉一世和第三厅时刻监督普希金的创作，据一位普希金研究者形象的表述，"宪兵司令别肯道夫高贵的、庞大的、臃肿的身躯与诗人形影不离，伴随他直到坟墓，他甚至在棺材里也受到监视。"[②] 莱蒙托夫因为创作《诗人之死》，涅克拉索夫因为创作《摇篮曲》都受到第三厅监视，如此等等，不胜枚举。没有一个先进作家逃过第三厅的监督，很多人受到它的残酷迫害，以至于出现这样的沉痛话语："我们文学的历史，或者是一份殉难者名册，或者是一份服苦役者名单……"[③] 第三厅和宪兵团每年向沙皇提交年度《工作总结》，有时与年度总结一起编写《道德和政治评论》，其中包括有关俄国政治局势、社会思想、社会运动状况的信息。第三厅在自己的总结和评论中指出了国家机器的缺陷，提出了一些改变现行状况的"药方"。第三厅的执行机构是宪兵团，同样由本肯道夫领导。整个国家（除波兰、顿河和西伯利亚军区以外）分成五个宪兵区，中心分别在彼得堡、莫斯科、维捷布斯克、基辅和喀山。后来，宪兵区的数量增加到八个。宪兵机构网稠密，有5000多名宪兵官员。[④] 第三厅的编制官员数量不多，最初只有16人，后来达到40人。但第三厅招募有偿和自愿的暗探队伍，很难判断他们的确切人数，建立了无所不在的侦查和告密组织。隐蔽的特工遍布全国，无处不在。第三厅的监视活动引起了普遍不屑，因而同时代人和后人对第三厅的活动负面评价很多。

皇太后玛丽亚（保罗一世之妻）去世之后，她的个人办公厅改组成为沙皇陛下第四办公厅（1828.10.26—1880.8.12），最初管辖14个女性教育机构，25个医疗和慈善机构。后来，第四厅所辖机构有所增加，到1853年达到86个，其中48个是教育机构。[⑤] 沙皇陛下第五办公厅（1836.4.29—1856.8.30）和第六办公厅（1842.8.30—1845.2.3）是临时机构。第五厅是

---

① 〔美〕爱德华·拉津斯基著，周镜译：《亚历山大二世——最后的伟大沙皇》，新世纪出版社，2015年，第40页。
② Модзалевский Б. М. Пушкин под тайным надзором. Л.：Атеней,，1925. С. 102.
③ Герцен А. И. Собр. соч.：В 30 т. Т. Ⅶ. М.：Изд-во Акад. наук СССР, 1956. С. 208.
④ Ерошкин Н. П. Российское самодержавие. М.：РГГУ, 2006. С. 188.
⑤ Ерошкин Н. П. Российское самодержавие. М.：РГГУ, 2006. С. 199.

为了研究国家农民改革而成立，由基谢廖夫伯爵领导。1837年5月基谢廖夫向尼古拉一世呈交《关于国家财产管理改革的初步设想》的奏折，建议将所有国家财产集中到一个部门管理，在中央成立独立的国家财产部，在地方成立国家财产厅，集中管理国家农民以及国有财产等。尼古拉一世批准了他的奏折，成立国家财产部和国家财产厅。各省实行新的国家财产管理制度后，第五厅的工作量减少，1856年8月取消。沙皇陛下第六办公厅的存在时间非常短暂，设立这个厅是为了进行高加索管理改革，在制定出高加索新的管理形式，1845年2月实行总督管区制度后，第六厅被取消。

二、参政院、国务会议和大臣委员会

尼古拉一世时期，参政院机构众多，位于彼得堡的有第一、二、三、四、五司，土地测量司和贵族铨叙局，位于莫斯科的有第六、七、八司。1841年，在华沙设立了两个司：第九司和第十司。1827年，彼得堡各司全体会议重新分成两个。对于一些司法事务而言，参政院并非最高法院。当时为一些重大的政治案件成立了非常的最高机构，如1826年为审理十二月党人成立了侦查委员会和最高刑事法院，1849年为处理彼得拉舍夫斯基分子事务成立了最高军事调查委员会。参政院的工作效率不高，案件档案的篇幅有时十分惊人，如在50年代被控职务犯罪的官员齐梅尔曼的档案多达10000页。[①]

尼古拉一世时期，国家对官员活动全方位严格监督，参政院对外省检查比较频繁。1826—1850年，40名参政员进行了34次检查。参政院检查覆盖了俄国大多数省份和州，而且一些省份受到多次检查。参政院在检查中发现很多地方官员的职务过失和犯罪，对其处以纪律、民事，甚至是刑事处罚。1825—1850年，省长们被处罚200多次，其中一些省长被撤职。[②]

在尼古拉一世时期的国家制度下，国务会议作为国家最高立法咨议机构，未起到也不可能起到重要的作用。与亚历山大一世统治相比，法律草案更为经常性地在大臣委员会、沙皇陛下办公厅、圣主教公会、各种最高委员会讨论之后，绕过国务会议直接呈交沙皇批准。一些法律草案即使被提交到国务

[①] Ерошкин Н. П. Российское самодержавие，М.：РГГУ，1981. С. 142.

[②] Мельников В.，Нечипоренко В. Государственная служба в России：отечественный опыт организации и современность. М.：РАГС，2000. С. 16.

会议，但却附有沙皇希望取得哪种讨论结果的意见。1847年，尼古拉一世和科尔夫在论及国务会议的职能时指出，"在我的思想中，国务会议的存在就是为了对我询问的问题提出建议，仅此而已……"他并不重视任命谁来担任国务会议主席。1848年，科尔夫就此在日记中写道："沙皇认为这个决定没有任何重要意义，认为他自己一人完全有能力解决其担负的重任。"① 但国务会议的权限有所扩大。根据 1826 年 12 月法令，国务会议获得监督财政管理，监督各部活动的权力。根据 1853 年 8 月法令，国务会议被授权检查各部门对最高权力命令的执行情况。1854 年法令规定，各部门将年度消费预算提交国务会议经济司批准。尽管政府颁布了一系列法令扩大国务会议的权限，但是其实际社会地位却不断下降。

尼古拉一世加强大臣委员会的权力。王储、首都军区司令成为大臣委员会成员。在沙皇外出期间，大臣委员会履行摄政职能。沙皇在首都时期，大臣委员会也独立处理一些事务。大臣委员会的权限不确定，侵犯了国务会议的一些权力，同时降低了国务会议的意义。当时人们已经意识到大臣委员会职能的混乱。1826 年 12 月 6 日委员会在讨论最高行政机构改革的问题时，委员们一致认为，应该将大臣委员会与参政院第一司合并，称为执行参政院，将最高行政事务转交执行参政院，但尼古拉一世并不急于贯彻这个措施。而 1830—1831 年发生的一系列事件，如法国和比利时革命、波兰起义、俄国霍乱暴动、军屯起义，使大臣委员会的地位进一步加强，有关取消大臣委员会的问题也不了了之。后来，它的权限进一步扩大。

三、部体制

尼古拉一世时期，部体制整体保留以前的框架，一些部的内部结构组织有所变动。外交部在 1832 年才贯彻《部总条例》，取消了外交委员会，最终建立起了自己的组织。1846 年颁布了新的《外交部条例》，规定了这个部的职责："负责外交关系，保护境外俄国公民的合法利益，满足俄国境内外国人的合法要求。"尼古拉一世统治的大部分时期，财政大臣是 E. 康克林。他被

---

① Зайончковский П. А. Правительственный аппарат самодержавия в XIX веке. М.：Мысль，1978. С. 130.

当时的人看成是继斯佩兰斯基后俄国最有头脑的国务活动家。与他名字相连的不仅有 19 世纪 40 年代货币改革，俄国财政制度的规范，还有一系列重大的社会举措，如成立技术学院、农业学校、林业院，组织第一批工业展览会，创办农业报纸等。外交大臣是 K. 涅谢利罗德伯爵。他是神圣同盟的倡导者之一，亲奥地利倾向非常明显，人们戏称之为"俄国奥地利外交事务大臣"。他对俄国加入克里木战争的错误决定，以及战争期间俄国对外政策的孤立负有重要责任。镇压十二月党人起义后，国民教育部加强了书刊检查的力度。国民教育大臣乌瓦罗夫在任期间提出官方民族性理论，通过其辖内所有机构宣传这一理论。

亚历山大一世建立部体制时，并没有成立独立的国家财产部。政府对这个重要领域应该由哪个中央机构负责的问题犹豫不决。最初，国家财产管理事务归入内务部。《部总条例》颁布后，所有国家财产和国家农民以及农业管理转由财政部负责。但随着这些领域管理任务的复杂化，财政部已经无力承担。成立专门机关管理农业和国家财产的要求越来越强烈，为此，尼古拉一世时期，1837 年 12 月 26 日成立了国家财产部。国家财产部有三项主要任务：管理国家财产，增加国家收入；管理自由农民，采取各种措施提高他们的生活水平[①]；管理农业经济，促进国家农村工业的发展。第一任国家财产大臣是国家农民改革倡导者基谢廖夫伯爵，他担任这一职务近 20 年，被沙皇称为"农民问题参谋部司令"。

第四节　地方政府机构体系

尼古拉一世即位时，俄罗斯帝国领土划分为 45 个省以及 5 个州（比萨拉比亚、比亚罗斯托克、顿河军区、伊梅列季、高加索）。到尼古拉一世统治末期，分为 53 个省和 2 个州（比萨拉比亚、顿河）。在边疆省份任命了具有特殊权力的长官——总督和军事省长。在圣彼得堡和莫斯科保留了总督的职位。《俄罗斯帝国法典》第二卷是有关地方治理的法律，规定了省、县、市、乡和村治理机构的内部组织、职责和工作制度。

[①] 属于自由居民的有：国家农民、独院小地主、外国移民、国有土地上的犹太地主和异族人。

各部下属地方机构和官员的体系基本与亚历山大一世时期相同。只是尼古拉一世时期官僚中央集权化对地方管理产生了一定的影响。一方面,地方管理机构的权限不断缩小,直接归中央各部管理的事务不断增多;另一方面,地方管理中的集体负责制逐渐变成首长负责制。中央权力监督和行政规定扩展到城市自治层面上,城市自治机构最终失去了意义。

从 18 世纪下半期开始成为地方治理核心的省长职权扩大,在国家管理体系中的作用进一步提高,对各部门地方机构的影响力加强。1837 年《省长条例》规定省长是专制政权的捍卫者,将其称为"一省之主",负责在各领域保护国家利益,促进经济、工业、贸易发展,保障粮食供应,关心人民保健、教育、社会救济事务,维护社会秩序和人民安全,维护法纪等。① 省长要特别关注监督国家机构和等级自治机构。

1837 年《地方警察局条例》,将初级地方法院更名为地方警察局,加强了对县警察机构职责的规定。县划分成更小的警察管理单位——区,每区设立一个区警察局,由省长任命的区警察局长领导。区警察局其他成员——保长和甲长由皇室和国家农民选举产生。1838 年国家财产部成立其地方机构:国家财产厅和区国家财产管理局,负责管理其辖内的国家农民和国家财产,还设立了乡和村两级国家财产管理机构。1838—1839 年后,省财政厅不再由副省长领导,任命独立的财政厅主席,由沙皇根据财政大臣的推荐任免,他是省内第三号人物。但从某些方面看他是省内第二号人物,因为他与副省长不同,隶属于财政部,负责省内一个独立的领域,官阶一般高于副省长。到 19 世纪中期,俄国(不包括波兰和芬兰)约有 700 个城市。城市社会和等级自治机构在城市行使行政、警察、财政和经济、监护和司法权力,也归内务部管辖。

尼古拉一世时期,政权对国家机关和官员活动全方位严格监督的体制越来越严密,《省长条例》规定了省长执行不力、玩忽职守、贪污受贿、滥用职权等行为所承担的责任。法令规定了对省级政府机构严格监督并惩罚的措施,但地方机构的工作效率依然十分低下,充斥着贪污受贿、滥用职权现象。根据参政院的检查资料,1834 年发现奥尔洛夫省行政公署有 16185 件积压的事

---

① Игнатов В. Г. (ред.) История государственного управления России. Ростов н/Д: Феникс, 2003. С. 216.

务，库尔斯克省行政公署有近 60000 件①。1841 年，仅在彼得堡地方法院就发现近千起积压事务。1846 年，在各级法院应处理 120 万件事务，其中只有 93 万件事务及时处理，有些案件甚至被尘封了数十年②。检察官员在捍卫法制方面积极工作，揭发出很多滥用职权和重大违法犯罪行为，俄国法学家 A. 科尼就此指出"省和县检察员是法律的活象征……在 19 世纪 30 年代到 60 年代司法部的历史中有很多省检察员同地方官员滥用职权作斗争的例子。虽然并非所有斗争都取得胜利，但这种建立在法律基础上的斗争本身意义十分重大，而且很多斗争的结果，是参政院向这些遭受'法律旱灾'的地区派遣专门检查委员会，就像下了一场法律及时雨。"③但是，整体而言，检察机构并未起到有效的监督作用。

尼古拉一世时期的国家机构变革，打破了中央和地方管理之间的平衡：极大地扩充了中央管理机构，地方管理机构却基本未动。官僚主义和形式主义盛行。每年中央向地方下达几万乃至几十万份公文，从中央不断流向各省的公文洪流淹没了地方机关，使之根本无法致力于实际工作。如 19 世纪 20 年代末 30 年代初曾经审理一起某包税人的大案，卷宗不断增多，达到了数十万张，简直骇人听闻。一份呈报案情的摘要，就写了 15000 页。④ 财政部高官 Ю. А. 加格梅斯特尔就此写道："没有任何国家像俄国一样，管理这么集中，同时又是这么分散。"首都机关"几乎把决定一切事务的权力都掌握在自己手中"。尽管"省和县级机关是上级领导的手和眼，从表面上看所有权力都在他们手中，但实际上他们不承担任何责任，什么都拿上面的指示作挡箭牌。将所有事务都交由上级机关决定……如果只存在一级这样的政府环节，那么办事程序就会相对容易，但事实上，在首都有多少个部门，多少个管理总局，就会有多少个这样的政府环节，而且每个部门在地方都有自己的官员，他们之间不仅没有任何联系，而且经常互相敌对。不难想象，这会是多么混乱无

---

① Мельников В., Нечипоренко В. Государственная служба в России: отечественный опыт организации и современность. М., РАГС, 2000. С. 43.

② Звягинцев А. Орлов Ю. Тайные советники империи: Российские прокуроры XIX век. М.: РОССПЭН, 1994. С. 264, 267.

③ Звягинцев А. Орлов Ю. Тайные советники империи: Российские прокуроры XIX век. М.: РОССПЭН, 1994. С. 133.

④〔俄〕克柳切夫斯基著，刘祖熙等译：《俄国史教程》第 5 卷，商务印书馆，2009 年，第 238 页。

序的局面，会有多大的公文量，办公速度会多么拖沓，为了适应这样复杂机器的运转，需要花费多少人力、时间、金钱，需要有多么大的耐力，需要要多少手腕"。①整个管理机构如同一部庞大而又失灵的机器，它不停地运转，但它的上部比之下部过大、过重，下边的部件和机轮由于上面力度过大的转动而面临震裂的危险。这部机器越扩大，其领导人监视各个部件转动的可能性就越小。于是，负责公文的下层官吏便成了这一制度的真正动力。富有观察力的皇帝也觉察到这一缺陷，他说，"治理俄国的不是皇帝，而是那些科长。"②

尼古拉一世在各方面都以他的伟大祖先彼得一世为榜样和楷模，在加强中央集权，加强军警专制，建立严格监督等方面，确定与彼得一世的统治有相似之处，可以对他的统治与彼得一世略作比较。彼得一世在俄罗斯建立了一个帝国，根据一些研究人员的理论，"帝国"是"历史为将不同部落、不同信仰的民族引入合法的、文明的空间而设定的政治和社会结构组织"。③帝国思想在当时的西欧十分流行。彼得一世实际上是通过他认为最容易实现的、迅速的方式使俄国回归欧洲。而在尼古拉一世专制集权统治下，俄国与其说是欧洲意义上的帝国，不如说是一个独裁国家，逐渐失去了主动性和灵活性。彼得一世为了实现自己的目标采用了当时欧洲流行的建设人民"共同幸福"的国家理论。而尼古拉一世统治的意识形态是"东正教、专制制度和民族性"三位一体的"官方民族性"理论，它要求俄国不是与欧洲融合，而是与时代思想和成就隔绝。正是在尼古拉一世统治时期，在近代史上俄国和欧洲首次相互对立，成为两个基于不同原则的独立世界。19世纪40年代 В. А. 茹科夫斯基在日记中写道："我们政府的措施，一心要把彼得为我们打开的通往欧洲的大门关闭。"④两位君主都对帝国事务进行事无巨细的个人监督，但他们所处时代不同，彼得一世所在的18世纪初，帝国治理机构处于形成阶段，确需君主事必躬亲。然而，到19世纪中期，国家治理体系已经建成，当时的主要

---

① Шепелев Л. Чиновный мир России. СПБ. : Искусство, 1999. С. 87-88.

② 〔俄〕克柳切夫斯基著，刘祖熙等译：《俄国史教程》第5卷，商务印书馆，2009年，第237页。

③ Кантор В. К. Санкт-Петербург: Российская империя против российского хаоса. К проблеме имперского сознания в России. СПб. : РОССПЭН, 2009. С. 19.

④ Жуковский В. А. Из дневника // 《Путь мой лежит по земле к прекрасной и возвышенной цели...》. М. : Русскiй мiръ. 2008. С. 405.

任务应为提高官员素质，增强他们的责任感和专业性，而这并不需要君主过多干预。可以说，"彼得大帝确实是王位上的创造者，而尼古拉一世只能被视为一个最高官员，王位上的总监察官。"① 两位皇帝统治时期的做法在很多方面的相似性纯粹是外在的，但他们统治的结果，至少乍一看来，是相当相似的。采用暴力手段治理国家总是会产生一些类似的结果。彼得一世建立的专制制度和治理体系导致了1730年"最高枢密会议成员"觊觎限制王权的活动和之后一系列宫廷政变。尼古拉一世试图模仿遵循其伟大祖先的统治方式，结果在他之后，俄罗斯帝国各领域的根基被动摇，随之而来的是农民解放及与之相关的大改革。

---

① Каменский А. Б. （ред.） Реформы в России с древнейших времен до конца XX в. Т. 2. М.：РОССПЭН，2016. С. 421.

第七章 亚历山大二世时期国家治理规划与变革

19世纪60—70年代是俄国沿着现代化道路迈进的重要历史时期，沙皇亚历山大二世审时度势，对国家进行了一系列重要改革。国家治理一些环节中出现了资产阶级国家制度的原则，建立了选举产生的地方、城市自治机构和独立的司法机构，确立了资本主义司法体系和诉讼程序原则，形成了比较温和的政治制度。官僚中央集权削弱，地方机构权限扩大，国家机构各个环节的管理效率有所提高。这一时期，尽管制定了一些宪政改革方案，但亚历山大二世反对任何走向宪政的步骤。一些保守官员顽固捍卫专制管理形式，只计划进行局部的国家治理改革。虽然在局势的裹挟下沙皇准备对走向宪制做出让步，却为时已晚。俄国仍然是以无限专制皇帝为首的绝对君主制国家，改革并没有真正触及国家制度大厦的根基，中央和地方国家机构没有实质性的改变，只是进行了局部的完善和变革。

第一节 国内政治任务与政府治理规划

克里米亚战争失败标志着尼古拉一世实行了30年的独裁集权管理制度的瘫痪，人们开始思考全面改革的问题，甚至连那些最忠于皇帝的人也不例外。如宣扬俄国与西方历史命运不同，坚信俄国有着辉煌未来的莫斯科大学教授М. П. 波戈金指出，"皇帝被充满了溢美之词的报告所迷惑，对当前局势丝毫没有清醒的认识。陛下高高在上，听不到任何实情，看不到任何真相，所有表达思想的途径都被堵死，没有公开、没有上诉、没有质询、没有监督。"斯拉夫主义者阿克萨科夫也提到了现行制度的缺陷，"在高度专制统治下，没有社会思想自由，政府不可能了解真相。人们之间尔虞我诈，大家都心知肚明，但仍然继续,大家都不知道这最终会导致什么局面。社会精神文明全面堕落,官员贪污腐败现象无处不在……所有这些弊端根源于我们政府的高压制度,对思想和精神自由的压制。"① 尼古拉一世也并非对制度的弊端一无所知。他临死前对儿子亚历山大说:"我交给你的队伍并不完善。"后来成为 И. С. 阿克萨科夫妻子的宫廷女官 А. Ф. 丘特切娃曾对她 13 年的宫廷生活做了详细记录,她在回忆录中指出,克里米亚战争失败严重打击了沙皇。"陛下亲眼看到,在半年的短暂时间内,这个虚构的伟大舞台在他面前坍塌,而他本来准备借这个舞台提高俄国地位。"此前,俄国在军事和外交领域取得了一系列的成功。"在匈牙利军事胜利之后,陛下陶醉了,听不进任何意见,坚信自己强大无敌。"② 但塞瓦斯托波尔事件使他清醒过来。俄国在克里米亚战争的失败成为尼古拉一世难以承受的心理压力,体质强健的他突然死亡,彼得堡盛传沙皇自杀的流言。

克里米亚战争的惨败对俄国社会来说是深刻的创伤。与 1812 年对拿破仑战争的辉煌胜利相比,1855 年的失利使军队和社会充斥着沮丧、绝望的氛围。在拿破仑战争胜利后的四十年内,多数俄国人一直确信,他们的国家是欧洲最强大的国家。"半个世纪以来,俄国人一直生活在这样的信念中:俄国是不可战胜的,它的力量战胜了拿破仑,使欧洲重归自由,足以击退任何敌人,内部的混乱……可能会为这个伟大的国家通往胜利的道路上制造阻碍,却无力阻止它走向最终的成功。"然而,1856 年,"俄国不得不在西方列强面前退缩,而几十年来它一直是在向西方列强发号施令。"③ 克里米亚战争失败令当局和人民意识到信念与现实之间的巨大反差。人们激烈抨击将军们的平庸无能、官员们的监守自盗和庞大官僚机器的效率低下。俄国社会受教育群体渴望改革,对他们来说,尼古拉一世的统治是俄国历史上漫长而悲伤的一页。未来的内务大臣 П. А. 瓦卢耶夫,一个职业官僚并且绝对忠于王室的人,他写的小册子《1855 年下半年一位俄国人的思考》被交相传递,其中对尼古拉一世的体制做了评判:"形式主义压制了我们行政活动的本质,导致了普遍

---

① Зайончковский П. А. Правительственный аппарат самодержавия в XIX веке. М.: Мысль, 1978. С. 179.

② Тютчева А. Ф. Воспоминания. М.: Захаров, 2002. С. 46.

③ История Правительствующего Сената за двести лет. Т. 4. СПб: Сенатская типография, 1911. С. 454-455.

的官方谎言。看看年度报告：到处都是全力以赴，成就斐然，处处都秩序井然……但是深入问题内部，仔细研究它，把本质与文本分开，将真相与谎言和虚实参半分开，会发现很少有坚实的、有效的成就……表面辉煌，内里腐朽。我们官方言辞中没有真理的位置。"[①] 丘特切娃把国家危机与尼古拉一世权力体制的常年腐败联系在一起，"他真诚地相信，他能够亲眼看到一切，亲耳听到一切，根据他的理解调节一切，根据他的意志改变一切。结果，他不受监督的权力周围充斥着腐败，更加致命的是，因为它们被外部的官方合法性所掩盖，所以公众舆论或私人倡议都无权指出它们，也没有机会与它们作斗争。因此，当考验时刻到来时，那个宏伟统治中所有辉煌的幻象都像烟一样消散。东方战争爆发时，……在执行每一项新措施时，政府都会遇到由滥用职权和巧取豪夺造成的困难。"[②] 战争暴露出来的严重落后包括治理体系臃肿、效率低下，使俄国社会发生了一场"意识革命"。俄国精英，不仅是政府官员，包括受过教育的人群，都开始相信，"一切必须改变"。

　　亚历山大二世于1855年2月19日登基，他是尼古拉一世的长子。由于亚历山大的两位伯父，亚历山大一世和康斯坦丁大公都没有子嗣，整个宫廷上下很早就意识到亚历山大极有可能是俄国皇位继承人。俄国宫廷，包括他父亲尼古拉，都对未来皇储的教育给予极大的重视。亚历山大自小就受到了良好的培养。尼克拉一世为他挑选著名诗人茹科夫斯基为教师。茹科夫斯基开明博学，教学经验丰富。他被任命帝师以后，专用半年时间为皇太子拟订了12年的学习规划，并宣称他的目标是"为美德施教"，"陛下无须成为学者，但应是开明之人"。茹科夫斯基重视对皇子的思想教育，他交给自己的爱徒很多名言警句，使其受用终生，如"沙皇治民的权力源于上帝，但不要运用权力来嘲弄上帝和人民"；"尊重法律。如果沙皇目无法律，那么人民也不会遵守法律"；"热爱教育并传播教育，没有受过教育的民族是没有尊严的民族。他们容易领导，但是奴隶也很容易变成愤怒的起义者"；"革命是一种破坏性的行为，它要直接从星期一跳到星期三。但是，要从星期一跳回到星期天也同样是破坏性的。"斯佩兰斯基教授亚历山大法学。亚历山大在19岁时完成了所有的学业。他学过诸多科目，包括数学、物理、地理、历史、东正

---

① Валуев П. А. Дневник. Т 1. М.：Издательство академии наук СССР. 1961. С. 19.
② Тютчева А. Ф. Воспоминания. М.：Захаров, 2002. С. 45-46.

教神学、政治经济学、法学等,掌握了四门外语——英语、德语、法语和波兰语。他的父亲,拥有无限权力的尼古拉一世也一再告诫自己儿子其所要承担的职责:"你永远要记住,只有投入全部生命,才能回报上帝所赋予你的长子继承权。"①

亚历山大二世虽然受到良好的教育,但并不具有改革家的气质。丘特切娃指出,"皇帝是杰出的人才,如果在一个组织有序的国家与和平时期,在只需要守护的国家,他将是一位优秀的君主。但他缺乏改革气质。"②果戈理把俄国比作一辆飞驰的三套车,伟大的改革者伊凡雷帝和彼得大帝用无情的鞭子赶着它飞速前进。而亚历山大二世并不像这些改革家那样严厉和残酷,他的性格非常温和。亚历山大二世在尼古拉一世的精心教导下长大,他从小就是为了守护而不是为了改革而成长起来的。但亚历山大二世登基之后,却清楚地捕捉到国家的需要,使俄国开始了一个新的时代,其标志是一系列改革的进行。改革迅速而深刻,1861年下诏废除农奴制后,随即进行了军事改革、教育改革、地方管理、城市管理、司法改革等一系列改革,亚历山大二世因而获得了"解放者"的名号,成为俄国历史上与彼得大帝、叶卡捷琳娜二世齐名的皇帝,是俄国近代化的先驱。

亚历山大二世即位不久就做出抉择,要走上改革的道路。他在加冕诏书、《关于停止战争和缔结巴黎和平》的诏书中体现了进入"改革时代的预兆",宣称要:确立和改善内部秩序、在司法部门建立"真理和仁慈",发展教育,并给予每个人公正的法律的保护。亚历山大二世彻底改变国家的重要改革是在他执政的第一个十年中设计并实施的。皇帝秉承自身意愿做出了最重要的决定,而且很多时候是顶着反对变革阵营的强大压力进行的。亚历山大二世曾指出:"我们不能隐瞒自己,俄国正在进入一个前所未有的新时代,因此,如果政府对未来袖手旁观,可以说是一种犯罪。我们必须为此精心筹划。"③

19世纪60年代前半期是一个变革的时代,亚历山大二世本人并不是改革的设计者,他可以被称为改革的"引擎"。19世纪上半叶,随着俄国高等

---

① 〔美〕爱德华·拉津斯基著,周镜译:《亚历山大二世——最后的伟大沙皇》,新世纪出版社,2015年,第49、50页。

② Тютчева А. Ф. Воспоминания. М.: Захаров,2002. С. 236.

③ Цит. по: Татищев С. С. Император Александр II: Его жизнь и царствование. Т. 1. СПб.: А. С. Суворин,1903. С. 331.

教育的发展，以及斯佩兰斯基推动建立的有高等教育学历者在官阶晋升中占优势的制度，19世纪40—50年代出现了一批思想进步的官员，他们为国家服务的黄金时期正是在19世纪60—70年代。这个时期整整一代未来的改革者，如Д. А. 米柳京和Н. А. 米柳京兄弟、А. А. 阿巴扎等人，都是在尼古拉一世时期成长起来的。新一代执政精英清楚尼古拉一世体制组织和运作的缺陷，开始思考国家改革的方法和途径。在俄国史学中这一代人通常被称为"自由官僚"，西方学者则称其为"开明官僚"，强调他们的世界观源于启蒙时代，相信法律的力量和"开明专制"制度。亚历山大二世登基后，把这些新一代改革者提拔到国家领导岗位上。

亚历山大二世改革时期，不再采用尼古拉一世时代由高官组成委员会秘密准备改革的方式。此时筹备改革的主导形式是由官僚和学界代表组成的部门间委员会。大臣们，除了少数例外，都不是这种委员会的成员。这种新的改革筹备形式可以克服部门的分裂，将各部委的志同道合者聚到一起，避免较为保守的政府部门领导的抵制，还广泛吸收公众和学界专家参与。对准备实行的改革进行科学专业研究成为国家治理实践中一个全新的现象。这种改革筹备方式，就其性质、过程和意义而言，在俄国历史上史无前例。

亚历山大二世政府改革面临着在"俄国和西方"，即在欧洲式道路和俄国独特的道路之间进行选择的问题。亚历山大二世和他组建的政府（即他所选择的大臣），希望俄国成为英、法、普、奥那样的欧洲强国，按照西方模式进行改革。选择按欧洲模式对俄国进行改革有几个原因。首先，国家政治中存在欧洲主义传统，最明显的代表是彼得一世、叶卡捷琳娜二世和亚历山大一世，而且俄国已经高度融入欧洲进程。其次，亚历山大二世从思想倾向来看是一个西方主义者。再次，当时欧洲以最令人信服的方式——军事胜利证明了自己的优势和俄国的落后。А. В. 尼基坚科在塞瓦斯托波尔失败后不久就表达了这一观点："五年前，莫斯科人宣称，欧洲正在腐烂，它已经腐朽透顶，只有斯拉夫人充满活力、生机勃勃和繁荣昌盛。而现在欧洲向我们的无知、我们的冷漠、我们对其文明的蔑视证明了它是如何腐烂的。唉，带给我们的只是痛苦！"他还说："现在每个人都看到我们的教育是多么肤浅，我们的精神文化是多么匮乏。我们还梦想着自己会把腐烂的西方国家驱逐出地球呢！我们仍有许多东西需要向西方学习！现在才发现，过去29年对俄国来说是多么可怕。"① 俄国面临着恢复其在欧洲影响力的任务，它要强大到足以捍卫其自身的完整性并保持其作为欧洲大国的地位，再加上战争失败而产生的民族怨恨和耻辱感，使亚历山大二世决定走西方的发展道路。但在国家制度方面，亚历山大二世坚决维护专制制度不可动摇。

在 19 世纪中期俄国政府中，并没有可被视为长期（战略）治理规划的官方文件，因此提及这个时期的政府治理规划只能是相对的。虽然在国家政治生活中不存在任何可明确称为政府规划的文件，但可以从政府官方文件——敕令、诏书和内务大臣奏章等有关政策方向的声明，以及从政治精英们起草的一系列改革方案中形成对政府治理规划的认识。按研究这一时期历史的著名学者 В. Г. 切尔努哈所说，19 世纪 60 年代改革具有明显的统一特征，"俄国政府对彼此相关的政策措施、它们的共同基础和具体形式有着总体想法。"②

政府治理规划反映了国内政治的客观任务，主张进行广泛的改革。在改革实施过程中，由于国内外客观环境的变化和君主的主观立场，改革方向发生调整。1855—1865 年是政府治理规划制定并实施的第一阶段，在废除农奴制的同时启动了一系列相关改革。亚历山大二世执政初期有关国家治理改革方面的建议主要有：削弱过度的中央集权，消除官僚主义和形式主义，对中央国家机构以及上下级权力机构的职能进行更准确的划分，建立大臣会议即内阁或通过改组国务会议实现治理统一等。一系列重大改革的实施导致了国内动荡和社会失衡，政府政策的目标变为寻求政治稳定。从 19 世纪 60 年代中期起进入政府治理规划的第二阶段，国家治理改革方面的几个关键设想是：设立代议机构，让社会代表参与立法；建立保证中央治理统一的内阁；改革地方治理等。但是，亚历山大二世在推动农民解放，进行司法、地方管理、教育和军事改革之后，并不急于推动国家全面现代化所需的国家治理改革。亚历山大二世的世界观不支持任何限制其专制权力的想法，他不允许任何人侵犯专制者的特权领域，保持自己的专制权力不动摇对他来说是一个原则性问题。他在许多方面放弃了他父亲尼古拉一世的信念和制度，但没有放弃专制原则。

---

① Никитенко А. В. Дневник в трех томах. Т. 1. Л.：Гослитиздат，1955. С. 419，421.
② Ананьич Б.（ред.）Власть и реформы. От самодержавной к Советской России. М.：ОЛМА-Пресс Экслибрис，2006. С. 280.

第二节 宪政改革方案

自 19 世纪初，宪政改革问题在俄国就被提上了日程。亚历山大一世不敢这样做，尼古拉一世拒绝这样做。在大改革后的 20 年内，亚历山大二世政府也不止一次提出建立某种形式的具有立法谘议职能的代议机构方案并且进行了秘密讨论。但"政府立宪主义"支持者之间的观点也不相同。一些人以西欧为例，主张建立具有立法谘议权的代表机构，认为逐步发展代表原则将走向西欧的代议制，另一些人则捍卫俄国的历史独特性，在 16—17 世纪的缙绅会议中寻找代表制的模式。一些人主张贵族在代议机构享有优先权，另一些人则坚持各等级代表权利平等。一些人认为要采取相对较大的改革步骤，另一些人则认为应该小步缓进。但这些人的共同点是，他们希望维护和加强君主制的地位和贵族统治，将最高权力保留在沙皇手中。

"政府立宪主义"的矛盾在于借助自由主义措施来实现保守目标。在 19 世纪中期的俄国，对除法学家外的人而言，"宪政"并不一定意味着限制专制和引入成熟的议会制度，任何形式的公共利益中央代表制都被认为是一种宪政。[1] 代议制不被认为是人民主权的表现，而只是促进政府与社会之间对话的手段，是消除君主与人民之间"由官僚主义造成的隔阂"的手段。更多的时候，它被理解为社会代表参与法律的起草、讨论或通过，这不会对皇帝的特权产生任何限制。社会力量参与立法被政治家们视为加强和巩固皇权的一种手段。而亚历山大二世不仅反对宪政制度，而且反对任何走向宪政的步骤。他认为俄国还没有准备好实行宪政制度。宪法和议会将不可避免地导致同专制制度密不可分的俄罗斯帝国的崩溃。亚历山大二世曾多次指出："若给俄国以宪法，国将亡也，故而不允。朕之所以不允，非吝惜手中之权也。"[2]

大改革时期的政府立宪主义首先与内务大臣瓦卢耶夫联系在一起。他在

---

[1] Ср.: Чернуха В. Г. Внутренняя политика царизма с середины 50-х до начала 80-х гг. XIX в. Л.: Наука, 1978. С. 21.

[2] 〔俄〕鲍里斯·尼古拉耶维奇·米罗诺夫著，张广翔等译：《俄国社会史》下卷，山东大学出版社，2006 年，第 147 页。

担任内务大臣之前就已经形成了俄国必须建立代议制的思想，在 1861 年 9 月向皇帝提交《从保护国家内部安全的角度对帝国状况的总体看法》的奏章，其中隐晦地提出走向宪政体制、建立内阁等问题，亚历山大二世敏锐地捕捉到他的意图，回复说："政府权力不允许任何削弱"，"不能触及君主和专制制度的根本基础。"① 瓦卢耶夫在积极准备地方自治改革期间制定了涉及中央代表制的报告，在 1862 年 2 月他就已经向亚历山大二世表达了对国务会议进行改革，即吸收各省选举产生人员进入国务会议的想法。② 在 1862 年 6 月专门讨论地方自治机构方案的大臣会议召开前夕他提出了名为《论俄国内部状况》的奏章，指出社会一部分人（即贵族）力争在一定程度上参与国家管理，为了确立社会和谐，有必要满足这些愿望，通过对中央机构进行类似于地方自治机构的改革来做出让步。长期以来有关国家治理改革的方案中就存在这一想法，他建议重新对其审视。瓦卢耶夫指出，等级代表制的存在是欧洲文明国家不可缺少的特征。因此，俄国政治现代化不可避免地要遵循同样的道路。他强调说："在所有欧洲国家中，在立法或一般国家行政事务中都有不同的等级一定程度上的参与，如果各国都是如此，那么我国也必须如此。"③ 他提议把奥地利或波兰的国家会议作为中央代表机构的范例。他在奏章中特别说明，这种改革不影响君主的特权，不会对君主的权力造成任何影响。

　　1863 年 11 月瓦卢耶夫完成了他的改革国务会议，即建立中央代表机构的方案。方案名称为《新国务会议章程》，共七章二百〇一条，其中七十四条是新制定的有关在国务会议增加选举代表的。④ 国务会议被改造成两院制代表机构，上院是已经存在的国务会议大会，而下院由选举代表组成，大多数（101 名）是在省地方自治会上产生的地方自治局代表，32 名代表来自未实行地方自治的边疆地区，18 名代表来自大城市，由城市杜马或城市团体选举产生，还有五分之一的代表由皇帝任命。议员总数为 181—212 人，任期三年。下院讨论新法案和法令，确定各种预算等事务，并以多数票通过，然后提交

---

　　① Чернуха В. Г. Внутренняя политика царизма с середины 50-х до начала 80-х гг. XIX в. Л.：Наука，1978. С. 21.
　　② Валуев П. А. Дневник. Т 1. М.：Изд-во Акад. наук СССР，1961. С. 148.
　　③ Конституционные проекты в России XVIII-начала XX в. М.：Институт российской истории РАН，2000. С. 569.
　　④ Конституционные проекты в России XVIII-начала XX в. М.：Институт российской истории РАН，2000. С. 574-611.

给上议院即国务会议大会（下院 16 名代表参与国务会议大会）讨论。但国务会议对沙皇的权力没有任何限制，其决定只具有谘议性。因此，瓦卢耶夫的草案并没有真正影响到君主的权力，留给国务会议的只是立法谘议权。瓦卢耶夫设计的国务会议在更大程度上是附属于皇帝的委员会，他是以奥地利帝国会议为范例的，其最初就是一个立法谘议机构，组成和权限在 19 世纪中期得到了极大扩展。他认为奥地利国家治理和体制改革的方式比英国更为现实。瓦卢耶夫的这个方案反映了俄国政府立宪主义的连续性，主张在不改变政治制度本质的情况下建立合理的立法监督制度，最重要的创新因素是允许地方代表参与立法讨论。瓦卢耶夫的方案在俄国宪政历史上占有重要地位，可以说，它是 19 世纪初和 20 世纪初立宪方案之间的连接。这个方案与斯佩兰斯基方案的相似处在于，国务会议作为立法谘议机构在君主制政治体系中的作用，与《俄罗斯帝国国家文书》的相似性在于，让地方自治与城市等级代表参与最高国家机构（参政院或国务会议）。瓦卢耶夫的方案无疑对 20 世纪初的国家杜马方案特别是布里根杜马方案产生了影响，如国家杜马和国务会议之间的关系以及它们与君主之间的关系。然而，皇帝认为不可能推行瓦卢耶夫的方案，以俄国人民没有准备好参与代表机构为借口明确拒绝。

国务会议主席康斯坦丁·尼古拉耶维奇大公在 1866 年提出了自己的立宪方案，他建议在国务会议下设立两个代表会议，其中一个是地方自治会，成员由省地方自治会选举产生，一个是贵族联合会，成员由贵族联合会选举产生。代表会议成为国务会议的下院，国务会议大会为上院。议会的权限要比斯佩兰斯基和瓦卢耶夫宪法方案中提出的还要小，不是参与讨论，而是制定立法方案，且不是定期开会，而是根据政府决定开会，只研究与当地需求有关的政府措施，如研究地方自治局和贵族联合会的申请。尽管这些建议很温和，也被皇帝拒绝，而且没有进行任何讨论。亚历山大二世认为它们是限制自己权力的一个步骤，而且显然是将其作为一个"政治"问题而非纯粹的国家治理问题来拒绝。

亚历山大二世政府再次试图建立具有立法谘议职能代表机构的尝试出自第三厅领导，宪兵司令 П. А. 舒瓦洛夫。舒瓦洛夫出身名门，父亲曾任国务委员。他支持俄国走欧洲发展道路，崇拜英国的政治制度，即君主立宪制和两院制议会，并支持在俄国实行英国式的代议制。一位舒瓦洛夫传记作者将他称为"英国秩序的狂热崇拜者，彻头彻尾的英国人"，亚历山大三世认为他是"西方派"和"立宪主义者"。①舒瓦洛夫很早就形成了立宪观点。在废除农奴制前夕，舒瓦洛夫认为政府应该就解放农民给予贵族政治上的补偿，方式就是政权与贵族上层代表分享其最高层面上的国家管理权力，特别是立法权力。如果说舒瓦洛夫的前辈们——瓦卢耶夫和康斯坦丁·尼古拉耶维奇在宪政问题上从制定改革立法制度的方案开始，那么舒瓦洛夫采取的方式是通过实践活动逐步为建立代议制铺平道路。他计划组织地方自治局代表参与讨论国家重要问题的立法，并向皇帝展示这种立法方式的效率。

舒瓦洛夫伯爵支持离开内务大臣职位的瓦卢耶夫成为国家财产大臣（1872—1879）。在他们的建议下，在国家财产部设立了相当于"代表委员会"的农业委员会，允许国家财产大臣会议任命地方自治局选举代表为名誉成员参加讨论农业事务。农业委员会在1872年11月到1873年4月举行会议，讨论了保留村社土地所有权是否合适的问题。瓦卢耶夫以"蓝皮书"的形式编写报告，类似于英国议会的文件。文件被广泛分发，这反映了国家财产大臣和宪兵司令的宪政希望。1873年11月，在亚历山大二世初步同意下，舒瓦洛夫提出让地方自治局代表参与立法讨论。大臣委员会的一些成员反对这一想法，争论的结果是1874年大臣委员会规定可以就某一问题设立委员会，可以说，这项规定导致俄国立法过程中出现了一个新的中间机构——立法谘议委员会，但它只在1875年和1881年召开过两次会：一次是1875年瓦卢耶夫成立讨论雇佣工人和仆人规则草案的委员会，邀请一些地方自治和城市自治机构专家参加会议，一次是1881年内务大臣 Н. П. 伊格纳季耶夫召集委员会讨论降低赎金问题，然后审议移民和饮酒问题。这种委员会只是应需要临时召开，人数很少，代表不是选举产生，而是应当局邀请，讨论的问题由政府上层决定，但这些"代表"不仅参与讨论法案，而且有权制定法案，参加国务会议，即被纳入国家治理体系中。然而，这种"立法谘议委员会"的召集在政府实践中没有进一步推广。瓦卢耶夫和舒瓦洛夫无法完成他们的设想。1874年7月舒瓦洛夫被任命为驻伦敦大使，亚历山大二世曾问他："您更喜欢伦敦吗？"宪兵队长给予了肯定的回答。君主和他之间这种交流暗含的意蕴是：皇帝不想限制自己的权力和增加贵族的权力，暗指舒瓦洛夫的政治倾向，

---

① Чернуха В. Г. Внутренняя политика царизма с середины 50-х до начала 80-х гг. XIX в. Л. : Наука, 1978. С. 64, 68.

而后者没有否认这一点。①

19世纪70年代末,俄国政府为巴尔干地区新成立的保加利亚大公国起草了一部宪法,规定了保加利亚未来的宪政秩序。政府让律师参与起草工作,制成的宪法成为当时最民主的宪法之一,也促进了俄国社会宪政情绪的复苏。当时俄国政府对宪政问题的观点实际上分为两派,一派把实行宪政视为对西方制度的借鉴与模仿,另一派则主张国家独特的发展道路,设立现代版本的缙绅会议(国民代表会议)。社会活动家,也是研究缙绅会议历史的学者 П. Д. 戈洛赫瓦斯托夫捍卫这条路线,他批评对西方宪法的信仰,提出重建缙绅会议,他就此给 К. П. 波别多诺斯采夫写了一封信。这封信在皇室周围广泛流传,皇帝和皇储都认同信件的内容。② 信件的读者之一皇室大臣 И. И. 沃龙措夫-达什科夫就此提出了具体的方案。

沃龙措夫-达什科夫在1878—1881年与 П. А. 法捷耶夫将军一起撰写了《关于俄国现状的信件,1879年4月11—20日至1880年4月6日》,以12封信的形式提出一个方案。③ 方案拒绝追随西方的想法,但在主张保留俄国独特制度的同时,要求革新在他们看来无疑尚拥有巨大潜力的专制制度。他们认为,理想的政府形式是"活跃的人民专制",组织有序的地方自治机构能够体现"沙皇与人民统一的思想",召开全俄立法谘议机构缙绅会议。1881年初,法捷耶夫得到亚历山大二世的允许,在国外出版这部著作。

1880年1月21日,沙皇在冬宫主持大臣会议,讨论了瓦卢耶夫和大公康斯坦丁·尼古拉耶维奇拟定的宪政方案。帝国高层对两个方案都缺乏认同。他们和以前一样决定什么都不做。瓦卢耶夫之后说:"也许为了向另一种思想和行为秩序迈进,我们脚下的土地必须更加动摇。"④ 具有讽刺意味的是,就在1880年激进主义者策划在冬宫暗杀皇帝前夕,俄国政府再次拒绝了转向代议制政府的想法,即使君主保留立法权,议会只有立法谘议权。

---

① Чернуха В. Г. Проблема политической реформы в правительственных кругах России в начале 70-х годов XIX в. // Проблемы крестьянского землевладения и внутренней политики России. Дооктябрьский период. Л.: Наука, 1972. С. 178-179, 182.

② Ананьич Б. (ред.) Власть и реформы. От самодержавной к Советской России. М.: ОЛМА-Пресс Эксклибрис, 2006. С. 329.

③ Фадеев Р. А. Письма о современном состоянии России 11-го апреля 1879-6 апреля 1880. СПБ.: К. К. Ретгер, 1882.

④ Валуев П. А. Дневник. 1877-1884. Петроград: Былое, 1919. С. 51.

自1879年4月以来，沙皇遭受数次暗杀，政治局势异常紧张，当局无法平息社会不满。1880年2月5日冬宫爆炸事件后，亚历山大二世在深思熟虑后认识到，"自由在下，专制在上"是一条通往毁灭之路，俄国只有一条出路，那就是创造和谐，从上而下都是自由，上面也需要改革，改革专制制度，转向立宪。但为了防止保守派的反对，他采取了迂回的策略。2月15日，亚历山大二世宣布建立最高行政委员会，即"维护国家秩序和社会安定最高治安委员会"，这个机构拥有特殊权力，包括领导第三厅和宪兵团，沙皇选择洛里斯-梅利科夫担任这个委员会的主席。

洛里斯-梅利科夫伯爵出身于亚美尼亚贵族家庭，多年来在高加索服役，既有胆量，又很圆滑，有着"狐尾狼颚"的绰号。在对付恐怖主义活动中，他被任命为哈里科夫省总督，采取镇压行动，成为唯一在自己省内消灭了恐怖主义的总督。洛里斯-梅利科夫最初并不支持自由主义思想，但在自由派官僚米柳京、阿巴扎和卡哈诺夫的影响之下，他的立场明显转变。洛里斯-梅利科夫在思想上争取首都居民的支持，谴责恐怖主义者"鼓吹自由，但却企图通过恐吓和匿名信的手段，来压制那些正在履行职责的人的自由。为了争取个人神圣不可侵犯的原则，他们竟然不惜采用暗中埋伏进行谋杀的手段"。政府号召"各个阶层的全体俄国人民都给予帮助，建立一个统一的阵线，努力将邪恶铲除掉"。执政当局第一次向公众寻求帮助，洛里斯-梅利科夫伯爵不厌其烦地解释：最高治安委员会是一个独裁机构，但这是一个好的、合理的、依法的独裁机构。然而那些怀疑伯爵思想的人讽刺它为"心灵的独裁"。[①] 洛里斯-梅利科夫采取怀柔手段，谋求与社会自由派人士合作。他建议取消尼古拉一世统治的真正君主专制和全民敬畏时代的象征——第三厅。1880年8月最高治安委员会解散，同时第三厅解散，其职能和全部人员都转归内务部。以洛里斯-梅利科夫的任命为起点的政治春天又使当时的俄国社会充满生机。

1881年，洛里斯-梅利科夫担任内务大臣，他制定了广泛的改革方案，主张将一些在19世纪60—70年代已经提出但没有完成的改革进行到底。沙皇与他商讨一个伟大的计划："为了保卫专制统治而限制它。"洛里斯-梅利科

[①] 参见〔美〕爱德华·拉津斯基著，周镜译：《亚历山大二世——最后的伟大沙皇》，新世纪出版社，2015年，第350页。

夫主张通过让地方代表参加立法活动的方式调整专制统治，使地方精英能够参与政治，政府与社会上的自由派合作，把他们从反对派转到反对革命运动的盟友阵营中，从而奠定新的政治生活的基础。洛里斯-梅利科夫的思想在他1881年1月28日的奏章中表达得最为完整。他指出，俄国存在政治危机，主要表现是一些社会团体与当局疏远，首先是地方自治人士和学生，他们受到错误的社会学说和无政府主义宣传的影响。要扭转这种局面，不能只靠加强国家的镇压，还要制定一套措施来满足"民众的合法需求"。他既反对西方的议会制原则，也反对俄国传统的缙绅会议式的方案。奏章中强调，俄国模仿西方代议制形式是不可想象的。这种形式不仅为俄国人民所陌生，而且会动摇其所有的基本政治观，其后果难以预料。恢复缙绅会议的古老形式也不可取，这不符合国家变化了的地理范围、思想观念和发展条件。洛里斯-梅利科夫主张不是建立任何形式的对政府的监督，而是建立适应绝对君主制的非常有限的立法谘议机构。

洛里斯-梅利科夫提出设立两个分别草拟有关行政和财政法律的预备委员会，其成员除政府官员外还包括"可靠的"社会活动家，即地方和城市自治机关、贵族代表；在预备委员会之上设立一个总委员会，由皇帝任命官员领导，由每省地方自治会和城市杜马产生的两名代表组成，负责讨论和修改预备委员会拟订的法律草案。经总委员会审议通过的法律草案再提交国务会议。国务会议增补15名社会代表。这个方案虽然强调预备委员会和总委员会仅具有立法谘议性质，但它事实上引入了人民代表制原则。实际上，它设计了两院中央代表机构：下院（总委员会）和上院（国务会议）。[①] 但洛里斯-梅利科夫的方案在某些方面甚至比1863瓦卢耶夫的方案更为温和。这与同时代人对洛里斯-梅利科夫本人的看法一致，尽管他对议会制感兴趣，但他曾经说过，他宁愿自杀也不允许对专制制度进行限制。历史上将这个方案称为"洛里斯-梅利科夫宪法"。如果这个方案得以实现，无疑是向吸收社会代表参与国家决策方面迈出的一步，是国家制度的一项重大变化。1881年3月1日，在亚历山大二世被刺身亡前的若干个小时，他实际上批准了这个方案。人们在他的办公桌里发现了已经签署过的敕令，并且预定在3月4日召开相应大

---

① Конституционные проекты в России XVIII-начала XX в. М.: Институт российской истории РАН, 2000. Т. 4. С. 640-648.

臣会议对其进行最后审议。他很清楚这一改革的结果,对在场的两个儿子说:"我同意这个报告,我不讳言我们这是在走向宪制。"[1] 然而亚历山大二世被暗杀死亡中止了这个进程。有人认为,若非这场悲剧,24 年后(1905)的政治改革本来会在亚历山大二世执政时就实现。

亚历山大二世时期,政府内部提出了若干宪政改革方案。这些方案的基本共同特点是皇帝保留最高权力,中央代表机构权力有限,从属于国务会议,政府对代表的构成施加影响。方案中存在分歧的问题涉及是否允许部分议员进入国务会议全体会议、他们有制定法案的权利或只是讨论法案的权利、代表机构的权限和组成等。支持宪政的人认为,这将加强专制政权,使其脱离孤立状态,在与革命运动的斗争中获得广泛阶层的支持,完善立法程序。反对者则认为,进行政治让步会毁掉作为俄国根基的专制制度,加强分离主义倾向,国家还没有为宪政改革做好准备。皇帝的立场对"政府立宪主义"的命运起到了决定性的作用。亚历山大二世是专制制度的坚定支持者,但形势使他不再顽固地拒绝代议制原则。他决定让步,可惜为时已晚。

第三节 国家治理改革方案

亚历山大二世执政初期政府有关国家治理改革方面的建议,主要是消除过度的中央集权,消除官僚主义和形式主义,对中央国家机构以及上下级权力机构的职能进行更准确的划分,通过建立大臣会议即内阁或改组国务会议实现治理统一等方面。19 世纪 60 年代前半期政府实施一整套改革措施,但中央与地方国家机构基本没有变化,只是增设了大臣会议。政府机构,特别是地方政府与改革中新设立的地方自治机构存在着不和谐,在地方管理和司法机构中实行新的原则暴露出政府机构许多环节的腐朽。从 60 年代后半期至 80 年代前半期,完善国家机构一直是政治精英们关注的焦点。这一期间出现了一波新的改革方案,其中包括关于国家治理整体改革以及对其中个别要素进行改组的建议。

---

[1] Дневник Д. А. Милютина. Т. 4. 1881-1882. М. : б. и. 1950. С. 62.

一、统治初期（1855—1865）国家治理改革方案

亚历山大二世登基后，社会希望年轻的皇帝能够听到并听取公众意见。1855年2月21日，丘特切娃在尼古拉一世驾崩三天后指出，"年轻的皇帝和皇后在作为继承人时，比皇帝（尼古拉一世）更容易接受来自外界的声音；真理更容易、更直接地传达给他们，他们更知晓民意，他们知道俄国对他们的期望和要求。因此可以希望，他们在行动上能以国家民族意识为指导，在与人民的沟通中获得他们所需要的力量。"[①]亚历山大二世利用一切可能的信息渠道来充分了解国内形势，以认清国内政治发展的可能性，做出道路选择。他容忍有时甚至欢迎在奏章中批评现有治理制度，他"感谢真理"。皇帝在1855年对内务大臣的奏章指出："我怀着极大的兴趣阅读，特别感谢您对所有缺点的坦率说明，我希望在上帝保佑和全面努力下，这些缺点将逐年得到改正。"[②]皇帝关注报纸和杂志的信息，包括赫尔岑的《钟声》。

在旷日持久的战争中，政府治理体系的缺点凸显，以手稿形式流传或在国外出版的谴责国家机器的札记被俄国社会所关注。最著名的批评作品之一《1855年下半年一位俄国人的思考》的作者，即时任库尔兰省省长 П. А. 瓦卢耶夫思考了国家治理体系是否适应国家现代化任务的问题。"目前我国国家管理各部门的设置是否有利于俄国精神和物质力量的发展？"他得出了一个令人失望的结论：发展受到了阻碍，"办公程序机械化""官僚主义和形式主义横行""治理过度集权化"，国家机器各部分之间缺乏相互联系。[③]在亚历山大二世的授意下，康斯坦丁·尼古拉耶维奇大公率先在海军部进行改革，以消除尼古拉政府机构的官僚主义弊病，简化管理结构，简化和规范工作制度。19世纪60年代初，由海军部发起的改革进程逐渐蔓延到国家治理所有领域，А. В. 戈洛弗宁在1861—1866年领导国民教育部，Н. Х. 赖藤在1862—1878年领导财政部，Д. Н. 纳博科夫在1878—1885年领导司法部，效仿海军部进行了改革。

---

① Александр Второй. Воспоминания. Дневники. СПБ.：Пушкинский фонд，1995. С. 108.
② Татищев С. С. Император Александр II：Его жизнь и царствование. Т. 1. СПБ.：А.С. Суворин，1903. С. 300.
③ Русская старина. 1893. Сентябрь. С. 510-511.

亚历山大二世觉得与其说是需要批评意见，不如说是需要包含改革建议和措施的方案。在亚历山大二世统治初期，Д. Н. 布鲁多夫伯爵较全面地掌握完善国家机构的方案，19 世纪 50 年代其任第二厅厅长，曾任国务会议法律司主席，在 1826 年 12 月 6 日委员会工作时获得了研究国家治理改革方案的工作经验。改革方案的作者可以直接把方案交给他，皇帝也把一些改革方案交给他，因此在他的档案中保存了各种方案的完整资料。

在亚历山大二世执政初期的改革方案中，国家治理改革的方向之一是对权力机构职能进行更明确的划分。如建立专门机构领导和促进国内工业发展，大工业家 Ф. В. 奇若夫在其关于工商业部的奏章中提出该建议。[①] 军事失败突显了俄国工业发展水平的落后，奇若夫从分权的考虑出发，同时也从治理的统一性出发，提议设立专门的工商业部，将财政部的工商业司和工商业委员会转归这个部管辖。首先，财政部的主要职责应该是税收，而工商业管理属于另外一个领域。第二，财政制度建立在严格监督的基础上，而工业发展需要经济自由。因此，客观经济目标决定了财政和工商业管理应该分离。奇若夫计划在工商业部的会议增加八名选举产生的代表——四名来自商人，四名来自工业家，任期三年，由"精通工商业"的人担任会议主席。但奇若夫建立工商业部的建议以"不符合俄国管理制度以及工商业的根本目的"为由被推迟。

参政员、著名经济学家 Ю. А. 加格梅斯捷尔提交了《论俄国治理》的奏章，提出削弱过度的中央集权，实现治理统一，明确各机构权限划分。在他看来，一方面，过度集权导致效率低下、形式主义，另一方面，国家机器各级环节都缺乏统一，各部彼此孤立，互不相干，也因此彼此干扰，相互对立，理应保证各部门统一的最高行政机关大臣委员会没能履行其职能。最高权力机构职能分配不清，国务会议的立法权经常受到最高行政机构大臣委员会干涉，还被众多最高委员会所侵犯，而国务会议本身还负责一些司法事务；参政院不能胜任其司法监督者的角色。加格梅斯捷尔认为，需要彻底改变"整个治理体系"。关于最高权力机构，他的奏章延续了以前关于更明确地区分其职能的想法：参政院应是"最高司法机关"，国务会议应该"被赋予准备所有

---

① Министерская система в Российской империи: к 200-летию министерств в России. М.: РООСПЭН, 2007. С. 707-713.

法律草案供皇帝陛下批准的特权",由它来解释立法文件,对执行权力机构之间的争端进行仲裁,行政权力应该集中在大臣委员会和省委员会。加格梅斯捷尔还建议改革地方治理,认为有必要在地方设立"一个省委员会作为总的政府机构,其在省长的领导下完全从属于大臣委员会,来取代现有的分支众多的省级行政机构"。①

一些奏章建议在各级机构进行适当的权限划分以完善国家治理。1856年初,亚历山大二世转给布鲁多夫一份分析官僚主义过度膨胀原因的匿名奏章,让他做出回应。这位不知名的作者认为,国家治理官僚主义的原因在于上下级机构之间缺乏"适当的权限划分"。因此,所有的责任都落在了"上级机构"身上,导致这些机构的负责人不堪重负。作者建议修改《俄罗斯帝国法典》,让下级机构依法决定一定范围内的事项。②布鲁多夫认为这个奏章的提议很有价值,但他认为,形式主义及由其产生的大量公函"不可能仅凭一支笔和新《法典》就能消除"。官僚主义的根源不仅在于上下级权力机关的职责不清,而且还在于国家机器的结构,缺乏统一的计划。为了解决这个问题,有必要对所有条例和章程进行"彻底修订"。布鲁多夫并不坚持迅速改革,他强调,"任何改革不是通过跳跃,而是通过成熟思考有条不紊地系统实施,才会取得持久的成效"。③亚历山大二世同意第二厅主任的意见,在报告上批示:"我绝对同意您的意见。"

许多同时代人认为立法机构是国家治理体系的中心,可以通过它建立起所期望的治理统一性。在布鲁多夫的档案中有一份《关于在国务会议设立专门机构对法案进行初步研究并准备将其提交立法机关审议的报告》。这份《报告》建议在国务会议下设立一个专门机构来讨论法案,其职责范围包括:审议由大臣们提出的法案;讨论参政院提交的对现有法律的修订案;受国务会议或皇帝委托编辑现行法律;对权力机关之间的争端发挥仲裁者的作用。换

---

① Барыкина И. Е. Между самодержавием и автократией (Внутренняя политика Российской империи второй половины XIX в.: государственное управление и самодержавная власть). СПБ.: АППО, 2016. С. 34-35.

② Барыкина И. Е. Между самодержавием и автократией (Внутренняя политика Российской империи второй половины XIX в.: государственное управление и самодержавная власть). СПБ.: АППО, 2016. С. 36.

③ Записка Д. Н. Блудова 《О бюрократии вообще》 // Английская наб., 4. Вып. 5. СПБ.: Лики России, 2007. С. 369-374.

言之，《报告》计划让这个机构履行两个职能：国务会议下的讨论机构以及最高上诉法院。这一点与加格梅斯捷尔的建议不谋而合。《报告》的作者希望，随着时间推移，这个机构可能会发展成类似于法国的国务会议，将行政和立法职能结合起来。《报告》还提出建立在君主领导下的特别会议，即类似于大臣会议的机构，大臣们在那里制定统一的政府方案，以替代大臣向沙皇报告的做法。这个方案反映了国家治理的迫切需要，首先是保障国家治理统一的特殊权力机构；其次是对法案的集体讨论。[①]

同时代人建立大臣会议的想法很普遍。建立大臣会议的必要性在于消除俄国政府的积弊——治理的分立现象。大臣们行为分散的主要原因在于他们单独向皇帝作报告的做法，各部门首脑绕过国务会议和大臣委员会与君主单独交流，说服君主批准自己往往与其他部门的利益相冲突的建议。内务部官员，政论学家和经济学家 Н. А. 日列布措夫在尼古拉一世驾崩后立即写了一份《论当代俄国政治和国内生活》的报告，指出大臣们单独向君主作报告导致了"国家有机体"的分散，因为每个大臣都竭力为自己部门谋利，导致无视法律、滥用权力。俄国政府高层意识到，解决办法是对重要的国务问题进行集体讨论。当时有若干份报告都提出在俄国建立这样一个权力机构。著名史学家切尔努哈研究了这批文件，重建了亚历山大二世统治时期建立大臣会议的历史。她认为，大臣会议于1857年成立，即与政府开始积极准备农民改革的时间相吻合，并非偶然，是将其作为"讨论农民改革问题"的机构。[②]

二、19世纪60年代后半期至80年代前半期国家治理改革方案

1. 国家治理整体改革方案

农民改革后，国内政治形势急剧恶化，农民骚乱，贵族不满，学生起义，社会混乱，地下革命组织活跃。沙皇陛下办公厅第二厅秘书，后担任国务秘

[①] Барыкина И. Е. Между самодержавием и автократией (Внутренняя политика Российской империи второй половины XIX в.: государственное управление и самодержавная власть). СПБ.: АППО, 2016. С. 39-41.

[②] Чернуха В. Г. Совет министров в 1857-1861 гг. // Вспомогательные исторические дисциплины. Т. 5. Л.: Наука, 1973. С. 120-137.

书的 Д. М. 索尔斯基起草的奏章《关于国家改革》是一份纲领性改革规划，涉及立法、行政、司法和经济领域。其中把立法领域改革作为所有变革的基石。奏章中提到国内局势不稳的原因是由远离人民需求的官僚起草的立法缺陷。立法脱离现实，没有社会等级代表参与。作者坚持让人民代表直接参与修订立法，保护人民的人身和财产权等公民权利。国家治理中各部门行动分散，让人联想到克雷洛夫的寓言《天鹅、虾和梭鱼》。法案必须由一个立法机构制定并在一个人的指导下进行。为此设立一个特别立法委员会，隶属于第二厅或国务会议，由"理论家—法学家"和"实干家—专家、地方自治局代表和各方专家"组成，由一位具有献身精神和渴望为国造福的政治家领导，这个人要拥有杰出才能和对国家生活需求的总体国家观。索尔斯基提到斯佩兰斯基是这样领导人的范例。为在行政领域建立统一，作者计划改变俄国的行政区分，大俄罗斯、小俄罗斯、立陶宛、西部、白俄罗斯、新罗斯等省基于民族特征的历史名称应改为按省政府所在地的城市名称命名。此举旨在解决日益严重的民族间冲突。作者提到了法国的经验，在1789年革命期间法国建立了按领土划分而不是按民族划分的省。然而，这些变化并不适用于波兰王国、芬兰、西伯利亚、高加索和奥塞梯地区。

担任国务秘书十多年的 В. П. 布特科夫编制了一份详细的国家机构改革方案，名称为《关于最高国家管理机构和各部改革》。[①] 布特科夫曾主持过亚历山大二世统治初期的各种委员会工作，包括准备农民改革、制定新的司法章程等。1865年，他被任命为国务会议和大臣委员会成员。这个方案集聚了他在职业生涯各个阶段获得的管理经验。作者详细描述了现有国家管理结构和机制，列举了所有中央和地方机构、它们的权限和它们之间的关系，指出三个权力分支的最高机构不仅有国务会议、大臣委员会和参政院，还包括众多的特别委员会。在布特科夫看来所有部门的所有权力都集中在皇帝身上，其承担了"帝国所有最高国家机构主席"的职务。所有这些机构的决议只有得到君主本人批准后才具有效力和作用，这也意味着这些机构本身没有任何权力。

在国家治理弊端方面，布特科夫首先强调的是最高管理机构缺乏统一和

---

① Подобнее см.: И. Е. Барыкина. Между самодержавием и автократией (Внутренняя политика Российской империи второй половины XIX в.: государственное управление и самодержавная власть). - СПБ.: СПБ АППО, 2016. С. 74-79.

行政官员的首长负责制权力。前者导致部门分立现象,后者导致行政部门的法律虚无主义和腐败猖獗,他写道:"那些位高权重的人几乎完全无视法律,声称法律是为傻瓜写的。"如果说在前述索尔斯基的方案中,政府的统一通过改革立法部门来实现,那么布特科夫主张行政改革,包括司法和行政权分离。克服法律虚无主义,需要使帝国的法律必须坚决执行,将遵守法律的监督权集中在参政院。正如19世纪初古里耶夫和斯佩兰斯基的方案所建议的那样,为此首先有必要对参政院进行改革,将其分为两个国家机构:管理参政院(集中行政权)和司法参政院。布特科夫指出了打击省级政府滥用权力的方法:增加省长的工资和建立严格的报告制度,总督的月度报告以及年度报告应提交给皇帝,皇帝酌情将其转交给管理参政院审查。即尝试使用大棒和蜜饯的方法,一方面,加强追究腐败活动的责任,另一方面,提高官员工资以使其抵制诱惑。布特科夫重视地方自治,但他也要求将其置于行政部门监督之下。布特科夫计划由参政院对其监督。

陆军大臣 Д. А. 米柳京在1879年秋季国内政治危机期间编撰的奏章《关于治理、教育和神职人员必要变革的思考》中提出民主色彩较浓的设想。[①]他建议将国务会议改革为立法会议,其中一半成员由最高政权任命,另一半由省地方自治局选举。决定以多数票做出。与其他改革国务会议方案的作者不同,米柳京剥夺了大臣们在讨论法案时的投票权。未经立法会议讨论,任何法律都不能通过,但沙皇保留"否决权"。大臣委员会改革为大臣会议——由总理领导的内阁。最高司法机关为最高法院(Верховная судебная палата),所有司法案件都从参政院转移到这里。参政院仍然作为"法律的维护者"。君主的个人权力机构——沙皇陛下办公厅被废除。米柳京提议对地方政府进行彻底改造,使其脱离内务部的管辖,隶属于大臣会议。所有省级机构应该联合成为"州议会",地方自治机构处理经济事务。

法捷耶夫和沃龙措夫-达什科夫的方案也涉及了国家治理领域的变革。他们主张建立内阁,但不设立首相职位,由君主亲自管理,处理给沙皇的报告,还建议通过部门内精简和将一些部门的职能移交给地方自治局来改变国家机器的结构。他们认为,陆军部和海军部、外交部和皇室部应该保持不变,教

---

① Милютин Д. А. Мысли о необходимых преобразованиях в управлении, в учебной части и в духовенстве // Милютин Д. А. Дневник. 1879-1881. М.: РОССПЭН, 2010. С. 491-505.

育部和司法部应该扩大,但财政部和国家审计总局应该缩减。内务部和国家财产部的部分职能下放给地方自治局。①

19 世纪 60 年代中期和 70—80 年代之交的危机引发了政治精英们国家治理整体改革方案的出现。尽管这些方案中提出了各种改革,但可以提炼出几个关键设想:改革立法领域,国务会议中增加代表成员,改革地方治理,建立实现治理统一的合议机构,索尔斯基认为这样的机构是一个立法机构,布特科夫认为是参政院,而米柳京、法捷耶夫和沃龙措夫-达什科夫则回到了赋予大臣会议以内阁权力的想法。在亚历山大二世和亚历山大三世统治时期,为创建这样的机构而进行的努力一直没有停止。20 世纪初,完善国家治理体系的方案再次重复了这些想法。

2. 国家治理局部改革方案

(1) 参政院改革方案

参政院的行政和司法职能混杂,在司法改革准备过程中,提出了改革参政院的问题。政府和新闻界都对其改革方案进行了思考。参政院在其庆典著作《参政院两百年历史》中对这些改革方案进行了系统梳理。②

亚历山大二世时期,关于司法改革的讨论始于 1857 年,布鲁多夫在 1857—1860 年一直致力于研究这一问题。他编写了民事和刑事诉讼法以及司法改革方案,虽然他确信有必要从上到下改革司法系统和司法程序,但是他并不敢建议进行这样的根本性改革。布鲁多夫的司法改革方案涉及参政院。在参政院设立上诉法院,其前身为参政院全体会议,由皇帝任命的参政员组成,每个司有两名参政员长期参加。司法大臣帕宁不同意这个方案。他承认有必要设立一个上诉法院,但参政院全体会议不符合作为上诉法院要求,应在请愿委员会内设立一个由 5 名理论知识和司法实践经验丰富的参政员组成的特别机构,这个想法得到了皇帝的首肯。

早在 19 世纪初,恰尔托雷斯基、古里耶夫和斯佩兰斯基就提出了将参政院分为两个机构:管理参政院和司法参政院。在 19 世纪 60 年代后半期,这

---

① Фадеев Р. А. Письма о современном состоянии России 11-го апреля 1879-6 апреля 1880. СПБ.: К. К. Ретгер, 1882. С. 119-120.

② История Правительствующего Сената за двести лет. Т. 4. СПБ.: Сенатская типография, 1911. С. 454-494.

个想法得到布特科夫的支持。司法改革的基本原则之一是将法院与行政部门坚决分开,从逻辑上讲,这一原则可能会促使《司法章程》的起草者回到19世纪初的想法,即把管理参政院和司法参政院分开。然而,在司法章程的起草工作中,丝毫没有提及将参政院分成两个独立的机构。因此,1864年司法改革没有从根本上影响到参政院的结构。在《司法章程》颁布10年之后,俄国著名法学家格拉多夫斯基在他的著作《俄罗斯国家法律原则》中激烈批评了把参政院划分为管理参政院和司法参政院的想法,他指出需要保留统一的参政院作为行政司法机构,以保证国家治理的统一性。当时的莫斯科大学法学教授波别多诺斯采夫也探讨了这个问题。他曾经向国务办公厅提交两份报告:《关于司法章程的计划和主要原则的初步意见》和《关于民法程序》,提出了一个妥协方案:参政院仍然是统一的,但由两个司组成,一个处理行政事务,一个处理司法事务,它们之间的统一通过每月一次的大会来实现。

司法大臣扎米亚特宁在1865年制定了一个方案,建议将一些法案的讨论从大臣委员会转移到参政院,以加强对大臣活动的监督。他认为,这些法案应该先提交参政院,在参政院做出决定后才提交国务会议。因此,参政院将获得立法谘议机构的权限。这个建议遭到大臣委员会的强烈反对。如米柳京认为这种转变过于激烈,因为它将改变整个国家制度。法学家 К. Д. 卡维林在他的文章《我们应该是什么》中提出改革参政院并在其基础上创建代表机构的方案。卡维林提出建立管理参政院,其任务包括收集国家信息并通报给皇帝,他建议将其与人民代表制相结合:参政院三分之一成员由地方自治局选举产生,另三分之一由参政员自己选举产生,最后三分之一由君主任命。参政院主席职位属于君主。国务会议和大臣委员会被置于参政院管辖之下。参政员享有司法豁免权,只会因刑事犯罪被起诉。他们起草关于立法和行政措施的意见,并提交给皇帝批准。改革后的参政院将取代大臣向沙皇做报告的方式,成为一个代表性的立法谘议机构。但他强调,管理参政院将有助于加强而不是限制专制权力。①

无论是19世纪初秘密委员会和参政员的方案,还是斯佩兰斯基和1826年12月6日委员会的方案,还是这一时期有关参政院改革的主要方向都是将

---

① Кавелин К. Д. Чем нам быть? Ответ редактору газеты《Русский мир》//Собр. соч. СПБ.: Тип. М. М. Стасюлевича, 1898. Т. 2. С. 898-907.

司法与行政分开，把参政院划分为管理参政院和司法参政院，以及给予参政院立法权，加强其监督职能。70年代，才出现了卡维林对参政院的激进改革方案，将其与人民代表制相结合。但这些方案最终都被束之高阁。

（2）建立内阁方案

随着大改革后俄国沿着资本主义道路发展，实现国家治理统一变得越来越迫切。国家治理改革的最重要任务之一是实现国家治理统一，协调中央国家机构的活动以制定并实施共同的改革规划。如前所述，同时代人认为各部门分立的主要原因是各大臣单独向沙皇做报告，彼此之间缺乏协调的做法。因此，当时有若干份奏章建议取消大臣独自向沙皇报告的制度，建立一个权力机构对大臣给沙皇的报告进行集体审议。1857年下半年，几乎是与开始准备农民改革的同时，非正式地成立了一个全新的机构大臣会议。大臣会议由皇帝本人主持，邀请他认为合适的高级官员参加。大臣会议没有固定的时间和地点，议程的制定也是随机的。1861年大臣会议被赋予了法律规定的官方地位，但大臣个人向沙皇做报告的做法保留下来。它没有实现其作为一种"集体向沙皇报告"的形式的目标。这种集体讨论大臣的报告毫无意义，大臣们在会议期间"为自己"发言，会议提出的不是他们的统一立场，而是各种不同的意见，皇帝成为唯一的仲裁者。大臣会议无力实现国家治理的统一，各部依然是孤立行动。

从1861年起，国家治理统一问题变得越来越尖锐。农民运动和革命民主运动所造成的社会危机加深，政府面临新的挑战，需要联合国家机器的力量来打击革命运动和进行迫切的改革。一批政府官员提出建立欧洲类型的统一政府即以总理为首的内阁。

内务大臣瓦卢耶夫认为有可能也有必要建立由总理领导并由相同政治方向的人组成的欧洲式的"内阁"。这个机构处理主要问题，制定大臣们商定的措施，然后将其呈给皇帝。在这种情况下，皇帝接触的是政府的集体意见，会更慎重地考虑。这样的机构可以保证政府的政策不受皇帝偶然决定的影响。自1857年以来运行的大臣会议不是欧洲意义上的内阁，因为它完全取决于皇帝的意见。瓦卢耶夫在1861年9月22日的奏章《从保护国家内部安全的角度对帝国状况的总体看法》中，提议在大臣委员会的基础上建立这种内阁。①此外，他认为，立法谘议机构国务会议和最高行政机构大臣委员会的主席职位不应由一人兼任。因为自 19 世纪初成立国务会议和大臣委员会以来，这两个机构的主席职位传统上由一个人担任。瓦卢耶夫提议将这两个主席职位分开，这意味着向实行三权分立原则迈出了一步。如果这些建议得到落实，大臣委员会将逐渐成为除皇帝之外制定政治方针的中心，大臣委员会主席将成为首席大臣。但亚历山大二世不同意内务大臣在俄国建立内阁的建议，反对大臣们在他不在场的情况下召开预备会议，他从"大臣委员会主席与国务会议主席"分离的建议中看到了设立总理职位的愿望。瓦卢耶夫显然认为自己就是总理的角色，"俄罗斯的俾斯麦"②皇帝在这份奏章的批注中明确指出在俄国设立总理的不可能性："我永远不会允许设立第一大臣"。③ 亚历山大二世坚定地维护绝对专制，不允许触及君主和专制政府的根本基础。

亚历山大二世不接受建立内阁的想法，但也认识到解决治理统一问题的重要性。在 1861 年底 1862 年初他以自己的方式解决了"治理统一"的问题。他进行了人员调整，将以前统治时期的人物撤职，任命自由派官僚领导各部，如 М. Х. 赖藤为财政大臣，А. В. 戈洛弗宁为国民教育大臣，А. А. 泽列诺伊为国家财产大臣，Д. Н. 扎米亚特宁为司法大臣，М. А. 科尔夫为第二厅主任。1866 年 4 月 4 日对沙皇的暗杀揭示了国内政治危机的严重程度，亚历山大二世让保守派加入政府。1866 年 4 月被任命为第三厅厅长的舒瓦洛夫成为皇帝的心腹，他在自己周围形成一个"保守团队"，如内务大臣、司法大臣和交通大臣等。他相当于非官方的总理，时间长达近十年，被称为"彼得四世"，与亚历山大一世时期的阿拉克谢耶夫相提并论。舒瓦洛夫伯爵作为英国主义者和宪政主义者，没有明确的政治纲领，但在 19 世纪 70 年代，他实际上建立了一个"志同道合者的内阁"，默默地扮演着总理的角色。④ 瓦卢耶夫

---

① Судьбы России. Проблемы экономического развития страны в XIX-начале XX вв. СПБ. : Лики России, 2007，131-139.

② Валуев П. А. Дневник. Т. 2. М. : Изд-во Акад. наук СССР, 1961. С. 71.

③ Чернуха В. Г. Внутренняя политика царизма с середины 50-х до начала 80-х гг. XIX в. Л. : Наука, 1978. С. 159.

④ Чернуха В. Г. Внутренняя политика царизма с середины 50-х до начала 80-х гг. XIX в. Л. : Наука, 1978. С. 182-188.

也称舒瓦洛夫实际上创造了一个团结的"半内阁"。①

1878年9月，宪兵副司令 Н. Д. 西利韦尔斯托夫中将向亚历山大二世汇报：为了有力地打击革命者的破坏活动，负责这些事务的部门，即内务部、司法部和第三厅，必须"步调一致地"执行皇帝的命令。但为此应该有一个"内阁"，不是由皇帝随意命令组成，而是在议会多数的基础上形成的政府。②沃龙措夫-达什科夫与法捷耶夫在70年代末曾提出建立内阁，由君主亲自主持内阁会议，以建立政府的统一性。③本格在1880年9月向亚历山大二世提出的国家发展规划中要求完善国家治理制度，召集专家委员会——中央代表机构的萌芽和建立内阁。④但皇帝依然是反对"内阁"的态度比反对议会还要坚决。

由于不愿意与政府分享权力的亚历山大二世的反对，以及政府内部的分歧，组建统一政府的尝试总是遭遇失败，国家治理统一的问题仍未解决。直到1905年革命期间，新成立的大臣会议才具有统一政府的若干特征。

（3）地方治理改革方案

农民改革的进行要求地方治理改革，因为2000多万地主农民脱离了地主的管控，需要将他们纳入国家管理体系之中。此外，资本主义发展使资产阶级力量壮大，他们希望扩大参与城市管理的权利。由此产生地方管理和城市管理改革的必要性。

在地方治理改革上，俄国政府传统上面临着一个两难境地："要么削弱地方政府权力，导致地方管理运转缓慢和活力不足；要么赋予地方政府广泛的权力，增加其专横独断。"⑤省长的权力明显受到内务部的限制。自叶卡捷琳娜大帝时代起省长就隶属于参政院，但部体制建立后，参政院实际上对"一省之主"的活动几乎没有影响，省长们"几乎完全服从于内务大臣"。中央治

---

① Валуев П. А. Дневник. Т. 2. М.：Изд-во Акад. наук СССР，1961. С. 287-288.

② Ананьич Б.（ред.）Власть и реформы. От самодержавной к Советской России. М.：ОЛМА-Пресс Экслибрис, 2006. С. 327.

③ Фадеев Р. А. Письма о современном состоянии России 11-го апреля 1879—6 апреля 1880. СПБ.：К. К. Ретгер, 1882. С. 102.

④《Загробные заметки》Н. Х. Бунге // Судьбы России. Проблемы экономического развития страны в XIX-начале XX вв. СПБ.：Лики России, 2007. С. 200-216.

⑤ Гурко В. И. Черты и силуэты прошлого. Правительство и общественность в царствование Николая II в изображении современника. М.：Новое лит. обозрение，С. 211.

理的部门分立情况也影响到省级政府机构，各部大都极力维护对本部门地方机构的管理和监督权。其他部门特别是财政部地方机构的相对独立性也削弱了省长的权力。同时，在亚历山大二世时期，由于地方自治、城市自治和其他改革，省长对地方事务的日常管理权限大大缩小，司法改革剥夺了他们在司法领域的权力。当时很多改革方案提出加强省长的权力。

财政大臣阿巴扎提出"恢复省长作为全省最高权力代表的重要地位"，建议将所有部门的地方机构归省长领导，也就是说，将省长从内务部的一个环节变成完全的"一省之主"。① 但这个建议没有得到任何支持。1866年4月，内务大臣瓦卢耶夫、宪兵司令舒瓦洛夫伯爵和国家财产大臣泽列诺伊合著报告《关于省行政和警察监督的构想》。报告中指出，地方治理改革降低了省长的重要性，将他们变成了"最高警察局长"，建议将所有地方政府部门置于省长的监督之下。省长应该有权监督所有七品以下包括七品官员的任命、奖励和处罚，也有权传唤任何人进行解释，并有权关闭各种俱乐部、艺术团体和社团。② 这个方案也遭到了大臣们的激烈反对，在大臣委员会讨论时被"大幅度删节"，于1866年7月颁布了相关法律。③ 省长们被赋予检查所有地方机构、传唤民政官员、关闭俱乐部、艺术团体和社团的权力。④ 1868年取代瓦卢耶夫成为内务大臣的季马舍夫再次尝试加强省长权力，1869年12月他向皇帝提交了《行政和警察改革的基本原则》的方案，提出给予省长权力监督地方机构，发布"对所有人都有约束力的条例和命令"。季马舍夫的方案招致了大臣们一致的批评。和以前一样，各部门大臣担心省长（也意味着他们的领导——内务大臣）权力过大。根据国家财产大臣泽列诺伊的说法，"在俄国，马上就会出现50多个统治者……领导各省朝着他个人认为的最好的方向前进。给予省长这种广泛的权力是为了实现各省治理的统一，但是，结果会

---

① Каменский А. Б. （ред.）Реформы в России с древнейших времен до конца XX в. Т. 3. М.：РОССПЭН, 2016. С. 163.

② Каменский А. Б. （ред.）Реформы в России с древнейших времен до конца XX в. Т. 3. М.：РОССПЭН, 2016. С. 125.

③ См. о нем：Оржеховский И. В. Комитет «общественного спасения» 1866 г. // Общественно-политическая мысль и классовая борьба в России в XVIII-XIX вв. Горький：б. и., 1973.

④ См. подробнее：Шумилов М. М. Местное управление и центральная власть в России в 50-начале 80-х гг. XIX века. М.：Прометей, 1991. С. 54-65.

与此背道而驰,严重破坏帝国治理的统一。"①

在接下来的几年,内务部成立由来自不同机构的几十名官员组成的委员会研究地方治理改革问题,地方警察改革被列为最优先事项。在当时的俄国,只是在城市有真正意义上的警察局,这不仅使政府在打击革命运动方面束手束脚,而且在维护农村地区治安方面也人手不足。1873年,委员会提出了改革县警察局的建议,设立县长职位,使县的所有警察机构都隶属于他,建立"警卫队"——2万名警察,取代保长和甲长。1878年,大臣委员会才讨论并批准了同样被"大幅度删节"的警察改革方案:在地方上建立5000人的"骑警卫队"。警察机构体系基本未变。省级治理全面改革的问题再次被搁置。

1880年担任内务大臣的洛里斯-梅利科夫制定了广泛的国家改革计划,并将"省级治理改革"列为政府优先事项,目标是权力下放,把中央政府从大量琐事中解放出来。② 为了制定基层治理改革方案,收集关于乡村真实可靠的信息,1880年8月,在洛里斯-梅利科夫的倡议下,向俄国不同地区的八个省派出参政员进行调查。他们的主要任务之一是收集材料,思考省治理弊端,制定省改革方案,这些资料和方案为下任沙皇时期研究地方治理改革的委员会所利用。

大改革后俄国社会和政治生活中的一个重大事件是地方自治改革。社会上的自由派强烈要求建立地方自治机关,提出实行地方自治是俄国社会的当务之急。地方自治改革是政府开明官僚对公众舆论以及改革地方治理的需求的回应,是为了平衡各阶层利益,解决有关地方"利益"和"需要"的问题。将贵族地主纳入地方机构体系,使他们在公共管理机关中拥有一定的地位,以补偿他们在农奴制改革中的损失。使资产阶级在地方机构特别是在城市机构体系中获得一定的地位,在政治上分享一部分权益,还可以在地方自治机构中吸纳农民阶级代表,在一定程度上消除农民的反抗情绪。随着资本主义的发展,社会分工日趋复杂,社会赋予政府的职能越来越多,如教育、科学、卫生事业的发展等,需要地方政府予以管理和支持。而俄国原来的地方政府

---

① Цит. по: Шумилов М. М. Местное управление и центральная власть в России в 50-начале 80-х гг. XIX века. М.: Прометей, 1991. С. 73.
② Каменский А. Б. (ред.) Реформы в России с древнейших времен до конца XX в. Т. 3. М.: РОССПЭН, 2016. С. 167.

是警察式的，只管治安与收税，没有能力兼顾如此复杂的行政事务。①

　　1859 年 3 月在内务部成立了由 H. A. 米柳京担任主席的省和县机构改革委员会准备地方自治改革，有内务部、司法部、国家财产部等官员，并吸收了一些省长和警察局官员以及皇室显贵作为临时成员参加。米柳京认为，在地方国家机构和自治机构的权限划定方面，应基于将行政—警察权力与经济—指挥权力分开的原则。他明确表示，地方自治机构"丝毫不能也不应触及国家事务"，如事关国家财产、司法、警察的事务，而只应负责政府职能之外那些"大量琐细的、日常的、即对政府来说不重要却又是地方居民所需要的"庶务。② 在这方面给地方自治机构提供尽可能广泛的活动空间，保障其独立性和倡议权。这样既可以满足社会要求并发挥地方积极性，又能够使政府腾出精力集中致力于国家大事。但是，由于俄国社会当时尚无健全的法制观念，因此在处理地方自治机构与政府部门关系时必须赋予省长权力，使省长能够阻止地方自治机关执行任何违反法律和侵犯国家利益的决议。同时，要防止自治机构"蔓延"到政府的最低层和高层。当时一些贵族和内务大臣瓦卢耶夫所追求的正是使自治"向下"和"向上"扩展，提出"泛等级的乡自治"和中央"立法谘议代表制"等方案。米柳京早在 1859 年就宣布："永远，永远，只要我还掌权，我就不会允许贵族在涉及整个国家利益和需求的问题上以发起者的身份自诩。对这些问题的关心属于政府；为了国家的利益，任何改革的主动权都属于政府。"③ 因此，坚定反对限制专制的米柳京为地方自治机构的活动设置一定的"禁区"，也在一定程度上是阻止贵族的"立宪"企图。在地方自治机构的组成原则问题上，米柳京坚持选举原则和包括社会所有阶层的原则，他坚决反对给予贵族在地方自治选举中的特权。

　　在 1861 年废除农奴制之前，地方自治改革方案的制定工作没有取得重大进展，因为改革方案的很多内容要取决于农民解放的条件。地方自治的具体形式与农民问题、税收和其他问题的解决方式密切相关。真正的相关法律制定活动始于 1862 年，在新任内务大臣瓦卢耶夫的领导下完成，1861 年初米

---

　　① 参见邵丽英：《改良的命运——俄国地方自治改革史》，社会科学文献出版社，2000 年，第 40—41 页。

　　② Морозова Е. Н. Подготовка земской реформы. Саратов : Изд-во Сарат. ун-та, 2000. С. 194-195.

　　③ Каменский А. Б. (ред.) Реформы в России с древнейших времен до конца XX в. Т. 3. М. : РОССПЭН, 2016. С. 107.

柳京退休。如前所述，瓦卢耶夫希望按照代议原则改造国务会议，在其中增加下院，包括地方自治代表。瓦卢耶夫反对将地方利益与国家利益相对立，不主张建立脱离政府控制、完全独立的自治机构，但赞成在某种限度内的分权，认为这是必要的。因为废除农奴制后贵族由于丧失了对农民的世袭领主权而不满，作为对他们的政治让步，有必要将某些地方性质的事务从中央政权转到由地方贵族控制的地方自治机关。因此，瓦卢耶夫主张维护贵族在地方自治机构中的优势地位。在瓦卢耶夫眼里，"群众可以比作沙土，而不是坚固的基石……只有地方贵族才能够保证坚定不移地忠诚地爱戴国君和祖国"。[①] 瓦卢耶夫委员会的地方自治机构选举方案以等级特权原则和财产资格原则为基础。它将社会划分成三个选民团：土地所有者选民团，进入这个选民团的有贵族地主，也有其他阶层的土地所有者，但若不属于贵族阶层就必须提高其作为选举资格的纳税额；城市选民团主要是大商人和工业资产者参加；农村选民团则由村长、乡长组成。

瓦卢耶夫领导起草的地方自治方案，总体上反映了米柳京的设想，在其基础上增加了自己的想法。在大臣会议上没有被通过，并受到康斯坦丁·尼古拉耶维奇大公的批评。因此，皇帝命令康斯坦丁·尼古拉耶维奇组成一个小型委员会中接管草案的修改工作。这个阶段（1862年3—6月）草案的制定权掌握在大公手中。他相当迅速地修改了草案，加强了泛等级的想法，这并不是由于大公的观点更为民主，而是为了保证不同社会力量的平衡。康斯坦丁·尼古拉耶维奇领导修订的草案被大臣会议通过。但这时大公已经被任命为驻波兰王国的总督。1862年6月29日，皇帝给他的兄弟写信说："在大臣会议的最近一次会议上，在您的指导下起草的关于地方自治机构的方案仅做了很小的一些修正之后就获得一致通过。"[②]

在康斯坦丁·尼古拉耶维奇长期不在首都期间，地方自治改革方案的命运重新掌握在内务大臣瓦卢耶夫手中。1863年5月，瓦卢耶夫将完成的地方自治改革方案提交国务会议。国务会议在讨论自治改革方案时，最为关注的是地方自治机构的组成问题，围绕着是否保留贵族阶层特权问题展开争论。反对贵族阶层原则最有力的是 Н. А. 米柳京的兄弟——陆军大臣 Д. А. 米柳

[①] 邵丽英：《改良的命运——俄国地方自治改革史》，社会科学文献出版社，2000年，第51页。

[②] Ананьич Б.（ред.）Власть и реформы. От самодержавной к Советской России М.：ОЛМА-Пресс Экслибрис, 2006. С. 303.

京。他指出:"无疑,贵族将在地方自治机构中拥有主要影响力,但他们应凭自身的能力去赢得这一点,而不应靠特权。"① 瓦卢耶夫等人激烈反驳,但国务会议最终接受了米柳京的观点,放弃了贵族特权原则,采纳了各等级平等参与的原则。1864 年 1 月 1 日通过的《省和县地方自治机构条例》是不同观念和想法、要求和满足要求的可能性、让步和原则碰撞的结果。

随着农奴制瓦解和资本主义发展,城市变成了大工业、商业和行政中心。城市数量和城市人口增加,在国家政治、经济和文化等各个领域占有越来越重要的地位。这时城市管理的主要法律仍然是叶卡捷琳娜二世颁布的《俄罗斯帝国城市权利和利益诏书》。早在 1862 年,亚历山大二世政府就开始城市改革的准备工作,发展城市经济并由大工商业资产阶级这些城市上层来管理经济。先后在 509 座城市建立了地方委员会。② 根据这些委员会提供的材料制定了《城市条例》,由亚历山大二世批准生效。

地方自治改革是沙皇政权对国家治理作局部调整的一项措施,地方自治机构被明确规定只具有社会机构的性质而不具备国家机构的性质。就实质而言,地方自治改革是专制主义与自由主义在政治上的妥协。维特曾指出:"1864 年法令企图把两种互不相容的东西调和起来,并以此来同时满足地方自治的拥护者和反对者。"地方自治机关虽然远未能真正体现自由主义的原则,但它还是比原先的官僚机关前进了一步。它虽然只是作为"俄国国家行政机关这个四轮马车上的第五个轮子"而建立的,但它终究为自由主义反对派提供了一个合法的活动场所而成为"宪制的一小部分"。③

地方自治改革后,自由派人士纷纷涌入地方自治机关,以此作为活动场所。当时许多省的地方自治会不断提出向立宪制度过渡的要求,主张召开"全国代表会议",或建立地方自治的中央机关。1865 年,莫斯科和彼得堡两省的地方自治会分别决定向政府提出成立由各省代表组成的地方自治中央机关的请求,如果这个请求被批准,意味着地方代表将形成具有一定独立性的全国性组织,但政府断然拒绝了此类要求,并采取措施对地方自治机关的权力加以限制。

---

① 邵丽英:《改良的命运——俄国地方自治改革史》,社会科学文献出版社,2000 年,第 58 页。
② 陶惠芬:《俄国近代改革史》,中国社会科学出版社,2007 年,第 206 页。
③ 《列宁全集》第 5 卷,人民出版社,1986 年,第 29、56 页。

第四节 中央政府机构变革

亚历山大二世不允许侵犯专制者的特权领域，大改革措施几乎完全绕过了被认为急需改革的中央政府机构。虽然政府内部提出多项改革方案，包括设立内阁与宪政改革方案，但基本都未实施，中央政府机构只进行了局部的变革。

一、参政院与国务会议

19世纪中期大改革后，参政院依然是国家最高司法和监督机构，受1864年司法改革影响，其权限职能、组织结构和工作制度都发生了一些变化。司法改革后，参政院有权做出司法"解释"，这使政府事实上可以改变任何法律，如果发现法律"影响"统治阶级的利益，则做出符合贵族和资产阶级利益的司法解释。从1863年起，参政院每周若干次出版《政府法令和指令汇编》，第一司发给所有中央机构和地方机构。随着《司法章程》在一些省份的实施，参政院作为这些省份最高上诉机构的司取消。但因为1864年《司法章程》并未在帝俄全境适用，保留了彼得堡的两个司作为1864年司法改革未触及地区的司法机构。1866年成立了刑事上诉司和民事上诉司，管理适用1864年《司法章程》省份的司法事务，研究对地方法院判决的上诉和质疑。这两个司的参政员都从经验丰富的检察长中任命。[①] 司法改革前，参政院第一全体会议由彼得堡各司组成，第二全体会议由莫斯科各司组成，第三全体会议由华沙各司组成。司法改革后，第一全体会议由第一、二司和贵族铨叙司组成，第二全体会议由第四、五司和土地测量司组成，第三全体会议由两个上诉司组成，因此也称上诉司全体会议。

19世纪60—70年代改革后，国家管理中出现一些自由主义倾向，中央对地方机构的官僚主义桎梏的一些最极端措施被取消。政府减少了对参政院

---

① Ерошкин Н. П.（отв. ред.）Высшие и центральные государственные учреждения России 1801-1917 г. Т. 1. СПб.：Наука, 1998. С. 109, 110.

检查的硬性规定，检查次数减少，范围缩小。19世纪最后30年，参政院检查成为一种特别措施，由沙皇特别下令进行。改革后，导致参政院检查外省的原因有：官员严重滥用职权，地方主要经济领域出现严重混乱等。1851—1875年，参政院进行了12次检查，包括16个省，1876—1892年，参政院进行了8次检查，包括12个省。① 参政员在检查报告中深入分析外省治理状况，对省长等官员的工作态度和结果做出原则性的客观评价，这一切都起到了积极的作用。参政院第一司、沙皇陛下办公厅文官监察司、内务部都认真研究参政院的检查报告，采取措施加强省级机构领导的素质，增强省级官员的责任心，改善省级官员的工作。

国务会议在19世纪60—70年代所有资本主义改革的准备和施行中发挥了重大作用。国务办公厅与为准备改革而成立的各种专门委员会一起，积极参加法律草案的制定。法律草案制定完成后，先提交国务会议各司，然后提交全体会议讨论。有时，在国务会议设立专门机构负责某项事务，如1861—1884年存在农村状况总委员会，监督农民改革的贯彻，讨论与农民改革有关的法律方案和行政措施；1864—1881年存在波兰王国事务委员会，监督波兰地区农民改革的贯彻，在波兰起义后研究如何改变那里的管理制度；1892年成立西伯利亚铁路委员会等。② 60—80年代初，国务委员的工作积极性比40—50年代初有所提高，因为60年代国务会议增加了一些受教育水平较高的重要活动家。此外，一些大臣，如托尔斯泰、波别多诺斯采夫，与自己的同僚不同，对其部门权限之外的问题非常感兴趣，这也活跃了国务会议的活动。

二、大臣委员会与大臣会议

大臣委员会的权限依然博杂，处理各类事务。国务秘书 A. A. 波洛夫措夫在1876年写道："大臣委员会，除极少数例外，研究的都是一些与大臣身份不符的次要事务。这里缺乏正规的、严肃的讨论，这也是目前政府工作中

---

① Мельников В.，Нечипоренко В. Государственная служба в России：отечественный опыт организации и современность. М. : РАГС, 2000. С. 124.

② Государственный совет Российской империи в документах Российского государственного исторического архива. М. : б. изд. , 2008. С. 11.

的主要现象。对于一些重要的国家事务,大臣们不认真了解事实,不经过谨慎研究,就草率决定……大臣委员会完全失去了自己最初的意义。它不再是最高行政权力代表的磋商会议,而成为集中处理大量琐碎事务的机构,这严重影响了重任在肩的大臣们的本职工作。"[1]

19世纪中期,最高国家机构体系中最大的创新是先在事实上形成(1857),然后才正式设立的大臣会议(1861)。50年代末俄国面临严峻的革命形势,同时开始准备资本主义改革,要求国内官僚力量团结起来。大臣委员会为大量行政事务所累,无法协调各个部门的工作。从1857年秋天起秘密成立一个新的政府机构——大臣会议(Совет министров),成员有大臣、各重要委员会主席、国务会议和大臣委员会主席及其他沙皇宠信的官员,讨论改革方案等问题。大臣会议的第一次会议于1857年12月19日举行,最初大臣会议在沙皇的命令下不定期开会,没有正式地位,从1861年大臣会议被赋予了法律规定的官方地位,之后20年里一直在运行。[2] 大臣会议同大臣委员会一样是"一种部门间协商会议"。大臣会议的组织与大臣委员会相似,但有一个显著特点,即由沙皇亲任主席。大臣会议没有明确的权限,《大臣会议条例》只是规定大臣会议讨论所有根据沙皇命令提交的事务。一般而言,大臣委员会负责日常行政事务,大臣会议研究和讨论重要事务。

大臣会议的工作在一定程度上促进了中央在涉及跨部门的、全国性问题上的协调活动,促进了19世纪60—70年代各项改革的进行。大臣会议活动最积极的时期在60年代初,当时革命形势严峻,政府开始准备实行农民改革、资本主义改革。大臣会议在其存在期间总共召开144次会议,而这一时期就召开了90次会议。[3] 在大臣会议审议的事务数量中排名第一位的是与政府各部门改革有关的立法问题的奏章和建议,排在第二位的是行政事务和大臣们的报告。[4] 大臣会议研究的一些措施经沙皇批准,通过所谓的圣谕的方

---

[1] Оржеховский И. В. Внутренняя политика самодержавия в 60-70-е годы, Горький: Б. и. 1974. С. 31-32.

[2] Ерошкин Н. П. История государственных учреждений дореволюционной России. М.: Высшая Школа, 1983. С. 200.

[3] Ерошкин Н. П. История государственных учреждений дореволюционной России. М.: Высшая Школа, 1983. С. 201.

[4] См., например: Чернуха В. Г. Совет министров в 1857-1861 гг. // Вспомогательные исторические дисциплины. Т. 5. Л.: Наука, 1973. С. 103-104.

式获得法律效力；另一些措施提交专门会议或委员会进一步研究。前者更多用于讨论行政措施，后者则更多用于研究当时正在进行的改革。

大臣会议与国务会议、大臣委员会及一些最高委员会的权限相重叠。君主更喜欢最高国家机构的这种多重选择性，为其创造了回旋的余地，使其有机会选择合适的方式解决内政问题。随着资本主义改革的贯彻，专制制度的巩固，大臣会议的地位开始下降。19世纪60年代后半期，大臣会议开会的次数越来越少，到70年代，它已经很少召开会议。

三、沙皇陛下办公厅

大改革时期，尼古拉二世时代的极端中央集权开始削弱，国家管理出现了明显的自由化，地方机构的权力开始加强，在国家官员管理领域也采取了一些自由主义措施，沙皇陛下办公厅作为非常最高政府机构的地位开始降低。

第一办公厅这个代表官僚集权主义机构的权限明显缩小。1857年，大臣委员会提出取消文官监察司，因为各部门首脑对此表示不满，抱怨没有独立的权力提升、调换官员。显然，政府希望保留文官中央管理机构，以监督国家管理的重要工具——行政官员。但政府也意识到，官员管理方面的严格中央集权化导致了严重的后果，国家机器运行缓慢，不能满足日益复杂化的国家管理任务的要求。考虑到这些因素，再加上对自由主义官员作一些让步，亚历山大二世在1858年5月下旨取消了文官监察司。

第二厅成为国家立法工作的重要环节，预先研究各部提交国务会议的所有法案。第二厅参与很多资本主义改革法案的起草和校订工作，收集对法案的评论。第二厅还负责第二版《俄罗斯帝国法律全集》的出版工作，《俄罗斯帝国法典》一些卷的再版工作。1882年第二厅被取消，其负责的事务转归国务会议。

第三厅在1866—1874年由舒瓦洛夫领导。亚历山大二世在1866年暗杀事件后任命他担任第三厅厅长，控制社会动向。他同时担任宪兵司令，获得广泛的权力，干涉各种事务，对意志软弱的亚历山大二世施加影响，在沙皇周围布满自己的亲信，主宰俄国八年。使一些同时代人，如诗人丘特切夫，将之称为"彼得四世"。1880年2月5日暗杀沙皇的冬宫爆炸事件后成立了"关于维护国家秩序和社会安定最高指挥委员会"，主席是洛里斯-梅利科夫。

这个委员会负责首都的所有政治调查事务,监督全国政治调查事务。第三厅和宪兵队都临时隶属这个委员会。所有地方政权必须在政治调查事务中协助这个委员会。洛里斯-梅利科夫1880年7月奏请亚历山大二世,提议取消尼古拉一世独裁统治和全民敬畏时代的象征——第三厅,将维护国家和社会安定的所有事务集中到内务部。沙皇接受了这个提议,1880年8月6日,最高治安委员会解散,同时第三厅解散。第三厅的职能和全部人员都转归内务部。内务大臣兼任宪兵司令。继承了第三厅厅长权力的第一任内务大臣是洛里斯-梅利科夫。[①]

19世纪60—70年代,第四厅保留着旧的工作制度和组织结构。1880年8月,第四厅改组成为独立的最高机构——沙皇陛下皇太后玛丽亚机构办公厅。

四、部体制

亚历山大二世时期,中央国家机构也在一定程度上得到完善。各部职能权限进一步明确,组织结构改善。部及其地方机构建立在"垂直"领导原则之上,形成了比较系统的自下而上的机构组织,部门管理原则进一步完善。各部大臣会议的地位提高,加强了对部门机构的监督。除司以外,很多部设立了管理总局、管理局、处,这些机构不再分成科,而是分成效率更高的办公室。管理总局和管理局领导的独立性高于司长。中央政府支持资产阶级活动,为维护专制政权的利益自上而下扶植资本主义。除大臣会议外,部里设立了一系列其他谘议性机构,这些机构经常邀请工业、铁路、银行和商业资产阶级代表参加会议,关注与资本主义企业活动有关的事务,重视贵族和资产阶级的意见。资产阶级参加中央政府机构的工作促进了官僚与各社会阶层精英的联合。中央集权程度有所削弱,执行事务和部分指挥事务转交地方政权,中央机构只保留一般领导和监督权力,工作更为灵活和高效。

1861年后,内务部是俄国中央管理的中坚机构,地位十分突出,在准备和实施农民改革、地方自治等改革中起到了重要作用。内务部职能广泛,其

---

① Ерошкин Н. П. История государственных учреждений дореволюционной России. М. : Высшая Школа, 1983. С. 203.

中最主要的是行政—警察和行政—经济职能。自由主义官僚 C. 兰斯基在农民改革准备时期担任内务大臣,接替他的是温和的瓦卢耶夫,他坚决维护贵族特权,是农民改革和地方自治改革两个重要改革的实际贯彻者,被 Д. А. 米柳京称为"开明的保守者"。① 洛里斯-梅利科夫伯爵在 1880—1881 年期间领导内务部。

司法部管理法院和检察官的人员构成,监督法院和检察官的工作。司法大臣和参政院总检察长的职务由一人兼任。司法大臣对一些事务的意见具有重要意义。如参政院在决定惩罚某些贵族和官员,同时剥夺他们所有等级权利或特权;参政院申请减轻对罪犯的处罚或者是特赦时,检察长都需要呈给司法大臣预先研究,等等。对于参政院处理的多数行政事务,司法大臣都享有总检察长的权利。

1861 年农民改革后,俄国工商业发展迅速,财政部的地位提高。财政部的权限职能和组织结构发生了明显改变,其地方机构的权限扩大。财政部的工作积累了足够的资金满足国家的需求,使国家得以实行工业改革、货币改革、进行铁路建设等。俄国走向资本主义发展道路,要求政府加强对工商业的监管。财政部成立工商业司,推动加工工业、国内外贸易的发展,征收国内各种工商业税。工商业会议由财政大臣亲自挑选的 24 名工商业领域的专家组成,在莫斯科设有分处,由 32 个成员组成,也由财政大臣亲自挑选,为改善和发展工商业提供建议。

1868 年颁布了新的《外交部条例》,外交部的权限职能和组织结构没有大的变动。外交部机构的数量有所增加,出现了大使馆、总领事馆、领事馆和副领事馆,各个机构的权限划分更加明确,所有外交事务由两个司——亚洲司和内部关系司负责。外交部最终摆脱了对一些民族边疆地区和少数民族的管理事务。俄国天才的外交家 A. 弋尔恰科夫公爵领导外交部近 30 年 (1855—1882)。他在工作之初就提出了维护俄国民族利益的新外交政策,在外交方面取得了一系列成就。

为了进一步提高国家监察部门的工作效率,1862—1868 年,在 B. 塔塔里诺夫的领导下,国家审计总局进行了资本主义改革。国家审计机关的意义进一步加强,它开始参与国家收入和支出预算的制定工作;同时,财政部和

---

① Гетманский А. Петр Александрович Валуев. // Вопросы истории. 2002. No 6, C. 55-85.

其他部和管理总局的账目都开始归它检查。以前，国家审计员只能进行外部检查，即检查各机构的总账本，这影响了监察机构深入了解国家财政动向，保护国家财产。为了取消这些弊病进行改革，国家审计机构不仅可以检查各机构的总账本，而且可以检查其原始会计文件。

19世纪60年代初国民教育部在教育领域进行了资本主义改革，但时间非常短暂。1863年《大学章程》恢复了大学自治和实行泛等级原则的中学章程。1866年5月，沙皇向大臣委员会主席 П. 加加林公爵下发诏书，规定国民教育大臣应遵循保守原则，捍卫宗教和现行制度，这些规定成为国民教育部活动的原则。大改革后，1861—1866年担任国民教育大臣的是戈洛弗宁，在激进分子卡拉科佐夫对亚历山大二世的第一次暗杀后，自由主义的戈洛弗宁被保守的 Д. Ю. 托尔斯泰所取代。

国家财产部的机构略微缩小。农民改革扩展到国家农民，国家农民与所有其他类型的农民一起归入内务部管理。此后，国家财产部的主要任务是开发国家财产。

随着铁路事业的蓬勃发展，1865年成立"交通部"，由交通管理总局改组而成。交通管理总局在亚历山大一世时期成立，局长享有大臣的权利与权力。交通部全力改善交通设施，最主要的任务是发展和管理铁路。

第五节　地方治理改革

地方政府机构的领导依然是省长，他负责统筹全省管理事务，维护全省安全和稳定。在社会冲突加剧，社会运动日益高涨的局势下，政府采取措施加强省长权力。1866年7月22日法律将省长变成绝对的"一省之主"，他几乎可以主宰省内所有机构和人员的命运，有权"随时对任何机构，不管其隶属于哪个部门，进行全面突击检查"：如果发现官员政治上不可靠，可将其撤职；如果发现团体、俱乐部等地方活动违反国家法制，影响社会安定，可将其关闭。改革后省内新成立一些协商机构——管理局和委员会，主席由省长担任，成员是省内官员，有时吸收地方和城市自治机构代表参加。这些机构补充了省行政公署的工作，省长通过它们对改革后新成立机构进行监督，如通过省农民事务署（1861—1889）监督农民等级机构；通过省城市事务署

(1870—1892)、农村和城市事务署（1892—1917）监督城市和地方自治机构等。[①] 1865 年地方自治改革后，多数省份的省行政公署不再负责一些次要的行政—经济管理事务，这些事务转归地方自治局。省行政公署实际上成为省长的执行机构。县也成立了各种委员会制的机构，作为相应省级机构的执行环节，通常由县首席贵族担任主席。

1861 年废除农奴制后，贵族此前对农民所享有的权力也随之消散，不再拥有对农民的人身控制权和司法审判权。政府开始增加县警察机构的权力，使之能够将过去的农奴纳入管辖范围之内。1862 年 12 月颁布了警察局临时条例，对警察局进行了改革。俄国 44 个省的县警察局与城市警察局合并成县警察署（Уездное полицейское управление）。县警察署长由政府任命，而不像以前那样由县贵族联合会选举产生。只有省级城市和最重要的县级城市才保留了单独的城市警察局。城市分成区，区分成委，委分成组，分别由警察区长、委长、组长领导。1878 年组织了县警队。[②] 大约同一时期，大城市中还组建了骑警队。到 19 世纪末，城市警察局被全面取消。取而代之在省城设立了总警察局，其下面除设有指挥、执行、监察等局外，还设立了侦查局，这是俄国城市刑事侦查机构的萌芽。出现了城市电报警察局、医疗警察局、家庭住址查询警察局、河流和工厂警察局等警察机构。俄国省、县和市的管理都具有明显的警察性质。

改革后俄国地方管理的特点之一，是原有的地方等级社会管理机构：省和县贵族联合会进一步发展，摆脱农奴制依附的前农奴新成立了一些农民等级社会管理机构。省和县贵族联合会、省和县首席贵族在所有国家机构和社会机构中的作用增加。农民等级机构由村和乡两级组成，俄国农村在村社的基础上，建立了行政化的村会（сельское общество）和由若干个村会组成的乡。村级管理机构包括村会和村长，村会由全村社户主及选举产生的工作人员组成，村长由选举产生，任期三年。乡级管理机构包括乡会、乡公所及乡长。乡会即乡民大会进行选举，解决乡的经济事务，确认村会的处罚决定等。乡公所由乡长、村长或乡长助理等组成。乡长领导乡公所，由乡会选举产生，

---

① Игнатов В. Г. (ред.) История государственного управления России. Ростов н/Д：Феникс，2003. С. 251.

② 〔俄〕О. И. 奇斯佳科夫主编，徐晓晴译：《俄罗斯国家与法的历史》上卷，法律出版社，2014 年，第 296 页。

任期三年，履行警察职能，监督"维护乡的社会秩序、安定和宗教虔诚"等。农民等级机构帮助政府收取税金、赎金，分配国家和地方自治局的赋役，征兵，解决土地纠纷等。①

农民改革后的最初几年，在县里设立了治安调停官（мировой посредник）。治安调停官由县贵族联合会选举产生，由省长提交参政院审批。他负责农民的行政—警察事务：批准召开乡会，任免村和乡管理人员，处理地主和农民之间的法定文书事务、地主和农民之间的争议和争讼等，有权实行行政处罚、体罚。② 尽管调停制度在农民治理中发挥了重要作用，但它并不能有效地协调农民和贵族间的矛盾。当时，贵族联合会与调停机构间的冲突十分尖锐，贵族公开指责政府设立的调停机构破坏了贵族地主的权利，纵容农民不履行义务，将治安调停官称为"农民的辩护人"。1874 年 7 月亚历山大二世颁布法令，废除治安调停官制度，建立起了县农民事务署（Уездное по крестьянским делам присутствие）。县农民事务署为委员制机构，由县首席贵族担任署长，其成员包括：常务委员、县地方自治局主席、名誉治安法官、县警察局长，其中常务委员从贵族地主中选拔，名誉治安法官由司法部任命。县农民事务署承担了县域内农民管理方面的大部分职责，包括：监管农民自治机构活动，任命、惩处或罢免农民选举的任职者，向农民收取赎金、国税、地方税、代役租，处理农民和地主间的土地纠纷，解决农民的土地分配问题等。县农民事务署受到省长和省农民事务署的监督。

改革后，在地方治理中占重要地位的是新成立的地方自治和城市自治机构。1864 年，沙皇批准了《省和县地方自治机构条例》，到 1875 年，在 34 个"大俄罗斯"省建立地方自治机构，出于政治原因，地方自治没有扩展到西部省份，这里被认为不忠的波兰贵族占主导地位，也没有扩展到阿尔汉格尔斯克、阿斯特拉罕和奥伦堡省，那里的贵族数量很少，在帝国的南部和东部边疆地区，也没有建立地方自治制度。

1864 年法律建立省和县两级地方自治机关——地方自治会及其执行机关地方自治局。地方自治机构管理"有关地方经济利益和需求"的事务，如地

---

① Игнатов В. Г. （ред.） История государственного управления России. Ростов н/Д: Феникс, 2003. С. 256.
② Сабенникова И., Химин А. （ред） Государственность России. Кн. 5. Ч. 2. М.: Наука, 2005. С. 27.

方经济、民政和教育，开办医院、兴建学校、社会救济、地方交通、社会保险、医疗保健等。地方自治机构活动的财政基础是地方税，由其自行征收。

省和县自治机构由选举产生，三年选举一次。每县成立三个选举代表大会：土地所有者代表大会、城市选民代表大会和村社选举大会，选举县地方自治会议员。县土地所有者代表大会和城市选民代表大会的代表是由直接选举产生，选举人具有一定的财产资格限制，对于村社代表选举大会，建立了多层次的选举制度，在村社选举出乡会代表，在乡会再选举复选代表，由复选代表选举县地方自治会代表。三个代表大会选举的代表数量不同，由内务部专门规定，其中土地所有者代表数量居多。县地方自治会代表人数为10—96人，每年在例会时期召开，所有当前事务由县地方自治会选举产生的县地方自治局负责。

省地方自治会由全省的县地方自治会选举产生，省代表人数为15—150人。每6名县地主自治会代表选1名省地方自治会代表。省地方自治会也选举出执行机构省地方自治局。县地方自治会主席由县首席贵族担任。省地方自治会主席由选举产生。当沙皇不同意选举产生的人选就任此职时，则由省首席贵族出任。县地方自治局主席由县地方自治会选举产生，并需经省长同意。省地方自治局主席从省地方自治会议员选出，然后报内务大臣批准。他们不仅领导上述机构的活动，而且代表地方自治局参加地方政府机构。

地方自治机关的活动和决议要由政府当局批准和监督。省长有权制止实行地方自治机关违背法律和国家利益的决议。法令禁止地方自治局互相联络、交流会议决议。县级和省级地方自治机构的相对独立存在，甚至相邻省份的地方自治机构之间也缺乏联系，是为了保持它们之间的"分立"，防止它们为了"政治"目的而统一起来。

根据1870年《城市条例》，取消了过去等级制的市政管理机关，建立了在财产资格基础上选举产生的城市自治机构，负责城市的经济事务，包括城市公用设施事务，如交通、照明、取暖、排水、桥梁建设等，管理学校、医院，管理商业、信贷、慈善事业等。

城市自治机构包括城市杜马及其执行机构城市自治局。城市自治机构由纳税人选举产生，每四年选举一次。城市杜马选举按财产资格进行，由三个选举代表大会进行，分别是大、中、小纳税人选举代表大会，这三个大会选举的代表数量相等。城市自治局从城市杜马成员中选举产生。市长领导城市杜马和自治局，协调它们的工作。每个城市的杜马代表数量不同，一般由30—72人组成。只有圣彼得堡和莫斯科两个城市例外，圣彼得堡城市杜马有250名代表，莫斯科有180名代表。[①] 在城市自治机构起领导作用的是城市大资产阶级代表。城市杜马由参政院直接领导，并受内务大臣和省长监督。省城和大城市的市长由内务大臣任命，小城市市长职务由省长批准。

根据1870年条例，每省成立了省城市事务署，由官员组成，主席是省长。省城市事务署受理对城市自治机构的申诉，城市自治机构的所有经济活动都受这个机构的监督和限制。

俄国地方自治改革的进步意义在于：省县自治机关，特别是城市自治机关在执行政府所决定的任务，诸如国民教育、医疗卫生、牲畜疫病防治、社会救济、交通通讯、统计、防火、保险等方面做了许多工作，有利于促进社会经济、文化的发展。同时，对于培养民主意识也有一定的作用。地方自治机构的建立表明，专制国家中的封建等级制度开始让位于带有资产阶级性质的民选制度。尽管这种民选制度还只限于地方自治机关而不是国家政权机关，而且地方自治机构的权力也非常有限，与同时代的西方议会制度相去甚远，但这种民选制度的出现，无疑是对君主专制的俄国政治制度的有力冲击。

19世纪60年代初的财政改革使财政部地方机构的组织和职能都发生了变化。除财政厅和财政局外，地方上设立了一些新的财政机构：省消费税公署、税务合议厅等。1872年成立了省工商业委员会、商业署和交易所委员会，资产阶级对这些机构有一定的影响。从1865年起国家审计总局设立了独立的地方机构——审计局，负责检查国库、金库和地方资金流通状况。国家农民转归内务部管理，国家财产部地方机构的规模大大缩小。取消了旧的国家财产厅和区国家财产管理局，成立了省国家财产管理局，由局长领导，管理国家资源，如森林、土地和矿藏等。

19世纪60年代教育改革降低了学区督学在学校管理（特别是大学管理）中的影响，但他们依然是其学区内学校的主要行政管理者。从70年代起，他们对学校事务的影响力重新加强。1864年成立省、县和城市学校会议，成员有官员、僧侣和地方自治机构代表。大学和中等、初等学校的数量均有所增加，国民教育水平有所提高。在60年代初，俄国文盲率达94%，但根据

---

① 陶惠芬：《俄国近代改革史》，中国社会科学出版社，2007年，第207页。

1897 年全俄普查，文盲率降为 76%。①

第六节　司法与检察机构改革

1864 年 11 月 20 日颁布《司法章程》《刑事诉讼条例》《民事诉讼条例》等法律，进行了司法改革，完成了俄国社会和当局为建立现代司法而进行的近十年的奋斗历程。

司法改革，与废除农奴制一样，被视为最急需改革的领域。作为落后于时代、效率低下和不公正的象征，法院被与农奴制相提并论。改革前的司法系统弊端种种：司法程序复杂且不公开，实行法定证据制度，司法受到行政干预，司法腐败盛行，司法官员素质低下。司法部及法院在尼古拉一世的俄国成为冷漠和停滞的象征。正如赫尔岑所言，"俄国法院和警察的无法无天、残暴、专横和腐败，真是一言难尽，以致老百姓进了法院，怕的不是依法惩办，而是审讯过程。他但愿快点被送往西伯利亚——惩罚开始之时就是折磨告终之日。"② 司法系统的糟糕状态早在 19 世纪 50 年代就已经为公众舆论和法律人员所达成共识，帝国高层也对司法改革的必要性毫不怀疑，波别多诺斯采夫在 1858 年写道："我们没有任何司法公正。""这方面的改革需求日益增加，舆论要求日益迫切。"③ 大多数人认为，正义和法律是最重要的，司法改革应该作为所有其他改革的基础。

在司法改革方案的制定中，司法部很少参与，因为司法大臣帕宁顽固地维护旧的司法制度，准备司法改革的是沙皇陛下办公厅第二厅和国务办公厅。第二厅主任布鲁多夫在 1855 年就提议通过对现有制度的局部改进来推行司法改革，编纂了新的诉讼程序草案。自由主义欧洲法学家的突出代表人物 С. И. 扎鲁德内在这个法律以及接下来的司法改革法律的制定中起到了关键作用。布鲁多夫认为需要设立治安法院，废除等级法院，他主张简化司法诉

---

① Ерошкин Н. П. История государственных учреждений дореволюционной России. М.：Высшая Школа，1983. С. 244.
② 〔俄〕赫尔岑著，项星耀译：《往事与随想》，人民文学出版社，1993 年，第 205 页。
③ Ананьич Б.（ред.）Власть и реформы. От самодержавной к Советской России М.：ОЛМА-Пресс Эксклибрис，2006. С. 305.

讼程序，采取口头辩诉原则，但继续保留法定证据制度等。布鲁多夫主持制定的改革方案在国务会议中不止一次被审议，但被否决。多数国务委员认为他的改革方案过于保守，不会使俄国司法发生实质性的改进。但布鲁多夫创建治安法院的计划得到了沙皇的认可。布鲁多夫指出，即将进行的农奴解放可能会导致案件数量上升。农奴解放后，农民中间出现各种矛盾冲突时，因路途遥远，他们不愿意到县城去打官司，治安法院能够解决这些人的法律诉求。治安法院审理犯罪情节较轻的案件，多数通过司法调解的方式解决民事纠纷或者刑事争端。建立治安法院后来成为1864年司法改革的重要内容。①

1861年农民解放之后，完成司法改革出现了新的动力。在解放农民的法令中规定了对解放后农奴的司法保障问题，即"农民有权控告、辩护、起诉；对于民事案件，农民可以亲自或经代理人打官司，对于刑事案件，农民可以提出控告，可以亲自或经代理人用一切可以利用的法律手段维护自己的权利"。② 这种关系的变化需要司法领域的制度改革予以支撑。新一代官僚向君主证明一个明显的事实：农民和地主之间的新关系，以及解放后新的经济生活，不可能在旧的司法体系中存在和发展。皇帝推动了司法改革进程。

亚历山大二世任命国务秘书布特科夫接替布鲁多夫全面负责司法改革的准备工作。国务办公厅下设一个委员会制定司法章程草案，委员会名义上的负责人是布特科夫，主要工作由他的副手扎鲁德内完成。委员会成员多数都是开明官僚，受过良好的法学教育，有着丰富的司法实践经历。委员会先是撰写了《俄国司法改革基本原则》，1862年9月亚历山大二世批准。改革基本原则在《政府法律和命令集》中发表，邀请公众参与讨论，公众对司法改革的参与热情很高。著名律师 А. Ф. 科尼曾说，1862年他本打算进入莫斯科大学数学系，在与两位律师交谈后改变了主意，他们对法律原则的看法和对即将进行的司法改革的期望使科尼的观念发生了真正的变化，这最终使他进入法律系，步入当时最进步和最著名的律师行列。③

布特科夫委员会结合《改革基本原则》和来自地方的意见在1863年秋天完成了司法改革的法律。1864年11月，亚历山大二世批准了《司法章程》

---

① 郭响宏："俄国1984年司法改革研究"，陕西师范大学2011年博士学位论文，第47—48页。
② 陶惠芬：《俄国近代改革史》，中国社会科学出版社，2007年，第192页。
③ Ананьич Б. (ред.) Власть и реформы. От самодержавной к Советской России М.: ОЛМА-Пресс Эксклибрис, 2006. С. 306.

等法律，在俄国司法体系和诉讼程序中确立了资本主义原则。

《司法章程》指出"在俄国建立高效、公正、仁慈、所有臣民在法律面前平等的法院"，宣称司法改革的任务之一是"建立人民对法律的尊重"，司法机构被赋予"适当的独立性"。通过这次改革，俄国在法律上确立了当时最先进的司法体系和诉讼程序原则，确立了法律面前人人平等，司法和行政分离，法官终身制、口头辩诉、审判公开、辩论式诉讼等原则，建立了陪审团、律师制度，设立了选举产生的治安法院。

司法改革中建立了两类司法机构：一类是法官由选举产生的法院——治安法院和治安法官代表大会，一类是法官由任命产生的法院——区法院（Окружной суд）和高等法院（Судебная палата）。行政机构不得干涉法院的司法权，为了强调司法系统相对于行政系统的独立性和自主性，法院系统不采用行政区划单位，实行了治安区和司法区的划分。改革后的法院组织包括五个主要层级：乡法院、治安法院、区法院、高等法院和参政院。

乡法院并不是1864年司法改革后新建立的法院，1861年俄国废除农奴制改革后，沙皇政府为了加强对农民的管理，在农村地区建立了乡法院。乡法院实质上是农民等级法院，一个乡法院审理几个村社的民事诉讼，审理农民之间涉及金额在100卢布以下的争讼，1889年，金额增加到300卢布，以及一些小刑事案件。乡法院由4—12个法官组成，法官由乡民大会选举产生，任期一年。

治安法院（Мировой суд）仿照英国治安法院的模式设立。每个县城及其辖内的农村构成一个治安区，一些大城市也构成独立的治安区，每个治安区分成若干委。每委设立1个治安法院，仅由1名委治安法官、1名荣誉治安法官组成。委治安法官和荣誉治安法官由地方自治和城市自治机构——县地方自治会和城市杜马选举产生，任期三年。治安法官候选人具有一定的年龄、教育程度、工作经历和财产资格限制。治安法官负责审理小的刑事和民事案件。对于刑事案件，主要是审理处罚在下列限度的案件：罚金300卢布以下，拘留3个月以内，监禁1年半以内。对于民事案件，主要是审理争讼金额在300卢布（1889年后变为不超过500卢布）以下的案件。[①]

[①] Сабенникова И., Химин А. (ред) Государственность России. Кн. 5. Ч. 2. М.: Наука, 2005. С. 27-28.

治安区的委治安法官和荣誉治安法官构成县治安法官代表大会，定期召开例会。代表大会是对区治安法官判决的最高上诉机构。治安法院案件的进一步审理只能通过参政院的上诉程序进行。治安法官代表大会主席从治安法官中选举产生。治安法院作为泛等级的司法机构，与农民等级的乡法院相互补充，是欧洲经验与本土传统的结合，促进了民众法律意识的发展。改革者的目标是，农民在法律上应该与其他等级逐渐接近，并且完全适用普通民法。①

但是到了19世纪70年代末，这种制度的弊端不断显现。一大原因是俄国治安法官的数量严重不足，政府号召地方贵族担任此职务。绝大多数的治安法官都是贵族出身。但是对于农民而言，这些贵族治安法官是异己、严厉又遥远的存在，让农民感到疏离。治安法官的选举制度也使贵族官员不满，到了1889年，除都城和奥德萨外，所有地区的治安法官被地方自治区长官取代。

区法院是法院体系中普通法院中的一审法院，大部分案件都归属区法院审理。区法院按司法区单独划分，1864年司法改革之后建立了100多个区法院。区法院法官经司法部大臣推荐由沙皇任命，必须毕业于大学法律系或者专业法学院，在司法机构有3年以上工作经历或10年以上律师工作经历，终身任职。在区法院建立了陪审团制度。陪审员从各个等级中选举产生，具有年龄、居住地以及财产资格限制。陪审团具有相当的独立性，在刑事诉讼程序中起着重要作用，由他们决定被告是否有罪。当时一些重大的政治案件，陪审团都违背法官的意见，宣判被告无罪，如1878年彼得堡区法院对查苏利奇案件，1885年弗拉基米尔区法院对莫罗佐夫斯克纺织工人案件等。保守分子因而将之称为"市井小民的法庭"，列宁对此反驳道："市井小民的法庭可贵之处就在于它给我国那些浸透了文牍主义的政府机关带来了一股生气。"②陪审团法院在社会的眼里成为避免司法错误的保证。诗人和思想家丘特切夫把陪审员看成"新俄罗斯的雏形"，陀思妥耶夫斯基认为，"我们公正的法院

---

① Горская Н. И. Свободный крестьянин перед мировым и волостным судом（местная юстиция в 1860-1880-х гг.）. Российская история, 2011, No 1, С. 28.

② 《列宁全集》，第4卷，人民出版社，1984年，第360页。

的论坛，是培养我们社会和人民道德品质的学校。"① 后来，政府开始逐渐减少归设陪审团的区法院审理的案件种类。1878 年，明显带"反政府性质"的案件都不归区法院审理，转交由高等法院审理。

高等法院是区法院审理的民事和刑事案件的上诉法院。对于区法院的判决，只是没有陪审团参加审理的案件可以向高等法院上诉。对于有陪审团参加审理的案件，重新审理时只能根据参政院的上诉程序进行。对于一些案件，高等法院是一级法院，如关于出版、官员犯罪的案件，侵犯国家官员、国家财产的案件等。

1864 年司法改革，在俄国形成了律师制度。律师成为为法律和社会服务而不是为当局或私人利益服务的精神载体。在 19 世纪下半叶，法官和律师中出现了许多具有这种高尚的职业精神的著名人物，这在以前刻板的、形式主义的司法制度下是不可想象的。一些温和的自由主义律师在一些重大刑事案件中名声鹊起，如 В. 斯帕索维奇、А. 乌鲁索夫、Ф. 普列瓦科等。

1864 年司法改革之后，参政院仍是最高司法机构，对各级法院行使监督权。参政院设有民事上诉司和刑事上诉司，受理对高等法院判决的上诉，以及有陪审团参加的区法院判决的上诉。

很多历史学家认为，"司法改革是大改革中最激进、最具有创新性和技术上最成功的改革。"② 但也有完全相反的观点，与当时保守派对改革的抨击类似——司法改革是由教条主义者设计的，是对西方模式的盲目模仿，其创建的机构不符合俄国现实，过于"超前"，因此是不可行的。③ 最有争议的是陪审团和律师制度。批评者认为，鉴于社会的不成熟性，陪审团往往受到他们自己的"品味"而不是法律的影响，屈服于律师的言辞，做出宣告无罪的错案。律师们经常被指责操纵陪审团和法庭，不择手段、卑鄙无耻。但这并不意味着司法改革是不适合的。《司法章程》的作者之一 М. Н. 柳博辛斯基的例子突出说明了改革所创造的新制度的重要性。1867 年，沙皇因为他参加首都地方自治机构的反对派抗议活动而想把他开除出参政院，当沙皇得知根据

---

① Тютчев Ф. И. Сочинения. Т. 2. М. : Правда, 1980. С. 256; Достоевский Ф. М. Сочинения. Т. 23. Л. : Наука, 1981. С. 165.

② Тарановски Т. Судебная реформа и политическая культура царской России // Великие реформы в России. 1856-1874. М. : Изд-во МГУ, 1992. С. 305.

③ Каменский А. Б. (ред.) Реформы в России с древнейших времен до конца XX в. Т. 3. М. : РОССПЭН, 2016. С. 111.

他本人批准的《司法章程》，上诉司的参政员与其他法官一样享有不可撤换的权利时，感到惊讶和愤怒。司法程序的公开性、杰出的人才涌入司法机构和律师行列，迅速改变了俄国公众对法院的态度，并使司法审判成为一种公共现象。刑事、民事和政治案件变得公开，报纸和杂志设立了法院纪实栏目，甚至还有对司法问题进行广泛讨论的栏目。俄国向法制社会和法治国家迈出了一步。

亚历山大二世时期，俄国检察机关发生了根本性变化，检察制度随着司法改革而逐渐欧化。1862年，政府在颁布《俄国司法改革基本原则》时，国务会议也通过了《关于检察机关的基本规定》，提出在每个法院设立检察官，必要时还可以设立助理检察官，明确了检察机关在国家机关的地位，检察机关监督的内涵，以及检察机关的任务，将法官与检察官的角色彻底分开。检察官的职责包括：直接监督案件的侦查工作；除特殊情况外，检察官有权决定是否对案件进行侦查；任命司法侦查员。在刑事侦查中，警察要服从检察官，除特殊情况外，法院不能介入司法侦查工作。在这个改革方案中检察机关已经不再履行监督政府其他部门的职能，其主要职责转向了对刑事案件的公诉。这个改革方案出台之后，引发了社会各界的讨论，形成了不同的观点和看法。相关改革法案的出台为检察制度的改革奠定了法律基础，各种观点的讨论也为其改革方向和具体制度转变提供了考量的空间。[1]

1864年《司法章程》颁布之后，检察机关的职能变为"监督侦查行为、法庭审判行为和法院判决执行的合法性"，从监督机关变为刑事公诉机关。司法改革法令规定："检察官是所有刑事案件的公诉人，在法庭上代表政府负责对刑事犯罪嫌疑人提出公诉。"[2] 警察调查机关隶属于检察长，后者负责对审理程序实施监督。检察长有权对法院遵守法院组织规则和诉讼程序规则的情况实施监督，参与审理司法官员的违纪案件并对此类案件的非法决定提出异议等。在法院审理刑事案件时，检察长是诉讼程序的全权参加者。检察长有权就法院做出的非法和缺乏根据的裁决提出抗诉，对刑事判决的执行情况实施监督。[3]

---

[1] 参见王海军：《近代俄国司法改革史》，法律出版社，2016年，第120—121页。
[2] 王海军：《近代俄国司法改革史》，法律出版社，2016年，第123页。
[3] 〔俄〕О. И. 奇斯佳科夫主编，徐晓晴译：《俄罗斯国家与法的历史》上卷，法律出版社，2014年，第298页。

从 1802 年建立司法部之后,司法大臣就兼任总检察长的职务,负责管理全国的检察机构和参政院检察长办公厅。1864 年司法改革后,在区法院设立了助理检察官。所有的检察官和助理检察官都是经过司法大臣推荐后由沙皇任命的,检察官必须满足学历和司法工作经验两方面的要求,他们都必须是正规大学法学专业的毕业生,而且"要成为助理检察官必须要有四年的检察工作经历,要成为检察官必须要有六年的检察工作经历"。[①] 检察官的主要工作是监督法院审判工作,同时也负责刑事起诉。

1864 年司法改革对俄国检察制度的发展起到了很大作用,检察机构变成了一个负责刑事起诉和审前调查的机构,在刑事诉讼中有着极高的权威性。有苏联法学学者就认为,"沙俄检察机关的任务变成不是监督地方政权机关的活动,而是参加刑事诉讼:提起刑事控诉,监督罪行侦查,支持在法院中的论罪并有时参加民事诉讼。"[②] 检察官也因此成为改革后刑事审判中的关键性角色,"成为一名活跃的公诉人,也是负责案件起诉的关键人物,而不只是监督官"。[③] 俄国的检察制度也向西欧的检察制度靠拢。

19 世纪 60—70 年代是俄国沿着现代化道路迈进的重要历史时期。这一时期,亚历山大二世审时度势,进行了一系列重要改革。沙皇政权通过这些改革以局部调整的方式陆续把资产阶级国家的因素引入俄国社会政治生活,自由主义原则在一定程度上得到了体现,俄国迈出了从封建君主制向资产阶级君主制转变的道路上的一步。列宁总结说:"如果总的看一看 1861 年俄国国家整个结构的改变,那就必须承认,这种改变是在由封建君主制向资产阶级君主制转变的道路上迈了一步。这不仅从经济观点来看是正确的,而且从政治观点来看也是正确的。只要回忆一下法院、管理、地方自治等方面的改革的性质,以及 1861 年农民改革后所发生的各项改革的性质,就会相信这种论断是正确的。"[④] 可以说,俄国立宪制度的萌芽正是借助于 19 世纪中期的大改革而扎下根来的。

[①] 王海军:《近代俄国司法改革史》,法律出版社,2016 年,第 122 页。
[②] 〔苏〕高尔谢宁著,陈汉章译:《苏联的检察制度》,新华书店,1949 年,第 21—22 页。
[③] 郭响宏:《俄国 1984 年司法改革研究》,陕西师范大学 2011 年博士学位论文,第 78 页。
[④] 《列宁全集》,第 20 卷,人民出版社,1989 年,第 167 页。

第八章　亚历山大三世时期保守统治与治理变革

亚历山大三世统治初期存在两种倾向的博弈，自由派国务活动家主张继续实施亚历山大二世的改革方案，保守派国务活动家则否定19世纪60—70年代的改革，要求"重回旧时代的美好时光"。从19世纪80年代中期起，政府采取了旨在加强中央集权和建立发达国家经济的措施。国家发展计划的实施不仅取决于专制者的意图，也取决于国家治理机构的效率。19世纪下半叶国家治理改革方案的内容和命运，体现了专制政府对国家治理改革探索的总体方向。中央政府机构基本没有变化，最高国家机构之间职能重复、中央部门分立现象虽然屡次成为治理改革方案的重心，但在整个19世纪一直存在。地方管理改革中恢复贵族的优势地位，缩小自治机构的权限，使其处于政府机构的监督之下。

第一节　道路选择与治理方针

父亲遇刺后登上皇位的亚历山大三世意志坚强、身体强健、精力充沛。亚历山大三世从小就热爱军事，自称为"完美的团长"，在18岁时已经获得上校军衔。他自小力大无比，按财政大臣维特的描述："他长得像一个高大的俄国农夫……羊皮夹克、长外套和韧皮鞋应该更适合他；他的举动或多或少像是一头熊。"[①] 他性格正直而又豪爽，常常是直截了当、直奔主题。亚历山大三世在独断和尚武方面有如其祖父，他也极为崇拜祖父尼古拉一世。亚历

[①] 〔美〕爱德华·拉津斯基著，周镜译：《亚历山大二世——最后的伟大沙皇》，新世纪出版社，2015年，第334页。

山大三世的统治历来被认为是一个反动、反改革的时代。然而，他的一些同时代人指出亚历山大三世的国内政策具有矛盾性。现代史学家也得出了同样的结论。如切尔努哈强调，"亚历山大三世的国内政策既有保守的也有自由的特点"，他的政策要"比单纯的保守或自由复杂得多"。[1]

亚历山大三世登基后，国家局势十分复杂。弑君事件暴露出社会关系的极度不稳定和不平衡。自由派和革命派都呼吁实施宪政。1881年3月10日，人民意志党执行委员会在地下刊物上发表一封致亚历山大三世的信，主要思想是说服新皇帝做出亚历山大二世不敢做出的让步，除了威胁要暗杀新沙皇外，还要求召开全俄人民代表会议，并按照人民的愿望重建国家和社会生活。[2] Б. Н. 齐切林在1881年3月11日给圣主教公会总检察官波别多诺斯采夫的信中表达了这种普遍的情绪，评价亚历山大二世给他的继任者留下的"遗产"——"到处是混乱、不满、困惑。政府不相信公众，公众也不相信政府。"[3]亚历山大三世面临着加强国家和维护内部稳定的任务，他在19世纪80年代前半期经历了道路选择的过程。

亚历山大三世统治时期治理方针的制定主要是受到两种对立倾向的影响。亚历山大三世继位时，面对沙皇被残酷暗杀的事实，统治集团内部对如何摆脱困境，是否要继续改革问题出现了激烈争论。争论的实质是发展模式和道路的选择。内务大臣洛里斯-梅利科夫、陆军大臣米柳京、财政大臣阿巴扎等自由派国务活动家主张继续实施亚历山大二世的改革方案；而以波别多诺斯采夫为首的保守派国务活动家则否定19世纪60—70年代的一切改革，要求"重回旧时代的美好时光"。沙皇本人也长期徘徊不定，列宁在形容当时的局势时写道："如果说的不是可能的假定，而是既成的事实，那就必须认定，政府的摇摆不定是无庸置疑的事实。一些人主张坚决同自由派斗争，另一些人主张让步。"[4]亚历山大三世政府在认为继续前一时期改革这种维持秩序的手段不再具有潜力之后，决定治理方针的核心应该是建立拥有强大专制权

---

[1] Чернуха В. Г. Император Александр III：его жизнь и характер, политика и ее оценка // Кафедра истории России и современная историческая наука. СПБ.：Изд. Дом СПБГУ, 2012. С. 610.

[2] Александр Третий：Воспоминания. Дневники. Письма. (Серия《Государственные деятели России глазами современников》). СПБ.：Изд-во Пушкинского фонда, 2001. С. 129.

[3] Победоносцев К. П. и его корреспонденты：Воспоминания. Мемуары. Т. I. Мн.：Харвест, 2003. С. 101.

[4]《列宁全集》，第5卷，人民出版社，1986年，第37页。

力和发达国有经济的国家。皇帝的世界观在国家治理方针的制定中发挥了重要作用。

亚历山大三世的老师,当时保守派领袖波别多诺斯采夫对沙皇的影响巨大。波别多诺斯采夫毕业于法学院,是莫斯科大学法学教授,曾经参与1864年司法改革,也是1864年《司法章程》的设计者之一。但是,改革后俄国的局势——农民和学生骚乱,对沙皇的恐怖暗杀等事件彻底改变了他的看法,他成为一个坚决的反改革者。波别多诺斯采夫把议会制称为"时代巨大的谎言"。[①] 他从1880年起到1905年一直担任圣主教公会总检察官,对沙皇政府的影响巨大。这位曾经离宫廷遥远而不受人关注的学者,逐渐变成"副沙皇",长期成为"俄国内政策的一个有影响力的、不承担责任的决定者"。波别多诺斯采夫从1865年起担任王储亚历山大的老师,深受王储的信任。他在授课中,在交谈中,在信件中,不厌其烦地向王储重复他的思想:君主制是俄国唯一可接受的政权形式,沙皇专制统治是伟大的真理,东正教会是这种权力的最可靠支持。他认为改革后社会的立宪情绪是对专制政权的威胁,号召王储提高警惕,认清"宪法和议会才是我们这个时代巨大的谎言",他对王储的这种灌输使亚历山大三世坚持君主专制权力不可触动的想法,他曾以他一贯的直率态度指出:"宪法?对于俄国沙皇来说,要向一些牲口宣誓效忠?"[②] 这充分反映了他对君主权力的态度,也反映了他对臣民的态度。

亚历山大三世登基时,俄国正处于历史的岔路口。年轻的皇帝面临着继续改革或维护现行制度的选择。保守派和自由派政治精英之间也现出了激烈斗争,内务大臣洛里斯-梅利科夫在斗争中形成了中央代议机构和内阁具有重要的相互影响的认识。他计划设立这样的最高立法和最高行政机构,之后由这两个机构制定进一步改革的方案,制定统治方针,实现治理统一。洛里斯-梅利科夫1881年4月12日呈给亚历山大三世一份奏章,表达了他的一揽子改革设想,提出改革地方政府机构并加强其权力,将各省的宪兵和警察机构联合起来,使其隶属于省长;修正地方自治和城市自治条例,在地方自治和城市自治机构中建立不同群体之间的平等代表权分配,扩大他们在解决"地方经济事务"方面的权利。他还计划采取一些措施改善农民的状况、发展教

[①] Победоносцев К. П. Великая ложь нашего времени. М.: Русская книга, 1993.

[②] Ананьич Б. (ред.) Власть и реформы. От самодержавной к Советской России М.: ОЛМА-Пресс Эксклибрис, 2006. С. 358.

育，改进新闻立法。洛里斯-梅利科夫指出，为了实施这些规划，要确保"政府和国内政策方针的统一"，即建立"同质"政府——内阁来讨论最重要的问题，并"让公众代表参与改革的制定和实施"。① 因此，实施代议制的斗争变成了建立内阁斗争。

4月21日，亚历山大三世召开大臣会议来讨论洛里斯-梅利科夫的奏章。出席会议的有洛里斯-梅利科夫、弗拉基米尔·亚历山德罗维奇大公、阿巴扎、米柳京、纳博科夫、波别多诺斯采夫等。亚历山大三世听取了与会者的意见，但没有做出明确的决定。但在21日晚，沙皇给波别多诺斯采夫的信中相当明确地表明了自己的立场："今天的会议令我沮丧。洛里斯、米柳京和阿巴扎正积极地想以这样或那样的方式引导我们建立代议制政府，但在我确信俄国的幸福需要它之前，我当然不会允许。"② 亚历山大三世的信推动了波别多诺斯采夫采取决定性行动。他得到了 Н. П. 伊格纳季耶夫伯爵、С. Г. 斯特罗加诺夫伯爵和 М. Н. 卡特科夫的支持。他在1881年4月26日向沙皇提交了一份宣言草案，宣布政府打算不做任何让步，坚持专制政权。

1881年4月29日，亚历山大三世公布了波别多诺斯采夫起草的《关于专制制度不可动摇》的宣言，宣称"上帝命吾辈有健全之政府……深信专制之权威，吾辈即用以抵抗一切侵害，以谋全体国民之幸福"。宣言中还指出，将按照"专制政权的力量与信念"行事，把"秩序和公正"贯彻到他的父皇所确立的各种制度中去。这份宣言发表前夕，亚历山大三世写信给他的弟弟弗拉基米尔："亲爱的弗拉基米尔，我给您寄去的宣言草稿，我已经批准了，我希望它在4月29日即我到达首都的那天发表。……我决定请波别多诺斯采夫给我起草一份宣言，明确表明我希望的国家治理方式，我绝不会做限制专制权力的事情，我认为这对俄国是必要和有益的。"③ 这份宣言的出现对自由主义改革派来说完全是个意外。它明确表明，专制管理传统不可动摇，专制制度不可侵犯，俄国的永久基石——专制政体必须保留。

1881年4月29日《关于专制制度不可动摇》宣言发表之后，自由主义

---

① Конституционные проекты в России XVIII-начала XX в. М. : Институт российской истории РАН, 2000. С. 668-674.

② См. : Готье Ю. В. Борьба правительственных группировок и манифест 29 апреля 1881 г. // Исторические записки. Вып. 2. М. , 1938. С. 287.

③ Соловьев К. А. Политическая система Российской империи в 1881-1905 гг. : проблема законотворчества. М. : РОССПЭН, 2018. С. 96.

官僚，如内务大臣洛里斯-梅利科夫、陆军大臣米柳京和财政大臣阿巴扎等纷纷辞职，政府中保守力量占了上风。这成为政府上层力量重组的标志。洛里斯-梅利科夫的辞职对社会来说是一个惊人的信号。对于当时的人来说，洛里斯-梅利科夫伯爵的上台是一个新时代的开始；因而人们认为他离开政府意味着这个时代的结束。

伊格纳季耶夫伯爵接替洛里斯-梅利科夫担任内务大臣。伊格纳季耶夫受到斯拉夫派思想的影响，认为贵族、城市等级、地方自治局的权利"不容侵犯"，他还准备召开国民代表会议，提议在亚历山大三世加冕典礼前召集各等级选举产生的 3000 人的缙绅会议，缙绅会议与沙皇加冕同时进行。他向沙皇声明，缙绅会议将使加冕典礼特别喜庆、辉煌，体现人民对专制制度的维护，彰显沙皇与人民的统一。他所计划召开的缙绅会议只是仪式性的甚至没有法律谘议功能，他对沙皇解释，这个机构存在的目的只是为了满足人们对宪法的欲望。亚历山大三世最初还没有弄清力量的分布情况，对新大臣的计划不置可否。然而，以卡特科夫和波别多诺斯采夫为首的保守团体对沙皇施加影响，向他说明伊格纳季耶夫思想的危险性。波别诺斯采夫给沙皇的奏章上说：如果实现了伊格纳季耶夫的计划，马上就会出现"革命，就是政府和国家灭亡之时"。到 1882 年 5 月，亚历山大三世已经完全接受了保守派的思想，严厉谴责伊格纳季耶夫的计划，坚决反对召开缙绅会议。于是，伊格纳季耶夫辞职，公开坚决反对 19 世纪 60 年代所有改革的 Д. А. 托尔斯泰被任命为内务大臣。在社会舆论界，托尔斯泰这个名字是极端正统保守的同义词，他对专制制度坚定忠诚，狂热仇恨自由主义思想，非常适合执行强硬的政策。М. Н. 卡特科夫就此写道："托尔斯泰伯爵的名字本身就已经是一个诏书和纲领。"[①] 这是向同时代人发出的开始实施保守方针的信号。

1883 年 5 月 15 日，当亚历山大三世的加冕仪式在长期拖延后终于举行时，政府的路线方针已经有了相当清晰的轮廓。加冕诏书宣布了统治的任务"平息一切混乱"，"加强事务的秩序和真理"，"在每个等级中确立对职责和法律的忠诚"，"保护所有人的权利和普遍安全"。亚历山大三世统治被称为所谓的"人民专制"时代，官方民族性理论被"人民专制"理论所取代，但是这两者并无本质的差别。这个理论相当于官方民族性理论的发展版，主要是为

---

① Московские ведомости. 1882 г. 3 июня.

了反对亚历山大二世的西化政策而提出的,将之作为俄国特有的政府形式。①这个理论的思想基础是专制与人民联系在一起,权力金字塔的顶端是沙皇,底端是民众,沙皇是臣民所有幸福和希望的源泉,国家繁荣的条件是沙皇与人民的团结,沙皇知晓人民的需求,即便没有代议机构、官僚及知识分子的参与,也足以保证沙皇能同人民结为一体。亚历山大三世和后来的尼古拉二世都支持"人民专制"理论,认为其能够保障沙皇与人民的团结,而不需要代议制机构、官僚机构和知识分子的帮助。

随着托尔斯泰被任命为内务大臣,国内政治路线越来越公开具有"亲贵族"的性质。1885年4月21日,在叶卡捷琳娜二世的《俄罗斯帝国贵族权利、自由和特权诏书》发表100周年之际,公布波别多诺斯采夫起草的敕令,承诺给予贵族新的经济特权,包括建立贵族土地银行以支持地主经济。《莫斯科新闻报》主编卡特科夫第二天在《莫斯科新闻报》上称,敕令的出现是一个"节日"和"新纪元的开始"。他写道:"经过漫长的游历,我们终于回到了我们本土的、正统的、专制的俄国。幽灵们脸色苍白,消失不见。我们觉醒了。"②他发表公开演说呼应波别多诺斯采夫,称赞专制制度是最完美和最先进的政府形式。几乎就像卡拉姆津在19世纪初所做的那样,他在19世纪80年代初写道:"俄国沙皇被赋予了与世界上其他统治者的特殊之处","他不仅是自己国家的统治者和人民的领袖",而且是"上帝指定的东正教会的监护人和保护者……他是恺撒的继承人"。卡特科夫在19世纪80年代对亚历山大三世和政府政策的影响巨大,K.H.列昂季耶夫回忆说,1867年,卡特科夫的名字甚至在土耳其最偏远的城市也被频频提及,英国领事布洛恩特愤怒地喊道:"俄罗斯与日本一样,在那里有两个皇帝,亚历山大二世和卡特科夫先生!"③官僚界不无理由地认为卡特科夫、波别多诺斯采夫及其支持者是与合法政府并存的第二政府。卡特科夫和波别多诺斯采夫团队批评上个沙皇统治时期的自由主义改革方案,为俄国的独特发展制定了方针,主要是通过发展民族工业加强专制权力,政府支持重要的经济部门,将发展经济作为内部

---

① Ананьич Б. (ред.) Власть и реформы. От самодержавной к Советской России. М.: ОЛМА-Пресс Экслибрис, 2006. С. 338-417.

② Ананьич Б. (ред.) Власть и реформы. От самодержавной к Советской России. М.: ОЛМА-Пресс Экслибрис, 2006. С. 347.

③ Леонтьев К. Н. Страницы воспоминаний. СПБ.: Парфенон, 1922. С. 34.

政治稳定的基础。

亚历山大三世选择了将经济与政治分离的方式，同时在这两个领域保持了专权独大的统治。在 1881 年 4 月 29 日宣言发表后，随着自由派财政大臣阿巴扎的辞职，其副手 Н. Х. 本格被任命为新一届财政大臣。本格赞同 19 世纪 60 年代改革者的观点，在 80 年代的大臣中有一个亚历山大二世自由主义改革时代的人物，一个真正的"60 年代人"，一个前期许多自由主义行动的参与者，这一事实本身就具有矛盾性。亚历山大三世不怕同时重用完全对立的两个人物：本格和托尔斯泰，不像他的继承人尼古拉二世那样，担心任何一个官僚会"遮住"专制者的形象。直到 1887 年，本格才被保守路线支持者 И. А. 维什涅格拉德斯基取代，其与下一任财政大臣维特一样，都主张国家干涉经济生活，希望"使专制制度在经济生活中像在政治生活中一样无所不能"。亚历山大三世时期的三位财政大臣——本格、维什涅格拉德斯基和维特采取积极措施推动俄国经济发展，使俄国经济迅速发展。

由圣主教公会总检察官波别多诺斯采夫、内务大臣托尔斯泰伯爵和反动政论家卡特科夫组成的"三雄政治"基本上决定了亚历山大三世时期的政策。他们认为，19 世纪 60 年代改革是模仿西方进行的，违背了国家的有机发展道路。他们面对大改革时代出现的新趋势，力图维护传统专制权力和价值观。他们发言的主旋律是最高权力本质上是不可分割的，新的原则和机构——地方自治、司法独立，导致了多方权力，破坏了最高权力的基础，必须加强高压管理方式。但他们也认为，根本消除亚历山大二世改革措施是不可能实现的。波别多诺斯采夫与亚历山大三世分享自己的想法，"过去 25 年中的立法使所有传统机构和权力关系发生混乱，在其中植入了虚假的原则，这些原则不符合俄国生活，为了扭转这种混乱局面，需要一种特别的艺术。对这个结不能进行切割，而是要解开。"① 沙皇自己也不支持使用"外科手术"的激进手段"割掉这个结"。新王朝的任务是制定具体措施来调整上一个王朝的改革。

1886 年 12 月，托尔斯泰提出了对 19 世纪 60—70 年代改革的修正方案，试图"校正"在他们看来大改革中的一些"超前"措施，主要有六点：建立管理农民事务的国家机构，限制地方自治和城市自治机构的作用，加强对自

---

① Письма К. П. Победоносцева к Александру III. Т. II. М.：Новая Москва，1926. С. 105.

治机构的行政监督,限制地方官员的选举原则代之以政府任命,扩大贵族参与地方治理,将小诉讼案件从"法院"转移到"与行政权力直接有关"的机构。这个方案实施的第一步是在 1889 年 7 月实行地方自治区长官制度,随后 1890 年 6 月通过了新的《省和县地方自治机构条例》,1892 年 6 月通过新的《城市条例》。到 1892 年,修改 60—70 年代改革的一系列变革已经完成,这些变革在历史学中通常被称为反改革,把之看成是背离大改革路线的"倒退运动"。然而,在这些规划实施时其设计者——波别多诺斯采夫、托尔斯泰等已经离开政治舞台,所以最终并没有对 19 世纪 60—70 年代改革进行彻底的否定。

1892 年颁布的《国家根本法》强调沙皇专制制度仍然是国家制度的核心。《国家根本法》开宗明义规定:"全俄罗斯皇帝是专制的、无限的君主。服从其最高权力,不仅是出于畏惧,而且是出于良心,此乃上帝的旨意。"自彼得大帝改革以来,俄国几经政治改革,而绝对专制制度依然屹立不倒。

第二节 国家治理改革方案

19 世纪 60—70 年代大改革并没有触及国家管理制度的根基。前朝统治时期未能完成改革,国家治理体系存在的问题也传递给亚历山大三世政府。为了解决这些问题,政府内部制定了众多新的方案。这一时期完善国家治理方案的要点依然是在 19 世纪被一再提及的构想:组建欧洲式的内阁以实现治理统一,并且对内阁和中央代议机构之间的关系有了更清晰的认识。在皇帝明确拒绝宪政方案和建立内阁,坚决维护专制制度后,开始出现恢复传统的国民代表机构以实现君民团结的方案。改革方案提出在中央设立独立管理国家经济的部,在地方管理中恢复贵族的绝对优势地位,限制地方自治机关的权力,使其处于政府机构监督之下,限制司法独立。

一、代议机构与内阁方案

1881 年 3 月政权的更迭使部分社会成员产生了继续争取根本政治改革的希望,出现了各种改革方案。大臣委员会办公厅主任 A. H. 库拉姆津称 1881

年 3 月为"方案月",一类方案是主张恢复大臣会议,另一类方案是主张召集代议机构。

亚历山大二世本来拟定在 1881 年 3 月 4 日讨论决定"洛里斯-梅利科夫宪法",因为被暗杀,这项讨论被推迟到 3 月 8 日。洛里斯-梅利科夫已经意识到延迟讨论对他宪法通过不利,于是在 3 月 6 日再次向沙皇呈交奏章和改变管理制度的政府报告。波别多诺斯采夫虽然相信皇帝会拒绝"宪政事业",但他也考虑到社会情绪以及政府内自由主义官僚的强大影响,认为要尽快采取动作。他在 3 月 6 日给沙皇写了一封信,请求沙皇不要被洛里斯-梅利科夫鼓吹自由主义宪政的言论所迷惑。3 月 7 日,波别多诺斯采夫又同沙皇会谈一小时,他说:"陛下,出于职责和良知我必须向您诉说我的心里话……他们想把宪法带进俄国,即使不是马上,至少是在往这个方向上迈出第一步。宪法是什么?西欧给了我们答案。那里的宪法是各种谎言的武器,是各种阴谋的武器。"①

沙皇亚历山大三世亲自主持 3 月 8 日在冬宫召开的讨论会,出席会议的有各位大臣、大公和圣主教公会总检察官,共 24 人。大家都心知肚明,这次讨论的不仅是洛里斯-梅利科夫的方案,而且是国家的未来之路。会议讨论的中心是专制制度和代议机构的兼容性问题。自由主义团体的洛里斯-梅利科夫、米柳京、阿巴扎和他们支持者,坚持这两者兼容,他们提出保留专制制度,代表机构仅享有谘议权。但保守派不接受这些观点,把洛里斯-梅利科夫的方案看成对专制统治的威胁。波别多诺斯采夫以保守派领袖自居,向洛里斯-梅利科夫和他的支持者发动了决战。他指出,允许公众代表参与管理将导致专制制度的灭亡。虽然保守派在 3 月 8 日会议中占少数,但沙皇完全支持他们的意见,特别是当斯特罗加诺夫伯爵指出洛里斯-梅利科夫的方案将"直接导致宪法"时,亚历山大三世附和道:"我也担心这是实行宪法的第一步。"② 尽管亚历山大三世表达了他对议会的否定态度,但在这时他还是犹豫不决,因为他还没有看清未来的局势走向,不明朗支持他和反对他的力量对比情况,3 月 1 日暗杀事件令他心有余悸。年轻的君主必须做出关系国家命

---

① 〔美〕爱德华·拉津斯基著,周镜译:《亚历山大二世——最后的伟大沙皇》,新世纪出版社,2015 年,第 417 页。
② Зайончковский П. А. Кризис самодержавия на рубеже 1870-1880-х годов. М.: Изд-во Моск. ун-та, 1964. C. 326.

运的决定，责任之重负压在了他的肩上。

在改革派和保守派的对抗过程中，洛里斯-梅利科夫认识到，中央代议机构和内阁相互关联。他计划建立这样的最高立法和最高行政机构，由这两个机构负责制定改革方案。因此，实行代议制的斗争变成了建立内阁的斗争。

建立内阁在亚历山大二世时期就曾被反复提出，洛里斯-梅利科夫在4月12日给亚历山大三世的奏章中提出建立"同质的、协调一致的政府"。与以前的类似方案一样，洛里斯-梅利科夫依然指出设立内阁的主要原因是需要统一治理，以制定政府规划。大臣们在他们所管理的部委的所有重要问题上，在提交给皇帝定夺之前，应该先在他们之间进行商议，只推动那些得到大多数同事赞同的建议，或者至少向沙皇陛下报告他们遇到的反对意见。[1] 亚历山大三世对这一想法持"同情态度"，指定4月21日召开由他主持的大臣会议讨论这一问题。会议讨论的结果是皇帝同意召开没有他参加的大臣初步协商会（由弗拉基米尔·亚历山德罗维奇大公担任主席），以制定统一的行动方案。但皇帝并不打算颁布正式法律成立这种协商会，它将是私人性质的，在"必要时"会面。洛里斯-梅利科夫和他的支持者认为，这种协商会将会发展成为固定的，他们终于实现了19世纪初已经提出的设想——建立内阁。但亚历山大三世很快意识到，这种大臣协商会可能导致"代议制政府"。他与波别多诺斯采夫秘密准备了《关于专制制度不可动摇》的宣言并于4月29日发表。第二天，内务大臣洛里斯-梅利科夫提交了辞呈。随后，财政大臣阿巴扎和军事大臣米柳京也辞职。

亚历山大三世在为王储时期，他的亲信立宪主义的反对者沃龙措夫-达什科夫与法捷耶夫将军一起撰写了《关于俄国现状的信件，1879年4月11—20日至1880年4月6日》，以12封信的形式提出了一个方案。[2] 他们认为，理想的政府形式是"活跃的人民专制"，组织有序的地方自治机构能够体现"沙皇与人民的统一"，提出召开全俄立法谘议机构缙绅会议。他们提出了作为俄国特有的政府形式的"人民专制"理论，这个理论的基础是沙皇与人民的团结，缙绅会议是这种团结的最高表现。俄国贵族必须成为"沙皇和人民之间

---

[1] Конституционные проекты в России XVIII-начала XX в. М.: Институт российской истории РАН, 2000. С. 671.

[2] Фадеев Р. А. Письма о современном состоянии России 11-го апреля 1879-6 апреля 1880. СПБ.: К. К. Ретгер, 1882.

的活生生的联系"。亚历山大三世登基后，这些作品被允许在俄国发行，1881—1882 年期间在俄国出版了四次。沃龙措夫-达什科夫在给波别多诺斯采夫的信中说："我确信，这是唯一能够带领俄国政府从它所陷入的沼泽地走上康庄大路的方案。"① 沃龙措夫-达什科夫和法捷耶夫到 1882 年 5 月初编写了《关于俄国现状的信件》（简称《信件》）第四版，打算把这个版本作为一个国家改革方案，提出在加冕日之前召开缙绅会议并在会上讨论全俄地方自治问题的想法。《信件》中提出的方案虽然并没有得到波别多诺斯采夫和卡特科夫的支持，却得到了内务大臣伊格纳季耶夫的支持。

接替洛里斯-梅利科夫担任内务大臣的伊格纳季耶夫伯爵接受了这样的看法，认为有一个"能够让世界上所有宪法蒙羞，比它们更广泛、更自由的方案，同时让俄国保持其历史、政治和国家基础。这个解决方案就是缙绅会议，代表直接从农民、地主、商人和神职人员各等级中选举"，有来自不同民族地区的代表参加，以显示"俄国所有民族与沙皇的团结"。他组织制定了召开缙绅大会的方案，为选举制定了相当高的财产资格条件，以确保大地主占主导地位。在缙绅会议结束时，将选出一个由 30 或 40 名成员组成的委员会，在国务会议下工作，并根据皇帝的命令在某些问题提交给国务会议之前进行审议。伊格纳季耶夫在给沙皇的信中说，"这样，在不动摇根基的情况下，将形成独特的俄国宪法，这将是被欧洲羡慕的，它将使我们的伪自由主义者和虚无主义者闭嘴。"② 因此，出现了与"洛里斯-梅利科夫宪法"不同的具有斯拉夫主义色彩的"伊格纳季耶夫宪法"方案。伊格纳季耶夫准备了召开缙绅会议的宣言草案呈给沙皇，计划于 1882 年 5 月 6 日，即最后一次缙绅会议的两百周年纪念日发表。

然而，这份宣言的内容被波别多诺斯采夫知晓，并立即引起了他的强烈反对。波别多诺斯采夫给沙皇写道，"一想到伊格纳季耶夫伯爵的提议付诸实施可能会出现什么后果，我就忧心忡忡。执政方针和计划从政府转到任何人

---

① Ананьич Б. В., Ганелин Р. Ш. Р. А. Фадеев, С. Ю. Витте и идеологические искания «охранителей» в 1881-1883 годах. // Исследования по социально-политической истории России. Ленинград: Наука, 1971. С. 306.

② Зайончковский П. А. Кризис самодержавия на рубеже 1870-1880-х годов. М.: Изд-во Моск. ун-та, С. 459-460.

民大会，都将是一场革命，就是政府和国家灭亡之时。"① 他指责伊格纳季耶夫企图破坏权力的基础，并打算在国家改革过程中为自己设立总理职位。卡特科夫也反对召开缙绅会议，他说："在目前伊格纳季耶夫伯爵的自由主义领导下……甚至可能洛里斯-梅利科夫更好。因为他并不那么民主，完全不是一个斯拉夫主义者。"②亚历山大三世早在其父亲被暗杀前就听取了俄国独特发展道路的支持者的意见，认真考虑如何阻止专制制度向君主立宪制的转变。但在他登基两年后，他完全放弃了成立具有立法谘议权的缙绅会议的想法。5月27日，在由沙皇主持的会议上，决定伊格纳季耶夫辞职。从此，执政圈子关于代议制主题的所有讨论结束。此后多年，任何形式的代议机构的主题也从俄国报纸的版面上消失，在1905年前夕的革命危机背景下才重新出现。

О. Б. 利赫杰尔将军1883年在亚历山大三世加冕仪式前递交了奏章，再次提出在整个19世纪都处于讨论中心的想法，实现治理的统一，以提高治理效率。他在奏章暗示了建立内阁的必要性，而亚历山大三世在当时也已经形成了这样的观点：在俄国建立内阁和中央代表机构是不可能的，所以奏章中这方面的建议几乎没有讨论的余地。1888年12月，应君主的要求，编写了亚历山大二世统治时期大臣会议活动的总结。可能，亚历山大三世也在思考恢复集体协商会的可取性，但他放弃了这一想法。亚历山大三世只信任自己，逐渐对自己的力量有了信心，并认为没有什么国内政治问题的解决需要恢复这种协商会的做法。

二、国家治理改革方案

1. 设立独立的经济管理部门

在中央国家机构体系方面，自亚历山大二世起，就提出设立独立的经济管理部门的计划，如财政大臣会议成员 А. К. 梅因多尔弗男爵提出设立农业、

---

① Зайончковский П. А. Кризис самодержавия на рубеже 1870-1880-х годов. М.：Изд-во Моск. ун-та, С. 465.

② Соловьев К. А. Политическая система Российской империи в 1881-1905 гг.：проблема законотворчества. М.：РОССПЭН, 2018. С. 74.

工业和商业部，内务大臣瓦卢耶夫也提出可以成立一个集中管辖经济事务的农业和商业部。亚历山大三世时期，再次提出在财政部和国家财产部的基础上建立一个管理国民经济的部，并将资产阶级代表引入这个部。① 御前军机房（Императорская главная квартира）总管利赫杰尔将军曾根据皇帝加冕诏书的精神制定了反危机计划，在1883年3月提交一份奏章。② 利赫杰尔把俄国谚语"受人款待，应直言无隐"作为奏章的序言，指出要向皇帝报告的"令人痛苦的真相"是俄国的困境，首先是经济上的困境。官僚形式主义加剧了这种状况，官员不是忙于处理重要的国家问题，而是缠身于"日常琐碎的公文工作"，需要解决紧急问题才能带领国家走出危机。利赫杰尔的反危机计划中指出了改变国家治理领域现状的方案，再次提出建立农业、工业和商业部，他强调"所有文明国家"都存在这样的部。当时国家财产大臣 М. Н. 奥斯特洛夫斯基（1882）、圣主教公会总检察长助手 Н. П. 斯米尔诺夫（1885）、财政大臣本格（1886）等人都提出建议，或者是设立农业和商业部，或农业和矿业部，或工业部。1891年农业危机促使当局实施改革。新任国家财产部大臣 А. С. 叶尔莫洛夫在1893年提出将国家财产部改组为农业和国家财产部的计划。1894年，这个方案得到了亚历山大三世的批准。

2. 地方治理改革

亚历山大二世大改革所建立的地方管理制度，从最初起就引起了政府保守派和地方贵族的强烈不满。卡特科夫的《莫斯科新闻报》和《俄罗斯导报》对地方自治机构进行铺天盖地地抨击，把国家当时生活的所有困境——从粮仓的空无到道路桥梁的糟糕状态，城镇和乡村所有弊病和混乱状况都归咎于地方自治，并指出，在地方自治人员中有大量的"不可靠"分子。保守派对城市自治的谴责也十分激烈，把之看成城市遭到破坏的主要原因。卡特科夫坚持认为，应该取消地方自治的基本原则：选举制度、泛等级性和独立性，而不仅仅是对其作一些局部性的修正。地方自治改革后，贵族在新建立的地方自治机构中优势并不十分明显。而且，大改革后资本主义经济的发展，促使工商业资产阶级和新兴地主的力量加强，贵族被排挤出地方自治机构的情

---

① Воронов И. И. Министерство земледелия Российской империи: XIX-начало XX века. Дисс. ... д-ра ист. наук СПБГУ, 2016. С. 26.

② 《Дабы успокоить умы, возбудить интересы...》// Источник. 1993. № 1. С. 35-38.

况逐年增多。这点在欧俄南部、东南部及中部工业区诸省体现较为明显。贵族坚决要求增加贵族团体在地方管理中的权力，巩固地方自治机构中贵族的统治地位，增加贵族在地方政府机构中的任职特权。而且，地方自治改革后，自由派人士纷纷涌入地方自治机关，以此作为活动场所，向政府要求扩大地方自治机关权限，希望由此走向立宪。地方自治局的反对派立场和立宪要求令沙皇政府深感忧虑和不安。政府试图采取措施恢复贵族在地方管理中的绝对优势地位，同时对地方自治机关的权力加以限制，使其处于政府机构的监督之下。

1881 年，内务部成立了以 М. С. 卡哈诺夫为主席的地方治理改革委员会，成员有各部门代表、参政员、地方"有识之士"即地方自治和贵族团体代表。这个委员会利用所收集的材料和现有法律规章，着手规划完善地方治理制度。委员会出版了几卷本参政院调查文件和《关于省地方政府改革的材料》。卡哈诺夫委员会用了两年半时间起草了一份广泛的地方治理改革草案，可以说它是大改革后时代有关各级地方政府改革的唯一详细方案。其中最主要的建议是成立泛等级的行政单位村会和乡；乡的领导乡长同时是政府部门和地方自治机构的代表。[①] 这个方案被发送给省长以听取他们的意见，但受到了省长们的一致批评。1884 年秋，在时任内务大臣托尔斯泰的倡议下，卡哈诺夫委员会被扩大，增加了一些保守派政要、地方省长和首席贵族。А. Д. 帕祖欣作为辛比尔斯克省阿拉泰县首席贵族，被邀请作为专家参加卡哈诺夫地方治理改革委员会。在那里，他成为托尔斯泰最亲密的助手。成员扩大后的卡哈诺夫委员会讨论了委员会的方案。主要的辩论围绕着是否有必要建立泛等级的村会和乡，或者这些单位应该保持纯粹的农民性；"乡长"是否应履行一般的行政职责，还是只"监督农民等级自治"；是否应将司法权力移交给他。讨论非常激烈，托尔斯泰认为"委员会得出的结论纯粹是理论性的，往往是片面的，大多数情况下没有应用价值"。他认为这个机构是已逝时代的"残余"。1885 年 2 月亚历山大三世取消卡哈诺夫委员会，将全部资料转交给内务部办公厅继续研究。1885 年 8 月，帕祖欣被任命为内务部办公厅主任，直接领导地方治理改革的准备工作。

---

① Зайончковский П.Л. Российское самодержавие в конце XIX века. М. : Мысль, 1970. С. 219-226.

帕祖欣在地方治理"新路线"的制定中起到了决定性作用。他 1885 年初在卡特科夫主编的《俄罗斯导报》上发表了一篇题为《俄国现状和等级问题》的文章，指出俄国社会混乱的主因是先皇治内所推行的地方自治、城市自治等改革放弃了等级原则，背离了传统上建立在等级制基础上的社会结构和社会秩序，导致贵族丧失了以往的重要性和特权地位，使俄国政府失去赖以为继的根基，所以必须加强等级原则，让贵族恢复以往在地方的绝对统治地位。这是 19 世纪 60 年代之后第一次公开支持等级制度的政论文章。内务大臣托尔斯泰热情地接受了帕祖欣的观点，任命毫无行政经验的他担任内务部办公室主任，自此他成为亚历山大三世时期各项反改革措施的主要制定者。

帕祖欣的改革思想是，俄国所有治理机构必须与专制政权相联系，首先要设立一个由政府任命的职位"地方自治区长官"，来监督"缺乏必要的道德和文化水平独立管理其等级事务"的农民，并废除治安法官，将他们的权力也转移给这个官员。地方自治区长官将被赋予广泛的司法和行政职能，他们的决定一般不允许上诉。监督他们行动的是县地方自治区长官代表大会，他们隶属于省长和内务大臣。1887 年 2 月内务大臣托尔斯泰将设立地方自治长官的方案提交给国务会议，指出改革目的是消除农民管理的混乱局面，在当地建立特殊机构保护农村人口的利益，并赋予其必要的权力以维持一方秩序和安宁。内务部准备建立将行政权和司法权集于一身的地方自治区长官制度，并且强调地方自治区长官将由地方贵族担任。按照规划，县划分为若干个区，每区委派一名地方自治区长官，设立地方自治区长官代表大会。

国务委员大多数同意必须在农民管理方面设立稳定的机构，认为有必要在农民管理中建立坚定的权威。但是，围绕一些问题产生了争论。争论的焦点在于，如何确定地方自治区长官的司法权限，是否应该废除治安法院，地方自治区长官是否必须来自于贵族等。司法大臣马那谢因、国家财产大臣奥斯特洛夫斯基、波别多诺斯采夫反对将行政权和司法权集中于地方自治区长官一人之手。其中司法大臣 H. A. 马那谢因的观点很有代表性。他承认农民自治已经弊病丛生，但同时他坚称，这个方案在实践中无法贯彻立法者的良好意图，方案的实施将会对整个地方管理体制造成不良影响，拥有广泛权力的地方自治区长官出现之后，可能会造成一县之内的多头统治。虽然治安法院有很多不完善之处，需要简化司法程序，让法院接近人民，但是改善的方式在于重组治安法院，而不是将其取消。国务委员 Б. П. 曼苏罗夫指出，内务大臣未必能找到足够数量的贵族来担任地方自治区长官,将不得不起用大量的军官。此前在治安调停官刚设立之时,都是由贵族充任,但是后来贵族大量离职,因为每个贵族都想做自己的事情,而非在自己的居住地担任国家公职。因此,地方自治区长官制度的结局很可能会步治安调停官的后尘。他还强调,行政权与司法权分离是构建任何国家福祉的基石。这不仅在理论上是颠扑不破的道理,在实际中更是如此。一些国务委员担心,如果仅仅从贵族中选拔地方自治区长官,那么无法阻止别有用心的人恢复贵族在1861年所失去的对农民的特权,而这将会引起极端危险的动乱。[①]

亚历山大三世在国务会议中就确立地方长官制度产生分歧时,采取了支持托尔斯泰的少数派的意见,1889年1月29日他对国务会议全体会议的报告做出如下批示:"同意13名成员的意见,废除各县的治安法官,以保证一县之内有足够数量的地方自治区长官,减轻县里沉重的薪资负担。治安法官的部分职能可以转给地方自治区长官和乡法院,其他一小部分更为重要的事务可以转给区法院。"[②]授予地方自治区长官司法权意味着严重违反了司法权与行政权分离的原则。

帕祖欣提出的地方自治机构修正方案改变了地方自治的基本原则,主张实行等级原则,削弱选举原则,使其完全隶属于行政机构。按等级特征,而不是1864年条例所规定的财产资格重新划分三个选民团:贵族选民团、城市选民团以及农民选民团,降低贵族选民的财产资格限制,以照顾那些领地减少的贵族。贵族选民团在县级地方自治会议中占优势席位;县首席贵族参与省地方自治会;大领地贵族自动成为省、县级地方自治会成员;以政府任命的、由首席贵族领导的四人执行机构替代地方自治会选举的省、县地方自治局。帕祖欣的改革方案得到了各省贵族联合会的广泛支持,也得到了内务大臣的基本赞同。1888年1月,托尔斯泰向国务会议提请研究帕祖欣的方案。

托尔斯泰等人主张起草的地方自治反改革方案,使地方自治机构的独立性化为乌有,受到自由主义者的抨击。自由主义刊物——《欧洲通报》《俄罗

---

① Назаренко А. М.; Ахмедов Ч. Н. Министерство внутренних дел Российской империи и создание института земских участковых начальников (1889-1917). Вестник Санкт-Петербургского университета МВД России. 2013, No 3, С. 39-40.

② Зайончковский П. А. Российское самодержавие. В конце XIX столетия. М.: Мысль, 1970, С. 395.

斯思想》和《俄罗斯导报》上发表了一些文章坚决捍卫地方自治。自由主义法学家格拉多夫斯基和科尔库诺夫提出了有关地方自治的"国家理论",否认国家政权和地方自治机构活动之间存在根本区别,要求给予地方自治机构完全的权力。国家政权应该把一些治理任务转交给当地居民,给予他们权力,为他们权力机构的运行创造条件,使地方自治机构成为政府的支柱。这样的反改革方案也引起一些执政精英的不满。如波别多诺斯采夫认为国家必须对自治机构进行监督,但他认为让地方自治机构完全服从国家政权是不合理的。托尔斯泰等人起草的地方自治反改革方案遭到了来自左翼和右翼的批评,被迫对其进行修正。1889年4月托尔斯泰去世,由新任内务大臣 И. Н. 杜尔诺沃于1890年把修订草案完成提交国务会议。

1890年6月12日,新的地方自治机构条例被沙皇批准。这个新的地方自治机构条例与最初的计划有显著差异。因为沙皇政府也被迫顾及社会对地方自治机构的支持与维护,而且保守派之间也缺乏团结,使最终通过的条例采取了折衷措施。首先,新条例将县地方自治会中55%的席位分配给了第一选民团即贵族选民团。其次,未给予大领地贵族可自动成为地方自治会成员的权利,否决了县级、省级地方自治局成员由任命产生的提议,保留了选举原则;最后,地方自治机构保留的权限比帕祖欣设想的要多,但其活动受到新成立的省地方自治事务管理机构的监督。

保守派贵族对于新条例感到满意。他们认为,随着地方自治机构服从于行政机构,政府对地方自治活动进行监管,地方自治机构从今往后不会再像之前那样成为政府的反对派。保守派贵族乐观地预期,在不久的将来,这些机构将会与其他政府机构连为一体,有效地完成最高当局委托给它们的重要国家任务。如果地方自治机构的行为稍有偏离,将会立刻遭到政府的强力干预。

到19世纪末,政府内部对地方自治机构的命运问题有争议。内务大臣 И. Л. 戈列梅金认为,在1890年新条例基础上,"具有等级色彩的"地方自治局完全可以存续下去,甚至是扩大。财政大臣维特则认为,"地方管理制度应该与国家政治制度划一",在专制条件下,地方自治机构是"不适合的管理手段"。

3. 司法制度改革

亚历山大三世统治时期的三巨头波别多诺斯采夫、卡特科夫和托尔斯泰都对改革后新的司法制度鞭挞种种。出版事务管理总局局长 E. M. 费奥克季斯托夫曾回忆起圣主教公会总检察官波别多诺斯采夫以及《莫斯科新闻报》主编卡特科夫在这方面立场上的团结,他写道:"如果卡特科夫,无论公正与否,激情地诋毁我们新的司法机构,那么波别多诺斯采夫在这方面也毫不逊色。我不止一次地听他说,自从这些机构在我们这儿诞生之后,他的脚从来没有迈进司法机构的门槛——因为那里发生的一切都与他的思想水火不容。"① 波别多诺斯采夫认为,司法独立与专制制度不相兼容,法院应该成为国家权力维护法律、管理和秩序的必要而有力的手段。卡特科夫也提出了法官终身制——法官独立性的危害问题,他指出:"我们这里没有比司法独立更为虚假的、愚昧的流行思想。"与认为"法院从属于行政机构将使法院和政府的道德尊严蒙羞"的自由主义观点对立,他提出,"法院越依赖于他所服务的国家权力,越处于真正意义上的自由状态。"② 保守主义刊物接连对司法系统展开进攻,建议对司法秩序进行根本性改变,要求停止陪审团法院的时代,将法院的职责完全委托给国家法官,取消法官终身制,取消司法诉讼中的公开性,重新修订《司法章程》。

  1885 年,波别多诺斯采夫提出了广泛的司法反改革计划,首先提出消除法官终身制、司法程序公开性以及陪审团法院。他特别讨厌陪审团制度,认为这种"社会良心的法庭"是社会道德败坏的因素。陪审员根据财产资格从各个等级中选举产生,是一群"偶然产生的人",是"街道法院"。③

  亚历山大三世欣赏波别多诺斯采夫的司法反改革计划,打算逐步限制陪审团法院的活动范围。但是,司法大臣纳博科夫试图对抗改变《司法章程》的方针。1885 年沙皇下令成立由参政员组成的最高法庭,这个部门获得撤职和调任法官的权力。但在纳博科夫的努力下,对这种权力设置了一定的限制条件,实际上并没有按计划那样侵犯法官的终身制原则。1887 年政府颁布新法令,提高陪审员的财产、学历资格限制,规定可以"在适当的"地方进行秘密审判,实际上是限制司法程序的公开性。1889 年出台了针对法院的新对策,缩小陪审员法院的权限,不准其审理"反抗政府"的案件。

---

① Феоктистов Е. М. За кулисами политики и литературы. М.: Новости, Б. г. 1991. С. 222.
② Московские ведомости, 1882, 1 мая, No 119.
③ Зайончковский П.Л. Российское самодержавие в конце XIX века. М.: Мысль, 1970. С. 236-239.

在政府研究地方治理改革，设立地方自治区长官的方案时，内务大臣托尔斯泰认为，如果在实施地方长官制度的同时还保留治安法官制度，那么地方自治区长官的处境会非常困难。因为治安法官由选举产生，其权威来自于地方选民，因此，在不通文墨的普通农民眼中，他不是政府权力的代表，而是农民切身利益的保护者。因此内务大臣认为，必须废除治安法院，用地方自治区长官取代治安法官，将行政权和司法权都集中到地方自治区长官手中。1889年地方自治区长官设立后，治安法官被取消。

1894年穆拉维约夫接替纳博科夫担任司法大臣，他面临着完成司法反改革的任务。穆拉维约夫认为完成这一任务的优先措施是取消法官的终身制，意即取消司法的独立性，逐渐用国家法院代替陪审团法院。政府成立了重新研究司法章程的委员会，准备系统地"修正"1864年的司法条例。然而，亚历山大三世去世后，国内局势开始迅速改变——司法反改革没能全面展开。

第三节　中央政府机构变革

俄国最高国家机构国务会议、大臣委员会和大臣会议之间一直缺乏明确的权限划分，这使得君主可以根据自身的倾向将"重心"向某个机构转移。大臣会议和国务会议在亚历山大二世执政初期都很活跃，但在亚历山大三世时期地位有所降低，大臣委员会的作用提高。部的组织体系基本保留未变，各部门之间缺乏协商，部门分立现象保留下来。

一、参政院与国务会议

亚历山大三世时期，参政院依然地位很高，职权广泛。1884年，参政院成立了一个具有全新职能的第二司，其经常被称为"农民司"。它负责受理对省地方自治事务署及其他有关农民问题机构的上诉，一些农民希望向最高司法机关上诉，满足自己的土地需求，取消维护权贵利益的不公判决。波别多诺斯采夫在国务会议说，参政院是帝国的第一机构，"其权威在人民的思想中不可动摇，参政院在俄国是宪法的替代品，所有阶层都同样信任参政院。"①

　　国务会议仍然是帝国的立法谘议机构。19 世纪 80 年代，在亚历山大三世反改革的局势下，国务会议的社会地位明显降低。亚历山大三世更愿意在大臣委员会这个受沙皇信任的狭小高官圈子讨论法案，但国务会议依然是国家管理体系中的重要环节。这一时期由康斯坦丁·尼古拉耶维奇和米哈伊尔·尼古拉耶维奇大公担任主席，这体现了机构本身的地位。

　　国务委员数量不足，而且很多委员保持缄默，只是机械投票，从不提出意见。财政大臣本格在他的《身后奏章》中曾经指出国务委员的构成问题："国务委员中缺乏足够数量熟悉全国和地方局势的人。在 72 名国务委员中，有 10 名不参加工作，相当于休假；有 10 名已是暮年，不参加会议；有 19 人任大臣职务。这样，尽管有 72 名委员，但每个司只有 5 名委员，这个数量并不多，即使这几个人也不是都健康状况良好。"② 很多委员态度消极使那些积极活动的委员影响力加强。但在多数情况下起主导作用的是国务会议各司主席。各部通常与国务会议负责其主管领域的司打交道。如财政大臣通常会努力获得国家经济司主席的支持。

　　亚历山大三世统治时期，很多改革时期的大臣辞职后都成为了国务委员，如扎米亚特宁、戈洛弗宁、洛里斯-梅利科夫、阿巴扎等，这里成为自由主义官僚的集中地，他们经常批评政府的方针，提交到国务会议的法案经常得不到多数票赞同。国务秘书 Е. А. 佩列特茨写道："国务会议经常坚决反对大臣们提出的法案，对法案做出重大修改，有时直接否决……"③ 国务会议被怀疑为"具有立宪的自由主义倾向"。如亚历山大三世认为，"多数委员有着不可告人的用心，立宪的思想。"很多大臣支持这种观点，包括托尔斯泰伯爵，他"在沙皇面前辱骂国务会议，把它形容为企图限制专制的革命者的聚会"。④ 许多重要的决定往往绕过了国务会议。一些最反动的法案，沙皇认为不方便在国务会议研究的，都绕过国务会议，直接提交大臣委员会讨论。内

---

① Соловьев К. А. Политическая система Российской империи в 1881-1905 гг. ：проблема законотворчества. М. ：РОССПЭН，2018. С. 239.

② Судьбы России. Проблемы экономического развития страны в XIX-начале XX вв. СПБ. ：Лики России，2007，258.

③ Зайончковский П. А. Правительственный аппарат самодержавия в XIX веке. М. ：Мысль，1978. С. 197.

④ Половцов А. А. Дневник государственного секретаря. В 2-х томах. М. ：Наука，1966.

务大臣伊格纳季耶夫直言不讳地表示："我没有去也不会去（国务会议）……我再告诉您，我甚至不向国务会议而是向大臣委员会提交报告。您会说这是非法的。也许是这样。"①国务会议对国家管理的影响本来就不是很大，而专制政权对国务会议的警戒态度进一步削弱了它的影响力，因此，与尼古拉一世统治时期一样，这一时期影响较大的是大臣委员会。

尽管国务会议的工作存在诸多不利因素，如人员构成不足，受沙皇忽视，其立法谘议权经常被剥夺等，但它作为围绕其所讨论的法案各种思想斗争的舞台，具有着重要的意义。19世纪下半叶，国务会议研究的事务明显增加。1853年法律司研究了97件事务，民事和宗教司73件，国家经济司232件。1899年，这三个司研究的事务数量分别为177、309和514件。②

国务办公厅负责公文处理以及会议纪要的编写等事务，拥有很大的权力。法律的最终措辞是由国务办公厅官员完成的，因此国务办公厅在法律制定中发挥了重要作用。在会议纪要的撰写方面也是如此，经验丰富的国务秘书索尔斯基就这一点指出，"应该写在会议纪要中的不是会议上说了什么，而是应该说的什么。"③管理国务办公厅的国务秘书权力很大，他代表国务会议向皇帝汇报。在官员中流传着这样一个说法："国务委员一无用处，国务会议主席一无用处，而国务秘书则大有作为。"帝俄晚期，担任国务秘书的先后为 Е. А. 佩列特茨（1878—1882）、А. А. 波洛夫措夫（1883—1892）、Н. В. 穆拉夫耶夫（1893—1894）、В. К. 普列维（1895—1902）、В. Н. 科科夫措夫（1902—1904）。后三者后来分别成为司法大臣、内务大臣和财政大臣。国务办公厅官员中也出现了多位国家要员，如国家审计官兼工商业大臣 П. А. 哈里顿诺夫、国民教育大臣 П. М. 卡夫曼、交通大臣兼大臣会议主席 А. Ф. 特列波夫、土地规划和农业管理局长 А. С. 斯季辛斯基、交通大臣 С. В. 鲁赫洛夫等。

---

① Ремнев А. В. Самодержавное правительство: Комитет министров в системе высшего управления Российской империи (вторая половина XIX-начало XX века). М.: РОССПЭН, 2010. С. 162.

② Зайончковский П. А. Правительственный аппарат самодержавия в XIX веке. М.: Мысль, 1978. С. 199.

③ Соловьев К. А. Политическая система Российской империи в 1881-1905 гг.: проблема законотворчества. М.: РОССПЭН, 2018. С. 169.

二、大臣委员会与大臣会议

亚历山大三世统治时期，由于最高委员会数量减少，大臣委员会在立法过程中的作用越来越大。[①] 一些重要的法案，沙皇认为不方便在国务会议研究的，都交由大臣委员会讨论。如 1881 年 8 月《保护国家安全和社会治安条例》和 1882 年《关于犹太人的临时规则》。通过大臣委员会的支持，亚历山大三世得以在一些地区施行非常法律，解决其他一些棘手问题。大臣委员会依然发挥最高行政机构的作用，协调各部的活动，监督省长的工作，并审查他们的报告。

亚历山大二世成立的大臣会议没有发挥统一政府的作用，由沙皇不定期组织开会并由沙皇担任主席，从 60 年代后半期开始，会议召开次数急剧减少。亚历山大三世登基后，大臣会议只召开过两次会议，从 1882 年起完全停止，但形式上依然是最高国家机构。

在 1905 年之前，俄罗斯帝国没有统一内阁协调各大臣的行动。大臣们的影响力取决于他们与皇帝的亲疏远近。第一大臣的位置通常由君主特别信任的人占据，一般来说是内务大臣。然而，在亚历山大三世统治的最后几年，财政大臣维特成为这样的人，他实行了 19 世纪末最重要的改革。维特得到了亚历山大三世的青睐，并在尼古拉二世执政初期保留了他的影响力。

三、沙皇陛下办公厅

在第二厅和第三厅取消之后，保留下来的第一厅从 1882 年 2 月 22 日起称为沙皇陛下办公厅，负责准备沙皇要下发的法令、诏书和手谕等；向沙皇提交最高国家机构以及各省首脑呈给沙皇的奏章和报告。沙皇陛下办公厅存在到 1917 年 4 月被临时政府撤销。

在 19 世纪晚期，沙皇陛下办公厅在管理文官方面的作用重新增加，设立文官监察处。1894 年 5 月 6 日法令规定，这里决定前 8 品文官的职务任免和

[①] Ремнев А. В. Самодержавное правительство: Комитет министров в системе высшего управления Российской империи (вторая половина XIX-начало XX века) . М.: РОССПЭН, 2010. С. 490-491.

调动等所有问题。同年 7 月颁布的《关于文职监察事务的补充规定》，进一步限制了大臣和省领导的权力，规定直接领导在任命空缺职位时，在得到沙皇批准以前，不能任命非国家官员。因此，他们在征得沙皇批准以前，只能临时任命那些调职者。文官监察处从 1894 年 11 月开始工作。四个月之后发现，计划中的工作制度不可行。在实际生活中，将与官员职务有关的所有问题集中到一个机构不现实。大量官员的任免都要由沙皇签发的法令批准，给文职工作造成巨大的困难，特别是对于边远地区的官员。文官管理的中央集权程度远远超过了 19 世纪 40—50 年代尼古拉一世的文官监察司时期。这使国家机构运转极为缓慢。沙皇颁布新法律，文官监察处只保留对四品至六品官吏职务的管理。[①]

四、部体制

亚历山大三世时期，部的组织体系基本保留未变，只是各部内部结构设置随着工作任务的变化而有所调整。1894 年 3 月，为改善农业状况，国家财产部改称为"农业和国家财产部"，其主要任务变成通过扩大适耕地面积、推广农艺知识、提高农业产量、发展农村手工业等途径改善农业状况，为此在部里设立了许多农业机构。同时，这个部依然负责对所有国家财产的管理，对某些类型农民的管理。内务部警察司的重要任务之一是镇压革命运动。值得提出的是，亚历山大三世统治时期三位能干的财政大臣——本格、维什涅格拉德斯基和维特在经济领域采取国家主义方针，进行经济和财政改革，采取了一些建设性措施，使处境艰难的财政状况得以扭转。维特担任大臣期间，财政部成为国家最主要的部，具有广泛的职能，是"真正的国民经济部"。

自 19 世纪初部体制建立以来，就存在各部门之间缺乏协商，部门分立现象，而造成这种现象的主要原因之一是各大臣单独向沙皇做报告，彼此之间缺乏讨论的做法。但法律对大臣向沙皇当面汇报的权利并没有明确规定。1802 年 9 月 8 日诏书和《部总条例》只是简单地提及这个权利，对大臣与沙皇交流的次数和形式并无详细规定。尼古拉一世统治初期形成基本的大臣汇

[①] Архипова Т.，Румянцева М.，Сенин А. История государственной службы в России. XVIII-XX века. М.：РГГУ，2000. С. 112.

报制度，但依然不很明确：大臣汇报的次数首先取决于沙皇的意愿及大臣主管部门的权限和性质。如尼古拉一世不喜欢的交通和公共建筑管理局局长 K. 托利甚至没有向沙皇当面汇报的机会，而陆军大臣 A. 切尔内舍夫却每天受到沙皇接见。1842 年接替 K. 托利的 П. 克莱米赫利为沙皇所喜爱，上任之后立刻享有每周一次的汇报权利。这在当时是一项特殊的恩赐，因为很多大臣（包括内务大臣和司法大臣）都没有在每周固定日子向沙皇汇报的权利，而是要向沙皇提出申请，说明在什么时候，因为什么事需要向沙皇当面汇报。到 19 世纪 60 年代，大臣向沙皇报告的次数朝着增加的趋势发展。如瓦卢耶夫在任内务大臣期间每周五向沙皇汇报。到亚历山大三世和尼古拉二世期间，每位大臣每周都有固定时间向沙皇汇报。①

斯佩兰斯基在对部体制进行改革时，把部作为独立的机关，使其行动不受其他权力不必要的限制，以此提高管理效率，但他并不想给予大臣超越其职权的权力。大臣向沙皇作个人报告的这种做法，同时又缺乏有力的监督机关，使大臣很容易超越其权限。斯佩兰斯基清楚地认识到这一点，如前所述，他希望在君主和大臣之间建立一个参政院，由参政院协调大臣的活动。但大臣还是直接向沙皇汇报，获得超越职权的可能。卡拉姆津就此写道，"俄国由大臣管理，每个大臣在自己管理的领域既能建设，也能破坏。"② 大臣在其主管国务领域内是沙皇的顾问，沙皇主要从大臣那儿获得这个领域的系统信息。沙皇实际上依赖于大臣，依赖于他所提供信息的容量和准确性，他所提出的建议及其实施的政策方针。大臣们在很大程度上影响着沙皇，他们宣传自己的观点和思想，批评自己反对的观点，利用沙皇的权力贯彻自认为正确的政策。瓦卢耶夫把 19 世纪俄国国家管理制度形容为"大臣的寡头政治"。1881 年，财政大臣阿巴扎指出："我们的每个部实际上都相当于一个独立国家。"③

这种部门分立主义在整个 19 世纪一直存在，政府官僚精英制定了若干改变这种状况的方案，但都未能得到实施。在一定程度上，部门分立主义受到专制政权支持。专制政权从自己的角度考虑，认为部门间的分歧在某种程度上可以保障自己权力的完整性和不容侵犯性，因为与团结一致的大臣相比，

---

① Шепелев Л. Чиновный мир России. СПБ.：Искусство，1999. С. 38.

② Карамзин Н. М. Записка о древней и новой России в ее политическом и гражданском отношениях. М.：Наука, 1991. С. 58.

③ Перетц Е. А. Дневник (1880-1883)，М.：Издательский дом《Дело》РАНХиГ. 2018.

矛盾分歧的大臣更能使沙皇体现自己的专制权力。各部门行动缺乏协调性也体现了沙皇专制的矛盾性，他为了延长自己的存在而致力于国家治理现代化，但又希望维持专制的政治体制。

第四节 地方治理改革

亚历山大三世在19世纪80—90年代颁布一些法律，如1889年7月《地方自治区长官条例》、1890年6月《省和县地方自治机构条例》、1892年6月《城市条例》，这些措施虽然并没有取消亚历山大二世的大改革成果，但在其中加强了亲贵族的、等级的色调，试图恢复改革前那种贵族在地方管理中的绝对优势地位，缩小自治机构的权限，使其处于政府机构的监督之下。国家管理中央集权化重新加强。

亚历山大三世政权恐惧革命震动和社会混乱所带来的威胁，1881年8月颁布《保护国家安全和社会治安条例》，在帝国任何地区都可以实行非常状态，使地方管理完全置于政府机关和军事权力机构的控制之下。这个法律规定，大臣委员会可以"为了实现全面安定，根除阴谋"，宣布某一地区处于非常状态。非常状态分为两种，一种是加强防护状态，一种是特殊防护状态。处于加强防护状态的地方，地方行政长官，总督（省长）或市长享有广泛的权力：关闭会议、工商企业，查封出版机构，通过行政手段逮捕、处罚和流放各种"危险分子"。处于特殊防护状态的地方，所有权力转交总督或者是专门任命的长官，这个地区所有文职机构，甚至是部分军事机构都隶属他们。他们可以成立军事警察队，将任何案件交由军事法院审理，罢免政府官员甚至是地方和城市自治官员的职务，管制不动产，查收动产。虽然原计划这个条例仅适用于某些省份，且仅实行三年，但是，这个条例适用的省份却不断扩大，且持续了30多年，一直到1917年革命。政府在镇压工人和农民运动中广泛使用"非常状态"，特别是在19世纪末20世纪初这一时期。[①]

1889年7月颁布《地方自治区长官条例》，这个条例的基本宗旨是纠正

---

① Ерошкин Н. П. История государственных учреждений дореволюционной России. М.：Высшая Школа，1983. С. 224.

所谓19世纪60年代的"严重错误",恢复贵族地主在1861年所失去的对农民的权力。按照这个法令,在全国40个以地主土地所有制为主的省份建立2200个地方自治区。① 每个地方自治区由内务部根据省长、省首席贵族的推荐任命一名地方自治区长官。随着这个职务的建立,大改革时期所设立的县农民事务署和治安法院都被取消。其中治安法院的部分职能被转给地方自治区长官和乡法院,其他一小部分更为重要的事务转给区法院。地方自治区长官只有世袭贵族才能担任,集行政与司法权力于一身,有权任免乡村官吏,有权否决乡村大会所通过的各项决议,而强迫其接受自己提出的决定,有权对农民进行处罚。这个条例恢复了贵族地主在农村的权力,复兴了贵族的特权。齐切林就废除选举产生的治安法官而设立地方自治区长官写道,"官僚机构第一次深入到县的核心,并将地方行政管理掌握在自己手中。"②

1890年颁布新的《省和县地方自治机构条例》,保留了地方自治机构的泛等级性质,但是却将其大大削弱。选民单位按纯粹的等级原则划分,将原来的土地所有者代表大会、城市代表大会和村社代表大会重新界定为贵族代表大会、非贵族居民代表大会和村社农民代表大会。贵族地主的财产资格降低了一半,因而贵族地主在选举中的代表人数增加。而村社农民失去了选举代表的权利,只是由乡会提供候选人名单,由省长根据地方自治区长官的建议任命县地方自治会的农民代表。同时,对选民财产资格的要求大大提高,圣彼得堡全体选民数量从21000人下降为8000人,而莫斯科地区则从20000人下降为7000人。③ 值得指出的是,新的地方自治条例尽管对1864年改革进行了"修正",加强了政府对自治机构的监督,但地方自治机关的原则并没有发生根本性的变化。虽然地方自治局中贵族的比例增加很多,却没有成为保守派所设想的那种纯粹贵族的机构。在县地方自治会中,贵族地主代表的比例从1864年的42%增加到1890年的55%;省地方自治会中贵族地主代表的比例从1864年的82%增加到1890年的90%。④

新条例颁布后,地方自治机构对沙皇政府的依附性增强,进一步受到省

---

① 孙成木等主编:《俄国通史简编》(下),人民出版社,1986年,第181页。
② Чичерин Б. И. Воспоминания. Земство и Московская дума. М.: Север, 1934. С. 277.
③ 〔美〕尼古拉·梁赞诺夫斯基、马克·斯坦伯格著,杨烨、卿文辉译:《俄罗斯史》,上海人民出版社,2009年,第366页。
④ 孙成木等主编:《俄国通史简编》(下),人民出版社,1986年,第182页。

长和内务部的制约。各省设立了"省地方自治事务署",归省长直接领导,由副省长、省首席贵族和地方自治局主席及委员组成。沙皇政府官员开始直接参与对地方自治机构的领导。政府对地方自治机构成员构成的干涉也进一步加强,1864年条例规定省地方自治会和地方自治局主席任职经内务大臣批准,县的主席任职经省长批准。而新的条例规定,所有地方自治局成员都需经过政府的批准。而地方自治局主席从此列入国家政府官员编制,同政府官员一样享受工资待遇。

1892年6月颁布新的《城市条例》,与1890年关于地方自治机构的条例一样,这是个反改革条例。新《城市条例》将选举人的资格由纳税资格变成财产资格:只有拥有一定数量不动产的城市居民才能成为选举人。中小资产阶级由此失去了选举权,俄国城市自治的选举人数大量减少。同时,省地方自治事务署和省城市事务署合并为省地方自治事务管理局,归省长领导,省长统一监督地方和城市自治机构,未经省政府许可,城市杜马的任何决定都不能执行,因而政府对这些自治机构的监督明显加强。

1890年地方自治条例和1892年城市条例是为了"将地方自治局和城市杜马纳入国家机构的一般体系,然而,不是通过发展自治的原则,而是通过最大限度地使社会机构从属于官僚机构并削弱其选举原则"。[①] 这造成政府部门对自治机构事务进行无理的干涉,从而产生了无休止的冲突。然而,亚历山大三世的反改革措施并没有完全取消大改革期间成立的地方自治机构。随着地方自治机构的出现,在俄国最偏远的角落都出现了学校和医院,出现了教师、医生和农艺师,而仅仅依靠政府并没有足够的资金完成这一切。地方自治机构比国家政府机构更为机动,在饥荒和流行病期间给予地方居民以有力援助。社会代表被允许解决地方和经济领域的事务,习惯了自治,会逐渐养成作为公民的基本素质。

亚历山大三世登基后实行的新路线使俄国脱离了"大改革"的道路,对1860—1870年大改革进行了修正,改变大改革中建立的以泛等级为基础的地方治理,试图通过将贵族置于重要地位来恢复等级制度。这些政策在学界通常被称为"反改革",同时代人有时将其称为"倒退运动"。近几十年来,西

[①] Нардова В. А. Городское самоуправление в России во второй половине XIX-начале XX в. : власть и общество. СПБ. : Лики России, 2014. С. 165-175.

方和俄国史学家都提出了对这种观点进行反思的声音,所谓的亚历山大三世"反改革",不应该被看成向改革前时期的倒退,而是作为稳定政治局势、消除大改革的消极后果的保守手段。亚历山大三世和他周围保守圈子的政策并没有取消历山大二世的改革,而只是消除了一些改革措施在他们那个年代造成的危机后果。"大改革超出了当时俄国的社会政治发展水平,因此,城市和地方自治领域反改革的原因是最高政权希望能化解当时存在的各种矛盾,其中包括政府行政部门和社会自治机构之间、社会自治机构内部各个群体之间以及社会自治机构和广大居民之间的矛盾。这些矛盾妨碍了各权力机构正常履行自己的职能。司法领域反改革的目的并不是要废除《司法章程》以加强政府行政部门的职能,而是要缩小陪审法院的活动权限,因为在陪审员中有许多农民和少数民族代表,由于这些人文化程度低,容易受观众、律师的意见左右,并忠实于与官方法律相悖的习惯法规则,因此不能正确地履行自己的职责。可以说,在保守派对大改革后果的批判中包含了合理的因素。"[①] 政府方针的转折点事实上并不是在沙皇亚历山大二世被暗杀之后。19 世纪 70 年代,在社会局势紧张,出现暗杀沙皇行动,恐怖主义威胁加剧之时,亚历山大二世实行的一系列措施已经可以被称为保守政策。亚历山大三世政府面临着新的威胁,政府实行的特殊法律措施,在短暂的历史时期内恢复了法治和秩序,无论对这一事实如何进行评价,但政权维护了社会安定,这一经验值得仔细研究和全面分析。

[①] 〔俄〕鲍里斯·尼古拉耶维奇·米罗诺夫著,张广翔等译:《俄国社会史》下卷,山东大学出版社,2006 年,第 236 页。

第九章 尼古拉二世时期改行君主立宪与国家机构体系

进入 20 世纪时,俄国专制制度受到剧烈冲击,上层政治危机从初显端倪而步步深化。政府高官再次劝谏君主应从保持王朝长治久安的大局出发,对社会各界给予适度的让步,建立国民代议制,建立内阁,只有这样才能较为彻底地革除国内的种种弊端,最终达到君主地位稳固、国家强大兴盛的目的。1905—1907 年革命表明,俄国已经不能回避政治现代化问题,迫于时局的压力,尼古拉二世同意成立国家杜马,改组国务会议,设立两院制议会,改革大臣会议,形成了近代意义上的中央政府,国家在通向政治现代化的道路上又迈出了一步。但沙皇政府不考虑政治力量分布的变化及其对社会生活的现实影响,仍然竭尽全力维护其对国家的垄断权力。在世界大战的条件下,俄国国家政权和管理制度出现全面危机,专制政权的主要成分之间关系复杂化,矛盾激化,沙皇政府风雨飘摇,被革命轻易推翻。

第一节 从加强君主专制到改行君主立宪

1894 年 10 月,亚历山大三世去世,新沙皇尼古拉二世即位。王朝的更替立即使人们萌生了实现政治理想的希望,所有政治思想流派都活跃起来。著名军事活动家和外交家 А. А. 伊格纳季耶夫回忆说:"我们都激动地期待年轻的新沙皇实施变革,对他的每一个举动欢欣鼓舞,把之看作即使不是一个新时代的开始,至少是对亚历山大三世创造的加特切纳生活方式的打破。"[1]尼古拉二世即位之初就收到了很多奏章,要求建立由地方自治机构选举产生

---

[1] Игнатьев А. А. Пятьдесят лет в строю. В 2-х томах. Т. 1. М. : Правда, 1989. С. 69.

的中央代议机构，附属国务会议或其他最高国家机构，将人民的意愿传递给沙皇。然而，新沙皇并不想进行哪怕是局部的改革，对时代的精神哪怕是做出最小的让步。尼古拉二世绝非贪恋权力者，他不仅视权力为累赘，而且为权力所痛苦，但他也不容许把自己的权力哪怕是部分地与他人分享。他从童年起养成了深入骨髓的信念——俄国历史道路是独特的，绝对专制是俄国唯一可能的，也是俄国人民所希望的政治体制。

在19世纪80—90年代，随着俄国资本主义的发展，马克思主义开始同工人运动相结合，新的革命力量以不可阻拦之势迅猛发展。到19世纪末20世纪初，俄国政府面临着最复杂的任务：维护专制制度，平息革命运动。解决这些复杂任务对沙皇和执政官僚的品质提出了非常高的要求。俄国现代化进程的发起者和领导者是国家政权，因此，现代化进程常常取决于当政者的见识和能力。有学者指出，"遍寻20世纪初俄国现代化断裂的要害缘由，我们也许不得不把目光落到末代沙皇尼古拉二世身上。在一个独裁专制的社会里，永远不要低估统治中枢者的个人素质对国家走向特别是国家衰败的影响力。据维特实录，尼古拉二世尽管和善仁慈、教养不俗，但他不谙世故、优柔寡断，缺乏乾纲独断的应有天资，复为个性强悍乃至歇斯底里的女皇以及各色佞臣所包围。"①

尼古拉二世与他的父亲亚历山大三世一样，坚信个人独裁权力的神圣性和必要性，不仅反对进一步改革，而且极力限制许多已经实施了的改革的效能。虽然尼古拉二世与他父亲的信条和政策一致，性格却截然相反。亚历山大三世意志坚强、果敢决断，而尼古拉二世性格懦弱、优柔寡断。这位末代沙皇具有许多优秀的个人品质，如彬彬有礼、自律忠诚、强烈的责任感以及对家庭的奉献精神，但是这些优秀的个人品质对于一个需要强力、远见和手腕的帝王来说微不足道。"俄国虽曾有过彼得大帝的强势推动和奋力跃进，但总体上还是缺乏持续进取的精神动力和自我发动的制度，似乎必定要靠某个强大领袖或军事需要才能将国家往前带上一程。"② 有人说，在20世纪初只有再出现一个彼得大帝才能拯救罗曼诺夫王朝和帝俄，而尼古拉二世显然难

---

① 〔美〕西德尼·哈凯夫著，梅俊杰译：《维特伯爵——俄国现代化之父》，上海远东出版社，2013年，第X页。
② 〔美〕西德尼·哈凯夫著，梅俊杰译：《维特伯爵——俄国现代化之父》，上海远东出版社，2013年，第II页。

当此任。人们一直以来认为尼古拉二世是一个好人，甚至是一个圣徒，他后来也确实被俄国东正教追认为圣徒，但他也是一个在危机期间不知所措的、仓皇无助的统治者。

尼古拉二世的信条完全在亚历山大三世统治之初主张的"人民专制"的思想框架内。他全心全意地相信老百姓对他的真诚的爱，把俄国当作"祖先遗留下来的世袭领地"和"罗曼诺夫家族的私人财产"。在1897年全国人口普查中，尼古拉二世称自己是"地主"和"俄国土地的主人"，他代表居住在俄国土地上的1.2亿臣民。他"首先把自己看作一个受过登基涂油仪式——君权神授的君主，因此，他认为自己所有的决定都是合法的、正确的。君主的意志就是法律——这是他骨子里渗透着的观念。这种观念不是一种信仰，而是一种宗教。"[①]在俄国和整个世界都发生了翻天覆地变化的时刻，在很多俄国人确信一个建立新型政治关系的时代已经来临之际，尼古拉二世依然盲目地信仰俄国古老的政治传统，信奉绝对君主专制制度，认为神圣的、神授的君主通过神秘的爱与他的民众连接在一起。

登基之初，年青沙皇的政治方针与其父相同，坚决拥护专制制度，视维护专制政权不可动摇为己任。即位伊始，尼古拉二世就急于向社会表明自己的政治立场。特维尔地方自治会代表向沙皇呼吁最高当局倾听社会各界的意见，谨慎地表达了对国内政治自由的希望，这引起了皇帝的愤怒。尼古拉二世于1895年1月17日在冬宫与地方自治代表会面，发表了他的第一次公开演讲。这次演讲被媒体广泛报道，他指出："据朕所知，在一些地方自治会议中，一些被虚幻的梦想冲昏了头脑的人们最近大叫大嚷，说什么地方自治会议的代表理应参与国家事务管理。你们应该明白，为了人民的福祉，我将会奉献我的全部力量，我将会坚定不移地，正如我那刚刚去世的父亲一样维护专制统治的原则。"[②]在其统治的头十年，尼古拉在对内政策方面完全遵循其父亲奠定的模式：继续经常宣布国家处于非常状态，限制地方自治和城市自治机构的权力。

尼古拉二世公开拒绝任何改变国家政治制度的意图。然而，他并不排除

---

① 〔俄〕鲍里斯·尼古拉耶维奇·米罗诺夫著，张广翔等译：《俄国社会史》下卷，山东大学出版社，2006年，第231页。

② 〔美〕尼古拉·梁赞诺夫斯基、马克·斯坦伯格著，杨烨、卿文辉译：《俄罗斯史》，上海人民出版社，2009年，第366页。

实施经济改革，认为经济改革可以加强专制政权并安抚要求变革的自由派公众。尼古拉二世采用了亚历山大三世的基本方针，将政治与经济分开。维特在19世纪90年代末领导并实施了一系列重要的经济改革。尽管尼古拉二世的个性使他并不是特别喜欢维特，但他却肯定维特的工作能力，因此保留维特的财政大臣职务直到1903年。维特改革完成了亚历山大三世时期卡特科夫和波别多诺斯采夫制定的发展任务：建立强大的民族工业。沙皇支持维特的方案，因为他承诺在不影响专制制度基础的情况下发展国民经济。

在保守的内务大臣普列维被暗杀之后，斯维亚托波尔克-米尔斯基担任新的内务大臣。米尔斯基禀性良善、天赋智慧、很有教养。他在掌管内务部后，宣布"治理俄国当以信任社会为基础"。① 他支持改革思想，公开表示要寻找一条传递社会呼声的渠道，并倡议迎接一个"政治春天"的到来。米尔斯基向尼古拉二世呈交报告，提出了一系列非常温和的改革方案，其中包括吸收选举产生的社会贤达参加国务会议以在立法过程中起到咨询的作用。尼古拉二世命令根据这个报告起草《关于完善国家制度规划诏令》，并在1904年12月12日颁布，许诺扩大地方自治机构的权限，减少1881年起经常实行的"非常状态"等。但米尔斯基有关吸收社会贤达参加国务会议，即给予民选代表以立法谘议权的条款被尼古拉二世否决。沙皇声明："我无论如何决不会同意实行代议制政体。因为我认为这对上帝授命于我治理的人民是有害的，因而我……要把这一款删掉。"② 这样，在其祖父亚历山大二世同意给予某些民选代表以立法谘议权的近四分之一个世纪之后，尼古拉二世却和其父亲一样，拒绝做出这样的让步。错过自上而下实行改革的机遇：沙皇推动社会以革命的方式来解决积存下来的各种问题。正如俾斯麦所说的："不是革命领袖们的极端思想，而是当时没有被实现的、微不足道的、温和且合法的要求形成了革命运动的力量。"③

在社会矛盾日益激化的情况下，日俄战争的失败激化了国内固有的矛盾，民怨沸腾，加速了革命的爆发。1905年1月9日许多仍然相信古老的沙皇十

---

① 〔俄〕谢·尤·维特著，张开译：《俄国末代沙皇尼古拉二世》，新华出版社，1983年，第258页。
② 同上，第268页。
③ 〔俄〕鲍里斯·尼古拉耶维奇·米罗诺夫著，张广翔等译：《俄国社会史》下卷，山东大学出版社，2006年，第231页。

分仁慈神话的工人们携带家眷，列队前往冬宫向沙皇请愿，手里高举着尼古拉二世和皇后亚历山德拉的画像，但是军警们却野蛮地向手无寸铁的请愿者开枪，1000多人遇难，数千人受伤，史称"流血的星期日"。"流血的星期日"打碎了普通人民对沙皇仁慈的信任感。工人、农民和士兵纷纷发动罢工、起义，革命运动汹涌澎湃地发展起来，是为俄国历史上第一次资产阶级民主革命。革命爆发之后，立即有来自不同方面的人建议沙皇在实行代议制方面做出让步，改变部门分立的顽疾，设立内阁。圣彼得堡总督 Д. Ф. 特列波夫向尼古拉二世指出："严格恢复国家秩序，但同时逐步实施自由措施，引入宪制。"[①] 农业和国家财产大臣叶尔莫洛夫也要求建立统一政府，并实行代议制，以加强专制政权的力量。

迫于时局的压力，尼古拉二世不得不违心地同意实行立宪，以平息社会不满，分裂革命力量。最初，尼古拉二世只允许召集拥有谘议权的国家杜马之类的代议机构。他在1905年2月18日签署诏书，委托内务大臣布里根起草相关法案，宣布"从现在起，在保持帝国根本法不可动摇的情况下，吸收从居民中选出的、得到人民信任的、值得尊敬的人参与预先制定和讨论立法提案。"[②] 布里根拟定的国家杜马草案于1905年8月6日经沙皇批准，预定在12月10日前完成国家杜马的选举，不迟于1906年1月召开国家杜马。根据布里根杜马草案，国家杜马仅在税收、修铁路、讨论法案等方面具有一些微弱的权力，没有立法权，类似于俄国历史上的缙绅会议之类的谘议性机构。大量居民都被剥夺了选举权和被选举权。但是，布里根杜马还没有来得及召开就被革命风暴扫除了。

布里根杜马草案在社会上引起了强烈反响。有少数人拥护布里根杜马草案，认为在俄国人民当时的文化程度下，这种方案是唯一可以实现的。多数人则主张国家杜马应具有立法权，是通过普选产生的人民代表机关。对布里根杜马草案抵制最为强烈的是俄国社会民主工党的布尔什维克，他们提出了打倒谘议性杜马、打倒沙皇政府等口号，同时组织群众性的政治罢工，准备武装起义。1905年9—10月，发生俄国历史上最大的总罢工，参加罢工的人数约达200万人，全国处于瘫痪状态。在这种危机局势下，10月17日尼古

---

① Мосолов А. А. При дворе императора. СПБ.：Наука, 1992. С. 37.
② 陶惠芬：《俄国近代改革史》，中国社会科学出版社，2007年，第339页。

拉二世颁布了《整顿国家秩序宣言》，保证召开新的立法性杜马。

在俄国向君主立宪制转变的政治现代化进程的关键一步中，维特伯爵做出了历史性的贡献。维特与尼古拉二世的关系并不融洽。在1903年，尼古拉二世解除了维特长达11年财政大臣的职务，将他"安置"在大臣会议主席的虚位上。在1905年秋国内动荡之时，维特正在美国为结束俄日战争与日本议和，他一回国就被抛到了政治变幻的风口浪尖。当国家处于内忧外患之际，他展现了有教养者的良知和对世界大势及国家动荡实质的理性把握，与时俱进地主导了俄国的政治转型。他起草了《整顿国家秩序宣言》，于尼古拉二世在10月17日以宣言的形式签署公布，又被称为《十月十七日宣言》。

《十月十七日宣言》宣称"朕责成政府恪遵朕意行事：①依据确保人身不受侵犯、信仰自由、言论自由、集会自由、结社自由诸原则，恩赐平民以公民自由之坚实基础。②不阻止原定之国家杜马选举，而今尚需在杜马召开前余下之有限时期内尽量吸收迄今无选举权之居民阶级参加杜马，然后依据新确立之立法制度（即根据1905年8月6日法律设立杜马和国务会议）进一步发展普选原则。③规定下述不可更改之原则：任何法律未经国家杜马认可不得生效；民选机构得以确定参与监督朕所授予之权力行使是否合法。"① 这个宣言的公布，宣布俄国建立了具有立法权的国家杜马，公民自由不可侵犯、成年男性的普选权等现代公民权利得到了明确承认，这是俄国由封建君主制向资产阶级君主制方向演化的实质性一步。正如列宁所称，《十月十七日宣言》是"在形式和内容上都是完全立宪的宣言"。② 这些都是在当时顶着左右两翼强大的反对而赢得的，有人甚至称维特把《十月十七日宣言》强加给了沙皇。维特认为，《十月十七日宣言》为"俄国历史开辟了一个新纪元"。他在自己的诸多成就中，也最为看重立宪这一政治成就，乃至希望他的墓碑上能刻有"维特伯爵，1905年10月17日"。③

《十月十七日宣言》颁布之后，1905年10月19日颁布敕令《关于加强各部与总局活动一致之措施》，对大臣会议进行了改组。随着新大臣会议的成

---

① 〔俄〕谢·尤·维特著，张开译：《俄国末代沙皇尼古拉二世》（续集：维特伯爵的回忆），新华出版社，1985年，第1—2页。
② 《列宁全集》第13卷，人民出版社，2017年，第308页。
③ 〔美〕西德尼·哈凯夫著，梅俊杰译：《维特伯爵——俄国现代化之父》，上海远东出版社，2013年，第161，177页。

立，大臣委员会在 1906 年 4 月正式取消，其部分职能转交国务会议，部分职能转交大臣会议。改革后的大臣会议主席由沙皇任命，其权力远远大于原先的大臣委员会主席，在其所属事务范围内有决定权和实际执行权，这样便形成了近代意义上的中央政府（在一定程度上相当于内阁）。与西欧国家的内阁不同，俄国大臣会议及其主席只对沙皇负责，而不对国家杜马负责。内阁的建立也是专制君主制向资产阶级君主制发展的一个里程碑。

1906 年 4 月 23 日颁布新版《国家根本法》，其中删除了沙皇"享有无限权力"的词语，改成"俄国沙皇享有最高专制权，服从他的权力不是出于恐惧，而是出于良知，此乃上帝的旨意"。[①] 根据新版《国家根本法》，皇帝仍然保留了巨大的权力。皇帝拥有立法权、行政权和司法权。皇帝同国务会议、国家杜马共同制定法律，召集这两个机关开会；有权解散国家杜马和罢免国务会议中经选举产生的那部分成员；任免国务会议二分之一的成员及其主席；有立法动议权，而对于根本法则拥有绝对的立法权；拥有绝对的立法否决权。根据《国家根本法》第八十七条，皇帝在国家杜马休会期间有权颁布具有法律性质的命令，这些命令应该在杜马开始开会后的两个月内提交杜马批准。皇帝拥有"一切领域内"的行政权，是政府首脑，有权任免各部大臣、省长及其他高级官员。他确定外交政策，宣战，缔结和约、条约；统帅武装力量。皇帝在司法领域的权力包括：一切判决和裁决都要以他的名义公布；他任命法院法官；某些判决需经过他批准；国家杜马议员、国务委员及其他高级官员被法院审判和追究法律责任需得到他的允许；大赦权和特赦权属于皇帝。但是，沙皇也受到了一系列法律的束缚，他失去了重要特权：无限的立法权，与国家杜马和国务会议共同享有立法权力。法律规定，"不经国务会议和国家杜马同意不能颁布任何法律"，同时，"不经沙皇批准任何法律不能生效"。在新版《国家根本法》中，沙皇的权力虽大，但法律为沙皇框定了权力范围。"皇帝第一次被载入法律坐标系中。在政治问题上他要依法恪守一定行为准则……在俄国类似的情况以前没有，以前沙皇永远是高于书面的法律。"[②] 维特指出，新版《国家根本法》"是一部宪法，然而是保守性的宪法，不实行议会制的宪法。10 月 17 日产生的制度最终可望扎下根来，总之，不再有可能回

[①] Ерошкин Н. П. История государственных учреждений дореволюционной России. М.：Высшая Школа，1983. С. 140.

[②] 赵士国：《历史的选择与选择的历史》，人民出版社，2006 年，第 346 页。

到旧制度上去了。"[①] 新《国家根本法》的出现成为1905年底至1906年初进行的国家改革链中的最后一环。

尼古拉二世是顽固的专制主义者，坚决反对立宪，但迫于时局的压力，违心地同意设立人民代表机构。1905年《十月十七日宣言》宣布成立具有立法权的国家杜马，给予俄国人民公民自由，并承诺在俄国进一步确立新秩序。之后沙皇又颁布了一系列有关设立国家杜马、改组国务会议和大臣会议的法令、诏书，1906年4月23日颁布新版《国家根本法》。俄国政体发生了重大变化：在立法领域，国家杜马和国务会议具有议会的基本组织形式，拥有议会的基本权力，构成相互制衡的立法两院，它们与享有最终立法权的君主构成了三位一体的立法系统；在行政领域，改革后的大臣会议具备了近代西方内阁的基本条件，成为常设的国家最高行政机关，即中央政府。新版《国家根本法》具有作为国家根本大法——宪法的特征。沙皇在立法、行政、预算领域受到《国家根本法》等法律文件的限制，丧失了独裁大权。自彼得一世确立绝对君主专制之后，虽经下层人民群众起义的冲击，上层统治集团自身的变革，这种制度始终没有受到根本触及。在1905年革命中，沙皇再也不能继续维持原有的统治方式，无论沙皇如何想以立宪之名行专制之实，规定最终立法权仍然属于君主，政府首脑及所有大臣不对立法机关负责，只对君主负责，他却无法按传统的方式——集立法、行政、司法、军事权于一身进行统治。俄国从封建君主制向资产阶级君主制转变过程中又迈出了一步。绝对君主专制制度不复存在，俄国改为二元君主立宪制政体。

第二节　国家治理改革方案与举措

19世纪末20世纪初，政府内部依然提出各种国家治理改革方案。政府高官不断伺机谏言，劝谏君主应从保持罗曼诺夫王朝长治久安的大局出发，重新审订、修改某些不合时宜的法律法规，对地方治理进行一定的改革，对社会各界给予适度的让步，建立国民代议制，建立统一内阁，只有这样才能

[①] 〔俄〕谢·尤·维特著，张开译：《俄国末代沙皇尼古拉二世》（续集：维特伯爵的回忆），新华出版社，1985年，第273页。

较为彻底地革除国内的种种弊端。如同前朝一样，尼古拉二世时期也继续收到来自斯拉夫派的将"专制与自治""专制与民主"结合以实现君主和臣民团结的国家改革建议。

一、国家治理整体改革方案与举措

1. 本格的《身后奏章》

1891—1892 年俄国暴发严重饥荒暴露了国家政治和经济制度的危机。"与克里米亚战争失败一样，1891—1892 年饥荒再次向世界表明俄国的落后以及不仅在经济上而且在国家管理制度上都需要进行彻底变革。"[①] 本格详细分析了亚历山大三世统治时期的治理方针，提出比较完整的政治改革方案，核心之一是完善国家治理体系。本格曾先后教授亚历山大三世和尼古拉二世经济学，1882 年被任命为财政大臣，1886 年成为大臣委员会主席。本格计划将其改革方案呈给亚历山大三世，然而他放弃了这个想法，使其成为一份政治遗嘱，被称为《身后奏章》。1895 年 6 月初本格去世后，大臣委员会办公厅主任库拉姆津在整理他的文件时发现这份政治遗嘱，呈给尼古拉二世。沙皇下令将这份文件印制了 30 份，其中 15 份分发给部分大臣和国务委员。这份被称为《身后奏章》的文件的最终版本在俄国已经公开出版。[②]

本格的《身后奏章》阐述了尼古拉一世统治时期的停滞政策和亚历山大二世、亚历山大三世统治时期改革的不完整性，虽然没有直接写明这种政策导致了权力危机，但仿佛在引导皇帝思考这个问题，指出社会主义思想和革命运动在俄国发展的必然性。本格反对官僚中普遍认为的革命思想是从外部传入俄国的观点。他指出，"克里米亚战争之前的三十年停滞"政策已经为它们制造了土壤。

本格提到需要改变最高国家机构体系。他指出，法律制定过程混乱，法案是在大臣委员会还是在国务会议通过缺乏严格界定。他计划通过改造国务会议来完善国家管理机制，赋予这个中央机构在立法方面的重要作用，为此

[①] Ананьич Б. (ред.) Власть и реформы. От самодержавной к Советской России. М.: ОЛМА-Пресс Эксклибрис, 2006. С. 358.

[②] 《Загробные заметки》 Н. Х. Бунге // Судьбы России. Проблемы экономического развития страны в XIX-начале XX вв. СПБ.: Лики России, 2007. С. 216-283.

他建议扩大国务委员的组成，包括每年邀请一到两名地方自治局代表和地方专家参与具体问题的讨论。他还提出改变向国务会议提交法案的顺序以加强其立法工作："现在每份法案都是先由某个部门起草，然后发给其他部门征求意见，其他部门就法案提出意见后，这个部门再考虑这些意见，接受或者驳斥，并在此基础上对法案进行修正。如果这个部门没有接受意见，则把最初的法案和对其他部门意见的驳斥一同提交国务会议；如果这个部门接受了意见，则把就此修改后的法案提交国务会议。这些程序走下来，有时需要几年时间。有时采用另外一种程序：大臣先把法案直接提交国务会议，然后由国务秘书把法案发给其他大臣征求意见，国务秘书再把收到的其他大臣的意见发给这个大臣"。本格承认，这种立法程序可能"会使法案的讨论更为仔细、全面，避免可能出现的急躁倾向"，但"也存在着明显缺陷，过于浪费时间和精力，而且通过这种方式出台的法案有时是一种妥协、让步的结果，丧失了完整性"。他建议将法案的讨论集中在一个机构，或者是国务会议，或者是大臣委员会，或者是大臣会议。后一种选择在他的奏章中被描述为"更完美"，适合"重大立法和改革"。可见他再次谨慎地引导皇帝恢复大臣会议的想法，并在其中讨论重大立法和变革。本格指出在中央政府机构存在的问题是：大臣们的日常行政工作负担过重，行政权力过度集中和各部门的孤立。他认为俄国皇帝的权力不能够保证行政统一，建议"将国家事务与普通公务分开"，协调各部的活动并建立对它们的监督。

　　本格批评省、县、城市和农村的治理制度。他建议提高省长的地位，扩大省长的权力，赋予他监督省内所有政府机关和地方管理机关的权力。省长是中央政权的代表，省长候选人的推举不只由内务大臣决定，要由所有大臣共同决定，并且通过大臣委员会将候选人提交沙皇任命，省长撤职同样要应内务大臣或其他某个大臣的要求通过大臣委员会进行。本格主张在地方一级建立某种联合政府。他建议取消由省长亲任主席的各类机关和办公厅，成立一个特别的"省务会议"来负责地方管理事务，其由政府所有部门：内务、军事、财政、国有资产、国家审计、地方自治、城市和村会的代表组成。但一些需要迅速、果断处理的纯执行性事务和警察事务不受省务会议管辖。在县里设立类似于省务会议的县公署。本格主张扩大地方自治、城市自治和农民等级自治机构的活动范围，但保留政府的监督权，将地方自治推广到西部各省。本格谴责托尔斯泰创建的地方自治区长官制度并"把他们变成了贵族的机构"。本格提出有必要对村和乡实行新的管理制度，其中不同等级的人员"将承担相同的职责，有共同的地方政府"。①

尼古拉二世登基后不久，政府就讨论了本格的方案。本格的方案没有得到政府掌权人士的支持。波别多诺斯采夫和大臣委员会主席杜尔诺沃表示强烈反对，他们担心，从上而下采取的每一个进步措施都会带来可预见的灾难性后果。但是，维特甚至斯托雷平改革都从本格的《身后奏章》中吸取了有益的启示。

2. 斯拉夫主义国家改革方案

如同亚历山大三世时期一样，20世纪初尼古拉二世也收到了斯拉夫主义国家改革方案。这类方案中比较重要的是《俄罗斯事业报》出版人，自称是 И. С. 阿克萨科夫继承人的 С. Ф. 沙拉波夫提出的，他撰写了《专制制度与自治》，提出建立"具有俄罗斯民族传统的专制制度与地方自治"。与前述法捷耶夫和沃龙措夫-达什科夫的《关于俄国现状的信件，1879年4月11—20日至1880年4月6日》一样，沙拉波夫的书最初在俄国被禁止出版，于1899年在柏林出版。1905年，沙拉波夫在《俄罗斯事业报》中刊登了这部作品的内容，1905年，他的一部著作在莫斯科出版，其中包括了《专制制度与自治》的内容。沙拉波夫这部作品为当时沙皇政府内部广泛知晓。沙拉波夫提出对俄国中央和地方治理系统进行彻底的改革。

作为坚定的君主主义者，沙拉波夫强调君主权力的优势，专制者—沙皇"凌驾于官僚机器之上"，是最高法官、立法者和统治者。但他主张将中央集权和分权制度结合起来，使国家首脑不必为一些在地方上就完全能够成功解决的问题费心。他尖锐地批评官僚制度，指出他们钻入人民与专制政权之间，实际上剥夺了专制的权力。专制者受客观因素制约不能事必躬亲，由官僚代他处理一些事务。但官僚制造了国家"血液循环中的血栓"，阻碍了政权和人民的互动。在人民眼中，君主专制化身成大臣专制，大臣专制化身成司长、处长和科长的专制。"我们官僚的所作所为使人民仇恨我们崇高的历史原则——专制制度。"为了克服这种官僚弊端，沙拉波夫提出将"国家事务"与

---

① 《Загробные заметки》 Н. Х. Бунге // Судьбы России. Проблемы экономического развития страны в XIX-начале XX вв. СПБ. : Лики России，2007. С. 256-267.

"地方自治事务"分开管理。他认为现行地方自治系统并不合理，因为设立地方自治机构的省份数量太多，并且地方自治制度不是在所有地区实行。他建议对地方自治制度进行改革，把地方自治向全国推广，建立大的地区单位，在法定范围内实行自治。沙拉波夫建议取消原先50个省的领土划分，将其根据工业、地理条件和人口种族构成等特征合并为州。他设想建立12个"俄罗斯本土州"：圣彼得堡、莫斯科、喀山、基辅、沃罗涅日、奥伦堡、敖德萨、顿河畔罗斯托夫、鄂木斯克、托木斯克、伊尔库茨克和符拉迪沃斯托克；6个异族州：赫尔辛基、华沙、维尔诺、里加、塔什干和梯弗里斯。在每个这样的地方自治单位，君主代表的任务是监督法律的执行，自治代表的任务是独立管理法律规定领域内的事务。这样，就会出现"一系列活跃的社会自治地方机体"。专制者代表着国家，而大的地方自治州代表着国民。

中央国家机构将由四个部门组成。第一个是立法部门。国务会议具有立法谘议职能，成员由沙皇任命，并增加来自各州的代表，一名"异族州"代表，两名"俄罗斯本土州"代表，加上莫斯科、下诺夫哥罗德州两名代表，以及中部黑土地区两名代表。第二个是行政部门。参政院作为纯粹的最高行政机构，将司法职能转交给最高帝国上诉法院。参政院由沙皇任命成员和各州选举成员组成，负责监督法律的执行。它可以让大臣和总督接受审判，并对各州进行调查。第三个是司法部门。最高帝国上诉法院负责处理司法事务，是各州之间的法院。第四个是国民经济部门。从国务会议分离出来一个国家经济委员会，有各州代表参加。不同的部委将成为国家的中央经济机构。

各州的治理被委托给由皇帝任命的总督，而各州的地方事务则委托给选举产生的州自治机构。州自治分成三个级别：第一级是州杜马。成员由总督从州地方自治会成员中任命，贵族占半数席位。州地方自治会由各县、市的议员组成。州首席贵族经皇帝任命为州地方自治会主席，要让他如总督一般有直接向皇帝汇报的权力。第二级州自治组织是县，县长由州杜马任命。第三级州自治组织是教区，被视为教会和国民的社会组织的共和体。州自治机构具有在法定范围内的立法、财政和经济独立性。沙拉波夫认为，这种治理组织应该消灭官僚的专横独断，维护专制者的权力不受侵犯，保障地方自治的权利。[1] 为了解决国家生活的一些重要问题，要召开全国或几个州的代表

---

[1] Шарапов С. Ф. Избранное. М.：РОССПЭН，2010. С. 27-74.

大会。沙拉波夫认为，这是"真正的俄罗斯"人民代表制，不限制专制制度，不实行君主立宪制，是"专制与民主"结合的思想。沙拉波夫指出，"俄国专制制度体现了人民与沙皇爱和信任的统一，只有通过常设的、合理的缙绅会议交流的方式，而不是议会的形式，才能正常的、有活力的存在，缙绅会议选举产生的人没有权利的问题，有的只是对沙皇的帮助，与沙皇道德上的交流，沉重的职责。"①

19世纪80年代初，法捷耶夫和沃龙措夫-达什科夫起草的斯拉夫主义改革方案被拒绝。在19世纪90年代末，沙拉波夫的斯拉夫主义方案甚至没有在政府进行认真讨论就已经受挫。虽然沙拉波夫的斯拉夫主义方案没有得到统治阶层的支持，但有很多人支持促进和发展地方自治。

3. 斯维亚托波尔克·米尔斯基的改革方案

1904年7月受人民敌视的保守的内务大臣普列维被暗杀，斯维亚托波尔克-米尔斯基公爵继任内务大臣职位，他"德高望重、禀性良善、天赋智慧、很有教养"，此前是维尔诺总督，与当时地方自治机构的自由主义代表关系密切，称自己是"地方自治的人"。沙皇在国内政治危机之时，希望借助米尔斯基这样有自由主义声望的人物为他渡过难关。米尔斯基在掌管内务部后，宣布"治理俄国当以信任社会为基础"。② 他支持改革思想，公开地表示要寻找一条传递社会呼声的渠道，并倡议迎接"政治春天"的到来。在上任后他立即向尼古拉二世提出了他的改革方案，提到宽容、扩大自治以及给予新闻界更大的权利等。新大臣的措施被称为"斯维亚托波尔克-米尔斯基的春天"，圣彼得堡保守沙龙和官僚对米尔斯基的路线给予了敌意的讽刺，将其与洛里斯-梅利科夫的"心灵的独裁"相提并论。

在日俄战争军事失败后社会思想明显激进，对专制制度以及政府不满的呼声越来越高。激进的自由主义者，如司徒卢威等人，号召选举产生立宪委员会，要求政府由民选代表组成。许多公共团体也都强烈地要求改革，提出具有自由主义色彩的立宪主张。地方自治代表向米尔斯基递交了要求召开全国地方自治代表大会的申请，筹备于1904年11月在圣彼得堡召开全国地方

---

① Шарапов С. Ф. Самодержавие или конституция? М.：Свидетель，1908. С. 56.
② 〔俄〕谢·尤·维特著，张开译：《俄国末代沙皇尼古拉二世》（续集：维特伯爵的回忆），新华出版社，1985年，第258页。

自治代表大会。米尔斯基向尼古拉二世做了汇报,报告称地方自治人士只讨论他们的地方事务。尼古拉二世最初批准了申请,但地方自治分子得到了对召开代表大会的正式批准后,进一步提出要在代表大会上讨论有关国家生活的问题以及所希望进行的改革。了解到这种变化,尼古拉二世收回了他的许可。但为时已晚:所有省份的地方自治人士已经聚集到了圣彼得堡。最终他们只被允许在私人住处举行这样的会议。会议召开结果表明,绝大多数地方自治代表都变得越来越激进,除要求基本的自由权、平等权和扩大地方自治机构权力外,他们还要求举行国民代表大会,选举产生的代表应有立法权,而不仅仅是立法谘议权。应米尔斯基要求,会议向他提供了一份专门报告,详细地阐述了地方自治人士的意见和诉求。这份报告由莫斯科大学哲学系教授 С. Н. 特鲁别茨基公爵撰写。报告不仅对国家现实进行了客观评估,而且分析了国家摆脱内政和外交僵局的方法,指出沙皇有义务走上改革的道路以拯救国家,实现政治自由,完善法律制度和政府组织。[①] 报告中写道:俄国正在输掉战争,这是近 50 年里的第二次,公众对当前的社会状况和秩序怨声载道。如果沙皇无视这一点,不走向改革之路,国家将注定长期处于痛苦的风暴中,全面瘫痪。这份报告的思想迎合了米尔斯基的观点,他写道:"我不相信宪法。我非常不想实行宪法,由此我才承认必须要进行改革,就是为了不会在很快的将来被迫实行人们所要求的宪法……如果我们维持现状,那么我们离这点就不远了,俄国会火山爆发。"[②]

米尔斯基试图说服沙皇进行某些必要的改革,他委托内务部官员 С. Е. 克雷扎诺夫斯基编写奏章《帝国内部制度改革规划》。克雷扎诺夫斯基毕业于圣彼得堡大学法律系,他在进入政府部门后,成为几乎所有国家改革方案的主要作者之一,这份报告是其中第一个。这份奏章是一个全面改革规划,克雷扎诺夫斯基说他起草奏章时感到自己"几乎是一个新的斯佩兰斯基",但他也承认奏章中没有任何他原创的内容,只是整理了米尔斯基的建议。[③] 内务部共同事务司副司长 А. Д. 阿尔布佐夫认为米尔斯基的报告是近年来俄国最

---

① Шипов Д. Н. Воспоминания и думы о пережитом. М.:Изд-во М. и С. Сабашниковых,1918. С. 581-587.
② Гросул В. Я. (отв. ред.). Русский консерватизм XIX столетия:идеология и практика. М.:Прогресс-традиция,С. 404.
③ Ананьич Б. (ред.) Власть и реформы. От самодержавной к Советской России. М.:ОЛМА-Пресс Экслибрис,2006. С. 424.

重要的改革方案之一，他在革命后的回忆录中写道："如果其中提出的措施能够实施，那么很多事态的发展就会与现实完全不同。"①

《帝国内部制度改革规划》对亚历山大三世的国内政治路线进行了严厉批评，认为这种路线一方面在地方加强国家政权的权威，另一方面限制社会活动，压制自由主义思想运动。奏章提出下列主要措施：实现法律至上，改革参政院，扩大参政院的监督权；建立团结的内阁，协调大臣的活动；建立小的地方自治单位，改变农民的法律地位，特别是打破村社；扩大旧礼仪派教徒和犹太人的权利；放宽新闻检查；限制护照使用，削弱"关于防治和打击犯罪法"特别是《保护国家安全和社会治安条例》的适用，他还建议改组国务会议，增加地方自治机关选举代表。米尔斯基的方案意味着在19世纪60年代改革的40年后，第二次尝试开始对国家生活各个方面进行全面改革。下面重点阐述这个方案中有关国家治理改革的设想。

奏章中指出帝国时期官僚制度占统治地位，官僚主义成为"将君主与人民活跃的直接沟通隔开的有害媒介"，为消除官僚主义，建议实行权力下放，发展社会机构的活动，以及"采取措施消除行政专断，向广大人民群众灌输法治原则和尊重他人的财产和权利"。奏章指出，加强法治、治理权力下放，甚至宣布人权和公民权利，这些措施都是为了国家服务，是实现社会目标的可靠手段，并不具有政治色彩，也不意味着实行西方的宪政。米尔斯基认为，采取这些措施将是平息公众政治思想动荡的最现实方式，并使政府有机会在治理事务中获得广泛民众的同情和支持。

奏章规定扩大参政院的权力，使其免于隶属于司法大臣，从而使参政院按照彼得一世的计划处于司法系统的首位，作为法律的监督者。大臣委员会受到严厉批评："这个机构可以被定义为给予大臣们的一种手段，以逃避我们两个基本国家机构——国务会议和参政院的监督。"大臣委员会在立法领域与国务会议竞争，而在行政领域它可以不受参政院的监督。米尔斯基建议，大臣委员会的任务应该是"协调各部门在国内政策问题上的活动，随着我国政府任务的日益复杂，这种协调已经成为国家的迫切需要"。由此可见，米尔斯基将联合政府的作用归于大臣委员会而非大臣会议。

---

① Ананьич Б. (ред.) Власть и реформы. От самодержавной к Советской России. М.：ОЛМА-Пресс Экслибрис, 2006. С. 424.

奏章尖锐地批评 1890 年地方自治条例，指出该条例把地方自治机构视为国家机构，但没有将它们与国家机器结合起来，导致在地方治理中产生"内部分歧"。贵族在地方自治机构中占优势，使农民受到很大限制，城镇人口、工商业阶层几乎被完全排除。奏章建议进行新的地方自治改革，扩大选民范围，在法律基础上建立对地方自治机构活动监督，扩大实行地方自治地区的范围。

奏章最后一部分名称不显眼，却极为重要。"法案制定方式"是关于实行某种形式的代议制。将代议制与专制政府相结合是整个改革体系中最根本、最微妙的一点。其中指出，只要民众的发展超过了已知的限度，就会不可避免地产生这种需求，满足民众的心理需求也是不可避免的。奏章主张以斯拉夫主义理想的形式实施这种改革，让民众需求"直达沙皇，而不会被官僚所扭曲"。奏章建议国务会议增加一些民选代表，参与立法讨论。代表不是直接从民众中选举，在 34 个实行地方自治的省，代表将由省选举大会产生，其他省份的代表将由任命产生。洛里斯-梅利科夫在 20 年前已经提出这一点。米尔斯基向沙皇证明，这"满足了时代的需求，同时完全符合我们国家制度的原则，没有任何违反这些原则之处，甚至没有提出任何新的东西，只是以现代的形式再现了莫斯科沙皇在他们的缙绅会议中，以及叶卡捷琳娜二世在她的法律编纂委员会中听取民众意见的那些形式。"[1] 事实上，他建议回到被 1881 年 3 月 1 日炸弹所中断的亚历山大二世的改革政策，建立具有立法谘议权的代表机构。

米尔斯基向尼古拉二世灌输两个想法。首先，社会思想在不断发展，成为重要的政治力量，政府在所有问题上都要考虑社会力量的意见。用警察式的镇压不能中止，只能是暂时延缓社会运动的发展。其次，他提出的措施并不是要建立"限制君主专制权力的宪政"，采纳他的建议不会破坏，而是会加强专制。尼古拉二世问自己的内务大臣：为什么要这样做？这样做会发生什么？米尔斯基回答说："为了平息社会舆论，但这样做会得到什么，我不知道，也许，20 年之后会是宪法。"[2]

---

[1] Ананьич Б. （ред.）Власть и реформы. От самодержавной к Советской России. М.：ОЛМА-Пресс Экслибрис, 2006. С. 429-430.

[2] Гросул В. Я. （отв. ред.）. Русский консерватизм XIX столетия：идеология и практика. М.：Прогресс-традиция, 2000. С. 401.

1904年12月初尼古拉二世下令举行两次特别会议讨论米尔斯基的奏章，在这两次会议上，围绕吸收地方自治代表参与立法工作，即建立代议制的条款引起了论战。在第一次会议上，大多数与会者表示要"满足温和的、理智的社会人士的愿望"，允许从地方自治机构选举产生的人员参与立法讨论工作。内阁首相维特回忆道："我首先发言。我坚决认为，要恢复以前的反动政策根本办不到，这肯定会使我们覆灭，支持我这个意见的有索尔斯基伯爵（国务会议主席）、弗里什（国务秘书）、叶尔莫洛夫（农业和国家财产部大臣）、穆拉维约夫（司法大臣）和科科夫措夫（财政大臣）。"① 只有波别多诺斯采夫一如既往地表示反对。尼古拉二世沉默不语，没有表示反对。用维特的表述，这"使与会者感到鼓舞，所有人都为陛下恩赐给大俄罗斯的关于国家建设和国家生活新方针的思想感到激动"。② 然而，沙皇的沉默并不意味着他同意他的大臣的意见并准备做出让步。几天后，召开第二次会议讨论这个问题，会议成员增加了，弗拉基米尔、阿列克谢、谢尔盖几位大公专程从莫斯科赶来参加会议。他们被邀请而来显然是因为在第一次会议上仅凭波别多诺斯采夫一人之力不足以推翻米尔斯基的方案。在这次会议上，尽管反对的人增多，米尔斯基提出的方案还是被采纳。

尼古拉二世命令维特主持根据这个奏章起草《关于完善国家制度规划诏令》。这份诏令中大部分是米尔斯基奏章的内容，许诺"关心国家需要"，废除农民的等级限制，保障他们由亚历山大二世赐予的"全权的自由居民"的地位，许诺削弱新闻审查，减少1881年起经常实行的"非常状态"，加大宗教宽容，扩大地方自治机构和城市机构在地方发展领域的权限，保证法院的独立性和不同等级的人在法院面前平等，等等，并且采取了米尔斯基奏章中提出的要点："吸收社会贤达参与国务会议。"这份诏令于1904年12月12日颁布，但在颁布之时，米尔斯基有关吸收社会贤达参与国务会议，即给予民选代表以立法谘议权的条款被尼古拉二世否决。因此，无论是自由派的地方自治公众还是米尔斯基，都没有成功地让尼古拉二世转变立场。在最后一次讨论《关于完善国家制度规划诏令》的文本时，尼古拉二世对 П. 特鲁别茨基说，"只有专制才能拯救俄国"，"农民不会理解宪法，他们只会理解一件事

---

① 〔俄〕谢·尤·维特著，张开译：《俄国末代沙皇尼古拉二世》，新华出版社，1983年，第265页。

② 同上，第266页。

——沙皇的手被绑住了。"① 沙皇声明："我无论如何决不会同意实行代议制政体。因为我认为这对上帝授命于我治理的人民是有害的，因而我……要把这一款删掉。"② 在 12 月 13 日觐见皇帝时，斯维亚托波尔克-米尔斯基实际上已经提交了他的辞呈。他说："上帝保佑，希望是我错了，但我相信六个月后，陛下会为删掉有关选举代表的条款而忏悔。"③

所有人都要求变革，很多人要求宪法，一位时局观察家和熟悉法国大革命者指出："似乎，你们正处在法国大革命的前夜。""只有政府冥顽不灵。阻止或削弱运动已经不再可能，但不幸的是，显然等待你们的只会是更多的白色和红色恐怖……如果政府在这个冬天做出可怕的愚蠢行为，明年登上舞台的将是工人、青年、恐怖分子和用鲜血换取自由的人们。"④ 有关政府做出可怕的愚蠢行为的预言很快被证实。1905 年 1 月 9 日革命事件显示了愤怒的人民的力量。斯维亚托波尔克-米尔斯基的预言提前实现。不是六个月，而是在两个月内，皇帝就同意召开立法代表会议。

4. 代议机构与内阁

1905 年革命后，建立统一政府与实行代议制的要求并存，后者的声音更为频繁和响亮。这时俄国对代议制的理解与革命前时期已经具有原则性的不同。宪法被视为实现人民主权的必要条件和结果。未来的立宪民主党人以及激进的地方自治人士和公众人物将当局和"人民"的利益对立，把由制宪会议通过的宪法视为建立新的法律秩序的必要条件。新斯拉夫主义把代表制看作是将专制者与人民结合起来并克服官僚主义的半神秘手段。政府许多高官公开要求进行政治变革。1902 年 1 月，维特在国务委员、大臣、参政员和骑兵团军官聚集的房间里说，"我保证，除了军官之外，所有人都考虑在俄国制定宪法。"然后他纠正说，"我们应该说大厅里 80% 的人对政府不满。房间里

---

① Ананьич Б. （ред.）Власть и реформы. От самодержавной к Советской России. М.：ОЛМА-Пресс Экслибрис, 2006. С. 432

② 〔俄〕谢·尤·维特著，张开译：《俄国末代沙皇尼古拉二世》，新华出版社，1983 年，第 268 页。

③ Соловьев К. А. Политическая система Российской империи в 1881-1905 гг.：проблема законотворчества. М.：РОССПЭН, 2018. С. 329.

④ Гросул В. Я. （отв. ред.）. Русский консерватизм XIX столетия：идеология и практика. М.：Прогресс-традиция, 2000. С. 406.

所有人都在谈论宪法。"①

早在1月17日，农业和国家财产大臣叶尔莫洛夫就请求沙皇采取果断行动，进行根本性的国家制度改革：一是建立完全统一的政府，二是建立国民代表制。他以耸人听闻的语言提醒沙皇，目前的局势连一天都不能担保沙皇王朝平安无事。尼古拉二世听后立即嘱咐维特召集大臣会议拟定安抚国家的必要措施，并审核12月12日诏令所规定的各项改革之可行性。

1905年2月间，尼古拉二世一反惯例，主持召开了三次大臣会议讨论国民代议制问题。沙皇承认，他在不想放弃专制治理方式和对"失去一切"的恐惧之间纠结，"在向右和向左之间辗转反侧"。如果实行代议制是不可避免的，那么应该通过选举保证有利于沙皇政府的人员组成。在与会人员中，包括新任内务大臣布里根在内的大多数人都支持建立国民代表制，但一些人继续主张邀请地方有识之士参与讨论一些问题，一些人则主张建立常设国民代表机构。1905年2月18日，为了避免在废除农奴制纪念日即2月19日出现骚动，沙皇颁布了由内务大臣布里根起草的《关于吸收选举出的人士参与立法讨论活动的诏令》，宣布"在保持《国家根本法》不可动摇的条件下，吸收由居民选举出的、享有国民信任的最优秀分子参与法案的预先研究和讨论"。② 当这份诏书由沙皇签署时，在场的人中年龄最大的索尔斯基宣布俄国进入了一个"新时代"。

2月18日诏书颁布后，成立由内务大臣布里根担任主席的特别委员会制定有关成立代表机构的方案，成员除包括有关部门官员外，还吸收"社会贤达"参加，包括制定米尔斯基改革方案的克雷扎诺夫斯基，还有斯拉夫主义著名政论家Ф.Д.萨马林、圣彼得堡大学教授И.А.伊万诺夫斯基等。布里根委员会尽可能使新设立的代表机构具有温和性质，克雷扎诺夫斯基写道："我试图遵循传统，并尽可能避免被指责抄袭西方，我把斯佩兰斯基制定的国家杜马方案作为模板。"③ 关于召集选举产生的国民代表参加立法工作的法案于5月底完成，这份法案确定的重点是设立国家杜马作为新的国民代表机关。

---

① Соловьев К. А. Политическая система Российской империи в 1881-1905 гг.: проблема законотворчества. М.: РОССПЭН, 2018. С. 130.

② 刘显忠：《近代俄国国家杜马：设立及实践》，社会科学文献出版社，2007年，第42页。

③ Ананьич Б. (ред.) Власть и реформы. От самодержавной к Советской России. М.: ОЛМА-Пресс Эксклибрис, 2006. С. 444.

"杜马"（Дума）在俄语中是"思考、思索、智慧"之意，后成为代议机关的专用词。"国家杜马"一词在19世纪初斯佩兰斯基的国家改革方案中首次提出，但从未正式设立过。这次布里根委员会决定在国务会议之外设立国家杜马为全国性的代议机关，不仅沿袭了传统的称呼，而且效仿了西方议会上下两院的形式。布里根方案在大臣会议就各种原则性问题几经争辩和修订。最终1905年8月6日沙皇颁布了《关于设立国家杜马的诏书》《国家杜马章程》和《国家杜马选举条例》三个法令。在宣言中沙皇保证国家杜马的选举在12月10日前进行，国家杜马的召开不迟于1906年1月中旬。《国家杜马章程》规定，杜马是为了"预先研究和讨论通过国务会议而提交最高政权的符合根本法的立法议案"而设立，这就确定了"布里根杜马"的立法谘议性质。《选举条例》将所有选民分为三个选民团：土地所有者、市民和农民选民团。选举不是普遍、平等的，而是具有等级和财产资格，大批居民被剥夺选举权。选举也不是直接的，而是多级的。它效法1864年地方自治条例，三个选民团分别选出复选代表组成省选举会议，由省首席贵族主持推举出本省杜马成员。三个选民团被分配的复选代表分别为：土地所有者选民团选举出34%的复选代表；城市选民团24%；农民选民团42%。[①] 给予农民如此多的复选代表是希望利用农民特别是富裕农民的保守性维护帝国的稳定。

虽然"布里根杜马"权力有限，但它终究是沙皇在1905年夏革命高潮中被迫再次做出的让步。法律明确规定在国务会议之外设立国家杜马为全国代议制机关，将19世纪初斯佩兰斯基在其国家制度改革方案中关于国家杜马的设想变为现实。然而，沙皇政府颁布的布里根国家杜马方案既没有满足自由派的政治要求，也没能平息国内的动荡局势。相反，革命形势进一步发展。工人运动不断扩大，越来越具有强烈的政治色彩。到10月，形成了全俄政治总罢工。面对着国内的革命形势，沙皇有两种选择：或对革命进行镇压，实行严厉的专政；或通过改革向立宪制度过渡。沙皇最终选择了任用维特进行让步改革。

维特深受斯拉夫派的影响，是一名坚定的君主主义者，他曾坚决地反对地方自治，害怕立宪，认为俄国的"完整性只能靠强有力的专制政权来维

[①] 祝政宏：《罗曼诺夫王朝的最后日子——沙皇灭亡前的上层危机》，海天出版社，2000年，第123页。

持"，地方自治与专制制度不相容，它将不可避免地导致人民代表机关，导致立宪。但1905年俄国的严峻形势使维特的态度发生了变化，他看出俄国和整个世界的发展潮流已不允许继续实行绝对专制，认为审时度势、改弦易辙才是明智之举。维特认为："必须明智地限制独裁，必须在康庄大道上筑起几堵限制独裁之墙，除此之外，别无其他出路，这看来是当今世界人类发展不可抗拒的历史规律。"[①] 10月9日，维特觐见尼古拉二世，呈递了他拟就的改革纲领。他力陈对时局的见解：依他之见，摆脱危险局面的出路有两条，一是依据呈交的纲领，向社会做出让步，走立宪之路。二是赋予某个"果敢的军人"以独裁全权，令其竭尽全力用武力镇压各种形式的骚乱，即使大规模地流血也在所不惜。维特说，目前以第一条道路，即和平的方式摆脱危机尚有可能，"由于兵力不足，不可能实行军事独裁"。

在政治改革方面，维特力主建立君主立宪制，他直接使用了"立宪"（конституция）一词，称陛下至今并不承认这个字眼，是对它缺乏了解。予以立宪，"实际上任何危险都不会发生"。他劝沙皇相信，在设立具有立法权的国民代表机关之后，仍可完全地保存沙皇的权力，并暗示在谘议性与立法性的代表机关之间并没有不可逾越的界限。当局应从享有社会信任的人中挑选合作者进入国民代表机关，并建立统一的内阁，改组国务会议。维特最后总结道："历史进步是不可阻遏的，公民自由的思想必然获得胜利。不是走改良的道路，就是走革命的道路。"[②] 维特要求沙皇对眼前的道路二者择一，如果走第一条道路，便可任命他为将来的政府首脑，并赋予他从志同道合者甚至社会贤达中遴选各部大臣的权力。惊恐万状的沙皇也想借助维特的声望来安抚社会，保全罗曼诺夫王朝，于是便起用他为"救星"来应付局面，责成维特依法制定一份详细改革方案以供参考。于是，维特和他的助手用十天时间草拟出《整顿国家秩序宣言》，在1905年10月15日面呈尼古拉二世。沙皇尼古拉二世经过一番犹豫后在10月17日签署公布，被称为《十月十七日宣言》。

《十月十七日宣言》已没有"保持帝国根本法不可动摇"或"必须保存根

[①] 〔俄〕谢·尤·维特著，张开译：《俄国末代沙皇尼古拉二世》（续集：维特伯爵的回忆），新华出版社，1985年，第245页。
[②] 祝政宏：《罗曼诺夫王朝的最后日子——沙皇灭亡前的上层危机》，海天出版社，2000年，第129—130页。

本法关于专制权力不可侵犯"等表述,明白无误地规定设置拥有立法权的国家杜马,肯定自由、民主和法治等资产阶级民主原则。皇帝在给皇太后的信中写道,"我们讨论了两天,最后,在祈祷之后,我签署了它。我亲爱的妈妈,我在此之前受了多少苦,您无法想象!我的妈妈,我不可能把导致我做出这个可怕决定的所有情况都电报告诉您,但我是有意识地做出这个决定的……唯一的安慰是希望这是上帝的旨意,这个艰难的决定将带领亲爱的俄罗斯走出近一年来令人无法容忍的混乱状态。"他直截了当地说,他所签署的文件"实际上就是宪法"。①《十月十七日宣言》的颁布拉开了俄国新一轮立宪改革的序幕。此后,沙皇尼古拉二世又颁布了一系列法令、诏书,如1905年12月11日颁布《关于修改国家杜马选举条例》,1906年2月20日颁布《关于修改国务会议章程和重新审定国家杜马章程》《关于改订国务会议章程》和《国家杜马章程》,以及1906年4月23日颁布了新版《国家根本法》。

《十月十七日宣言》颁布之后,尼古拉二世下令以维特为主席的大臣会议着手重新审核8月6日有关国家杜马的两个文件《国家杜马章程》和《国家杜马选举条例》,首先是制定新的《选举条例》。11月,维特约请了索尔斯基、弗里什等重臣和达冈采夫教授,而且引人注目地邀请了资产阶级自由派的两名代表——十月党领导人古契柯夫和希波夫参加讨论。维特政府既想借助扩大选举权的范围来安抚自由派,同时又极为警惕地预防产生一个过于激进的国家杜马。大臣会议经过数次讨论,由内务部官员克雷扎诺夫斯基执笔,制定出新的选举法案。它以8月6日条例的基本原则为基础,即仍按各等级选民团进行多级制选举,但在原来三个选民团之外,增加工人选民团,并扩大城市选民团的范围。

12月11日,沙皇颁布了《关于修改国家杜马选举条例》的诏令。这个条例基本上以克雷扎诺夫斯基制定的选举法案为基础。在《选举条例》的修改工作完成之后,同样是由精于法令修订工作的克雷扎诺夫斯基等人在8月6日《国家杜马章程》的基础上,参考了普鲁士、德意志帝国宪法中有关议会的章节,制定出新的《国家杜马章程》。与旧《章程》相比,新《章程》变化不大,主要是按照《十月十七日宣言》国家杜马享有立法权的标准,增添

---

① Каменский А. Б. (ред.) Реформы в России с древнейших времен до конца XX в. Т. 3. М.: РОССПЭН, 2016. С. 266.

了几个条款突出立法机构的权力,并规定了其与改组后的国务会议的关系。①

　　沙皇政府被迫成立国家杜马后,意味着要对国务会议进行改革。改革的目的是使国务会议成为限制国家杜马立法权力的关键环节。如前所述,19世纪下半叶大多数"立宪方案"都以某种方式与国务会议联系在一起:要么扩大其职能,要么改变其成员构成(包括地方自治和城市自治机构选举代表)。国务会议主席索尔斯基伯爵主持的"特别会议"在修订《国家杜马章程》的同时,开展改组国务会议的工作,成立了专门委员会制定各项法案。克雷扎诺夫斯基主导制定了改革国务会议的方案。他奉行传统的两院制议会精神,未来的杜马根据其"工作性质"将成为下院,其愿望和观点"很可能在长期内具有相当抽象和急躁的特点",将不可避免地超越立法谘议的界限。国务会议作为上院应该包括保守势力,成为对杜马的"调节器"。他建议利用两院之间的冲突来保护沙皇的特权,沙皇可以在"两种意见"之间做出选择,或者做出自己的决定。克雷扎诺夫斯基提议,国务会议成员不仅要像以前那样由沙皇任命,而且要有一些选举产生的成员,但选举成员的数量不应超过任命成员。

　　在大臣会议对此问题进行讨论时,维特对国务会议地位和作用的认识起到了决定性影响,与会者达到空前的一致。维特坚持,国务会议应当享有与国家杜马同等的权力。他相信,改组后的国务会议将是保守派组成的立法上院,它负有保障国家制度的使命;而国家杜马议员由于缺乏政治经验,很可能在立法上犯各种错误。上院可以回击下院各种极端的观点,否决下院通过的不合时宜的法案,用他的话来说,"只有上院才能拯救不受羁束的下院"。另外,将国务会议改造为上院的角色还有一个重要目的——为了防止国家杜马可能与君主发生冲突,必须在这两者之间设立上院,它将起到一种"缓冲器"的作用。②

　　1906年2月20日颁布《关于修改国务会议章程和重新审定国家杜马章程》《关于改订国务会议章程》和《国家杜马章程》。1906年4月23日在颁布新版《国家根本法》的同时,颁布了新《国务会议章程》,完成了国务会议改革。国务会议从"君主的立法事务谘议委员会"转变为"上院"是"向宪

---

　　① 祝政宏:《罗曼诺夫王朝的最后日子——沙皇灭亡前的上层危机》,海天出版社,2000年,第154页。
　　② 同上,第156页。

法秩序迈出的决定性一步"。

在沙皇政府决定建立代议机构之后,建立统一政府的问题也迫切地提上日程。政府内部缺乏统一是影响国家局势稳定的一个主要因素,农业和国家财产大臣叶尔莫洛夫将其视为"流血的星期日"悲剧的原因之一,1905年1月他对皇帝说:"发生这样的事情,政府难辞其咎,我们,您的大臣们都难辞其咎。但是,鉴于我们目前的国家组织系统实际上并没有真正的政府,只有个别大臣,国家治理像笼子一样被分割开来,我们能做什么呢?我们每个人都知道自己的部分,但其他大臣在做什么,有时甚至在密切关联的事务领域,我们不知道,也没有办法知道。"[1] 这也是50年来俄国政要们一再提出的问题。如果说在建立国民代表制问题上沙皇是处于被动的态势,那么在建立统一的政府方面,沙皇则采取主动的姿态。其原因在于,随着1905年革命的不断深入发展,沙皇日益感到那种各自为政、不相配合的各部在对付革命运动上软弱无力,只有建立统一而强大的政府方能有效地扑灭革命烈火。

1905年1月17日,沙皇责成维特组建一个"特别会议"制定改革最高行政机构的方案。以维特为主席的"特别会议"一开始面临的重大问题是,究竟是以现存的中央机构为基础进行改组,还是另起炉灶,创建一个新的最高行政机构?这时,沉寂了20多年之久的"大臣会议"再次活跃在政治舞台上。当大臣会议日益表现出活力时,"特别会议"的思路逐渐清晰。2月,按"特别会议"的指示要点,大臣委员会办公厅和国务办公厅共同酝酿形成了"将大臣会议改造为统一的最高行政机构"的构想。但是,当时国内外形势的稍稍缓和又使沙皇耽于幻想,等待观望,不急于进行重大改革。

1905年夏的革命浪潮使沙皇又重新祭起"建立强大政权"以对付"骚乱"的旗帜,下令继续进行行政领域的改革。8月6日,以索尔斯基为主席的另一"特别会议"召开,会议主要是审核有关国家杜马的补充性文件,同时也继续审议有关统一中央机构的草案。9月起,从美国回来的维特也参加了"特别会议"的工作。会议参加者除了所有大臣外,还有皇室成员和宫廷权臣,这说明沙皇已经高度重视"政府的问题"。

"特别会议"就大臣会议主席的权力和地位问题发生激烈的争论。维特将

---

[1] Соловьев К. А. Политическая система Российской империи в 1881-1905 гг.: проблема законотворчества. М.: РОССПЭН, 2018. С. 338.

大臣会议主席是否拥有全权看作能否彻底实行改革的重要标志。他提出,大臣会议主席应拥有近乎独裁的全权,而所有大臣应以主席为轴心,与主席政见不合的大臣不能留任。财政大臣科科夫措夫明确反对这一点,他强调,主席享有全权是一种模仿外国的错误做法,它只会降低君主的地位。支持财政大臣者把大臣会议改革,特别是大臣会议主席权力的增加视为对沙皇专制权力的威胁,主张仍保留大臣会议的原有权力和运行机制,只是在它之下设立一个常设会议以协调大臣之间的关系。在"特别会议"多数人反对下,维特的改革思路受到孤立。10月4日国务秘书波洛夫措夫在日记中记道:"许多人起来反对设置'首席大臣',因为他将成为限制专制制度的最高官员。"[①] 维特坚持自己的立场,按自己的构想对关于大臣会议诏令草案做了重大修改和补充,主旨是加强大臣会议主席的地位和作用。他将大臣会议主席有权组建政府视为行政改革的重中之重,因而提出,应允许主席向沙皇推荐中央各部门(宫廷、陆军、海军、外交部除外)大臣和主管人的候选人,并要求各部门(上述四个部除外)的负责人同意主席关于撤换中央和地方管理机关主管人的名单。此外,草案还规定大臣须向主席呈交有关国内重大事件及其对策的报告;主席有权在他认为需要的情况下召集自己主持的"特别会议"来讨论解决某些事务。值得注意的是,维特在自己拟定的草案条款中,还首次使用了通常称呼西欧国家内阁总理的"Премьер"一词。

10月13日,维特伯爵获得沙皇电示,内容大致为:"任命吾卿担任大臣会议主席,以统一各大臣之活动。""大臣应以恢复普遍秩序为己任。国家生活必须安宁,政府始能与民众自由选出之代表通力协作。"[②] 这就是说,沙皇已决定委托维特为即将成立的政府之首脑,希望他出面组阁,支撑危局,"恢复秩序,安定社会"。维特在起草《整顿国家秩序宣言》即《十月十七日宣言》的同时,还起草了《维特向沙皇启奏关于俄国国家制度必要改革的奏章》,其中提出建立协调各部行动的统一政府即内阁,并改组国务会议。这份奏章与《整顿国家秩序宣言》同日予以公布。

维特主持制定的《关于加强各部与总局活动一致之措施》被沙皇尼古拉

---

① 祝政宏:《罗曼诺夫王朝的最后日子——沙皇灭亡前的上层危机》,海天出版社,2000年,第148页。
② [俄]谢·尤·维特著,张开译:《俄国末代沙皇尼古拉二世》(续集:维特伯爵的回忆),新华出版社,1985年,第8、20页。

二世于 10 月 19 日公布，宣布"责成大臣会议就立法和国家最高行政事务指导并统一各部门主管人的活动"。诏令以第一部分 17 款的详尽规定，使改革后的大臣会议在其所属事务范围内有决定权和实际执行权，将大臣会议改造为俄国近代意义上的中央政府（在一定程度上相当于内阁）。①

立宪改革与内阁的形成大大改变了国家的组织结构，因此有必要起草新的国家根本法，以法律形式对上层建筑领域系列变革加以确认。在起草、审核与最终确定《根本法》的工作中，维特仍然起着无可替代的作用，是整个大法制定工程中的灵魂性人物。维特尤为注意平衡君主和国民代表机关的权力，强调不能过分侵害君主的特权，更不能过于提高国民代表机关的职权。维特坚持必须在国家杜马召开前颁布新版《根本法》。若在国家杜马召开前不颁布国家根本法，那么国家杜马就有可能参与制定、审核《根本法》的所有事务，国家杜马就将"变成立宪会议"，很有可能制定超越《十月十七日宣言》原则，即最大限度地改变俄国根本政治制度的宪法。

维特认为，根本法草案要参考一些（普鲁士、奥地利、日本、英国）国家的保守宪法，从中参考使用或直接借用有益的原则和条款。国务秘书助手哈里顿诺夫在 1905 年 11 月着手起草根本法文本，除了外国的宪法文本，他还参考了反对派的纲领性文件，如解放联盟制定的俄罗斯宪法草案以及立宪民主党的纲领等。哈里顿诺夫的方案成为根本法的基础，它对国家制度改革的建议比后来《根本法》的最终文本更彻底。大臣会议对这个方案进行了修改。如哈里顿诺夫起草的基本法案关于沙皇权力的条款规定："最高国家权力属于全俄罗斯专制者皇帝陛下。"经大臣会议修订的提法如下："最高专制权力属于全俄罗斯皇帝。服从他的统治不仅是出于敬畏，也是出于良心。"从本质上讲，这两者没有任何区别。而且两者完全相同的是，均删除了旧版《根本法》关于沙皇称号中"无限的"一词。尼古拉二世本人怀疑改变关于"在《根本法》第一条中已存在了 109 年的最高权力的定义"的必要性，认为任何"对它的新表述，甚至是大臣会议提出的表述"都是危险的。维特认为大臣会议提出的表述更可取，既然沙皇的权力将不再被定义为"无限的"，那么就有必要强调其为专制的。在维特极力推动下沙皇才接受对于这个条款的新措辞。

---

① 祝政宏：《罗曼诺夫王朝的最后日子——沙皇灭亡前的上层危机》，海天出版社，2000 年，第 145—148 页。

《根本法》于 4 月 23 日获得批准。

这样，在《十月十七日宣言》颁布之后，沙皇尼古拉二世又颁布了一系列有关设立国家杜马、改组国务会议和大臣会议的法令、诏书，颁布新版《国家根本法》，俄国政体发生了重大变化，改行为二元君主立宪制。

二、地方治理改革方案与举措

1. 地方政府改革

直至俄罗斯帝国倾覆，中央和地方官员都对地方治理状况不满。20 世纪初沙皇政府再次提出了改革地方管理问题，内务大臣普列维和斯托雷平在任期间都制定了地方治理改革方案。

通常被公众舆论视为顽固的反动分子的内务大臣普列维也意识到国家政治制度处于危机之中，需要改革。他承认俄国"管理手段已经过时，需要根本的改进"，但坚持"只有历史上建立的专制制度才能进行这种改革"，他提到了普希金的话："在俄罗斯，政府总是走在人民前面。"① 1902 年 10 月 23 日普列维就向沙皇提交了一份有关地方管理改革的奏章。其计划第一，加强和集中省长权力，他们不需再负责一些琐事。第二，精简和规范行政管理，将地方集体负责制机构集中到一个中心机构。② 他的改革计划主要是针对省级行政机构弊端而制定的。

大改革年代设立的新法院、地方自治机构大大削弱了省长的权力。同时中央国家机构一直工作负荷过大，且日趋严重。如 19 世纪 60 年代初，司法部每年收到 626000 多份文件，19 世纪 80 年代初收到 578000 份，80 年代末收到 691000 多份，90 年代初收到 1624000 份，20 世纪第一个十年收到 3372000 份。③ 1905 年 10 月，托尔斯泰担任国民教育大臣时，他被其肩负的工作规模所震惊。他写道："这是一个巨大的加工厂，制造成千上万的通告、报告、意见等，工厂如火如荼地运转，有大量轮子、杠杆和蒸汽锅炉，有大

---

① Ананьич Б. (ред.) Власть и реформы. От самодержавной к Советской России. М.: ОЛМА-Пресс Эксклибрис, 2006. С. 403.

② Ананьич Б. (ред.) Власть и реформы. От самодержавной к Советской России. М.: ОЛМА-Пресс Эксклибрис, 2006. С. 405.

③ Миронов Б. Н. Российская империя от традиции к модерну. Т. 2. СПБ.: Дмитрий Буланин, 2014. С. 559.

批师傅、帮工和学徒。"① 普列维认为,他计划中的省级改革是 19 世纪 80—90 年代初政策的延续,他写道:"在 1889 年、1890 年和 1892 年连续改革了农民管理、地方自治和城市自治机构。因此,在事态的推动下,改革省级政府机构的时机已经到来。"1902 年 12 月 29 日,普列维在内务部成立 100 周年之际发表了演讲,特别谈到了即将进行的省改革。1903 年 1 月,成立由普列维任主席的委员会起草省改革方案,七位省长参加了委员会,还通过公函征求所有省长和一些首席贵族的意见。1903 年 6 月 10 日,普列维委员会完成了工作。

这个委员会制定的方案反映了普列维的设想,把加强省长的权力作为改革的主要任务之一,使他的作用更接近叶卡捷琳娜二世时代的省长。普列维也希望通过加强省长的权力来提高内务部在各省的实际影响力。同时,在各省设立省务会议"以建立地方当局在省治理方面的合作",省务会议管辖的最终问题范围将在"权力下放的总体工作完成后"确定。在此期间,1903 年 5 月尼古拉二世主持会议,邀请一些大臣就是否需要权力下放,即将地方性事务从中央机构移交给各省发表意见。各部委首脑被要求在 1903 年 8 月之前列出本部门完全属于地方的事务,可以从中央机构转移到地方机构决定的事务清单。1903 年 8 月,沙皇下令成立专门会议,研究各部门提出的从中央机构转移到地方机构的事务的建议,但其工作无疾而终。普列维委员会起草的省改革草案被送去征求省长们的意见,但在收到地方的反馈意见之前这个委员会就停止了工作。

普列维在 1903 年 8 月提出把内务部各个负责地方自治和城市事务的部门合并为地方经济事务管理总局。在大臣之下设立地方经济委员会,作为内务大臣的咨询机构,包括内务部各司司长,8—12 名其他部门代表和 12—15 名"地方人物"代表——"首席贵族、省和县自治局主席、市长等,以及熟悉地方经济需求和利益的人"。普列维的内务部改革方案得到国务会议批准,并在 1904 年 3 月得到沙皇批准后成为法律。在政府圈子里,地方经济委员会的成立被认为是实现代议制的一个步骤。普列维执掌内务部期间一边奉行温和的改革主义,一边残酷压制任何反对专制的革命运动。普列维镇压自由派的

---

① Соловьев К. А. Политическая система Российской империи в 1881-1905 гг.: проблема законотворчества. М.: РОССПЭН, 2018. С. 208.

地方自治代表大会,导致反对派情绪爆发。他被公开列为日俄战争的罪魁祸首之一。内务大臣成为帝国国家机器中最令人讨厌的人物之一,为激进组织暗杀。

在斯托雷平担任内务大臣时期,宣布"政府的方针是安定、秩序和改革"。他强烈地意识到在当时的俄国推行改革的必要性。他指出:"在革命时期,改革是必要的,因为革命在很大程度上是国内制度的缺陷引起的。"① 地方管理改革是他改革计划的重心之一。斯托雷平制定了改进省和县管理体制的方案。

斯托雷平设想建立一个从中央各部到县级机构的垂直行政机构。② 因为到20世纪初之前,俄国行政上的垂直管理实际上只到省城一级。县警察局履行警察职能,并不参与行政事务。负责行政事务的县首席贵族和地方自治区长官并不是完全意义上的国家官员。斯托雷平认为,政府权力必须在县级得到体现,设立任命政府官员县长,直接隶属省长,由他负责所有县管理机构。以前首席贵族是所有县级委员会机构的主席。这种委员会的数量越来越多,当地贵族的人员也越来越稀少。首席贵族一直是"出于荣誉"担任这个职位,没有工资。大臣会议抱怨,在许多县,贵族土地财产减少,已经很难找到合适的首席贵族的候选人。同时,地方贵族选举产生的首席贵族可能固执己见,而被任命的县长将是部委意志的顺从执行者。大臣会议建议在可能的情况下,将首席贵族的职位与县长的职位相结合。

斯托雷平的地方改革方案加强以省长为代表的政府权力,加强法制,提高其工作效率和在社会中的威信。斯托雷平试图建立一个解决行政部门、地方自治机构和私人之间冲突的机构——行政法院——来提高政府的效率和社会威望。旨在保护公民和公共机构的权利与利益不受政府机构的非法行为和命令影响的法律规范,以及建立行政司法机构是在俄国流行的法治国家思想之一。1905年,当大臣会议讨论《关于完善国家制度规划诏令》所规定的各项改革之可行性时,就已经讨论了相应改革的必要性。1905年成立了一个特别委员会制定改革参政院第一司和建立地方行政法院的方案,然而,没有得到进展。1905—1906年由 С. Д. 乌鲁索夫担任主席的地方治理改革方案起草

---

① 陶惠芬:《俄国近代改革史》,中国社会科学出版社,2007年,第391页。
② Столыпин П. А.: Программа реформ. Т. 1. М.: РОССПЭН, 2011. С. 252-280.

委员会建议成立统一的县委员会，其中设立行政司法署。斯托雷平在准备地方改革时，借用了这个委员会关于县行政组织的想法，在县委员会下设立行政司法署解决私人和公共机构对地方管理机构的投诉。斯托雷平在他第一次杜马演讲中发表的改革宣言中说，"所有针对行政和选举官员及机构工作的投诉……将由行政司法机构审查。"[①]当时地方行政司法改革强调行政司法属于行政领域，而不是司法领域，将其用于政府对自治机构活动的监督。行政司法机构必须为国家的利益而运作，而不是为个人和社会的利益运作。然而，无论是斯托雷平政府还是继任首相，都无法解决建立行政司法的问题。

斯托雷平改革方案引起贵族反对派的极大不满。他们认为，设立县长职务的提案是对贵族的侮辱。首席贵族是令贵族感到光荣和自豪的人物，是县政权适合的领导。贵族联合会宣布地方管理改革不仅是"不受欢迎、不合时宜的"，而且是"极为有害的"。负责起草这项法案的克雷扎诺夫斯基在此项改革面临失败之际曾谈到，斯托雷平"企图触犯贵族在地方管理机构的特权地位，激起这些对君主有巨大影响的阶层对他群起而攻之，沙皇的近臣们也公开谴责他"。[②] 在这种情况下，这项改革的命运已经注定了。1911年，内务部制定了新的县管理条例，保持首席贵族在县级委员会的统治地位。

2. 地方自治改革

虽然前述斯拉夫派沙拉波夫的地方自治方案没有得到执政者的支持，但政府中有很多人支持促进和发展地方自治，在省政府或地方贵族的倡议下，反复提出在还没有进行改革的省份设立地方自治机构的问题。1894年，基辅省长 Л. П. 托马尔在他的奏章中抱怨说，没有组织有序的地方自治机构，很难管理帝国的经济。尼古拉二世命令基辅省长向他汇报关于这个问题的设想。沃伦省长 Ф. Ф. 特列波夫要求在其省份设立地方自治机构和地方自治区长官的奏章也得到了皇帝的认可。[③] 1895年被任命为内务大臣的戈列梅金支持扩大地方自治机构，制定了继续进行地方自治改革和在俄国西部和一些边疆省

---

① Ананьич Б.（ред.）Власть и реформы. От самодержавной к Советской России. М.：ОЛМА-Пресс Экслибрис，2006. С. 549.

② 祝政宏：《罗曼诺夫王朝的最后日子——沙皇灭亡前的上层危机》，海天出版社，2000年，第208页。

③ Ананьич Б.（ред.）Власть и реформы. От самодержавной к Советской России. М.：ОЛМА-Пресс Экслибрис，2006. С. 389-340.

份实行地方自治的计划。

鉴于地方以及政府一些人士对在西部地区设立地方自治机构的争议态度，戈列梅金下令制定一个妥协性的改革计划。一方面，"西部省份的地方自治机构在基本特征上与内陆各省没有区别"，另一方面，在西部地区确立"俄罗斯公民身份原则"。在西部各省按照1890年条例的一般原则建立省地方自治会和省、县地方自治局，但是要限制波兰地主在其中的代表性。为此，戈列梅金建议不采用1890年条例规定的等级选举原则，而是采用1864年条例，规定在县土地所有者、城市选举人以及村会的选举人代表大会选举代表。但是，戈列梅金的方案只得到了农业和国家财产部的无条件支持。波别多诺斯采夫断然反对，他说："我们的人民还没有做好自治的准备。"戈列梅金方案失败的决定性因素是财政大臣维特的立场，他的立场与波别多诺斯采夫大致一致。1898年12月，维特准备了一份针对内务大臣关于地方自治机构设想的报告，论证了"自治与专制制度不相兼容"。维特认为，"俄国的国家制度与自治原则格格不入。"他坚持，"中央政府与地方治理体系密切相关，两者实行不同的原则会造成它们之间的明显矛盾，阻碍国家机器的正常运行，迟早会导致一个系统根据另一个系统的原则进行改革。"[①] 围绕地方自治问题，内务部与财政部展开论争。

1899年2月，作为对财政大臣报告的回应，戈列梅金起草了新报告，其第一节标题为《作为俄国国家治理基础的地方自治》。报告指出，"地方自治与君主专制原则并不冲突"，回溯了俄国专制和自治共存的传统，捍卫这两项原则的兼容性，强调地方自治是俄国生活的一个典型特征。报告的最后专门讨论了在西部边疆区设立地方自治机构的政治意义，使作为"俄罗斯民族摇篮"的西部地区与内部省份融合。维特用一篇长文《财政大臣对内务大臣关于地方自治机构之政治意义报告的解释》做出回应。维特不仅反对推广地方自治，而且准备"在已存在地方自治的地区根除它"。他认为，有可能在非自治省建立比自治省更好的经济组织。[②] 大臣之间的斗争以维特的胜利结束。

斯托雷平在担任内务大臣之后制定的改革规划中，地方治理和地方自治

---

① Витте С. Ю. Самодержавие и земство. СПБ.：Редакция "Освобождения"，1908. С. 18.
② Ананьич Б.（ред.）Власть и реформы. От самодержавной к Советской России. М.：ОЛМА-Пресс Эксклибрис，2006. С. 392.

问题占据了相当大的位置，提出设立县长和区政委，实行泛等级的乡村地方自治，扩大地方自治权和选举权的范围，以及西部省份地方自治改革方案。①

斯托雷平地方改革方案中一个重要原则就是废除几个世纪以来地方管理中所依据的等级制度。1907年，斯托雷平政府向第二届国家杜马提交了地方治理改革方案与《乡治理条例》和《村治理条例》。这些方案规定在基层：在乡和村建立泛等级的地方自治机构。将农民等级的乡变成泛等级的乡作为地方自治基层单位。旧的农民乡是国家行政和警察机构的低层环节，斯托雷平打算在未来保留乡的区划。然而，为了让乡成功地履行其行政和经济职能，特别是在土地改革期间，有必要改变乡的农民等级性质，让地主有机会进入乡公署进行管理。村也成为"泛等级的自治单位"，所有"对改善乡感兴趣的人都可以进入"。所有在此地区拥有不动产的人和机构，或拥有贸易、工业或手工业的人和机构，都被纳入村的治理范围。斯托雷平坚持取消地方自治区长官职务，因为他代表着狭隘的等级利益。取而代之的是设立区政委（участковый комиссар）的职位，由政府任命，作为政府在村和乡地方自治机构的代理人，职能类似于地方自治区长官，但没有司法权。区政委不再是贵族等级的代表，而是成为一名官员。改革方案计划扩大省和县地方自治机构以及城市自治机构的权限，把初级教育、卫生健康和援助农民方面的一些职能移交给地方自治局。同时在地方自治选举中放弃等级原则，从按等级标准划分向按财产划分的选民团过渡，将所有土地所有者，无论其出身如何，都合并为一个选民类别。而且选举代表的财产资格减半，以让"富裕农民"能够进入县自治机构。

斯托雷平的改革方案主张废除地方治理中的等级制度，遭到地方保守贵族猛烈的抵制和反抗，称这些改革使贵族受到"凌辱"，而中央那些敌视斯托雷平者也攻击这是从根本上破坏作为俄国君主制基石的等级制度，企图把整个国家转向"庶民治理"，会将俄国引向共和制。强烈的反对情绪迫使斯托雷平做出了让步，地方自治改革未能按计划进行。但地方自治制度得以推广到西部地区。

斯托雷平力主在西部省份推行地方自治，在西部省份的地方自治选举中按民族而不是等级划分选民团。波兰选民团和包括所有非波兰民族的俄罗斯

---

① Столыпин П. А.: Программа реформ. Т. 1. М.: РОССПЭН, 2011. С. 280-352.

选民团分别选出自己的复选代表,并且将每个民族选民团的议员人数固定。但由于在俄罗斯选民团中占多数的不是俄罗斯地主,而是白俄罗斯和乌克兰农民,因此以补充法对农民代表权加以限制,亦即在县里从村社选出的农民议员人数不由农民人口数及其财产额决定,而明确规定这一人数不能超过全部议员人数的三分之一。农民议员通常不允许进入省地方自治会。立法者认为:"一般说来,在俄国不应建立过于民主化的地方自治机构,因为这意味着将使文化程度过低的人聚集到地方自治会中",这些人能感觉到自身的需要,但不知道以什么方式满足自己的需要。因此在西南各省"将部分农民代表权委托给俄罗斯地主和僧侣可能比较适宜,他们是落后农民的代表"。① 在这种思想主导下,法案扩大了地方东正教僧侣的代表权。此外,法案还规定地方自治局主席和不少于一半的成员及其职员应是俄罗斯人。法案还重申了1890年法案所规定的不允许犹太人进入地方自治机构之条款。国家杜马通过了斯托雷平政府提出的这项法案。

但在1911年3月国务会议讨论西部自治法案时,以杜尔诺沃和特烈波夫为首的国务会议成员与尼古拉二世交换意见后,拒绝按民族划分选民团,认为西部地方自治机构应与其他34省一样成为贵族机构。斯托雷平在听到投票结果后决定提出辞职以示抗议。然而上层对此感到为难,相当一部分人,包括皇太后玛丽亚·费多罗夫娜都确信,如果没有斯托雷平这只"铁腕",俄国的情况将更糟,因此她劝说儿子挽留斯托雷平。后者则提出留任的条件是宣布两个立法院休会三天,以便借《根本法》第八十七条颁布关于在西部各省实行地方自治的法律。斯托雷平似乎取得胜利,在西部六省实施了内务部制定的地方自治法。但这种取胜无异是政治上的自杀行动。极右派怂恿沙皇撤换总理大臣,沙皇内心已决定罢免斯托雷平,他让其暂时留任是为了避免在政府与代议机关之间的冲突中创造"立宪的先例"——政府首脑被击倒。半年之后,被称为"俄国的俾斯麦"的斯托雷平被刺身亡。实际上,他的政治生命的终结早于肉体的死亡。

---

① 参见邵丽英:《改良的命运——俄国地方自治改革史》,社会科学文献出版社,2000年,第111—115页。

第三节 国家杜马与国务会议

在《十月十七日宣言》颁布之后，沙皇尼古拉二世又颁布了一系列法令和诏书，设立国家杜马，改组国务会议。国家杜马和国务会议具有议会的基本组织形式，拥有议会的基本权力，构成相互制衡的立法两院。从表面上看，国务会议与国家杜马权力平等，但实际上国务会议位于国家杜马之上。在国家杜马存在期间，在选举产生的人民代表机构和以沙皇为首的政府机构的关系方面，后者一直占有主导地位。沙皇政府不考虑政治力量分布的变化及其对社会生活的现实影响，竭尽全力维护其对国家的垄断权力。

一、国家杜马

1906年初，国家杜马进入俄国最高国家机构体系。尼古拉二世信奉绝对君主专制，坚决反对立宪，但迫于时局的压力，违心地同意设立人民代表机构。1905年8月6日沙皇颁布了《关于设立国家杜马的诏书》《国家杜马选举条例》和《国家杜马章程》三个法令。沙皇设立国家杜马的本意是想维护岌岌可危的专制制度。从这些法令为国家杜马规定的权限来看，其并不具备西方议会一般所应具备的立法权，只是一个谘议性机关。这样的代议机构并没有平息社会的动荡，在国内严峻的革命形势下，沙皇选择再次做出让步，先是颁布《十月十七日宣言》，随后颁布一系列法律文件：1905年12月11日《关于修改国家杜马选举条例》，1906年2月20日《关于修改国务会议章程和重新审定国家杜马章程》《国家杜马章程》，1906年3月8日《关于审议国家收支一览表以及收支一览表事先未规定的国库开支的规则》，1906年4月23日新版《国家根本法》。这些文件和诏书最终确立了国家杜马在俄国政治生活中的地位，赋予了作为议会下院的国家杜马以议会应拥有的基本立法、财政预算和行政监督三项权力。[①]

首先，国家杜马拥有立法权。新版《国家根本法》规定皇帝陛下与国务

---

① 刘显忠：《近代俄国国家杜马：设立及实践》，社会科学文献出版社，2007年，第70页。

会议和国家杜马共同行使立法权；任何法律没有获得国务会议和国家杜马的赞同都不能产生，不经皇帝陛下的批准不能生效。新版《国家根本法》第八十七条规定，在国家杜马休会期间，如果形势紧迫，大臣会议有权讨论并通过非常法令，由沙皇批准颁布。但这些法令不能违背国家根本法、国家杜马和国务会议章程以及这些机构的选举法。杜马恢复工作后两个月之内这些法令需要提交杜马讨论，如果这些法令被立法机构否决则失去效力。

其次，国家杜马拥有行政监督权。《国家根本法》第一〇八条中规定：国务会议和国家杜马，按其章程中所确定的程序有权向大臣和在法律上从属于参政院的各部主管，就他们及他们所管辖的人所做出的决议和采取的行动是否合理提出质询。《国家杜马章程》第三十三条也有同样规定，在不同意大臣答复的情况下，国家杜马可以通过三分之二多数票把自己的意见呈递给皇帝。

再次，国家杜马拥有财政预算审批权。根据《国家杜马章程》第三十一条规定：国家杜马综合政府各部财政预算，制定国家收支一览表；监督收支平衡的执行情况。

根据新版《国家根本法》及10月17日以后颁布的一系列诏书、敕令等具有法律效力的文件，新设立的国家杜马的权力虽然有限，但的确是具有西方议会特征的现代意义上的立法机关，它具有立法权、行政监督权、财政预算权等一般意义上议会所必备的基本权力。[①] 新版《国家根本法》也规定了沙皇对国家杜马的限制。每届杜马为期五年，但沙皇有权在杜马法定任期结束之前将其解散，在颁布解散杜马的敕令的同时须指定下届杜马的选举和召集时间。国家杜马无权自行召开会议，要由沙皇颁布专门旨意召开。国家杜马每次年会的工作和休会时间由沙皇决定。

《国家杜马章程》规定了杜马的组织结构。杜马设有代表全体会议、常设和临时委员会、主席团成员、办公厅和一系列附属机构。杜马全体会议决定所有重要问题，讨论和通过法案。大臣和总局长可以参加杜马会议，但不参加投票。全体会议选举国家杜马领导人员：杜马主席、副主席、秘书长、秘书长助理。杜马主席及两名副主席从国家杜马代表中选举产生，任期一年，期满之后重新选举，负责主持全体会议、杜马同政府机构的联系等，处理杜马工作中的日常事务；杜马秘书长及其助理任期五年，负责管理杜马办公厅。

---

① 刘显忠：《近代俄国国家杜马：设立及实践》，社会科学文献出版社，2007年，第71—73页。

杜马办公厅负责处理杜马的公文事务。杜马办公厅官员被视作国家公职官员，享有国家官员的所有权利和待遇。他们可以终生任职，直至退休。杜马工作中成立了若干临时和常设委员会，这些委员会在全体会议上选举产生。临时委员会专门研究一些类型的法案和问题，在将其提交全体会议后自行解散。

《国家杜马章程》规定了杜马代表的法律地位。国家杜马代表不是代表自己的选民阶层，而是代表社会整体。因此选民不能给其选举的杜马代表委托书，召回代表。国家杜马代表履行职能时，要签署保证书，保证"尽一切智慧和力量履行其担负的义务，忠实于全俄罗斯的专制者沙皇，一切为了俄国的福祉和利益着想"，这在一定程度上限制了具有反对情绪代表在杜马会议上的政治立场及其言论倾向。杜马成员就杜马讨论问题享有完全的思想和言论自由，但必须遵守法律，不允许"漫骂和侮辱"，不允许鼓动"犯罪行为"。1911年参政院做出专门规定，对于追究杜马代表言论责任的事务在国务会议第一司或最高刑事法院进行公诉。沙皇政府实际上经常滥用权力追究反对派的责任，国家杜马成员实际上不享有代表不可侵犯权。第一届国家杜马部分成员、第二届杜马社会民主团体多数成员、第四届杜马布尔什维克代表的命运可证明这一点。1914年杜马代表齐赫泽因为公开声明最适合俄国的国家制度是共和国，被起诉追究责任。

在俄国新的立法机关——国家杜马存在的不长时间内，共进行了四次选举。但只有第三届杜马存在时间达到了法定期限五年，其他届杜马都提前解散。国家杜马选举的缺陷是其代表程度低。沙皇政府在不同的形势下先后颁布了三个国家杜马选举条例：1905年8月6日《国家杜马选举条例》、1905年12月11日《关于修改国家杜马选举条例》、1907年6月3日《国家杜马选举条例》。选举法的变化并没有触动选举体制的基本原则——多级选举、等级原则与无等级原则相结合、财产资格等。在这三个选举法中，由于等级和财产资格限制大多数居民没有选举权：妇女、不满25岁的男子、学生、军人、游牧的非俄国人、被剥夺政治权利的人、外国臣民、省长及副省长、市长及副市长、在进行选举的省市任职的警察等都不能参加选举。[①] 国家杜马选举工作既不是全民的、直接的，也不是平等的。

根据1905年8月6日《国家杜马选举条例》，选民分成土地所有者、城

---

① 参见刘显忠：《近代俄国国家杜马：设立及实践》，社会科学文献出版社，2007年，第75页。

市和农民三个选民团，规定了较严格的财产资格等限制，没有提到工人选举权问题，认为工人没有摆脱农民的身份，让他们通过农民选民团进行选举。1905 年秋天罢工事件破坏了布里根杜马的选举和召开。1905 年 12 月 11 日《关于修改国家杜马选举条例》没有破坏第一个选举法所确立的基本原则，但是降低了选民的财产资格，增加了工人选民团，市民选民团的范围也有所扩大。地主选民团由 2000 名选民中产生 1 名复选人，而城市选民团、农民选民团、工人选民团则分别是 7000、30000、90000 名选民中产生 1 名复选人，也就是说，地主的 1 票等于城市资产阶级的 3 票，农民的 15 票，工人的 45 票；大地主和城市资产阶级是两级选举，工人和小土地所有者是三级，农民则是四级选举。① 沙皇政府设计这样的选举制度，目的是限制工人选民，认为农民是忠诚的"爱国者"，会把他们的选票投向支持沙皇和专制制度的右翼政党。1906 年举行的第一届国家杜马选举和 1907 年举行的第二届国家杜马的选举都是按照 1905 年 12 月 11 日的选举法进行的。

第一届国家杜马只存在 72 天（1906.4.27—1906.7.8）。第一届国家杜马选举的结果出乎方案制定者的意料，左翼自由主义党派立宪民主党成为杜马第一大党，占这届杜马 478 个席位中的 179 席，右翼党派（黑帮和十月党人）占微不足道的少数，约占杜马席位的 9%（44 席）。② 多数激进的党派包括布尔什维克党放弃了选举。当选杜马主席者是莫斯科大学校长立宪民主党人 C. 穆罗姆采夫，主席团成员几乎都是立宪民主党人。当时立宪民主党的领袖是米柳科夫，但却不是该党在杜马中的代表，因为政府谴责他违反法律，剥夺了他的被选举权。第一届杜马的中心议题是土地问题，提出将地主土地收归国有。但政府不愿意接受杜马的意见，也不满意第一届杜马的成员组成及其工作。7 月 8 日沙皇下旨解散第一届杜马，选举第二届杜马。第一届杜马的部分成员（约有 230 人）不服从沙皇解散杜马的命令，聚集在维堡，在 7 月 9 日和 10 日早晨召开了两次会议，决定为表示对政府的反抗发表《维堡宣言》，要求人民以拒绝纳税、拒服兵役等方式支持杜马。国家杜马主席穆罗姆采夫人等一些立宪民主党的著名活动家及社会知名人士在宣言上签名。后来，在《维堡宣言》上签字的 167 个杜马议员都被指控犯有鼓动违法罪，判决监

---

① 参见陶惠芬：《俄国近代改革史》，中国社会科学出版社，2007 年，第 355—356 页。
② Игнатов В. Г. （ред.）История государственного управления России. Ростов н/Д：Феникс，2003.

禁3个月,并且被终身剥夺了当选国家杜马代表的权利。①

第二届杜马存在103天(1907.2.20—1907.6.2)。这届杜马518个席位中,右翼分子占56个。立宪民主党几乎失去了半数席位,从179个减少到98个。相反,左翼分子数量剧增:劳动派分子占104席,社会民主党65席。② 立宪民主党人虽然不占绝对优势,但保留了在第二届杜马的领导地位。立宪民主党人Ф.戈洛文当选杜马主席。

第一届国家杜马解散后,强权人物斯托雷平担任大臣会议主席并继续兼任内务大臣。斯托雷平"不仅是人民代表机关的坚定捍卫者,而且也是法制思想的坚定捍卫者",在第二届国家杜马开幕时,他向杜马代表宣读政府咨文时一开始就指出"要与杜马共同合作",认为政府的主导思想就是要将俄国变成法制国家。就本质来讲,斯托雷平所需要的人民代表机关不是具有全权立法权的国家杜马,也不是西欧式的议会制。他强调人民代表机关按君主的意志建立,应成为沙皇治国的帮手。他针对西欧的议会制度说:"异域的鲜花无法嫁接到俄国的树身。"③ 他想要建立的,用他的说法是一种"合法的专制制度",他维护国家杜马的目的是要国家杜马对政府提交的法律进行审议和批准,由杜马揭露政府的违法和越权行为,以此实现国家的法制化。④ 斯托雷平希望推行农业改革,将他在1906年11月以非常立法形式通过的土地法案,也就是他的土地改革法案提交给国家杜马讨论,只有十月党人和君主派表示支持,其他党派都坚决反对,这等于直接否决定了斯托雷平改革。政府的改革难以推行,政府与杜马再次剑拔弩张。

在第一届杜马和第二届杜马无法与政府和平开展合作之后,政府意识到按12月11日《选举条例》组成的国家杜马不可能成为其所需要的那种代议机构,开始制定新的选举法。1907年6月3日颁布了关于解散国家杜马以及新《国家杜马选举条例》,指定于1907年11月1日根据新选举法召开新杜马。这个新选举法一般被称为"六三"选举法,它严重剥夺了广大群众的选举权,扩大了地主阶层的代表人数。农民的选票或复选代表人数由原来的

---

① Ерошкин Н. П. История государственных учреждений дореволюционной России. М.: Высшая Школа, 1983. С. 265.

② 刘显忠:《近代俄国国家杜马:设立及实践》,社会科学文献出版社,2007年,第153页。

③ Афанасьев А. П. Судьбы российского крестьянства. М.: РГГУ, 1996. С. 28.

④ 刘显忠:《近代俄国国家杜马:设立及实践》,社会科学文献出版社,2007年,第168—171页。

42%降到了22.5%,而地主的选票或复选代表人数则由原来的31%增加到了50.5%,市民和工人的选票或复选代表人数仍维持原状,即分别为24%和3%。① 这在历史上称为"六三政变",因为沙皇政府公然违背了新版《国家根本法》,未经国家杜马同意就颁布了法律。《国家根本法》第八十七条规定,除了国务会议和杜马之外,不能发布有关选举制度的法律。1907年9—10月进行的第三届国家杜马选举以及1912年10月进行的第四届国家杜马选举是按"六三"选举法进行的。

第三届国家杜马存在五年(1907.11.1—1912.6.9)。工商业大臣С. И. 季马舍夫指出,第三届杜马中"没有伟大的国务活动家,但有不少怀有真诚报国之心的可敬人士。俄罗斯民族的特点是激进派比温和派更容易获得支持,谘议机构和代表机关的成员构成通常可以体现这一点,表现为中间派相对软弱,两翼相对强大,第三届杜马也是如此。但斯托雷平成功地组织起中间派,使之占到多数,正是他们在一系列重大国家问题上给予了斯托雷平坚决的支持。斯托雷平为此付出了不少努力:他花费很多时间和杜马单个成员或团体私下举行会谈,努力与他们寻找共同语言。总理平易近人,尽管工作繁忙,但总是尽可能地抽出时间接见来访者,耐心地倾听他们有时冗长的解释,或者是并没有充分理由的控诉。在与议员们拉近关系方面,斯托雷平经常进行'一盏茶'的邀请,他通过这种方式邀请过很多人来到自己家,其中有杜马议员、国务委员、大臣、他亲密的同事、学术界代表、著名社会活动家。他以俄罗斯民族传统的殷勤好客招待客人。各个阵营的代表围坐在布满丰盛菜肴的餐桌旁,彼此结识,商谈事务,促成了很多问题的解决。"② 第三届杜马在五年任期内共召开过621次会议,研究了2432个法律草案,其中2197项最终经国务会议同意,沙皇批准成为法律。③ 第三届杜马完全支持斯托雷平的土地改革方案,土地改革得以顺利实施。

对于帝俄历史上这唯一工作年满任期的杜马的历史意义,一直众说纷纭。十月党领袖古契可夫对第三届杜马有过这样的评价:"历史将比同时代人更公正地对第三届杜马做出评价,指出它的功绩:它通过了一系列有关国民经济、

---

① Ерошкин Н. П. История государственных учреждений дореволюционной России. М.: Высшая Школа, 1983. С. 267.

② Шепелев Л. Чиновный мир России. СПБ.: Искусство, 1999. С. 104.

③ 参见陶惠芬:《俄国近代改革史》,中国社会科学出版社,2007年,第371页。

土地规划、教育、司法、国防等方面的重大立法文件,实际上为新建立的立宪制度奠定了似乎十分牢固的根基;它以自己的平衡性、平衡的工作、现实主义对俄国社会产生了深远的影响。"① 从客观的角度看,古契柯夫的评价有一定的道理。第三届杜马的确是在不民主的选举法基础上产生的,与第一、第二届杜马相比缺少应有的革命性。但它却是一届十分有生命力的杜马,比头两届杜马做了更多建设性的、务实性的工作,以自己的方式促进了俄国社会的进步。

第四届杜马(1912.11.15—1917.2.25)的代表构成同第三届杜马没有本质性的区别。第四届国家杜马开始工作后,面临着全国性的政治危机。工人罢工和运动势头猛烈,国内的革命情绪使得第四届杜马代表的情绪日趋激进,希望借助革命的力量对政府施压,通过政府的让步和改革来避免国内的政治危机。在沙皇政府宣布加入第一次世界大战后,国家杜马在1914年7月26日与国务会议同一天召开会议,表示信任政府,与政府合作,希望俄国恢复因克里米亚战争和俄日战争失败所丧失的威望。但军事失利再次挫伤了人民的民族自尊心,人民包括国家杜马代表纷纷指责政府无能。国家杜马反对派势力大增,议员中形成了所谓的"进步同盟",其主要目的不是要推翻沙皇政府,而是要挽救政府的危机,要求建立"责任内阁""信任内阁",前者意味着建立向立法机关负责的政府,即议会制;后者则要求政府由享有社会信任的人组成。迫于国家杜马的压力,沙皇"赐予"责任内阁以求同杜马和解,但为时已晚。在第四届国家杜马期间,沙皇屡次更换政府首脑,自戈列梅金取代科科夫措夫后,施蒂梅尔又取代了戈列梅金,而施蒂梅尔又被特列波夫所取代。但国家杜马对每一届内阁都不满意。对外战争失败和国内政局动荡,导致了1917年二月革命的爆发。二月革命爆发后,第四届国家杜马实际停止工作。

尼古拉二世统治的第二个时期又被称为"杜马君主制"。沙皇采纳维特的建议而发表《十月十七日宣言》设立国家杜马完全是迫不得已而为之。1906年4月26日当第一届国家杜马代表们在冬宫举行完开幕仪式,启程前往塔夫利达宫召开第一次会议时,皇太后玛丽亚·菲奥多罗夫娜发现她的儿子和皇后在房间里痛苦不堪,"眼泪从我儿子的脸上流下来,突然,他用拳头捶打椅

---

① 刘显忠:《近代俄国国家杜马:设立及实践》,社会科学文献出版社,2007年,第206页。

子，并叫喊着：我创造了它，我也要摧毁它……一定会这样。相信我。我的儿子画着十字说着这些话。"① 随着国内局势稳定，他日益对自己放弃权力感到后悔，因而在随后几年中，他极力地取消那些他被迫做出的让步。他并没有放弃他的基本政治价值观，只是把限制沙皇个人权力当作为维护稳定而采取的权宜之计。

整体而言，在国家杜马存在期间，在选举产生的人民代表机构和以沙皇为首的官方权力机构的关系方面，后者一直占有主导地位。沙皇政府不考虑政治力量分布的变化及其对社会生活的现实影响，竭尽全力维护其对国家的垄断权力，巩固专制制度，甚至采用违法手段，阴谋甚至是公开迫害国家杜马。政府的迫害政策不仅针对激进色彩的团体和党派，而且针对自由主义团体和党派。政府解散国家杜马或中止其行动（除第三届杜马以外），侵犯代表的不可侵犯权。这加强了代议机构的对立情绪，使很多忠于政府的阶层和党派转变了立场。专制沙皇及其政府在第一届和第二届国家杜马，在第四届国家杜马中从1915年起与多数代表对立，在各个领域的政策中都出现了一系列错误和偏差。政府在人民心中的威信降低，政府和社会的分裂加剧。二月革命爆发后，沙皇政府迅速土崩瓦解。

在二月革命过程中及革命胜利以后，杜马的作用仅体现在议员召开局部的协商会议。临时政府于10月6日宣布解散第四届杜马，结束了杜马君主制的历史。但是，国家杜马在俄国政治史上留下了深刻的印迹，它作为人民代表机构的活动经验非常重要。国家杜马是一个特殊的学校，俄国社会在这里上了关于代议制度的第一堂课。

二、国务会议

1901年，国务会议成立100周年，颁布了新《国务会议章程》，出版《国务会议1801—1901》，举行了隆重的庆祝活动，并邀请著名画家列宾为国务会议画像。这幅画于1903年完成，引起了社会极大关注。在这幅巨大的画像上有62名国务委员（在圆厅围坐成两排）和18名国务秘书处官员。画像

---

① Ананьич Б. (ред.) Власть и реформы. От самодержавной к Советской России. М.：ОЛМА-Пресс Экслибрис, 2006. С. 489.

中心的主席办公桌后面坐着的是尼古拉二世,时任国务秘书普列维正站在主席办公桌前向沙皇做汇报。自国务会议成立的 100 年间,国务委员数量呈增加趋势。19 世纪初,国务会议有 35 名委员,1853 年为 48 人,1903 年为 86 人。[1] 从 1865 年起至 19 世纪末,共有两位国务会议主席,他们是亚历山大二世的兄弟康斯坦丁和米哈伊尔大公。前者是自由主义官僚领袖,担任这一职位到 1881 年。后者担任近 25 年国务会议主席,资质平庸。

沙皇政府被迫成立国家杜马后,意味着要对国务会议进行改革。1906 年 2 月 20 日在颁布《国家杜马章程》的同时还颁布了《关于改订国务会议章程》,1906 年 4 月 23 日在颁布新版《国家根本法》的同一天颁布了《国务会议章程》,这两个法律确定了改革后国务会议的职能权限、组织结构和人员构成。国务会议由立法谘议机构变成了立法机构,与国家杜马权力相等,实际上成为国家议会的上院,成为国家杜马的制约平衡体。

国务会议在立法事务中享有同国家杜马平等的权力,两者互相制约。《国家根本法》第一〇六条规定:国务会议和国家杜马享有同等的立法权;第一〇七条规定:国务会议和国家杜马按其章程中所确定的程序,有权提请废除或修改除《国家根本法》以外的现行法律和颁布新法律,而修订《国家根本法》的动议权仅属于皇帝陛下。国务会议讨论国家杜马通过的法律草案以及由国务委员提交的立法议案。在后一种情况下,国务会议通过的立法议案提交国家杜马讨论。改革后俄国的立法程序是:法律草案由大臣、部门主管、杜马或国务会议拟定;大臣、部门主管和杜马提出的法案在国家杜马全体会议通过后转交国务会议,国务会议动议并通过的法案则转交给国家杜马;未被国务会议或国家杜马通过的法案即被视为否决;经国家杜马和国务会议通过的法案由国务会议主席呈交沙皇;如果此法案未获得沙皇的批准,那么本次年会期间未得沙皇"恩准"将不再提交立法机构审议。在国务会议并未最终否决国家杜马所通过的法案情况下,必须对法案进行重新审核、修改,这可由国务会议决定,或退还给国家杜马,或转给由两院选出的同等数目组成的委员会。法律赋予国务会议赞同或者否决国家杜马的立法活动的权力。法案经国务会议同意之后,才能提交沙皇批准。因此从表面上看,国务会议与

---

[1] Зайончковский П. А. Правительственный аппарат самодержавия в XIX веке. М.: Мысль, 1978. С. 196.

国家杜马权力平等，但实际上国务会议位于国家杜马之上。

《国务会议章程》规定了国务会议新的组织结构包括全体会议、两个司、两个委员会和国务办公厅。在国务会议工作中成立常设和专门委员会。全体会议是国务会议的基本工作形式。两个司负责改革前国务会议的部分事务。保留了改革前国务会议的两个委员会："有关强制将私人不动产收归国有及赔偿不动产主人事务特别委员会"，"对参政院各司决定上诉预先研究特别委员会。"国务会议常设委员会的数量不多，主要有人事和内部治安委员会、财政委员会、法律提案委员会、陆军、海军事务委员会、经济委员会。财政委员会的活动范围最广，所有要求国家拨款的立法提案都要提交到这里。对一些需要事先讨论的法律草案，成立由权威人士组成的专门委员会。

国务会议主席仍然由沙皇每年从国务委员中任命，但国务委员的选拔原则发生了变化，以前所有国务委员均由沙皇任命，现在半数依然由沙皇任命，半数变为由选举产生。选举产生的委员分成五类，分别来自东正教会（6人）、科学院和大学（6人）、工商业资产阶级（12人）、贵族团体（18人）、省地方自治会议（每省地方自治会议选举1名委员）。选举产生的国务委员任期九年，每三年每类委员更新三分之一。沙皇任命的国务委员多数是曾经身居高位的官员。省长、副省长、市长及其副手、在警察机关供职人员及陆海军军官、妇女、国家杜马成员都不能当选国务会议成员。选举产生的国务委员同任命的国务委员的区别在于，前者的人身神圣不可侵犯，不用向选民汇报；而后者仍旧是担任某种职位的职员，对君主具有直接的依赖性。

可以说，1906—1917年的国务会议起到了一种独特的屏障作用，抵挡了国家杜马的自由主义冲击，或者说起到绞刑架的作用，扼杀了杜马不利于政府的法案。国务委员多数是高级官僚和将官，在解决原则性的重要问题时通常持保守立场。右派领袖 M. 阿基莫夫在 1907—1914 年期间担任国务会议主席。尽管已是垂暮之年，仍精力旺盛，他成功地团结志同道合者，在表决时通常取得多数，左右投票的结果。正如当时一位右翼人士所说，"一旦发现政府和杜马的提案中有放弃俄国国家制度或俄国历史所依赖的根本原则的思想，就将坚决地予以否决。"[①] 国务会议右派不仅对杜马不信任，而且也不喜欢大

[①] 祝政宏：《罗曼诺夫王朝的最后日子——沙皇灭亡前的上层危机》，海天出版社，2000年，第213页。

臣会议主席斯托雷平。斯托雷平的一些措施总是要冲破了层层阻力才能在上院通过。随着时间的发展，斯托雷平积聚势力，在地位巩固后，他与国务会议右派的矛盾越来越尖锐。

第一次世界大战时期，多数国务委员与杜马多数派联合形成"进步同盟"。但1917年1月1日沙皇将部分与"进步同盟"接近的国务委员撤职，换成极右分子，国务会议又变成右翼分子的天下。二月革命后，国务会议未再召开全体会议。

第四节 中央政府机构

19世纪末20世纪初，参政院、国务会议和大臣委员会在实践中变化不大。法律没有明确划分最高政府机构的职能。1905年第一次资产阶级民主革命爆发后，大臣委员会被取消，对大臣会议进行改革，形成了近代意义上的中央政府。1905年10月以后，除成立了工商业部以外，俄国部体制几乎没有大的变化。俄国参加第一次世界大战后，成立了一些跨部门的特别委员会协调各部的行动，这些机构享有最高国家机构的地位。

一、大臣会议

尼古拉二世登基之初，与他的父亲一样，也避免召集大臣会议，更喜欢面对面地听取每位大臣的报告。随着1905年革命爆发，从1905年1月17日起，建立在1861年组织基础之上的大臣会议恢复了行动，不定期召开会议，以协调各部门在国内政策方面的活动。大臣会议名义上的主席是尼古拉二世，实际由索尔斯基领导。根据会议记录，1905年1月至10月间，大臣会议共召开了八次会，参与了2月18日、8月6日和10月17日文件的讨论和修改。[1] 尽管大臣会议在这个期间表现了一定的"政治热情"，但在法律上它还不能被认作中央政府。

---

[1] 祝政宏：《罗曼诺夫王朝的最后日子——沙皇灭亡前的上层危机》，海天出版社，2000年，第145页。

1905年10月19日沙皇批准了维特改革大臣会议的奏章《关于加强各部和总局活动一致之措施》，对大臣会议进行改组，使之成为常设的最高政府机构，负责指挥和协调各部在立法和最高国家管理方面的行动。大臣会议的权限包括就立法和国家最高行政事务指导并统一各部门的活动（属国务会议和国家杜马职权范围内的事务除外）；预先研究呈交国家杜马和国务会议的提案；讨论大臣有关部的基本体制和撤换主要领导的提议；根据沙皇旨意研究国防和对外政策等。大臣会议在国家预算和贷款方面也享有很大权力：领导编写国家预算计划，拨款满足国家管理需要；解决各部门之间，财政部和国家审计总局就预算问题产生的分歧；向各部和部门提供预算外贷款满足迫切需要等。[1]

随着新大臣会议的成立，大臣委员会在1906年4月正式取消，其部分职能转交国务会议，部分职能转交大臣会议。大臣委员会转归大臣会议的权限有包括要求各部门共同考虑或协商的事务；部门领导解决困难的事务；所有要求在民政管理领域实行新制度或完善原有制度的事务；有关维护"社会安全和安定"的事务；有关人民粮食供应的事务；有关非常状况的事务；有关分裂分子的最高行政事务；有关禁止团体活动的事务；各部和部门超越其首脑权限的以及要求沙皇御批的所有日常事务。大臣会议负责的事务剧增，要处理各种各样的琐碎问题。从1909年12月起前大臣委员会负责的"次要事务"开始由小规模的特别会议处理，通常由副大臣参加，这些会议经常被私下称为"小大臣会议"。

根据1906年新版《国家根本法》第八十七条，在国家杜马休会期间，如果形势紧迫，大臣会议有权讨论并通过非常法令，由沙皇批准颁布。但这些法令不能违背国家根本法、国家杜马和国务会议章程以及这些机构的选举法。杜马恢复工作后两个月之内这些法令需要提交杜马讨论，如果这些法令被立法机构否决则失去效力。在前两届国家杜马期间，有60项法案通过大臣会议以"紧急法令"的形式批准。[2] 其中最重要的是镇压革命运动的法律草案包括《关于建立战地军事法庭》等。

---

[1] Ерошкин Н. П. (отв. ред.) Высшие и центральные государственные учреждения России 1801—1917 г. Т. 1. СПБ.：Наука, 1998. С. 197.

[2] Ерошкин Н. П. История государственных учреждений дореволюционной России. М.：Высшая Школа, 1983. С. 274.

大臣会议具有相对固定的成员。大臣会议由各部大臣和与之平权的某些部门主管组成，其他部门的主管仅在涉及本部门事务时参加会议；而各部的副大臣、副主管在需要时也可列席会议。设立大臣会议主席，主席一职在一般情况下由沙皇在大臣中遴选；在特殊情况下可由沙皇在其信赖的人中挑选；在极为特殊的情况下也可由沙皇自任。大臣会议主席的权力远远大于原先的大臣委员会主席，主持大臣会议的所有日常事务。大臣会议主席参与选拔大臣职位的候选人，但皇室、外交、陆军和海军大臣的职位除外，他可以对除陆军、海军、外交和皇室大臣以外的其他大臣施加影响。大臣会议所有成员的活动必须协调一致。诏令规定，"部门主管不得绕开大臣会议采取具有普遍意义的管理措施。""部门主管和所有特别会议，特别委员会就立法事务及应属国家杜马和国务会议职权范围的事务之提案，未经大臣会议对其主要根据和实质部分进行预先审核不得成为决议。"实际上取消了各部大臣擅自向沙皇呈奏的权力："各部大臣和部门主管在向皇帝陛下呈交有关带有普遍性意义或涉及其他部门事务的奏折时，应预先通知主席，此类奏折由主席提交大臣会议审核或征得有关大臣、部门主管的同意，后一种情况须在主席在场时方可直接呈报皇帝陛下。"①

大臣会议主席是这个最高行政机关的中枢神经。1861年设立的大臣会议之所以涣散、软弱，其重要原因之一是大臣会议缺少有实权、有权威，能将其统一为整体的首脑，10月19日诏令基本完成了这个改造。改革后的大臣会议具有整体性、统一性，其关键在于主席是协调、统一整个机构的中心人物。从此，大臣会议主席成为俄国名副其实的政府首脑，他被称为总理大臣或首相。大臣会议的建立是专制君主制向资产阶级君主制发展的一个里程碑。改革后的大臣会议在其所属事务范围内有决定权和实际执行权，这样便形成了近代意义上的中央政府，相当于内阁。"随着大臣会议的建立，'沙皇政府'这一概念便包括了沙皇和统一在一个委员会的大臣们，这些大臣在行动上从属于沙皇，但却由大臣会议主席这一沙皇在内政问题上最密切的助手予以领导。"②

当然，俄国大臣会议直接隶属于沙皇，所有大臣都由沙皇任免，不是

---

① 祝政宏：《罗曼诺夫王朝的最后日子——沙皇灭亡前的上层危机》，海天出版社，2000年，第149页。
② 同上，第150页。

对国民代表机关负责,而是对沙皇负责。当大臣会议就某项事务未能形成一致结论时,其进一步的方针则应由沙皇裁决。大臣会议享有相对独立的决定权和执行权的同时,其整体权力归根结底是直属沙皇的。这种设置一方面为君主保留了对最重要事务的直接决定权和对一般事务的指导权,另一方面也赋予大臣会议的活动以相对独立的空间,使之更适合于在建立代议制机关的条件下进行国家管理。这种双重体制符合沙皇的意图:一方面沙皇不想在革命中失去太多,特别不愿失去最重要的行政权,因而竭力保留住绝大部分行政权;另一方面在欧洲的政治潮流面前也必须要做出一定的变革,这就需要根据俄国实际情况选择为自己所能接受的政府体制,组成正式的中央政府。

但俄国的内阁并未能如设想的一样达成团结一致。从改革后的大臣会议活动之初,首相和沙皇之间的关系就出现矛盾。第一任大臣会议主席是维特(1905.10—1906.4)。尼古拉二世试图限制首相的权力,他曾在维特的奏章上批示说:"依朕之见,大臣会议主席之作用应限于调和各大臣之活动,全部执行权宜属于有关大臣。"而维特对此解释说,由于执行权可以直接奏请皇上批准或直接根据皇上指示履行,因此大臣们只要想绕过总理大臣办事时,就把他撇在一边,干他们想干的事。[①] 内务大臣杜尔诺沃根本不考虑维特的意见或大臣会议的决定,毫不掩饰他对维特的大部分措施的批评态度。维特甚至不得不以书面形式提醒杜尔诺沃存在一个联合政府。总理经常要对各部门负责人大叫:"我求你们安静点,我说话的时候要听。"[②] 维特担任大臣会议主席半年,接替他的是已处于垂暮之年的戈列梅金(1906.4—1906.7)。他只是一个临时的、过渡性的人物。1906年7月,内务大臣斯托雷平(1906.7—1911.9)就取代了他。

在俄国内阁历史上,斯托雷平担任大臣会议主席时期非常重要。斯托雷平出身于古老贵族之家,毕业于彼得堡大学数学物理系。他在任萨拉托夫省长时在镇压1905年农民骚乱中表现出的"果断"引起了沙皇的关注,1906年4月被任命为内务大臣,同年7月被任命为大臣会议主席,兼任内务大臣,

---

① 〔俄〕谢·尤·维特著,张开译:《俄国末代沙皇尼古拉二世》(续集:维特伯爵的回忆),新华出版社,1985年,第257页。

② Каменский А. Б. (ред.) Реформы в России с древнейших времен до конца XX в. Т. 3. М.: РОССПЭН, 2016. С. 273.

这一兼职是史无前例的。工商业大臣季马舍夫写道:"斯托雷平生活和工作的主要动力源于对俄国的热爱,源于他相信俄国是强大的,赋有伟大的使命。没有什么会比怀疑我们国家的力量,怀疑我们国家将在世界历史上起的主导作用更令他激愤的了。他的政治对手不无讽刺地将之称为斯托雷平的'爱国主义'。……这个人实际上什么也不怕,他不顾及自己的地位,甚至是生命。只要他认为有意义的事情,就会义无反顾去做,完全不顾忌那些上层官员对自己行动的态度。如果上面对他施加压力,那么他就采取简单的二刀论法:或者是听从他的意见,或者是他辞职,但不会进行任何妥协。"[1] 斯托雷平担任内阁总理时年仅 44 岁,年富力强、目标明确、政治手腕灵活,他在政治倾向上是贵族保守主义者。斯托雷平时期的内阁是一个比较团结的政府,一些不服从他的大臣有些主动辞职,有些被撤职。

虽然大臣会议主席的权力远远大于原先的大臣委员会主席,实际上相当于总理大臣。但尼古拉二世非常不满意总理大臣这个职务,认为这个一人之下,万人之上的职位威胁了沙皇的权力,破坏了专制权力的完整。尼古拉二世近乎痛恨总理大臣摆在首位的事实,特别是维特和斯托雷平这样的强势人物平日比较随便的举止更加重了沙皇的这种心理。在任命科科夫措夫为大臣会议主席时,尼古拉二世曾对他说:"我对您还有个请求,请不要学彼得·阿尔卡季耶维奇(斯托雷平)的样子,他总想遮住我,总是处处显着他。正是因为有了他,我都没处露脸。"[2]

俄国政府的经验证实了这样一个事实:如果政治制度的绝对中心在君主,那么联合政府在很大程度上就是一种假象。各部门主管不可避免地受到沙皇立场的影响。而且最重要的是,内阁没有独立的政治意愿,不能决定国家发展的政治方向。于是,与从前一样,全面协调各部门行动的既定目的无法实现。大臣会议在二月革命期间停止活动,其作为最高国家管理机构的职能转交 1917 年 3 月 2 日成立的临时政府。

---

[1] Шепелев Л. Чиновный мир России. СПБ.: Искусство, 1999. С. 96.

[2] 〔俄〕鲍里斯·尼古拉耶维奇·米罗诺夫著,张广翔等译:《俄国社会史》下卷,山东大学出版社,2006 年,第 231 页。

二、部体制

19世纪末20世纪初，除成立了工商业部以外，俄国部体制几乎没有大的变化。到20世纪初，具有部地位的中央国家机构有：外交部、海军部、陆军部、内务部、国民教育部、交通部、财政部、司法部、农业和国家财产部、国家国库、国家审计总局、皇室部。俄罗斯帝国由庞大的官僚机构统治，在19世纪，官员数量几乎增加了七倍，到20世纪初，俄国约有38.5万名官员，地主在中央和地方高层官僚中占主导地位。[1]

从19世纪80年代亚历山大三世加强保守政策起，内务部确立了俄国最重要部门的地位。在19世纪90年代中期维特担任财政大臣后，内务部让位于财政部，世纪之交，内务部与财政部相互竞争，随着1902年普列维担任内务大臣，这位经验丰富的政治家使内务部重新获得了决定国家发展道路的地位。[2]

1905年5月6日，因为革命形势及斯托雷平以摧毁村社为基础的农业改革的开始，农业和国家财产部改组成为土地规划和农业管理总局。与原先的农业和国家财产部相比，这个新机构的地位虽然有所降低，但权限扩大，成为贯彻斯托雷平农业政策的重要机构。第一次世界大战期间，土地规划和农业管理总局更名为农业部。当时这个部负责的最主要事务是向军队供应粮食。

1905年10月，沙皇政府成立了一个新的部——工商业部，集中负责以前由各个部门分散管理的国有工商业，保护私营工商业。如前所述，这个部的成立经过了将近一个世纪的激烈斗争。在19世纪初筹划建立部体制时，对是否成立商业部的问题看法不一：有人认为，不适合成立独立的商业部，因为这不是一个独立的管理领域；有人则主张成立商业部，而不应把商业划归财政部管理，因为"财政大臣考虑的主要是增加国家收入，因而有时将侵犯商业的利益"。沙皇个人倾向于成立独立的商业部，在1802

---

[1] Зайончковский П. А. Правительственный аппарат самодержавия в XIX веке. М.：Мысль，1978. С. 221，224.

[2] Ананьич Б. (ред.) Власть и реформы. От самодержавной к Советской России. М.：ОЛМА-Пресс Экслибрис，2006. С. 402.

年9月也确实成立了商业部。但在1810—1811年部体制改革时,在各部之间再次全面重新划分国家事务,商业部被取消,其负责对外贸易事务转归财政部,国内贸易转归内务部(从1819年起国内贸易也转归财政部负责)。1853—1856年克里米亚战争后,政府内部又多次有人提出将工商业管理从财政部分离出来。1905年10月才最终成立了工商业部。工商业部在1915—1916年成立了一些委员会,如纺织厂原料供应委员会、亚麻工业事务委员会、皮革工业事务委员会、造纸工业和贸易事务委员会等,资产阶级在这些委员会的影响很大。①

三、战时协商会议

俄国参加第一次世界大战后,执政阶层的政治分歧加深,本就不能协调行动的中央政府更加混乱。于是,成立了一些跨部门的特别委员会协调各部的行动,这些机构享有最高国家机构的地位。

1915年8月,为了加强对战时经济的管理,成立了一系列以大臣为主席的特别协商会议,只对沙皇负责,主要包括讨论和联合国防措施的协商会议,以陆军大臣为主席;讨论和联合燃料措施的协商会议,以工商业大臣为主席;讨论和联合粮食措施的协商会议,以农业大臣为主席;讨论和联合运输措施的协商会议,以交通大臣为主席。8月30日又成立了一个有关难民问题的特别协商会议,以内务大臣为主席。② 这些特别协商会议成员中不仅有政府官员,还有大资产阶级和资产阶级知识分子代表,但资产阶级和资产阶级知识分子代表人数不多,影响力有限。

其中讨论和联合国防措施的协商会议(以下简称国防协商会议)具有特殊意义。其成员包括国务会议主席 И. 戈鲁别夫、国家杜马主席 M. 罗德江科、九个国家杜马议员、九个国务委员和一些部门的代表。国防协商会议中资产阶级的代表只有 A. 古奇科夫、A. 科诺瓦洛夫、П. 里亚布申斯基和 B. 茹科夫斯基。其他特别协商会议中资产阶级的代表更少。

---

① Ерошкин Н. П. (отв. ред.) Высшие и центральные государственные учреждения России 1801-1917 г. Т. 2. СПБ.: Наука, 2001. C. 185-188.

② Ерошкин Н. П. (отв. ред.) Высшие и центральные государственные учреждения России 1801-1917 г. Т. 1. СПБ.: Наука, 1998. C. 206-216.

国防协商会议负责监督所有制造军需物资的国有和私营企业；帮助建立新企业，扩大和改建旧企业；分配政府军需订货，监督订货的完成。国防协商会议执行这些任务时权限很大，包括托管和没收财产，如未完成军事订货的普季洛夫斯基工厂在1915年被这个协商会议托管。国防协商会议下设一系列委员会，其中最突出的是金属加工事务委员会。在国防协商会议中占重要地位、起主要作用的是政府官员，而在其下属机构，如金属加工事务委员会，则主要依靠辛迪加和托拉斯。国防协商会议有自己的地方机构——工厂协商会议。每个工厂协商会议主席由国防协商会议任命的特别全权代表担任，成员包括一些部（陆军、海军、工商业和交通部）的代表，地方军工委员会的代表，有时还包括城市和地方自治联盟的代表。工厂协商会议邀请地方资产阶级代表参加，他们只有讨论权。其他特别协商会议在地方上也有自己的全权代表和委员会。

第五节 地方治理改革

尼古拉二世顽固捍卫专制制度，不愿意与社会分享权力，压制民主立宪思想，在1905年以前拒绝任何改革，导致社会不满加剧，最终爆发了第一次资产阶级民主革命。沙皇政府迫于社会的压力改行君主立宪，最高国家机构体系发生根本性变化，但变革基本上没有触动地方管理，尽管政府也对地方治理问题提出了若干改革设想。

由于频繁地实行各种所谓的"非常状态"，内务部地方机构的权限不断扩大。地方自治和城市自治机构的作用提高。地主经济的发展促进了地方自治与城市自治机构领导的联合。1903年5月改革了农村的警察系统。在此之前，在乡里，警察职能是由甲长和保长执行，他们在农民大会上选举产生，有一定的任期，受区警察局监督。现在，保长被废除，取而代之的是村警制度。甲长被保留，但权力受到限制。

尼古拉二世时期，在各大城市相继成立了保安局，它们主要是抽调各个宪兵团的力量而组建的。保安局是在亚历山大二世被刺后于圣彼得堡最先建立的，负责保卫国内安全，首先是保卫沙皇及皇室的安全。大城市的保安局实际上不属地方当局管辖，只对警察司负责；而圣彼得堡的保安局地位更为特殊，它的头目有权直接向内务大臣报告。这个保安局有时还接受沙皇亲自布置的任务，执行某些秘密的使命：监督大公、大臣以及帝国其他高级官吏的活动。

1911—1912 年，在西部 6 省和东南部 3 省建立了地方自治机构。到第一次世界大战前夕，在欧俄 84 个省（不包括波兰 9 省和芬兰 8 省），有 43 个省，441 个县建立了地方自治机构。①

斯托雷平政府制定了切实的地方司法改革方案。改革的核心是取消农民乡法院和地方自治区长官的司法职能，在农村地区恢复大改革后曾经设立的治安法官制度。② 在斯托雷平的农民改革中，农民脱离村社，急需司法保护。乡法院通常根据习惯法解决脱离村社的独立农户与村社之间的冲突，偏向于后者。改革方案规定，治安法官由地方自治会选举产生，将处理范围有限的民事案件和不涉及严重处罚的刑事案件。但保守派强烈反对司法改革，对他们来说，这将是对等级制度和贵族在农村的支柱——地方自治区长官的攻击，要求维持原来的乡法院。斯托雷平及其支持者同意保留乡法院，但坚持另外两项改革原则——剥夺地方自治区长官的司法职能和设立选举产生的治安法官，以及有关从村社分配出去的土地纠纷不应该归乡法院审理。尼古拉二世于 1912 年 6 月 15 日批准这样的法律。从 1912 年开始在 10 个省实施这样的司法改革。独立农户和村社之间的冲突不再归乡法院管辖。地方自治区长官的司法职能被取消。到第一次世界大战前夕，有 13 个省设立了治安法官，到 1917 年有 20 个。③ 治安法官由县地方自治会和城市杜马选举，但治安法官代表大会主席由司法大臣任命，与以前相比，治安法官对司法部和地方行政机构的依赖性增强。

在第一次世界大战时期，宣布进入战时状态地区的总督和军事当局的权限得到扩张。地方进入战时状态赋予了以总督为代表的行政机关非常广泛的权力——行政权、警察权和审判权。他可以为预防社会秩序和国家安全遭到破坏而发布行政命令，有权追究违反这些命令的行为的责任。除了扩大各地的省级管理机关、警察局和法院的行政权限之外，进入战时状态

---

① 邵丽英：《改良的命运——俄国地方自治改革史》，社会科学文献出版社，2000 年，第 61 页。
② Столыпин П. А.: Программа реформ. Т. 1. М.: РОССПЭН, 2011. С. 154-252.
③ Ерошкин Н. П. История государственных учреждений дореволюционной России. М.: Высшая Школа, 1983. С. 286.

还意味着授予军事当局以广泛的权力。一旦宣布进入战时状态，保护国家秩序和社会安宁的活动的组织权便移交给军事当局。军队指挥官拥有广泛的权力，有权采取任何措施，甚至法律没有规定的措施。战争过程中还制定了一系列法规扩大军事当局处置各种问题的权限，包括司法审判领域里的问题。[1]

20世纪初，在世界大战一触即发的背景下，俄国国家政权和管理制度出现全面危机，俄国专制政权的主要成分之间关系复杂化，矛盾激化，沙皇政府风雨飘摇，被革命轻易推翻。沙皇在人民心中失去了威信，尼古拉二世虽然品德良好，却意志软弱、妒贤嫉能、缺乏国家领袖品质，在国家政权的危机时刻，这一点非常致命。沙皇政府在全国各地进行的旨在"与人民沟通"的宣传活动，宣传君主主义和尼古拉二世个人权威的官方庆典活动，包括1911年庆祝废除农奴制50周年、1912年庆祝同法国战争胜利100周年、1913年庆祝罗曼诺夫王朝建立300周年，都没帮助加强沙皇政府的威信。1914年8月俄国加入第一次世界大战，沙皇政府的失策与无能导致了在战争中接连惨败，加剧了原有的矛盾冲突，社会危机深重。前线失败动摇了整个腐朽的政府机构，国家政权和管理制度陷入瘫痪。部门分立主义，缺乏团结的内阁原本就是沙皇政府的顽疾。从1914年起，因战争关系，又成立了各种跨部门的最高政府机构，这些机构职能不清，破坏了原来各部门的权限，使管理制度的弊端进一步加剧。宫廷佞臣的干涉，政府中各种派别和势力的斗争，使执政阶层的政治矛盾激化，大臣会议的作用降低，不能起到内阁的效力，联合和指挥政府活动，对抗革命，政府机构面临土崩瓦解。"大臣频繁更迭"，从1915年秋战争开始到二月资产阶级民主革命的31个月内，更换了4位大臣会议主席、6位内务大臣、3位司法大臣、3位国家监察官、2位工商业大臣、4位农业大臣、3位交通大臣、4位圣主教公会总检察官、4位陆军大臣、3位外交大臣。外省的情况也是如此，仅1916年就更换了43位省长。[2] 俄国权威的观察家 A. A. 布洛克指出："俄国的整个国家机体都染上了

---

[1] 参见〔俄〕О. И. 奇斯佳科夫主编，徐晓晴译：《俄罗斯国家与法的历史》上卷，法律出版社，2014年，第326—327页。

[2] Ананьич Б. В., Ганелин Р. Ш., Дякин В. С. Кризис самодержавия в России. 1895-1917. Л.: Наука, 1984. С. 637.

疾病。这种疾病既不能自愈，也绝非一般的方法可以治愈的。"① 布洛克的话不幸言中。战争失败、政府腐败、统治阶级的内讧、工农运动的高涨等和民族矛盾的加剧交织在一起，终于导致了二月革命的爆发，俄国历时三百年的罗曼诺夫王朝悄然灭亡。

---

① 〔俄〕M. K. 卡斯维诺夫著，贺安保、黄其才译：《拾级而下的二十三级台阶》，商务印书馆，1987年，第333页。

结　语

　　俄罗斯帝国自彼得大帝开始走上赶超型现代化道路，在现代化进程的启动、现代化模式的选择，现代化举措的实施中都是国家政权起着决定性作用。国家政权严格控制现代化进程，类似于发动一系列独特的"自上而下的革命"。俄国沙皇在国内外政治危机的压力下充当现代化发展的主体，具有至高无上的权力，是所有政治制度的核心。在这种条件下，俄国皇帝经常起到驱赶"历史之马"的皮鞭的作用。因此，国家君主的个人素质、认清"时代的挑战"并对其做出适当回应、根据国家面临的任务确定国家发展道路的能力具有十分重要的意义。国家管理机器实则由君主的个人意志驱动，成为指导国家按君主所希望的轨迹去发展的工具，经常根据西方先进模式或者君主意愿来设计，在不能达到既定目标时便再次转用其所认为的更好的制度取而代之，由此而致使国家机构体系经常发生深刻的变革。

　　彼得一世为实现使俄国成为真正的欧洲强国的宏伟目标，强力推行全方位改革，建立起能够"自上而下"实施激进变革的绝对君主制俄罗斯帝国。国家组织的核心拥有绝对权力的君主，通过法律法规设计国家政治、经济和社会机构，对公共生活所有方面包括私人生活进行严格规定。同时代的人称之为"正规化国家"。彼得大帝建立的这种国家制度决定了俄罗斯帝国国家体制的进一步演变。彼得大帝的"正规化国家"、叶卡捷琳娜大帝的"合法君主制"和19世纪根据"源于专制权力的有力法律、规章和条例"治理的帝国是同一种类型国家体制的不同发展阶段。19世纪60—70年代亚历山大二世的大改革为"正规化国家"向法治国家的缓慢演变铺平了道路，而20世纪初尼古拉二世迫于1905—1907年革命的压力而进行的君主立宪改革，似乎加快了向现代法治国家转变的速度，但最高权力拥有者以及大多数统治精英却竭力想从这条道路上转向，最终导致了俄罗斯帝国的崩溃和传统国家体制的瓦解。18世纪至20世纪初的俄罗斯帝国国家制度虽然经历了一定的演变，但保持了其主要特征，直到 1917 年消亡。

然而，就在彼得一世正式确立绝对君主专制的同时，执政精英中也逐渐形成限制专制权力的思想。政府内部不断提出改变独裁专制统治、限制君主无限绝对权力、建立代议机构的方案，国家数度面临着对其未来道路的选择。俄国历史上重要的立宪方案一般出现在统治王朝激烈的权力斗争或在意识到国家落后于西欧国家而进行重大政治改革时期，但在这些关键历史阶段之间的相对平稳时期，政府内也提出使国家政体渐进演变的宪政方案。彼得大帝去世后不久，国家处于政治权力真空状态，最高枢密会议在 1730 年制定的安娜女皇即位的"条件"可以称之为改变国家政治制度的第一个书面立宪方案，在俄国历史上首次试图在法律上严格限制沙皇的专制权力。这个方案导致政府的分裂和社会广泛的政治讨论，提出了从贵族中选举代表参与国家立法和治理，即从绝对专制转变为有限君主制的各种方案。18 世纪下半叶俄国政府内部提出一些重要的政治改革方案，秉承启蒙思想建立防止独裁的法律保障，主张制定国家根本法，从法律上界定君主权力的性质以约束专制，其中最典型的代表是叶卡捷琳娜二世给 1767 年法典编纂委员会的《圣谕》、舒瓦洛夫制定国家根本法、帕宁设立御前议会以加强对专制君主立法权的监督、别兹勃罗德科完整诠释依法治国的"合法君主制"的方案。18—19 世纪之交发生激烈的权力斗争，阴谋政变使保罗一世丧命，在法国大革命以及拿破仑战争后欧洲政治制度的影响下，俄国政府开始面对真正意义上的立宪问题。新皇帝亚历山大一世身边的智囊积极提出的新宪政方案标志着俄国"政府立宪主义"的形成。秘密委员会成员、斯佩兰斯基给后人留下了辉煌的立宪方案，如《国家法典导言》和《俄罗斯帝国国家文书》，如果其得以实施，那么在 20 世纪初开始的 100 年俄国历史就将转向资产阶级君主立宪制的道路。克里米亚战争失败暴露出俄国的严重落后，19 世纪 60—70 年代自由主义大改革后亚历山大二世政府开明官僚继续提出立宪的诉求，这一时期的主要方案有瓦卢耶夫等人的立宪方案以及所谓的"洛里斯-梅利科夫宪法"，这些方案都比较温和，试图建立包括地方自治代表的代议机构来稳固专制制度，体现了国家政权和统治精英追求俄国政治制度合理化、现代化和欧洲化的主导趋势。

叶卡捷琳娜二世、亚历山大一世和亚历山大二世等具有自由主义思想的君主与宪政倡导者之间联系密切，一些立宪法案的真正发起者是他们自己。

这些专制君主认识到俄国的严重落后及其根本原因，但他们本身也是这种孕育和塑造他们的权力的载体，意识到自己对统治阶级地主贵族的依赖与国家的现实条件，与开明官僚们在改变国家传统制度方面小心翼翼、反复权衡，一旦改革面临着某种不可估量的深远后果的威胁，他们就会立即退缩。俄国政治体制陷入一个恶性循环：只有限制专制国家才能发展，而这将动摇俄国传统政治根基，政权不断犹豫退缩。直到20世纪初在社会和民族全面危机的压力下，尼古拉二世才违心地同意设立人民代表机构。绝对君主专制不复存在，俄国改行为二元君主立宪制政体。

俄罗斯帝国时期，随着社会发展，国家面临的管理任务越来越复杂，最高政权和开明官僚不断寻找方法使国家机构适应新的历史现实。完善国家治理一直是君主和执政精英们关注的焦点，他们制定了众多国家机构改革方案。这些方案实际上是针对相同的顽症：效率低下、极权专断、分工不明、职能不清、腐败严重。在制定国家治理改革方案时，他们通常借鉴先进欧洲国家的经验，将那里在社会经济和政治进程长期影响下逐步形成的国家机构组织移植到俄国农奴专制国家，但也会进行一些调整以使其适应俄国的现实条件。虽然完善国家治理的战略目标是统一的，但历朝君主为实现这一目标选择了不同的战术手段。彼得一世致力于建立专制者拥有无限权力、官僚机构依法治理、军警制度监督的"正规化"国家；叶卡捷琳娜二世奉行"开明专制"的启蒙思想，旨在法律的坚实基础上建立"合法的君主制"国家；亚历山大一世与其祖母一样，主要目标也是建立"合法的君主制"，只不过叶卡捷琳娜二世把地方治理改革作为实现她政治思想的合适基地，亚历山大一世则致力于对中央政府机构进行根本性改革；尼古拉一世加强中央集权和军事专政，同时力主将国家管理纳入法制轨道。整体而言，自彼得大帝起国家机构改革旨在建立中央集权、管理高效、职能分工、职责明确、健全监督、依法行政的政府治理体系，实现权力分立，对行政和司法权力机构的权限进行明确划分。19世纪中期之后，亚历山大二世、亚历山大三世以及尼古拉二世几位沙皇统治时期完善国家治理的方案在延续先前趋势的同时，一再提及实现国家中央治理的统一。如果说，在此前国家治理的统一由专制君主来保证，那么这时的改革方案中越来越多地谈及组建欧洲式的内阁来协调中央国家机构的活动。但所有俄国沙皇都不愿意设立类似于欧洲国家总理大臣的职务，认为这将威胁专制沙皇的权力。1861年成立的大臣会议事实上只是"部门间协商会议"。1905年改行君主立宪改革大臣会议之后，形成了近代意义上的中央政府。但大臣会议仍然只是皇权的"最高执行机构"。如果政治制度的绝对中心在君主，那么联合政府在很大程度上就是一种假象。

俄国最高权力机构直接听命于沙皇，就国家立法和管理问题向沙皇提供建议，履行最高立法、执行、监督和司法职能。彼得大帝设立的参政院是第一个具有固定组织结构和明确职能的最高国家机构，在成立之初集中了所有事务，此后一直保留了其主要职能——法律捍卫者和司法维护者。彼得一世的继任者们绕过参政院，形成一些没有明确权限的最高谘议机构，如叶卡捷琳娜一世时期的最高枢密会议、安娜女皇时期的"内阁"、伊丽莎白女皇时期的最高宫廷委员会、叶卡捷琳娜二世时期的最高宫廷会议。从亚历山大一世即位起，俄国才出现了相对分权的最高权力机构体系：最高立法谘议机构——国务会议、最高行政机构——大臣委员会、最高司法机构——参政院，但在这些权力机构存在的整个时期彼此之间的立法、行政和司法职能并没有清晰的划分。除常规最高国家机构体系外，俄国还设有特殊的机构——沙皇陛下办公厅及一些最高委员会，其行动不受法律和官僚体系的限制，最大程度上体现了无限专制权力原则。

中央国家机构经历了比较复杂的变革。先是彼得大帝效仿欧洲经验取消传统的衙门体制而建立集体负责制的委员会体制，但借鉴瑞典模式建立起来的国家机构体系只是对瑞典体制表面上的模仿，并没有实现其内在的一些优势。之后的统治时期对由异域移植而来的委员会制度逐渐变革使其适应本土历史条件，到18世纪末19世纪之交出现了具有首长负责制特点的行政原则。亚历山大一世时期效仿西方建立了部体制，实现了向建立在理性主义基础上的行政体制的转变，在国家管理制度现代化方面迈出了关键的一步。这时建立的中央国家机构部体制一直存在到俄罗斯帝国末期，期间基于国家政治局势、社会经济发展对最佳的部组织结构的探寻不曾间断。俄国中央国家机构部体制改革虽然按照西方模式进行，却依然是形似而失其神髓。与西欧相比，俄国国家管理机构组织明显落后。首先，俄国缺乏监督大臣权力的机制。中央国家机构——部，实行首长负责制，这个制度的重大缺陷是将某个领域的管理完全交给某一个人，因此容易出现大臣专权的现象，但西方国家设有人民代表制度，大臣对人民代表机构负责，由人民代表机构监督大臣的活动，弥补了这个缺陷。虽然俄国部体制的设计者也准备成立代议机构来监督大臣的活动，但直至俄国第一次革命以前都未能实现。俄国大臣直接对沙皇负责，由此形成了国家管理制度的重大弊端——大臣的权力缺乏监督。其次，俄国缺乏协调执行权力行动的制度，大臣之间的行动缺乏协调，部门分立主义严重。在西欧国家，存在以总理大臣为首的内阁。内阁是议会制度的产物，以稳定的宪法为基础。而俄国没有这样的内阁，大臣有权向沙皇作个人汇报，在他们作汇报时可能建议沙皇批准自己的方案，获得沙皇签署的上谕。尽管19世纪中期亚历山大二世大改革后协调中央机构之间行动的需求日益强烈，也不断提出这类方案，但沙皇从维护自己专制权力的角度，在一定程度上支持部门分立主义。

为有效进行地方治理，行政区域划分和地方机构设置都几经变革。彼得大帝同样效仿瑞典体制根本性地改革了地方治理体系，先后设立省、州、县等行政区划单位，试图实现部门管理划分和司法独立。但俄国地理和历史条件与瑞典不同。俄国疆域辽阔，地方政府距离中央遥远，复杂的机构设置与公文程序造成中央和地方管理脱节，官僚主义和管理效率低下，滥用职权和腐败现象普遍。地方治理改革的结果与彼得一世的期望相去甚远。彼得一世的继任者致力于使地方治理适应俄国传统生活，在保留其基本面貌的同时恢复莫斯科公国时期的地方治理原则，设立集各种权力于一身的督军，取代众多的委员会制机构，只不过与以前相比，新的督军更加依赖中央政府。这一时期国家管理制度的主要缺陷是中央和地方政府比例失调，呈倒金字塔形状。叶卡捷琳娜二世统治时期进行了重大的地方管理改革，将全国划分为50个省，在一定程度上贯彻了"分权"原则，建立了广泛的地方机构网络。地方机构职能按部门原则划分，组织统一，提高了地方治理效率。叶卡捷琳娜二世建立的行政区划和国家机构体系（经过某些修正）基本上一直保留到俄罗斯帝国末期。只是亚历山大一世建立部体制后，将地方机构和官员在相应的部之间分配，所有地方机构和官员（除驻军司令和总督外）隶属固定的部，形成了部门管理制度。亚历山大二世解放农民后，增加地方警察机构的权力，使之能够将过去的农奴全部纳入管辖范围之内，先后设立治安调停官、县农民事务署、地方自治区长官等负责管理农民事务。同时，帝国时期俄国一直存在选举产生的等级代表参与地方和城市治理，贵族和城市等级组织以及大改革后建立的农民等级社会管理机构、地方自治机构和城市自治机构在地方政府的严格监督下运作，是对国家机构的经济和行政管理的补充，它们在一定程度上被纳入国家机器，成为国家机器的一部分。

国家治理中面临着建立中央和地方政府之间的有效互动机制，保障整个国家机器的和谐运转，协调中央集权与权力下放的问题。俄国地广人稀，强大的中央政权是维护国家完整的必要条件。彼得大帝加强中央政府集权，带来公文壅滞和官僚主义。彼得改革之后，当中央集权的消极后果达到临界点时，进行权力下放的改革，但总是再回到加强中央权力的道路上，表现出"中央集权—权力下放"的周期性。俄国最高政权希望建立组织有效的地方治理体系的措施都未能取得预期结果。

1905年革命后，俄国国家制度发生重大的变化。尼古拉二世政府在局势的迫使下成立人民代表机构国家杜马，改组国务会议，设立两院制议会。但沙皇政府一直想方设法限制国家杜马的权力，在选举产生的代表机构和以沙皇为首的政府机构的关系上，后者一直占有主导地位。1905年俄国形成类似于西方内阁的大臣会议，但尼古拉二世非常不满意总理大臣这个职务，认为他威胁了沙皇的权力，法律中规定的大臣会议主席享有的权力并未得到最终贯彻。与从前一样，全面协调各部门行动的既定目标无法实现。

综上所述，俄罗斯帝国在近两个世纪内国家体制没有发生根本性的改变，绝对君主制岿然不动。虽然20世纪初在强大的社会压力之下改行二元君主立宪制，沙皇政府仍旧竭力维护其无限权力。俄国历代君主为建立有效的国家治理体系不断进行探索，中央和地方国家机构都经历了一定的变革，向国家治理现代化方向迈进。但沙皇政府国家治理改革的根本动机终究是为了维护其专制统治，在不根本改变政府形式只改革其治理系统，不改革专制统治只改变其运作方式的情况下，国家机构改革方案的实施也只能是一种缓和的手段，而不是根治的灵丹妙药。俄国君主专制政府在其高度中央集权统治下，建立高效的国家机构组织的举措难以取得预期成效。政府管理活动效率低下成为导致社会全面危机的原因之一，最终导致1917年二月革命前夕国家治理体系全面瘫痪。

参 考 文 献

中文书目

1. 《列宁全集》第 4 卷，人民出版社，1984。
2. 《列宁全集》第 5 卷，人民出版社，1986。
3. 《列宁全集》第 20 卷，人民出版社，1989。
4. 曹维安：《俄国史新论》，中国社会科学出版社，2002。
5. 郭响宏：《俄国 1984 年司法改革研究》，陕西师范大学 2011 年博士学位论文。
6. 何汉文：《俄国史》，东方出版社，2013。
7. 刘显忠：《近代俄国国家杜马：设立及实践》，社会科学文献出版社，2007。
8. 刘祖熙：《改革与革命——俄国现代化研究》，北京大学出版社，2001。
9. 邵丽英：《改良的命运——俄国地方自治改革史》，社会科学文献出版社，2000，第 58 页。
10. 孙成木等主编：《俄国通史简编》上下卷，人民出版社，1986。
11. 陶惠芬：《俄国近代改革史》，中国社会科学出版社，2007。
12. 王海军：《近代俄国司法改革史》，法律出版社，2016。
13. 王云龙：《现代化特殊性道路——沙皇俄国最后 60 年社会转型历史解析》，商务印书馆，2004。
14. 许金秋：《俄国文官制度研究》，吉林人民出版社，2013。
15. 姚海：《俄国立宪运动源流》，四川大学出版社，1996。
16. 张昊琦：《俄罗斯帝国思想初探》，知识产权出版社，2012。
17. 张建华：《帝国风暴——大变革前夜的俄罗斯》，北京大学出版社，2016。
18. 张建华：《俄国史》，人民出版社，2004。
19. 张建华：《红色风暴的起源：彼得大帝和他的帝国》，中国城市出版社，2002。
20. 赵士国：《俄国政体与官制史》，湖南师范大学出版社，1998。
21. 赵士国：《历史的选择与选择的历史》，人民出版社，2006。
22. 赵士国、杨可：《俄国沙皇传略》，湖南师范大学出版社，2001。
23. 赵振英：《俄国政治制度史》，辽宁师范大学出版社，2000。
24. 祝政宏：《罗曼诺夫王朝的最后日子——沙皇灭亡前的上层危机》，海天出版社，2000。

25. 〔俄〕阿尔汉格尔斯基著，刘敦健译：《亚历山大一世》，人民出版社，2011。
26. 〔苏〕帕甫连科著，斯庸译：《彼得大帝》，国际文化出版公司，2003。
27. 〔俄〕赫尔岑著，项星耀译：《往事与随想》，人民文学出版社，1993。
28. 〔俄〕克柳切夫斯基著，刘祖熙等译：《俄国史教程》第5卷，商务印书馆，2009。
29. 〔俄〕克柳切夫斯基著，张咏白等译：《俄国史教程》第4卷，商务印书馆，2018。
30. 〔俄〕卡斯维诺夫著，贺安保、黄其才译：《拾级而下的二十三级台阶》，商务印书馆，1987。
31. 〔苏〕卡芬加乌兹、Н. И. 巴甫连科主编，郭奇格等译：《彼得一世的改革》上册，商务印书馆，1997。
32. 〔俄〕米罗诺夫著，张广翔等译：《俄国社会史》下卷，山东大学出版社，2006。
33. 〔俄〕米罗年科著，许金秋译：《19世纪初俄国专制制度与改革》，社会科学文献出版社，2017。
34. 〔苏〕莫基切夫主编，中国社会科学院法学研究所编译室译：《政治学说史》上册，中国社会科学出版社，1979。
35. 〔俄〕普列汉诺夫著，孙静工译：《俄国社会思想史》第3卷，商务印书馆，2017。
36. 〔俄〕奇斯佳科夫主编，徐晓晴译：《俄罗斯国家与法的历史》上卷，法律出版社，2014。
37. 〔俄〕维特著，张开译：《俄国末代沙皇尼古拉二世》（续集：维特伯爵的回忆），新华出版社，1985。
38. 〔俄〕维特著，张开译：《俄国末代沙皇尼古拉二世》，新华出版社，1983。
39. 〔美〕爱德华·拉津斯基著，周镜译：《亚历山大二世——最后的伟大沙皇》，新世纪出版社，2015。
40. 〔美〕尼古拉·梁赞诺夫斯基、马克·斯坦伯格著，杨烨、卿文辉译：《俄罗斯史》，上海人民出版社，2009。
41. 〔美〕沃尔特·G. 莫斯著，张冰译：《俄国史》，海南出版社，2008。
42. 〔美〕西德尼·哈凯夫著，梅俊杰译：《维特伯爵——俄国现代化之父》，上海远东出版社，2013。
43. 〔法〕亨利·特罗亚著，迎晖、尚菲、长宇译：《神秘沙皇——亚历山大一世》，世界知识出版社，1984。
44. 〔法〕亨利·特罗亚著，郑其行译：《彼得大帝. 俄国天骄》，世界知识出版社，2001。
45. 〔波〕瓦利舍夫斯基著，姜其煌、濮阳翔译：《叶卡捷琳娜二世传》，上海译文出版社，1982。

俄文书目

46. Аверх А. Я. Царизм накануне свержения. М.: Наука, 1989.
47. Александр Второй. Воспоминания. Дневники. СПБ.: Пушкинский фонд, 1995.
48. Ананьич Б. В., Ганелин Р. Ш., Дякин В. С. Кризис самодержавия в России. 1895-1917. Л.: Наука, 1984.
49. Ананьич Б. В., Ганелин Р. Ш. (отв. ред.). Государственные деятели России глазами

современников：Николай Второй：Воспоминания. Дневники. СПБ.：Культ. -просветит. о-во "Пушкин. фонд", 1994.

50. Анисимов Е. В. Петр Великий：личность и реформы. СПБ.：Питер, 2009.
51. Ананьич Б. (ред.) Власть и реформы. От самодержавной к Советской России. М.：ОЛМА-Пресс Экслибрис, 2006.
52. Архипова Т., Румянцева М., Сенин А. История государственной службы в России. XVIII-XX века. М.：РГГУ, 2000.
53. Афанасьев А. П. Судьбы российского крестьянства. М.：РГГУ, 1996.
54. Валуев П. А. Дневник. Т 1-2. М.：Издательство академии наук СССР. 1961.
55. Барыкина И. Е. Между самодержавием и автократией (Внутренняя политика Российской империи второй половины XIX в.：государственное управление и самодержавная власть). СПБ.：АППО, 2016.
56. Богословский М. М. Областная реформа Петра Великого. Провинция 1719-1727 гг. М.：изд. Московского университета, 1902.
57. Боханов А. Н. Император Александр III. М.：《Русское слово》, 2019
58. Веденеев Ю. А., Богодарова Н. А. (ред.) Очерки по истории выборов и избирательного права. Калуга：Фонд 《Символ》 РЦОИТ, 2002.
59. Великий князь Николай Михойлович. Император Александр I. Москва：Мир кн., 2007
60. Виленский Б. В. Судебная реформа и контрреформа в России. Саратов：Приволж. кн. изд-во, 1969.
61. Вигель Ф. Ф. Записки. М.：Захаров, 2000.
62. Воскресенский НА. Законодательные акты Петра I. Т. 1. М.：Л.：Издательство Академии наук СССР, 1945.
63. Гаман-Голутвина О. В. Политические элиты России：Вехи исторической эволюции. М.：РОССПЭН, 2006.
64. Готье Ю. В. История областного управления в России от Петра I до Екатерины II. Т. 2. М.：Имп. О-во истории и древностей рос. при Моск. ун-те, 1941.
65. Гросул В. Я. (отв. ред.). Русский консерватизм XIX столетия：идеология и практика. М.：Прогресс-традиция, 2000.
66. Губернии Российской империи. История и руководители. 1707-1917. М.：Объединенная редакция МВД России, 2003.
67. Гурко В. И. Черты и силуэты прошлого. Правительство и общественность в царствование Николая II в изображении современника. М.：Новое лит. Обозрение.
68. Екатерина II. Избранное. М.：РОССПЭН, 2010.
69. Ерошкин Н. П. История государственных учреждений дореволюционной России. М.：Высшая Школа, 1983.
70. Ерошкин Н. П. Российское самодержавие. М.：РГГУ, 2006.
71. Ерошкин Н. П. и др. (отв. ред.). Высшие и центральные государственные учреждения России 1801-1917г. Т. 1-4. СПб.：Наука, 2001-2004.
72. Журавлев В. В. (отв. ред.). Политическая история России. Москва：Юристъ, 1998.

73. Зайончковский П. А. Правительственный аппарат самодержавия в XIX веке. М.: Мысль, 1978.
74. Зайончковский П.Л. Российское самодержавие в конце XIX века. М.: Мысль, 1970.
75. Зайончковский П. А. Кризис самодержавия на рубеже 1870-1880-х годов. М.: Изд-во Моск. ун-та, 1964.
76. Звягинцев А. Г., Орлов Ю. Г. Тайные советники империи: Российские прокуроры XIX век. М.: РОССПЭН, 1994.
77. Игнатов В. Г. (ред.) История государственного управления России. Ростов н/Д: Феникс, 2003.
78. Исаев И. А. История государства и права России. М.: Юристъ, 2004.
79. Исаев И. А., Золотухина Н. М. История политических и правовых учений России (XI-XX вв.). М.: Юристъ, 2003.
80. История Правительствующего Сената за двести лет. Т. 3. СПБ: Сенатская типография, 1911.
81. Каменский А. Б. (ред.) Реформы в России с древнейших времен до конца XX в. Т. 2. М.: РОССПЭН, 2016.
82. Каменский А. Б. (ред.) Реформы в России с древнейших времен до конца XX в. Т. 3. М.: РОССПЭН, 2016.
83. Каменский А. Б. 《Под сению Екатерины》. Вторая половина XVIII в. СПБ.: Лениздат, 1992.
84. Кантор В. К. Санкт-Петербург: Российская империя против российского хаоса. К проблеме имперского сознания в России. СПБ.: РОССПЭН, 2009.
85. Казанский П. Е. Власть Всероссийского императора. М.: Издательство 《Фонд ИВ》, 2007.
86. Карамзин Н. М. Записка о древней и новой России в ее политическом и гражданском отношениях. М.: Наука, 1991.
87. Клочков М. В. Очерки правительственной деятельности времен Павла I. Пг.: Сенат. тип., 1916.
88. Козлов А. Ф., Янковая В. Ф. (отв. ред.). Государственность России. К. 1-3. Москва: Наука, 1996-2001.
89. Конституционные проекты в России XVIII-начала XX в. М.: Институт российской истории РАН, 2000.
90. Коржихина Т. П., Сенин А. С. История российской государственности. Москва: Фирма "Интерпракс", 1995.
91. Корнилов А. А. Курс истории России XIX в. Ч. I. М.: Высшая школа, 1993.
92. Коротких М. Г. Самодержавие и судебная реформа 1864 г. в России. Воронеж: Изд-во Воронеж. ун-та, 1989.
93. Корф М. А. Жизнь графа Сперанскогот. Т. 2. СПб: Изд. Императорской публичной б-ки., 1861.
94. Коршунова Н. В. Проекты реформ в России (вторая половина XVIII-первая четверть

XIX в.）. Челябинск：Издательство ООО фирма 《ПИРС》，2009.

95. Кочерин Е. А. Основы государственного и управленческого контроля. Москва：Филинъ，2000.

96. Кошелев А. И. Самодержавие и Земская Дума. Москва：Ин-т русской цивилизации，2011.

97. Куликов В. И. История государственного управления в России. Москва：Academia，2001.

98. Массон Ш. Секретные записки о России во времена царствования Екатерины II и Павла I. М.：Новое лит. обозрение，1996.

99. Мельников В.，Нечипоренко В. Государственная служба в России：отечественный опыт организации и современность. М.：РАГС，2000.

100. Медушевский А. Н. Реформы Петра и судьбы России. Научно-аналитический обзор. Москва：ИНИОН，1994.

101. Медушевский А. Н. Утверждение абсолютизма в России. Сравнительно-историческое исследование. Москва：Текст，1994.

102. Медушевский А. Н. Демократия и авторитаризм：российский конституционализм в сравнительной перспективе. Москва：РОССПЭН，1998.

103. Милюков П. Н. Государственное хозяйство России в первой четверти XVIII столетия и реформа Петра Великого. СПБ.：тип. М. М. Стасюлевича，1905.

104. Милюков П. Н. Очерки по истории русской культуры. Т. 3. М.：Прогресс-Культура，1995.

105. Министерская система в Российской империи：К 200-летию министерств в России. М.：РООСПЭН，2007.

106. Мироненко С. В. Страницы тайной истории самодержавия. Политическая история первой половины XIX в. Москва：Мысль，1990.

107. Миронов Б. Н. Российская империя от традиции к модерну. Т. 2. СПБ.：Дмитрий Буланин，2014.

108. Морозов В. И. Государственно-правовые взгляды М. М. Сперанского：Историко-правовое исследование. СПб.：Нестор，1999.

109. Мосолов А. А. При дворе императора. СПБ.：Наука，1992.

110. Нардова В. А. Городскоесамоуправление в России во второй половине XIX-начале XX в.：власть и общество. СПБ.：Лики России，2014.

111. Олейников Д. И. Николай I. М.：Молодая гвардия，2012.

112. Омельченко О. А. 《Законная монархия》 Екатерины Второй：Просвещенный абсолютизм в России. М.：Юрист，1993.

113. Оржеховский И. В. Внутренняя политика самодержавия в 60-70-е годы，Горький：Б. и. 1974.

114. Писарькова Л. Ф. Государственное управление России с конца XVII до конца XVIII века. Эволюция бюрократической системы. М.：РОССПЭН. 2007.

115. Писарькова Л. Ф. Государственное управление в России первой четверти XIX в.：Замыслы，проекты，воплощение. М.：Новый хронограф，2012.

116. Победоносцев К. П. Великая ложь нашего времени. М. : Русская книга, 1993.
117. Пресняков А. Е. Апогей самодержавия Николай I. Ленинград : Брокгауз-Ефрон. 1925.
118. Пресняков А. Е. Российские самодержцы. М. : Книга, 1990.
119. Приходько М. А. Подготовка и разработка министерской реформы в России (февраль-сентябрь 1802 г.). Москва : Компания Спутник +, 2002.
120. Ремнев А. В. Самодержавное правительство: Комитет министров в системе высшего управления Российской империи (вторая половина XIX-начало XX века). М.: РОССПЭН, 2010.
121. Сабенникова И. В., Химина Н. И. (отв. ред.). Государственность России. К. 5. Ч. 1-2. М. : Наука, 2005.
122. Сафонов М. М. Проблема реформ в правительственной политике России на рубеже XVIII и XIX вв. Л. : Наука, 1988.
123. Сафонов М. М. Протоколы Негласного комитета. Вспомогательные исторические дисциплины. Т. 7. Л. : Наука, 1976.
124. Середонин С. М. Исторический обзор деятельности Комитета министров, Т. 2, Ч. 1. СПб. : Канцелярия Ком. Министров, 1902.
125. Сидорова М. В., Щербакова Е. И. (сост.) Россия под надзором: отчеты III Отделения. М. : Российский Фонд Культуры, Российский Архив, 2006.
126. Соловьев К. А. Политическая система Российской империи в 1881-1905 гг. : проблема законотворчества. М. : РОССПЭН, 2018.
127. Сперанский М. М. Проекты и записки. М. : Издательство Академии наук СССР, 1961.
128. Столыпин П. А. : Программа реформ. Т. 1. М. : РОССПЭН, 2011.
129. Судьбы России. Проблемы экономического развития страны в XIX-начале XX вв. СПБ. : Лики России, 2007.
130. Сыромятников Б. И. "Регулярное государство" Петра Первого и его идеология. М. : Изд-во Акад. наук СССР, 1943.
131. Тимофеев Д. В. Европейские идеи в России: восприятие либерализма правительственной элитой в первой четверти XIX века. Челябинск: Пирс, 2006.
132. Томсинов В. А. Конституционный вопрос в России в 60-х-начале 80-х годов XIX в. Москва : Зерцало, 2013.
133. Тютчева А. Ф. Воспоминания. М. : Захаров, 2002.
134. Феоктистов Е. М. За кулисами политики и литературы. М.: Новости, 1991.
135. Феофан Прокопович. Избранные труды. М. : РОССПЭН, 2010.
136. Чернуха В. Г. Внутренняя политика царизма с середины 50-х до начала 80-х гг. XIX в. Л. : Наука, 1978.
137. Шепелев Л. Чиновный мир России. СПБ. : Искусство, 1999.
138. Шильдер Н. К. Император Николай Первый. Его жизнь и царствование. Т. 1-2 СПБ. : А. С. Суворин, 1903.

139. Шумилов М. М. Местное управление и центральная власть в России в 50-х-начале 80-х гг. XIX в. Москва：Прометей，1991.
140. Шумигорский Е. С. Император Павел 1：Жизнь и царствование. СПБ：Тип. В. Д. Смирнова，1907.
141. Эйдельман Н. Я. Грань веков. М.：ЭТС "Экслибрис"，1982.